Gakken
きめる！ KIMERU SERIES H

［ きめる！公務員試験 ］

人文科学〈日本史／世界史／地理／思想〉

Humanities

監修＝永田英晃／髙橋法照　編＝資格総合研究所

はじめに

　公務員試験は科目が多く、効率的に学習することが必要不可欠です。これまでの学習参考書のノウハウや指導の経験を凝縮し、このたび、「きめる！公務員試験シリーズ」を刊行する運びとなりました。本書はその中の人文科学の分野を網羅しています。

　受験生の中には、公務員の仕事内容とは直結しないのに、なぜ教養分野の対策をしなければならないのか疑問に感じている人も多いことでしょう。ですが、教養試験とは、スキルそのものではなく、「公務員としてふさわしい素養を持っているかどうか」を測るものなのです。公務に携わるときに、それまでの経緯や歴史を知ってから臨むのと、ただ目の前の仕事をこなすのとでは、心意気や責任感に雲泥の差が生じます。国民を支える公務員にはしっかりとした教養の土台の上に立って仕事をしてほしいとの願いを込めて、今回は「公務員に必要な教養を身につける」観点からの監修を試みました。暗記を苦手とする受験生にも「面白い」「興味が湧く」と思ってもらえるような切り口や、3ステップ方式を採用するなど、本書では学習を継続させるための工夫をいくつか施しています。

　人文科学の教養はすぐには役に立たない知識かもしれませんが、人生の岐路に立たされたとき、大きな仕事を任されたときなどに重大な力を発揮します。この学びは大河の一滴かもしれません。されどこの一滴こそが、あまねく未来を照らす一雫となるのです。

永田英晃（日本史・思想）

本書は、公務員試験を目指す皆さんのためにつくられた書籍です。

　公務員は、我が国の行政活動を担い、国民の多様なニーズに応えるための重要な職業であり、人気の職業の一つといえます。

　昨今の公務員試験は、筆記試験では重要基本事項の正確な理解が求められ、面接試験がより人物重視の試験になっているという特徴があります。このような試験に対応するためには、重要基本事項を最短・最速で学習し、面接試験対策に時間をかける必要があります。

　そこで本書では、独自の３ステップ学習で人文科学の重要基本事項の理解・記憶・演習を完了できるようにしてあります。いうなれば本書は、「公務員になって活躍したい」という皆さんをサポートする応援団なのです。

　さて、皆さんが公務員となるためには、人文科学をしっかり学習して公務員試験の筆記試験で十分な得点をとることが必要です。公務員は行政の担い手として、社会のさまざまな個人・企業と関わっていく職業です。そのために必要なアビリティは、人間や社会に対する深い洞察力であり、人文科学の学習を通じてその洞察力を養う必要があるのです。

　とはいえ、本書を手に取った皆さんは、人文科学の学習を恐れる必要はありません。本書独自の３ステップ学習により、皆さんは公務員試験をクリアできるだけの人文科学の実力を十分に習得できるからです。

　皆さんが公務員になるための海図やガイドブックとして本書をご活用いただければ、監修者としてこんなに嬉しいことはありません。

髙橋法照（世界史・地理）

もくじ

CHAPTER 1　日本史

CHAPTER 2　世界史

CHAPTER 3 地理

CHAPTER 4 思想

別冊 解答解説集

本書の特長と使い方

3ステップで着実に合格に近づく！

　STEP 1で要点を理解し、STEP 2で理解をチェックする一問一答を解き、STEP 3で過去問に挑戦する、という3段階で、公務員試験で押さえておくべきポイントがしっかりと身につきます。

公務員試験対策のポイントや 各科目の学習方法をていねいに解説！

　本書の冒頭には「公務員試験対策のポイント」や「人文科学の学習ポイント」がわかる特集ページを収録。公務員試験を受けるにあたっての全般的な対策や、各科目の学習の仕方など、気になるポイントをあらかじめ押さえたうえで、効率よく公務員試験対策へと進むことができます。

別冊の解答解説集で、 効果的な学習ができる！

　本書の巻末には、本冊から取り外しできる「解答解説集」が付いています。問題の答え合わせや復習の際には、本冊のとなりに別冊を広げて使うことで、効果的な学習ができるようになります。

きめる！　試験別対策

　各章の冒頭には、各試験の傾向や頻出事項をまとめてあります。自分が受験する試験の傾向をしっかりと理解してから、学習の計画を立てましょう。

＊なお、2024年度から、国家公務員試験の内容が大きく変わります。人文科学の出題数や傾向も変わる可能性があるので、注意してください。

STEP 1 要点を覚えよう！

　基本的に1見開き2ページで、分野ごとに重要な基本事項をインプットしていきます。そのため、重要な基本事項を網羅的かつ正確に、無理なく習得できるようになっています。

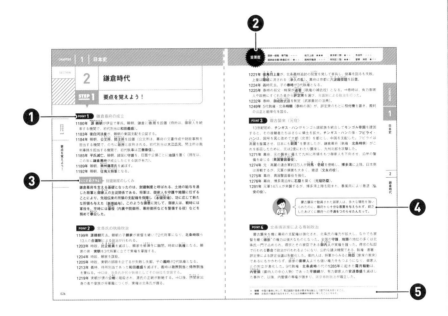

① POINT
このSECTIONで押さえておきたい内容を、ポイントごとにまとめています。

② 重要度
各SECTIONの試験別重要度を表しています。過去問を分析し、重要度を★の数で表しています。

③ ここできめる！
最重要の知識や、間違えやすいポイントをまとめています。試験直前の確認などに活用できます。

④ キャラクターが補足情報を教えてくれます。

⑤ 注
本文中に出てくる専門的な言葉やわかりにくい用語などに＊をつけ、ここで説明しています

STEP 2 一問一答で理解を確認！

STEP 1 の理解をチェックするための一問一答形式の問題です。過去問演習のための土台づくりとして、効率的にポイントを復習できます。

STEP 3 過去問にチャレンジ！

本書には、過去15年分以上の過去問の中から、重要な基本事項を効率的に学習できる良問を選別して収録しています。

過去問は、可能であれば3回以上解くのが望ましいです。過去問を繰り返し解くことで、知識だけでなく能力や感覚といったアビリティまで身につくという側面があるのです。

別冊 解答解説集

STEP 3 の過去問を解いたら、取り外して使える解答解説集で答え合わせと復習を行いましょう。

本書掲載の過去問題について
　本書で掲載する過去問題の問題文について、問題の趣旨を損なわない程度に改題している場合があります。

公務員試験対策のポイント

志望先に合わせて計画的で的確な対策を

まずは第一志望先を決めましょう。仕事の内容、働きたい場所、転勤の範囲などが志望先を選ぶポイントです。また、併願先もあわせて決めることで、試験日・出題科目がおのずと決まってきて、学習計画を立てることができるようになります。

過去問の頻出テーマをおさえて問題演習を

公務員試験合格のポイントは、1冊の問題集を何度もくり返し解くことです。そうすることで、知らず知らずのうちに試験によく出るテーマ・問題のパターンがしっかりと身につき、合格に近づくことができるでしょう。

人物試験対策の時間も確保したスケジューリングを

近年では、論文試験や面接等の人物試験が重要視される傾向にあります。一次試験の直前期に、その先の論文試験や人物試験を見据えて、学習の計画を立てるようにしましょう。人物試験については、自己分析・志望動機の整理・政策研究を行って、しっかり対策しましょう。

日本史の学習ポイント

探究型学習で、「1回で習得できる」頭を形成！

「反復学習ばかりをしてきた人は、何度も説明しないと仕事を覚えない。1回で習得できる人を採用したい」

これが公務員の採用担当者のホンネです。現在は検索システムやAIが普及し、反復暗記の必要性が揺らいでいます。その一方で、あっという間に知識を習得してしまうスキルがこれから重視されてゆくことでしょう。これに対処するには、一歩踏み込んだ学習法が必要です。日本史のような記憶力を必要とする学習の際には、知識そのものではなく、因果関係や背景、意義などをしっかり考えましょう。このような探究型の学習によって、物事を重層的に捉えることができるようになり、採用側の求める「1回で習得できる」頭を形成できます（反復学習を否定しているのではなく、1回で習得し2回目以降は「確認」、という趣旨です）。

脳を鍛え、歴史を自分の中に創りあげよう！

人間の脳は高性能にできており、重要情報を保管して、不要情報は瞬時に消し去ります。そして人間は感情の生き物であり、脳にとっての重要情報とは喜怒哀楽です（あなたの中の「頭に刻み込まれて離れない記憶」は必ず喜怒哀楽に結びついているはずです）。一方で、単純な文字列の暗記事項は不要情報としてすぐに消されてしまうでしょう。短期記憶を長期記憶に昇華させるには、喜怒哀楽をともなわせるしかありません。

その近道は、あなたの中に日本史の世界をつくることです。外側から入れるのではなく、内側に創りあげることで、平安貴族や戦国武将はあなたの中で呼吸を始め、遷都や戦乱は生々しい体験となって、生きた歴史体系が構築されてくることでしょう。

世界史の学習ポイント

世界史はまず全体像を押さえよう

　世界史は、人類が文明を興してから現代に至るまでの道のりを学ぶものです。2000年以上にわたる出来事を扱うので、とにかく知識の分量が多く、これをいかに整理して理解・記憶できるかが重要です。

　日本史もそうですが、世界史で起きてきた出来事は、決して偶発的に起きたものではありません。時代の大きな流れの中で起きています。そこで、単純に暗記作業をくりかえすよりも、「その時代では、どのような流れになっていたのか」という全体像を捉えることを優先しましょう。もちろん、自分なりの捉え方でかまいません。

　全体像をまず捉えることができれば、あとは個別の知識を全体像の中に位置づけて覚えていけばよいので、最初からただやみくもに覚えようとはせず、「全体像の把握→個別の知識の習得」という順番で学習していきましょう。

近現代史は時間をかけて正確に記憶しよう

　ヨーロッパ近世から戦後史にかけては、現代の日本社会との関わりも深く、どの試験種においても出題可能性がそれなりに高い部分です。

　この分野では多くの出来事が起こっているので、一つずつ時間をかけて正確に押さえていきましょう。覚えることの多い分野ですが、覚えきってしまえば得点源になるので、意識的に記憶の時間をとって学習してください。

　そして、世界史という過去の出来事の蓄積との対話を通じて、日本や世界の未来を見通す洞察力も身につけましょう。

地理の学習ポイント

地理は地域ごとの特徴を押さえよう

　地理の分野では、日本や世界の気候・環境・地形や、それぞれの地域の特色を学んでいきます。ここでは、それぞれの地域の気候や環境、産業などにおける特徴的な要素が問われます。

　そのため、それぞれの地域ごとのイメージとともに、特徴となる部分をしっかりと押さえていきましょう。インターネットなどで地形や街並みなどの写真を検索して、実物の写真を見ながら学習してみるのもおススメです。

　また、民族、宗教、人口、国境、貿易など、現代世界におけるさまざまな問題やテーマについての出題も増えてきており、今後ますます重視されてゆく分野だと思われます。

多くの項目を整理して記憶しよう

　ケッペンの気候区分や各国の地誌など、日本史や世界史ほどではないですが、地理にも記憶すべき項目があります。本書の表を何度も見直したり過去問を解いたりするなどして、知識を確実に定着させてください。

　地理には世界史・日本史につながっている部分も多く、やはり記憶の質と量が大事です。正確に記憶していれば正解しやすい反面、記憶があやふやだと出題者のひっかけにはまってしまいます。本書の太字のキーワードを中心に、意識的に記憶学習の時間をとることが重要です。記憶の作業をしっかりと行うことができれば、人文科学では高得点が狙えます。

思想の学習ポイント

situation（状況）とcontext（文脈）を理解しよう

　思想は独立して生まれたものではなく、思想家たちがそのときどきのsituation（状況）において紡ぎ出したものです。したがって、歴史分野とともに、時代背景や世相、人物相関など、思想の生まれた状況を把握することが重要です。

　また、思想は一過性の独白ではなく、深いcontext（文脈）をともなうものです。あまり深みにはまりすぎても学習効率が悪くなりますが、少なくとも一度は自分の頭で、「これはどういうことなのか」と考え、意味を解釈するようにしてみましょう。そして、自分が思想家になったつもりで、朗々と思想の内容を語ってみれば、驚くほど簡単に記憶へ定着させることができます。

「今」を生きる「自分」に当てはめてみる

　本書に出てくる思想のほとんどは、今よりもずっと社会が未成熟であった時代のものです。これらの思想は、原理的であればあるほど使い勝手がいいため、そのまま「今」や「自分」に当てはめることが可能です。思想という古びた羅針盤を、単なる骨董品から今を導くナビゲーターに変身させてみましょう。

　先行きの不透明な今だからこそ、古い時代の思想が有効性を持ちえます。また、自分が生きていくうえでの教訓としても大いに考えさせられるはずです。時代は変わっても「結局、人の本質は変わらない」と悟ることで、遠い時代の思想が身近な道標へと生まれ変わります。文字列の暗記という無味乾燥な作業から脱出し、これらの思想を血の通った生身の自分ごととして咀嚼できれば、どんな問題も爽快に突破できるようになることでしょう。

人文科学の学習計画をチェック！

1 準備期

志望先の出題傾向から学習箇所をしぼる。各章冒頭の「この章で学ぶこと」を通読しておきましょう。

好奇心を意図的に奮い起こし、全身で船出にワクワクしよう。

2 集中期

STEP3 を STEP1 で調べながら分析する。STEP2で重要事項を再確認しておく。

過去問を軸に、効率よく記憶事項を整理しておこう。

3 追い込み期

STEP3を自力で考えて解いてみる。間違えた問題は、再度解き直しましょう。

間違えた問題を解けるようにしておくだけで十分。ここは淡々と！

4 総仕上げ期

STEP1の太字用語を自分なりに口頭で説明。STEP3の選択肢の誤り箇所をひとつひとつ指摘してみましょう。

人文科学の達人になったつもりで、誰かに説明してみよう。

CHAPTER

1

日本史

この章で学ぶこと

◯ 「富める者が富む」仕組みだった私有財産制

　ここでは、古代から中世にかけての歴史を学びます。

　律令制では「すべての土地と民は国のもの」とする公地公民制が打ち出されましたが、人口の増加で口分田が不足したため、人々に新たに土地を開墾させる目的で、三世一身法に切り替わりました。しかし、土地の返納時期が近づくと収穫作業が放棄されるようになり、最終的には墾田永年私財法となって、もとの私有財産制に戻りました。

　現代においても、共産主義の国々は経済が発達しなかったため、続々と資本主義の仕組みを採り入れましたが、実は同じ現象が奈良時代にも起きていたのです。

　さて、この私有財産制も、実質的には貴族が自身の財産を増やし続けるためにつくった制度でした（「富める者が富む」仕組みである点は今も昔も同じですね）。すると今度は、貴族の中で権力闘争が勃発します。政治よりも政局が中心となり、最終的に権力を奪取したのが藤原氏でした。

◯ 平清盛による大改革への試み

　この状態を打破したのが平清盛です。私利私欲にまみれた藤原氏の官僚たちから実権を剥奪し、次々と官位を平氏一門へ交代させました。また、藤原氏や寺社勢力などの既得権益集団から政治を切り離し、新たな貨幣経済・貿易立国を実現するため、新興貿易港の大輪田泊に近い福原への遷都を試みます。私腹を肥やすだけの既存勢力中心の政治から、貨幣を流通させ貿易によって国全体を豊かにする政策へと抜本から変えようとしたのです。平清盛は、時代を先取りした大改革を実現しようとした偉人として、近年では評価が高まっています。

◯ 血で血を洗う権力闘争

　平氏内での権力闘争はほとんど見られず、清盛を中心に一致団結していました。しかし、強い従順基盤は、裏を返せば次の世代の逸材が生まれないことを意味します。

　指導者清盛の死後は方向性を見失い、平氏は源氏に滅ぼされました。政権樹立後の源氏もまた身内で殺し合った末に3代で途絶え、次に実権を握った北条氏も次々と敵対勢力を潰す政局中心に逆戻りしました。

　このように、権力の特徴とその変遷を追うのがこの章の学習ポイントとなります。

国家総合職（教養区分）

選択肢の文章が長いのが特徴である。一つの時代のみにとどまらず、武家と朝廷との長期的な関係性を問う出題など、歴史的事象を大きな流れの中で位置づける切り口が見受けられる。単なる暗記ではなく、歴史を体系的に捉える視点が求められている。

国家一般職・専門職

令和6年度の採用試験から、知識分野の出題が「自然・人文・社会に関する時事、情報を6題」に変更となった。おもに併願先の対策を想定して取り組むのが効率的。

裁判所職員

国家一般職・専門職の採用試験と同様に、「知識分野の出題が時事問題を中心とする6題」に変更となった。おもに併願先の対策を想定して取り組むのが効率的。

地方上級

武家政権の特色や、各時代の仏教に関わる出題が多い。歴史の大まかな流れを押さえつつ、順序や因果関係、語句の意味なども正確に理解しておこう。

東京都Ⅰ類

過去には仏教や文化に関する出題があるが、出題頻度は高くない。短期間で基本事項のみを効率よく確認しておこう。

特別区Ⅰ類

数年おきに武家政権の時代が出題されているが、通史としての出題もあるため、幅広く整理しておく必要がある。まずは、歴史の大まかな流れを把握しよう。

市役所

ここ数年の出題がなく、学習の優先順位は低い。まずは出題頻度の高い近現代史を先に学習し、余裕があれば他の時代も網羅していく順序で取り組もう。

警察・消防

日本史に興味を持つところから始めよう。単純に基本語句の理解を問う出題が中心のため、STEP 2の一問一答を中心に学習するのも効果的。

1 奈良・平安時代

STEP 1 要点を覚えよう！

POINT 1 律令制度

●**大化改新**

改新の 詔 （**646年**）により、土地と人民をすべて国家のものとし、私有を禁じる**公地公民制**が打ち出され、律令国家の基本原則とされる。**班田収授法**により、**6歳以上の男女**に口分田を支給。農民の生活を保障し、**徴税**の対象を確保した。

●**大宝律令**の制定（**701年**）

文武天皇の命により、**刑部親王、藤原不比等**らが編集。中央に**二官**（神祇官・太政官）と**八省**（中務省・式部省・治部省・民部省・兵部省・刑部省・大蔵省・宮内省）が、地方に**国・郡・里**が置かれ、律令制度による政治のしくみがほぼ整う。大宝律令を一部改正した**養老律令**が718年に定められ、757年に施行された。

●**律令制度の動揺**

三世一身法（**723年**）：既存の用水路を利用して開墾した者には**1代に限り**、新たに用水路を開いて開墾した者には3代にわたって土地の私有を許した。

墾田永年私財法（**743年**）：一定の制限のもとに墾田の**永久私有**を認めた。貴族や地方豪族、社寺による私有地の拡大を招き、**荘園**成立の原因となる。

POINT 2 聖武天皇の政治

聖武天皇は仏教を厚く信仰し、仏教のもつ**鎮護国家**の思想により国家の安定を図った。

国分寺建立の詔（**741年**）：諸国に**国分寺、国分尼寺**をつくらせる。

大仏造立の詔（**743年**）：同年に紫香楽宮で盧舎那仏の鋳造を開始。のちに**平城京**で鋳造が再開され、**752年**に**開眼供養**が行われる。

POINT 3 奈良時代の権力者の変遷

藤原不比等：藤原氏の祖・**鎌足**の子。**大宝律令、養老律令**の制定に参画し、**平城京**遷都に尽力する。720年死去。

長屋王：天武天皇の孫。藤原不比等の死後、政権の中核を担い、**三世一身法**を制定。729年、藤原四子の策謀により謀反の罪に問われ自殺した（長屋王の変）。

藤原四子：藤原不比等の4人の子（**武智麻呂・房前・宇合・麻呂**）。長屋王の変ののちに権力を握るが、737年に流行した天然痘により相次いで病死。房前を祖とする**北家**はのちの**藤原摂関家**となる。

橘 諸兄：光明皇后の異父兄。藤原四子の死後に政権を握り、唐から帰国した吉備真備、玄昉らを重用した。藤原仲麻呂の台頭により勢力を失う。

藤原仲麻呂：藤原不比等の長男・武智麻呂の子。光明皇太后の信を得て勢力を伸ばし、淳仁天皇を擁立して恵美押勝の名を賜わる。764年、道鏡の排除を謀り敗死（恵美押勝の乱）。

道鏡：法相宗の僧。孝謙太上天皇の寵愛を受けて台頭し、太上天皇が重祚*して称徳天皇になると、太政大臣禅師、さらに法王の称号を得て権力を握った。769年、宇佐神宮の神託と称して皇位につこうとするが、和気清麻呂らに阻止される。

POINT 4　桓武天皇の政治

・784年に長岡京、次いで794年に平安京に遷都し、政治の刷新を図る。
・仏教政治の弊害を改め、最澄を唐に派遣して新仏教（天台宗）をおこさせる。
・健児の制を定め、地方兵制を改革（792年）。
・蝦夷征討のため、坂上田村麻呂を征夷大将軍に任じる（797年）。田村麻呂は802年に胆沢城を築いて拠点とし、蝦夷の族長阿弖流為を帰順させた。
・勘解由使を設置し、国司交替の事務引き継ぎをきびしく監督させる。

POINT 5　藤原氏の摂関政治

藤原氏、特に北家は、天皇の外戚*となることにより朝廷との結びつきを強めて勢力を伸ばし、摂政・関白として政治の実権を握った。

858年 藤原良房が、幼少の清和天皇を即位させ、実質上の摂政となる。
866年 良房が正式に摂政の命を受ける（臣下として初めて摂政となる）。
884年 藤原基経が、実質上の関白となる（887年に正式に関白の詔を受ける）。
11世紀前半 藤原道長・頼通の頃、摂関政治の最盛期を迎える。

POINT 6　院政

1068年 藤原氏を外戚としない後三条天皇が即位し、親政を行う。
1086年 白河天皇が、幼少の堀河天皇に譲位。自らは上皇として院庁を開き、天皇を後見する形で政治の実権を握る（院政の始まり）。
1158～1192年 後白河上皇が、二条・六条・高倉・安徳・後鳥羽天皇の5代にわたって院政を行う（1179年から1181年にかけて、平清盛により幽閉され中断）。

POINT 7　平氏政権と源平の争乱

1156年 保元の乱で、平清盛、源義朝らが後白河天皇側について勝利。
1159年 平治の乱で、平清盛が源義朝を破る。
1167年 平清盛が太政大臣になる。一族も高位高官にのぼり、平氏の全盛期に。
1180年 源義朝の子・頼朝が伊豆で挙兵（源平の争乱の始まり）。
1181年 平清盛死去。
1185年 壇の浦の戦いで平氏一門が滅亡。

＊ 重祚…一度退位した天皇が再び皇位につくこと。
＊ 外戚…母方の親族。

1 律令制下の中央行政組織として、神祇官、太政官の二官が置かれた。

○　神祇官は祭祀をつかさどる官庁で、行政全般を管轄する太政官と並び置かれた。実質的な最高官庁である太政官のもとに、中務省、式部省、治部省、民部省、兵部省、刑部省、大蔵省、宮内省の八省が置かれ、政務を分担した。

2 律令国家では、原則として土地の私有が禁じられ、人民のうち成人男子のみに口分田が支給され、租税が課された。

×　口分田は、6年ごとに作成される戸籍に基づいて、6歳以上の男女に支給された。法定面積は、男子は2段、女子は1段120歩（1段は360歩で、約11.9 a）。

3 聖武天皇は、仏教の鎮護国家思想による国家の安定を図り、国ごとに国分寺、国分尼寺を設けて国家の平安を祈らせた。

○　仏教を重んじた聖武天皇は、741年に国分寺建立の詔を出して諸国に国分寺、国分尼寺をつくらせ、743年には大仏造立の詔を出した。

4 法相宗の僧・道鏡は、孝謙天皇の在位期間中に天皇の寵愛を受けて台頭し、太政大臣禅師に、次いで法王に任じられたが、淳仁天皇を擁立して恵美押勝の名を賜わった藤原仲麻呂により政界から追放された。

×　道鏡が台頭したのは、孝謙天皇の在位期間中ではなく淳仁天皇の時代で、孝謙天皇は退位して太上天皇（上皇）となっていた。太政大臣禅師に、次いで法王に任じられたのは、孝謙太上天皇が重祚して称徳天皇となった時代である。藤原仲麻呂（恵美押勝）は、道鏡の追放を企てたが失敗し、敗死した。

⑤ 桓武天皇は勘解由使を設置し、国司などの役人の交替に際しての事務引継ぎをきびしく監視させた。

〇 **勘解由使**は、令（律令国家の民法や行政法にあたる法典）に規定のない令外官の一つで、役人が交替する際に、引継ぎが無事に行われたことを証明する解由状の審査を行った。

⑥ 桓武天皇により征夷大将軍に任じられた坂上田村麻呂は、蝦夷征討の拠点として多賀城を築いた。

✕ 坂上田村麻呂は、蝦夷の拠点であった胆沢の地に**胆沢城**を築くと、鎮守府を**多賀城**からここに移した。鎮守府は、蝦夷征討のために陸奥国に置かれた役所で、奈良時代に多賀城に置かれたのが始まり。

⑦ 藤原良房は、臣下として初めて摂政になった。

〇 藤原良房は、幼少の清和天皇を即位させ、臣下として初めて**摂政**になった。良房の養子となり、その地位を受け継いだ**基経**は、初めての**関白**になる。

⑧ 藤原氏による摂関政治は、道長・頼通父子の時代に最盛期を迎えた。

〇 **藤原頼通**は後一条・後朱雀・後冷泉の3天皇の50年にわたって摂政・関白を務めたが、頼通の娘に皇子が生まれなかったために、摂政・関白を外戚としない後三条天皇が即位し、親政を行った。以後、摂政・関白の地位は形式的なものとなる。

過去問にチャレンジ！

問題1

裁判所職員（2020年度）

次のA～Dのうち、平安時代の出来事に関する記述として妥当なもののみを全て挙げているものはどれか。

A 坂上田村麻呂が東北で蝦夷の征討を行い、蝦夷の族長阿弖流為を降伏させた。

B 道鏡が孝謙太上天皇の寵愛を受けて権力を握り、政治が混乱した。

C 学問が重んじられ、有力貴族らも子弟教育のための大学別曹を設けた。

D 農地開拓のために健児制度が設けられ、各地で健児による開墾が行われた。

1. A、B
2. A、C
3. B、C
4. B、D
5. C、D

➡解答・解説は別冊P.002

問題2

警察官Ⅰ類（2020年度）

9世紀から11世紀における武士に関する記述として、最も妥当なものはどれか。

1 勢力を拡大しようとする地方豪族や有力農民による争乱の拡大に対して、政府は地方の有力者を受領や遙任に登用して滝口の武士として治安維持にあたらせた。

2 桓武平氏の平清盛は常陸・下野・上野の国府を攻め落とし、東国の大半を占領して新皇と自称したが、同じ東国の武士の平貞盛らによって討たれた。

3 伊予の藤原純友は、源経基との戦いに勝利した後に、瀬戸内海の有力な武士を率いて伊予の国府や大宰府を攻め落とした。

4 強力な武士団の統率者は棟梁と仰がれるようになり、その代表である源氏と平氏の両氏が地方武士団を広く組織した武家を形成し、大きな勢力を築くようになった。

5 承平・天慶の乱と呼ばれる南北で発生した朝廷への反乱は、その鎮圧に奮闘した地方武士の勢力を衰退させ、結果的に朝廷の軍事力が強化されることとなった。

→ 解答・解説は別冊 P.002

問題3

警察官Ⅰ類（2017年度）

次の平安時代初期に関する記述中の空所Ａ〜Ｄにあてはまる語句の組み合わせとして、最も妥当なものはどれか。

　光仁天皇の律令制再編政策を受けついだ（　Ａ　）は、都づくりと蝦夷支配を重点政策とした。784（延暦3）年に都を（　Ｂ　）に移したが政情不安が募り、794年に再度、都を移すこととした。これが平安京である。また、蝦夷の抵抗に対して、坂上田村麻呂を征夷大将軍として軍を派遣し、（　Ｃ　）を築いてここに鎮守府を移した。さらに、軍事力強化のために新たな軍事制度をつくり、また国司交替の事務ひきつぎをきびしく監督する（　Ｄ　）を新たに設けるなど、強い政治力で律令体制の立て直しをはかった。

	Ａ	Ｂ	Ｃ	Ｄ
1.	桓武天皇	長岡京	胆沢城	勘解由使
2.	桓武天皇	藤原京	多賀城	検非違使
3.	聖武天皇	長岡京	胆沢城	検非違使
4.	聖武天皇	藤原京	多賀城	勘解由使
5.	天武天皇	長岡京	多賀城	勘解由使

→ 解答・解説は別冊 P.003

問題4

警察官Ⅰ類（2016年度）

聖武天皇が行った政策として、最も妥当なものはどれか。

1. 平安遷都
2. 国分寺建立の詔発出
3. 健児の制実施
4. 八色の姓制定
5. 勘解由使の設置

→ 解答・解説は別冊 P.003

2 | 鎌倉時代

STEP 1 要点を覚えよう！

POINT 1 鎌倉幕府の成立

1180年 **源 頼朝**が伊豆で挙兵。頼朝、鎌倉に**侍所**を設置（侍所は、御家人を統率する機関で、初代別当は**和田義盛**）。

1183年 **後白河法皇**が、頼朝の東国支配を公認する。

1184年 頼朝、**公文所**、**問注所**を設置（公文所は、幕府の文書作成や財政事務を担当する機関で、のちに**政所**と改称される。初代別当は**大江広元**。問注所は裁判事務を担当する機関で、初代執事は**三善康信**）。

1185年 **平氏滅亡**。頼朝、諸国に**守護**を、荘園や公領ごとに**地頭**を置く（現在は、この年に**鎌倉幕府**が成立したとする説が有力）。

1189年 頼朝、**奥州藤原氏**を滅ぼす。

1192年 頼朝、**征夷大将軍**となる。

ここで<ruby>動<rt></rt></ruby>きめる！ 封建制度のしくみ

鎌倉幕府を支える基礎となったのは、**封建制度**と呼ばれる、土地の給与を通じた**将軍**と**御家人**の主従関係である。将軍は、御家人を**守護**や**地頭**に任ずることにより、先祖伝来の所領の支配権を保障し（**本領安堵**）、功に応じて新たな所領も与えた（**新恩給与**）。このような**御恩**に対して、御家人は、戦時には軍役を、平時には**番役**（内裏や院御所、幕府御所などを警備する役）などを務めて**奉公**した。

POINT 2 北条氏の執権政治

1199年 **源頼朝**死去。頼朝の子**頼家**が家督を継いで2代将軍になり、**北条時政**ら13人の**合議制**による政治が行われる。

1203年 時政、**比企能員**を滅ぼし、頼家を修禅寺に幽閉。時政は**執権**となる。頼家の弟・**実朝**を3代将軍に立てて実権を掌握する。

1204年 時政、頼家を謀殺。

1205年 時政、実朝の排除を企てるが失敗し失脚。子の**義時**が2代執権となる。

1213年 義時、侍所別当であった**和田義盛**を滅ぼす。義時は**政所別当**と**侍所別当**を兼ねる。⇒以後、北条氏が代々執権としてその地位を世襲する。

1219年 実朝が甥の**公暁**に暗殺され、源氏の正統が断絶する。⇒以後、摂関家出身の者や皇族が将軍職につくが、実権は北条氏が握る。

1221年 **後鳥羽上皇**が、北条義時追討の院宣を発して挙兵し、倒幕を図るも失敗。上皇は**隠岐**に流される（**承久の乱**）。幕府は京都に**六波羅探題**を設置。

1224年 義時死去。子の**泰時**が3代執権となる。

1225年 泰時の叔父・時房が**連署**（執権の補佐役）となる。⇒泰時は、有力御家人や政務にすぐれた者から**評定衆**を選び、合議制による政治を行った。

1232年 泰時、**御成敗式目**を制定（武家最初の法典）。

1249年 5代執権・北条**時頼**（泰時の孫）が、評定衆のもとに**引付衆**を置き、裁判の公正と能率化を図る。

POINT 3 蒙古襲来（元寇）

13世紀初め、**チンギス・ハン**がモンゴル諸部族を統合して**モンゴル帝国**を建国すると、その後継者たちはさらに領土を拡大。**チンギス・ハンの孫・フビライ・ハン**は、国号を**元**と改めて大都（北京）を都とし、中国を支配した。フビライは高麗を服属させ、日本にも**朝貢**[*]を要求したが、鎌倉幕府（執権・**北条時宗**）がこれを拒否したために、元は2度にわたり襲来し、九州北部を攻撃した。

1271年 幕府、元の襲来に備えて九州に所領をもつ御家人を下向させ、沿岸の警備を命じる（**異国警固番役**）。

1274年 元・高麗の連合軍約3万人が**対馬・壱岐**を侵略し、**博多湾**に上陸。日本側は苦戦するが、元軍の損害も大きく、撤退（**文永の役**）。

1275年 幕府、異国警固番役を強化。

1276年 幕府、博多湾沿岸に石塁を築く（**元寇防塁**）。

1281年 元軍14万人が来襲するが、博多湾上陸を阻まれ、暴風雨により撤退（**弘安の役**）。

蒙古襲来で動員された御家人は、多大な犠牲を強いられたのに、幕府から**十分な恩賞**を与えられず、窮乏したあげくに幕府への**不満**をつのらせたんだって。

POINT 4 北条得宗家による専制政治

蒙古襲来を機に幕府の支配権は強化され、北条氏の権力が拡大し、なかでも家督を継ぐ**得宗**[*]の権力は強大なものとなった。全国の**守護**、地頭の地位の多くは北条氏一門で占められ、得宗とその家臣である**御内人**が実権を握った。得宗の私邸で行われる**寄合**で政治が行われるようになり、公的な議決機関である、執権・連署・評定衆による評定会議は形骸化した。御内人は、将軍からみると**陪臣**（家来の家来）であるにもかかわらず、直参の**御家人**よりも強い権力をもつようになり、御家人との対立が激化した。9代執権・**北条貞時**の代の**1285年**に起きた**霜月騒動**は、**内管領**（御内人の中心人物）であった**平頼綱**が、有力御家人の**安達泰盛**を滅ぼした事件で、以後、内管領の専権が強まり、得宗専制政治が確立した。

---

[*] **朝貢**…中国の皇帝に対して、周辺諸国の首長が貢ぎ物を献上して臣下の礼を尽くすこと。
[*] **得宗**…北条氏の嫡流の当主をさす。もとは北条義時が徳宗と号したことにちなむ。

1 鎌倉を拠点とした源頼朝は、侍所、公文所、問注所を設置し、国ごとに守護を、荘園や公領ごとに地頭を置いた。

○ 源頼朝は、鎌倉に侍所、公文所（のちに政所と改称）、問注所を設置し、国ごとに守護を、荘園や公領ごとに地頭を置いて、鎌倉幕府の支配機構を整備した。

2 源頼朝は、土地の給与を通じた将軍と執権の主従関係を、幕府による支配機構の基礎とした。

× 源頼朝は、将軍と御家人の主従関係を、幕府による支配機構の基礎とした。将軍と御家人が、土地の給与を通じた御恩と奉公の関係により結ばれるこのような制度を、封建制度という。

3 源頼朝の死後、嫡男の頼家が家督を継いで2代将軍となったが、頼朝の妻・北条政子の父である北条時政が執権となり、他の御家人を排除して独裁政治を行った。

× 源頼朝の死後は、2代将軍頼家のもとで、北条時政ら有力御家人13人の合議制による政治が行われたが、御家人の間で激しい争いが続き、多くの御家人が滅んでいくなかで、北条氏が勢力を伸ばした。

4 1221年に起きた承久の乱は、後白河上皇が北条時政追討の院宣を発して挙兵し、鎌倉幕府打倒を図った事件である。時政が率いる幕府軍により乱は鎮圧され、上皇は隠岐に流された。

× 承久の乱は、後鳥羽上皇が北条義時追討の院宣を発して挙兵し、鎌倉幕府打倒を図った事件。北条泰時・時房が率いる幕府軍により乱は鎮圧され、上皇は隠岐に流された。時政は義時の父で初代執権となった人物だが、承久の乱の頃はすでに死去している。

5 承久の乱後、幕府は、従来の京都守護に代えて鎮西探題を設置し、朝廷の監視と京都の警備、西国の統轄にあたらせた。

× 幕府は、従来の京都守護に代えて、京都に**六波羅探題**を設置した。承久の乱で幕府軍を率いて上洛した北条泰時が六波羅の北、時房が南の居館に駐留したのが六波羅探題の始まりで、その後も北・南各1名の探題が北条氏一門から選任された。鎮西探題は、蒙古襲来（元寇）後に博多に設置された機関及びその長官の名である。

6 元の皇帝・フビライ・ハンは、高麗を服属させ、日本にもたびたび朝貢を要求したが、執権・北条時宗がこれを拒否したために、元は2度にわたり襲来し、九州北部を攻撃した。

◯ 1274年、1281年の2度にわたる**元**の襲来は、蒙古襲来、元寇、または、文永の役・弘安の役と呼ばれる。元軍の攻撃はいずれも失敗に終わったが、幕府はさらなる攻撃に備えて御家人の統制を強化した。

7 幕府は、元の2度めの襲来に備えて、九州探題を強化し、博多湾沿岸に石塁を築いて、九州北部の防備に努めた。

× 幕府は、元の2度めの襲来に備えて、**異国警固番役**を強化し、博多湾沿岸に石塁を築いた。九州探題は、室町幕府が九州統治のために置いた職名。

8 蒙古襲来を機に幕府の支配権が強化され、北条氏の権力が拡大し、なかでも家督を継ぐ嫡流の当主である得宗にあらゆる権力が集中した。

◯ 北条義時が徳宗と号したことにちなみ、北条氏の嫡流の当主を**得宗**と呼ぶようになった。得宗を称したのは8代執権となった時宗の頃からだが、それ以前の当主もさかのぼって得宗と呼ばれた。

STEP 3 過去問にチャレンジ！

問題 1

消防官Ⅲ類（2014年度類題）

鎌倉時代に関する次の記述のA～Dに入る語句の組み合わせとして、正しいものはどれか。

　源頼朝は、鎌倉を拠点とする武家政治をはじめ、国ごとに　A　を、荘園や公領ごとに　B　を置くことを朝廷に認めさせた。その後奥州藤原氏をほろぼした頼朝は、1192年に朝廷から征夷大将軍に任命され、全国の武士を従える地位に就いた。

　鎌倉幕府を支えたのは、将軍と将軍に従う武士（御家人）との結びつきであり、彼らは自分達の土地を守ってもらうために将軍に忠誠を誓い、その一方で　A　や　B　に任命され、新たな土地をもらえることを期待した。このような土地を仲立ちとして主従関係を結ぶしくみを封建制度という。

　頼朝の死後、有力な御家人のあいだで政治の主導権をめぐる争いが続き、そのなかで勢力を伸ばした北条氏は、やがて幕府の実権をにぎった。この北条氏の地位のことを　C　という。3代　C　である北条泰時は、御家人と荘園領主の間で領地をめぐる争いが増えると、土地争いの裁判を公平に行うための基準を示すために、1232年に　D　を定めた。

	A	B	C	D
1.	地頭	守護	六波羅探題	御成敗式目
2.	守護	地頭	執権	御成敗式目
3.	守護	地頭	六波羅探題	御成敗式目
4.	守護	地頭	執権	武家諸法度
5.	地頭	守護	六波羅探題	武家諸法度

➡解答・解説は別冊P.004

問題 2

警察官Ⅰ類（2015年度）

鎌倉時代の政治体制に関する記述として、最も妥当なものはどれか。

1　源頼朝は、関東武士団と所領支配を通じて成立する封建関係と呼ばれる主従関係を結び、彼らを御家人として組織した。

2　鎌倉幕府は、支配機構として、中央に侍所、政所及び公文所を置き、地方には各国ごとに国司と郡司を置いた。

3　将軍職は、三代将軍実朝が暗殺された後は置かれず、後継となった北条氏は将

軍に変えて 執権の名で幕府を統率した。

4 後醍醐天皇が惹き起こした承久の乱を契機に、鎌倉幕府の支配は全国に及び、朝廷に対する政治的優位が確立した。

5 北条泰時の時代に確立した執権政治とは、政治の決定や裁判の判決などの権限を執権一人に集権する幕府政治の体制をいう。

➡解答・解説は別冊P.004

問題3

特別区Ⅲ類（2021年度）

鎌倉時代の北条氏による執権政治に関する記述として、妥当なものはどれか。

1 北条時政は、源頼家の弟の実朝を将軍に立てて、自らは政所の別当となり、この時政の地位は執権と呼ばれた。

2 北条時頼は、後鳥羽上皇らによる承久の乱に勝利した後、京都に六波羅探題を置き、朝廷の監視や御家人の統轄に当たらせた。

3 北条義時は、執権、連署、評定衆の合議によって政務や裁判を行う体制を整え、武家最初の法典として51か条の御成敗式目を制定した。

4 北条時宗は、評定のもとに新たに引付を置いて引付衆を任命し、御家人の所領に関する訴訟を専門に担当させて裁判の迅速化を図った。

5 北条泰時は、フビライ＝ハンから朝貢を求められたが拒否し、九州の御家人に異国警固番役を課して、元の襲来に備えた。

➡解答・解説は別冊P.005

3 室町・安土桃山時代

STEP 1 要点を覚えよう！

POINT 1 建武の新政〜南北朝の動乱

1324年 **後醍醐天皇**による討幕計画が発覚し、失敗に終わる（**正中の変**）。

1331年 後醍醐天皇が再び討幕を企てるが失敗（**元弘の変**）し、翌年**隠岐**に流される。

1333年 後醍醐天皇が隠岐を脱出。**足利高氏**（のちの尊氏）が**六波羅探題**を、**新田義貞**が鎌倉を攻略し、鎌倉幕府が滅亡する。

1334年 後醍醐天皇が年号を建武と改め、天皇による**親政**を復活させる。

1335年 足利尊氏、関東に下り鎌倉を制圧し、後醍醐天皇の新政権から離反。

1336年 尊氏、京都を制圧し、**光明天皇**を擁立。**建武式目**を制定する（**室町幕府**の成立）。後醍醐天皇は**吉野**に逃れる。⇒以後、吉野の**南朝**（**大覚寺統**）と京都の**北朝**（**持明院統**）が対立し、60年にわたる**南北朝の動乱**が始まる。

POINT 2 室町幕府の主な将軍と出来事

初代・足利尊氏：1338年に**征夷大将軍**となる。最初、弟・**直義**と政務を分担したが、のちに対立し、尊氏派の**高師直**らと直義派が武力衝突（**観応の擾乱**）。

3代・足利義満：1392年に**南北朝の合一**を実現。山名氏、大内氏などの有力守護を粛清し、幕府の権力を確立した。

6代・足利義教：鎌倉公方・**足利持氏**を滅ぼし、有力守護を弾圧するなど専制的な政治を行ったが、赤松満祐により殺害される（**嘉吉の変**）。

8代・足利義政：弟・**義視**と、子の義尚を後継者に推す妻・**日野富子**の間に起きた家督争いが**応仁の乱**の一因となる。義尚に将軍職を譲り、東山山荘に隠棲。

POINT 3 室町幕府の機構

管領：将軍の補佐役として、**侍所**、**政所**などの中央諸機関を統轄。最初は**執事**と呼ばれたが（足利尊氏を補佐した高師直がその例）、のちに管領と称され、足利氏一門の**細川・斯波・畠山**の3氏（**三管領**）が交替で務めた。

所司：京都の警備や刑事裁判をつかさどる**侍所**の長官。**赤松・一色・山名・京極**の4氏（**四職**）が交替で務めた。

執事：将軍家の家政、財政をつかさどる**政所**の長官。

鎌倉府：東国統治のために鎌倉に置かれた地方行政機関。

鎌倉公方：鎌倉府の長官。足利尊氏の子・**基氏**が就任し、代々その子孫が世襲。

関東管領：鎌倉公方の補佐役。**上杉氏**が世襲した。

ここで差をつける！ 守護大名

　室町幕府は、地方武士を動員するために**半済令**を出し、守護が国内の**年貢**の半分を徴発して配下の武士に分け与えることを認めた。最初は1年限りとし、**近江・美濃・尾張**の3国に限定されたが、やがて全国的、永続的に実施され、年貢だけでなく土地自体が分割の対象となった。荘園や公領の年貢の徴収を守護が請け負う**守護請**も広く行われた。国衙の機能をも吸収し、国全体の支配権を確立する守護も現れ、任国も世襲されるようになった。このように職権を拡大し領主化した守護を、鎌倉時代の守護と区別して**守護大名**という。

POINT 4 　応仁の乱～戦国時代

　嘉吉の変後、将軍の権力が弱体化する中で、**畠山・斯波**の両管領家の家督争いと将軍家の家督争いが相次いで起こった。これらの内紛に、幕府の実権を争って対立していた**細川勝元**と**山名持豊**が介入したことから**応仁の乱**（1467～1477年）が始まり、戦火に包まれた京都は荒廃した。

　応仁の乱以後は、各地に**戦国大名**が割拠して激しく争う**戦国時代**が続いた。戦国大名は、幕府の権威により地位を保っていた**守護大名**とは異なり、地域に根を下ろし、実力を蓄えて台頭した者たちである。守護大名自身が戦国大名となった例もあるが、**守護代***や**国人***が**下剋上**により戦国大名となった例も多い。

POINT 5 　織豊政権

1560年 尾張の**織田信長**が、桶狭間の戦いで駿河の**今川義元**を破る。
1568年 信長、**足利義昭**を15代将軍に立てて入京。
1570年 信長、**姉川の戦い**で近江の**浅井長政**、越前の**朝倉義景**を破る。
1571年 信長、**比叡山延暦寺**を焼き打ち。
1573年 信長、足利義昭を追放（**室町幕府滅亡**）。
1575年 信長・**徳川家康**の連合軍が、**長篠合戦**で甲斐の**武田勝頼**を破る。
1577年 信長、安土城下を**楽市**とする。⇒商工業を振興し、**城下町**を発展させる。
1580年 信長、**石山本願寺**を屈服させる。
1582年 信長、家臣・**明智光秀**の謀反により自刃（**本能寺の変**）。羽柴秀吉、山崎の戦いで光秀を討つ。**太閤検地**が始まる。
1585年 秀吉、**関白**となる。**長宗我部元親**を破り、**四国**を平定。
1586年 秀吉、**太政大臣**となり、**豊臣**の姓を賜わる。
1587年 秀吉、**九州**を平定。バテレン追放令を出し、**宣教師**に国外退去を命じる。
1588年 秀吉、**刀狩令**を発する。
1590年 秀吉、小田原の**北条氏**を滅ぼし、奥州の**伊達政宗**らを服属させ**全国統一**。
1592・1597年 秀吉、朝鮮侵略を企て派兵（**文禄の役・慶長の役**）
1598年 秀吉死去。

*　**守護代**…原則として在京した守護に代わって、領国を管理した代官。多くは在地の有力御家人が任命された。
*　**国人**…荘官や地頭が在地に土着して経営基盤をもち、領主層となった地方在住の武士。

1 後醍醐天皇が隠岐を脱出すると、天皇の呼びかけに応じて挙兵した新田義貞が六波羅探題を攻め落とし、足利高氏（のちの尊氏）が鎌倉を攻略して、鎌倉幕府は滅亡した。

× 後醍醐天皇の呼びかけに応じて、足利高氏（のちの尊氏）が六波羅探題を攻め落とし、関東で挙兵した新田義貞が鎌倉を攻略した。

2 後醍醐天皇は、年号を建武と改め、天皇による親政を復活させた。

○ 後醍醐天皇は、平安時代に親政を行った醍醐天皇・村上天皇の政治（延喜・天暦の治）を理想とし、天皇への権力集中を図ったが、それまでの武士の社会の慣習を無視した急激な変革に、多くの武士が不満をもった。

3 後醍醐天皇の新政権から離反し、京都を制圧した足利尊氏が大覚寺統の光明天皇を擁立すると、持明院統の後醍醐天皇は吉野に逃れ、以後、両統の朝廷が対立する南北朝の動乱が、約60年間続いた。

× 足利尊氏は持明院統の光明天皇を擁立し、大覚寺統の後醍醐天皇は吉野に逃れ、以後、両統が並立して抗争をくりひろげる南北朝の動乱が、約60年間続いた。1392年に、3代将軍・足利義満が南北朝の合一を果たした。

4 室町幕府では、将軍の補佐役として執権が置かれ、侍所・政所などの中央諸機関を統轄した。執権の地位は、足利尊氏の子・基氏の子孫が世襲した。

× 問題文中、執権は管領の誤りで、足利氏一門の細川・斯波・畠山の3氏（三管領）が交替で務めた。足利基氏とその子孫が世襲したのは、東国統治のために置かれた鎌倉府の長官・鎌倉公方である。

5 室町幕府は、地方武士を動員するために半済令を出し、守護が国内の年貢の半分を軍費として取得する権限を認めた。

○ 最初に出された**半済令**は、その年に限り、近江・美濃・尾張の3国のみに対して施行されたが、やがて全国的、永続的に実施され、年貢だけでなく土地自体が分割の対象になった。このような制度を背景に職権を拡大し領主化した守護を、鎌倉時代の守護と区別して守護大名という。

6 足利義持は、将軍権力の強化を図り、幕府と対立した鎌倉公方・足利持氏を滅ぼし、有力守護を弾圧するなど専制的な政治を行ったが、危機感を抱いた有力守護の一人・赤松満祐により殺害された。

× 問題文中、足利義持は**足利義教**の誤り。4代将軍・足利義持は管領らによる宿老会議の合議制を重んじたが、義持の弟で6代将軍となった義教は、合議制を廃して強圧的な政治を行った。

7 全国統一の野望を抱いた尾張の織田信長は、1570年に桶狭間の戦いで甲斐の武田信玄を破ると、翌年に比叡山延暦寺を焼き打ちし、1573年には、足利義昭を京都から追放して、室町幕府を滅ぼした。

× 織田信長は、1570年に姉川の戦いで近江の浅井長政、越前の朝倉義景を破った。桶狭間の戦いは、1560年に信長が駿河の今川義元を破った戦いである。

8 豊臣秀吉は、1587年に九州平定後、博多でバテレン追放令を出し、宣教師の国外追放を命じた。

○ **豊臣秀吉**は、当初はキリスト教の布教を認めていたが、九州平定に赴いた際に、キリシタン大名の大村純忠が長崎をイエズス会に寄進したことを知ると、まず、大名のキリスト教入信を許可制にし、続いてバテレン追放令を出し、宣教師の国外追放を命じた。

STEP3 過去問にチャレンジ！

問題 1

東京都Ⅲ類（2019 年度）

日本の室町時代に関する記述として、妥当なものはどれか。

1 室町幕府は、将軍の補佐役として執権が置かれ、有力な守護が任命されるとともに、地方機関として関東には鎌倉府が置かれた。

2 室町時代の農村では、有力な農民を中心に村ごとにまとまり、荘園と呼ばれる自治組織が造られた。

3 応仁の乱の後、下剋上の風潮が広まり、武田信玄や毛利元就といった戦国大名が各地に登場した。

4 寺院の部屋の様式を取り入れた寝殿造の住居が造られ、床の間が設けられ、書画が飾られた。

5 墨一色で自然などを表現する水墨画が描かれ、当時の代表的な画家として俵屋宗達が活躍した。

➡解答・解説は別冊 P.006

問題 2

裁判所職員（2018 年度）

室町時代の農業に関する次の A 〜 C の記述の正誤の組み合わせとして最も妥当なものはどれか。

A 稲の品種改良が進み、早稲・晩稲に加え、中稲の作付けが普及した。

B 農具の改良などが行われ、穀粒の選別に使われる唐箕（とうみ）や千石簁（せんごくどおし）などが考案された。

C 灌漑施設が整備され、肥料も刈敷や草木灰のほかに下肥が広く使われるようになり、二毛作が広まったほか、畿内の一部では三毛作も行われるなど、生産が増大した。

	A	B	C
1.	正	誤	正
2.	誤	誤	正
3.	正	正	誤

4. 誤　　正　　誤
5. 誤　　誤　　誤

➡解答・解説は別冊 P.006

問題 3

室町幕府に関する記述として、妥当なものはどれか。

1　足利尊氏は、建武の新政を行っていた後醍醐天皇を廃して持明院統の光明天皇を立て、17か条からなる幕府の施政方針である建武式目を定めて幕府再興の方針を明らかにし、自らは征西将軍となって室町幕府を開いた。

2　室町幕府の守護は、荘園の年貢の半分を兵粮として徴収することができる守護段銭の賦課が認められるなど、任国全域を自分の所領のようにみなし、領主化した守護は国人と呼ばれた。

3　室町幕府では、裁判や行政など広範な権限を足利尊氏が握り、守護の人事などの軍事面は弟の足利直義が担当していたが、やがて政治方針をめぐって対立し、観応の擾乱が起こった。

4　室町幕府の地方組織として関東に置かれた鎌倉府には、長官である管領として足利尊氏の子の足利義詮が派遣され、その職は、義詮の子孫によって世襲された。

5　足利義満は、京都の室町に花の御所と呼ばれる邸宅を建設して政治を行い、山名氏清など強大な守護を倒して権力の集中を図り、1392年には南北朝合一を果たした。

➡解答・解説は別冊 P.007

問題 4

特別区 I 類（2015 年度）

室町幕府に関する記述として、妥当なものはどれか。

1 足利尊氏は、大覚寺統の光明天皇を立てて征夷大将軍に任ぜられ、弟の足利直義と政務を分担して政治を行ったが、執事の高師直を中心とする新興勢力と対立し、観応の擾乱がおこった。

2 足利義満は、将軍を補佐する中心的な職である管領を設け、侍所や政所などの中央機関を統括し、管領には足利氏一門の一色、山名、京極の3氏が交代で任命された。

3 足利義持は、徳政令を出して守護に荘園や公領の年貢の半分を兵糧米として徴収する権限を与えると、守護はさらに、年貢の納入を請け負う守護請の制度を利用して荘園を侵略し、やがて守護大名とよばれて任国を支配した。

4 足利義教は、将軍権力の強化をねらって専制政治をおこない、幕府に反抗的な鎌倉公方足利持氏を滅ぼしたが、有力守護の赤松満祐に暗殺され、これ以降将軍の権威は揺らいだ。

5 足利義政の弟の義尚を推す日野富子と、義政の子の義視のあいだに家督争いがおこり、幕府の実権を握ろうと争っていた細川勝元と山名持豊がこの家督争いに介入し、応仁の乱が始まった。

➡解答・解説は別冊 P.007

問題 5

東京都Ⅲ類（2020 年度）

安土桃山時代に関する記述として、妥当なものはどれか。

1 豊臣秀吉は太閤検地を実施して、土地の生産力を米の収穫高で表示する石高を定めるとともに、検地帳を作成した。

2 豊臣秀吉は武家諸法度を出して兵農分離を進めたほか、キリスト教の広がりを恐れてバテレン追放令を出し、南蛮貿易を禁止した。

3 水上交通では、東廻り航路・西廻り航路が開発されたほか、江戸・大坂間には菱垣廻船・樽廻船が定期的に運航された。

4 商業が発展した大坂には蔵屋敷が置かれ、同業者が仲間を組織して営業の独占を図ろうとする株仲間が作られた。

5 千利休が浄瑠璃を発展させたほか、雪舟らによって城郭の内部の壁や襖や屏風に障壁画が描かれた。

→解答・解説は別冊 P.008

問題 6

特別区Ⅰ類（2017 年度）

織豊政権に関する記述として、妥当なものはどれか。

1 織田信長は、1560年に姉川の戦いで駿河の今川義元を破り、1567年には美濃の斎藤竜興を倒して、居城を清洲城から稲葉山城に移し、天下布武の印判を使用して、武力による天下統一への意思を示した。

2 織田信長は、1570年に浅井長政と朝倉義景の連合軍を桶狭間の戦いで破り、翌年、宗教的権威であった比叡山延暦寺を焼き打ちにし、1573年には足利義昭を京都から追放して室町幕府を滅ぼした。

3 織田信長は、1575年に長篠の戦いで鉄砲を活用して武田勝頼の騎馬隊を打ち破り、1580年には石山本願寺を屈服させたが、1582年に京都の本能寺で家臣の明智光秀の反乱にあい、統一事業半ばにして倒れた。

4 羽柴秀吉は、1582年に明智光秀を山崎の戦いで破り、翌年には織田信長の重臣であった柴田勝家を賤ヶ岳の戦いで破って、信長の後継者としての地位を固め、石山本願寺の跡地に安土城を築いた。

5 羽柴秀吉は、1584年に小牧・長久手の戦いで徳川家康と戦い和睦し、1585年には伊達政宗をはじめとする東北諸大名を屈服させ、全国統一を完成させると、1586年に太政大臣に就任して後陽成天皇から豊臣の姓を授けられた。

→解答・解説は別冊 P.009

この章で学ぶこと

反乱防止から失業防止への転換

　ここからは近世に入ります。江戸幕府の各政策を押さえましょう。

　江戸時代の初期には、幕府を転覆させる芽を摘むため、武断政治による大名の改易や減封が頻繁に行われましたが、食い扶持を失った牢人が江戸にあふれ、由井正雪の乱などが起きます。大名よりも大量の牢人のほうが政権基盤を脅かす存在だと悟った幕府は、末期養子の禁の緩和など、なるべく牢人を生み出さない文治政治へと転換します。現代の終身雇用制や中小企業保護に代表される「雇用を守る」考え方のルーツがここにあります。

「もとの濁りの田沼恋しき」

　江戸時代の中期には、長期政権にありがちな財政悪化や役人の不正、貧富の差の拡大など、現代においても課題となっているような諸問題が生じ、そのときどきの改革によって乗り切られました。

　「白河の清きに魚も棲みかねて　もとの濁りの田沼恋しき」

　これは、寛政の改革の強い引き締めに庶民が辟易し、田沼意次の時代の汚職はあっても華やかだったことを懐かしんだ歌です。積極財政か緊縮財政か、自由か管理か、という人類の重大テーマがこの頃の改革に内包されています。

錦の御旗と江戸城無血開城

　江戸時代の終焉に、鳥羽伏見の戦いが起きます。旧幕府軍から見れば、新政府軍は薩長による幕府への反逆です。しかし、薩長側が錦の御旗を掲げた瞬間、薩長が官軍、旧幕府は賊軍となり、あっという間に勝敗が決します。その後、新政府軍は江戸に向かって進撃を始めました。欧米列強による脅威の中、もしも新政府軍と旧幕府軍が正面からぶつかれば、八百八町は焦土と化し、国力が大きく減退した日本は欧米諸国に食い物にされたかもしれません。しかし、江戸を守りたいという勝海舟の願いに西郷隆盛が敵味方を超えて和平に応じ、江戸城総攻撃は回避されたのです。これは日本国全体の国益や民の安全を最優先した英断として後世に語り継がれています。

　この頃の戦いは、目先の勝敗だけでなく、知恵を使って全体への被害を最小限に抑えようとの工夫が施されています。迫りくる欧米列強に対し、「あなたもわたしも同じ日本人」という同胞意識が双方の根底に流れていたのではないでしょうか。

　幕末の動乱は生き生きとイメージを膨らませて学習するのがポイントです。

国家総合職（教養区分）

選択肢の文章が長く、正確な理解が求められている。江戸時代の法制や幕末の諸外国との交渉過程などの応用問題が多い。単なる暗記ではなく、背景となる状況、因果関係、日本史全体における意義など、踏み込んだ視点での分析が必要。

国家一般職・専門職

令和6年度の採用試験より、知識分野の出題が「自然・人文・社会に関する時事、情報を6題」に変更となった。おもに併願先の対策を想定して取り組むのが効率的。

裁判所職員

国家一般職・専門職の採用試験と同様に、令和6年度から知識分野の出題が「時事問題を中心とする6題」に変更となった。おもに併願先の対策を想定して取り組むのが効率的。

地方上級

定期的に出題されている。江戸時代の学問や各時代の産業の特色、改革や土地制度、諸外国との通商状況など幅広く学習する必要がある。テーマごとに重要事項を整理しよう。

東京都Ⅰ類

出題頻度はそれほど高くないが、江戸幕府の初期の政策や中期の改革、幕末の条約などを押さえておこう。土地制度や外交など、通史として出題されることも多いため、関連事項をまとめておきたい。

特別区Ⅰ類

出題頻度は高くないが、出題時に世間で話題になっている場所や人物について聞かれることが多い。通史的な問題も出題されるため、各事項の暗記だけではなく、日本史全体における位置づけを意識した学習を心がけよう。

市役所

数年に一度の割合で1問だけ江戸の政策が出題されている程度なので、まずは出題頻度の高い近現代を先に学習し、余裕があれば他の時代も網羅していく順序で取り組もう。

警察・消防

しばしば出題される。重要語句を正しく把握していれば容易に解ける問題ばかりで、全体の流れを問う出題は稀なので、用語の理解を中心に学習を進めよう。

4 江戸時代①

STEP 1 要点を覚えよう！

POINT 1 江戸幕府の成立～幕藩体制の確立

●初代将軍・徳川家康、2代将軍・秀忠の時代と出来事

1600年 関ヶ原の戦いで、**徳川家康**側の東軍が勝利。

1603年 家康、**征夷大将軍**になり、江戸幕府をひらく。

1605年 家康、将軍職を辞し、子の**秀忠**を2代将軍とする（将軍職が徳川氏の世襲であることを諸大名に示すねらい）。家康は**駿府**に移り、**大御所**（前将軍）として実権を握り続ける。

1612年 幕府の直轄領に**禁教令**が出される（翌年全国に施行）。

1614～1615年 大坂冬の陣・大坂夏の陣で、徳川方が**豊臣氏**を滅ぼす。

1615年 一国一城令、**武家諸法度**※、**禁中並公家諸法度**が定められる。

1616年 家康死去。

1619年 秀忠、外様大名の**福島正則**を、**武家諸法度**違反により改易（幕府の権力を示すねらい）。

1623年 秀忠、将軍職を子の**家光**に譲り、大御所となる。

1632年 秀忠死去。

●3代将軍・徳川家光の時代と出来事

1635年 家光、新たな**武家諸法度**（寛永令）を発布し、諸大名に**参勤交代**を義務づける。

1637年 **島原の乱**が起きる。

1639年 **ポルトガル船**の来航禁止（鎖国の完成）。⇒ POINT 3

1640年 幕府の直轄領に**宗門改役**が置かれる（1664年から諸藩でも実施）。⇒キリシタン弾圧の強化

1651年 家光死去。

ここで書きとめる！ ─ 島原の乱

1637年に起きた**島原の乱**は、**天草四郎時貞**（益田時貞）を首領とする天草・島原の農民らが、領主の圧政と幕府によるキリシタン弾圧に反抗して起こした一揆である。3万人余りの一揆勢が、原城跡に立てこもり抵抗を続けたが、翌年、幕府軍により鎮圧された。

※ **武家諸法度**…江戸幕府が諸大名を統制するために定めた法令。1615年の元和令を始めとし、その後も必要に応じて改定された。

国家一般職・専門職：★★★	地方上級：★★★	東京都Ⅰ類：★★★	市役所：★★★
国家総合職（教養区分）：★★★	裁判所職員：★★★	特別区Ⅰ類：★★★	警察・消防：★★★

重要度

POINT 2 江戸幕府の職制

老中：幕府の政務を統轄する常置の最高職。**2万5千石以上の譜代大名***から4〜5名程度選ばれた。

大老：老中の上に臨時に置かれた幕府の最高職で、定員1名。**酒井・土井・井伊・堀田**の四家から選ばれた。

若年寄：老中を補佐し、旗本*を監督する役職。**譜代大名**から選ばれた。

大目付：老中の下で**大名を監察**する役職。**旗本**から選ばれた。

目付：若年寄に従い、旗本・御家人を監察する役職。

寺社奉行：寺社や寺社領の管理・統制を行った。

勘定奉行：老中の下で、幕府の財政や、直轄領の収税などを行った。

町奉行：江戸の町方の行政・司法・警察を管轄した。南北両奉行所が月番で執務。

⇒寺社奉行・勘定奉行・町奉行を**三奉行**という。寺社奉行は将軍直属で格式が高く、譜代大名から選任。勘定奉行、町奉行は老中に属し、旗本から選ばれた。

このような幕府の職制は、3代将軍・家光の頃までに整備されたんだ。

POINT 3 江戸時代初期の外交〜鎖国政策

1600年 オランダ船リーフデ号が豊後に漂着。航海士**ヤン・ヨーステン**（耶揚子）と水先案内人**ウィリアム・アダムズ**（三浦按針）は徳川家康に仕え、**朱印船貿易**（幕府から海外渡航許可の**朱印状**を受けた朱印船による貿易）に従事。

1604年 幕府、**糸割符制度**を設ける。⇒特定の商人による**糸割符仲間**に生糸を一括購入させ、ポルトガル商人の利益独占を防ぐ。

1609年 平戸に**オランダ商館**を設置。

1613年 平戸に**イギリス商館**を設置。仙台藩主・伊達政宗が家臣の**支倉常長**をヨーロッパに派遣（**慶長遣欧使節**）。⇒本来の目的であった通商交渉には失敗し、1620年帰国。

1616年 中国船を除く外国船の寄港地を、**平戸・長崎**に制限する。

1623年 イギリス、平戸商館を閉鎖し、対日貿易から撤退。

1624年 スペイン船の来航を禁止。

1631年 **奉書船**制度を開始。⇒海外に渡航する船は、**朱印状**のほかに老中発行の**奉書**の所持を命じられる。

1633年 奉書船以外の海外渡航と、海外居住5年以上の者の帰国を禁止。

1635年 日本人の**海外渡航**、帰国を禁止。

1639年 **ポルトガル船**の来航禁止。⇒**鎖国**の完成

1641年 オランダ商館を**出島**に移転。

＊ **譜代大名**…関ヶ原の戦い以前から徳川氏の家臣であった大名。
＊ **旗本**…将軍直属の家臣で、御目見得を許される1万石未満の者。御家人は旗本の下位で、御目見得はできない。

1 江戸幕府の将軍と主従関係を結んだ諸大名のうち、関ヶ原の戦い前後に臣従した者を譜代大名という。

× 諸大名のうち、関ヶ原の戦い以前から徳川氏の家臣であった者を**譜代大名**といい、関ヶ原の戦い前後に臣従した家臣を**外様大名**という。譜代大名は全国の要所に配置され、老中、若年寄、寺社奉行、京都所司代、大坂城代などの幕府の要職を独占した。

2 江戸幕府では、大老と呼ばれる常置の最高職が政務を統轄した。大老は、2万5千石以上の譜代大名から4、5名程度選ばれた。

× 問題文中の大老は**老中**の誤り。大老は、老中の上に置かれた臨時の職で、徳川氏が三河の大名であった頃からの家臣である酒井氏や井伊氏などの有力な譜代大名から選ばれた。定員は1名。

3 徳川家康は、将軍職を子の秀忠に譲り、駿府に移った後も、大御所として幕府の実権を握り続けた。

○ 家康が将軍職を辞し、秀忠を2代将軍としたのは、将軍職が徳川氏の世襲であることを諸大名に示すことがねらいであった。その後も、家康は自ら**大御所**と称して幕府の実権を握った。

4 江戸幕府は、当初はキリスト教を黙認していたが、1612年に直轄領に、翌年には全国に禁教令を出し、信者に改宗を強制した。

○ 幕府は、**禁教令**を出して信者に改宗を強制し、こののち、幕府や諸藩は、宣教師やキリスト教徒に対して、処刑や国外追放などのきびしい迫害を行った。

⑤ 江戸幕府は、当初は諸外国との貿易に積極的で、オランダ、イギリスは、幕府から貿易の許可を得て、平戸に商館を開いた。

〇　1609年にオランダ、1613年にイギリスが、肥前の**平戸**に商館を開いて貿易を始めた。その後、イギリスは1623年に平戸の商館を閉鎖して対日貿易から撤退した。

⑥ 江戸幕府は、海外に渡航する商人に勘合を与えて貿易を公認した。勘合貿易がさかんになると、海外に移住する日本人も現れ、南方の各地に日本町がつくられた。

×　問題文中の勘合は**朱印状**、勘合貿易は**朱印船貿易**の誤り。朱印状は、戦国大名や江戸幕府の将軍が、所領安堵、海外渡航許可などの際に発行した公文書。朱印状をたずさえた貿易船を朱印船と呼んだ。

⑦ 1615年に出された最初の**武家諸法度**により、諸大名に参勤交代が義務づけられた。

×　武家諸法度は、江戸幕府が諸大名を統制するために制定した法令で、1615年に徳川家康が起草させ、将軍秀忠の名で発布した13か条（元和令）が最初のものであるが、その後、将軍の代替わりごとに発布され、何度かの改訂が行われている。**参勤交代**は、3代将軍・**家光**が発布した新たな武家諸法度（寛永令）により、諸大名に義務づけられた。

⑧ 江戸幕府は、1639年にポルトガル船の来航を禁止し、1641年にオランダ商館を長崎の出島に移した。

〇　鎖国体制の完成後も、対馬藩による**朝鮮**との貿易、朝鮮から幕府への通信使の派遣が行われ、薩摩藩の支配下に入った**琉球王国**との交易や、松前藩による**アイヌ**との交易も行われた。

STEP 3 過去問にチャレンジ！

問題1

警察官Ⅲ類（2015年度）

江戸時代初期の外交に関する記述として、妥当なものはどれか。

1 徳川家康は、朝鮮や琉球王国を介して明との国交回復を交渉し、約50年ぶりに国交を回復させた。

2 仙台藩主伊達政宗は家臣をスペインに派遣してメキシコと直接貿易を開こうとしたが、失敗に終わった。

3 ポルトガル商人はマカオを根拠地に中国産の生糸を長崎に運んで巨利を得ていたが、幕府は彼らに朱印状を与えて取引を許可、制限し、ポルトガル商人の利益独占を排除した。

4 朱印船貿易が盛んになると、海外に移住する日本人が増え、南方の各地に日本町がつくられた。三浦按針のように、アユタヤ朝の王室に重用された者もいた。

5 海外貿易も幕藩体制が固まるにつれて制限が加えられるようになったが、1616年にはすべての国の外国船の寄港地を平戸と長崎に制限した。

➡解答・解説は別冊P.010

問題2

東京都Ⅰ類（2017年度）

江戸時代初期の幕府の統治に関する記述として、妥当なものはどれか。

1 3代将軍徳川家光の頃には、将軍と諸大名との主従関係が揺らぎ始め、強力な領主権を持つ将軍と大名とが土地と人民を統治する惣領制が弱体化した。

2 キリシタン大名の有馬晴信と小西行長は、幕府がキリスト教徒を弾圧したことに反発し、1637年に島原の乱を起こしたが、翌年鎮圧され、有馬と小西の藩は領地を没収された。

3 島原の乱の鎮圧後、幕府はポルトガル船の来航を禁止し、平戸のオランダ商館を長崎の出島に移し、外国貿易の相手をオランダや中国などに制限した。

4 徳川家光は、寛永の御成敗式目を発布し、大名に国元と江戸とを3年交代で往復する参勤交代を義務付け、大名の妻子は江戸に住むことを強制された。

5 幕府の職制は、徳川家康が将軍となると直ちに整備され、五大老とよばれる重臣が政務を統轄し、勘定奉行等の五奉行が幕府の財政や裁判等の実務を執り行い、これらの役職には、原則として有力な外様大名が就いた。

→解答・解説は別冊P.010

問題3

警察官I類（2018年度）

江戸幕府に関する記述として、最も妥当なものはどれか。

1 大名は将軍との親疎関係で親藩・譜代・外様に分けられ、これらの大名の配置にあたっては、有力な外様は監視の目的から要所に配置された。

2 幕府の職制は徳川家光の頃までに整備され、政務を統轄する老中、臨時の最高職である大老、老中を補佐し旗本を監督する若年寄などが置かれた。

3 幕府は大名を厳しく統制するため御成敗式目を制定し、大名に国元と江戸とを3年交代で往復させる参勤交代を義務付けた。

4 幕府は公事方御定書を制定して、朝廷統制の基準を明示し、さらに六波羅探題らに朝廷を監視させたほか、摂家に朝廷統制の主導権を持たせた。

5 幕府は寺請制度を設けて宗門改めを実施し、仏教への転宗を強制するなどして、仏教以外の宗教をすべて禁圧した。

→解答・解説は別冊P.011

5 | 江戸時代②

STEP 1 要点を覚えよう！

POINT 1 幕藩体制の展開

●4代将軍・徳川家綱の時代と出来事

　1651年、3代将軍・**家光**が死去。子の**家綱**が11歳で将軍になり、家綱の叔父である会津藩主・**保科正之**が補佐した。当時、幕府が末期養子*を禁止していたために、多くの大名家が断絶し、牢人*が増加していた。慶安の変*（由井正雪の乱）をきっかけに、当時大量に発生していた牢人や、幕府の権力に反抗する「かぶき者」への対策が課題になり、**末期養子の禁止**が緩和された。

●5代将軍・綱吉の時代と出来事（元禄時代）

1680年 家綱死去。遺言により、弟の館林藩主・**綱吉**が養子となり5代将軍に。
1684年 綱吉、**服忌令**を発布。近親者が死亡した際の忌引の日数などを定めた。
1685年 綱吉、最初の**生類憐みの令**を発布。以後、生類憐みの令は頻繁に出され、
　　　　　特に犬の愛護に関する内容が極端になり、違反者には厳罰が科された。
1690年 綱吉、上野忍ヶ岡の孔子廟を湯島昌平坂に移す（**湯島聖堂**）。

●6代将軍・家宣、7代将軍・家継の時代と出来事（正徳の政治）

1709年 綱吉死去。綱吉の甥で養子となっていた**家宣**が6代将軍となる。家宣、**生類憐みの令**を廃止。**間部詮房**を側用人とし、朱子学者・**新井白石**を登用。
1710年 白石の進言により、**閑院宮家**が創設される。⇒幕府が費用を献上。
1712年 家宣死去。翌年、子の**家継**が3歳で7代将軍になる。⇒将軍が幼少であったため、新井白石らが引き続き幕政を主導した。
1714年 白石の建議により、**正徳小判**を鋳造。⇒元禄時代の悪貨を是正。
1715年 白石らが起草した**海舶互市新例**が施行される。⇒長崎での中国、オランダとの**貿易額**を制限し、**金銀**の流出を防ぐ。

ここで差をつける！ 文治政治

文治政治とは、**儒教**の思想に基づき、君主の徳によって人心を教化し、世の中を安定させようとする政治をいう。武力によって世の中を治める**武断政治**と対比される。江戸幕府の初代将軍・家康から3代**家光**までの時代の幕政は武断政治、4代家綱から7代**家継**までの時代の幕政は文治政治とされる。

＊　**末期養子**…後継ぎのいない大名が、急病や危篤の際に急に養子を願い出ること。
＊　**牢人**…主家を離れ、封禄を失った武士。浪人とも書く。

POINT 2　江戸幕府の三大改革と田沼時代

●享保の改革（1716〜1745年）＜中心人物：8代将軍・徳川吉宗＞

相対済し令（1719年）：旗本や御家人と札差*などの間で起きる金銭貸借に関する訴訟を幕府が受理せず、当事者間で解決するよう命じた。

目安箱の設置（1721年）：役人の不正などへの庶民の直訴を受け付ける。

上げ米（1722年）：大名から石高1万石につき100石を幕府に献上させ、その代わりに**参勤交代**の江戸在住期間を半減させた。⇒幕府の財政再建

小石川養生所を設置（1722年）：貧民のための医療施設

足高の制（1723年）：幕府のそれぞれの役職に基準となる**役高**を定め、その役職に就任する者の禄高が基準に満たない場合は、在職期間中に限り不足分を支給した。⇒旗本の人材登用が目的

公事方御定書の制定（1742年）：裁判や刑の基準を定める。

●田沼時代（1767〜1786年）

　10代将軍・**家治**の時代には、1767年に側用人、1772年に老中となった**田沼意次**が、十数年にわたり幕政の実権を握った。この時期は、**享保の改革**により一時持ち直した幕府の財政が再び行き詰まっていたが、財政再建のために意次がとった政策は、年貢の増徴や緊縮政策といった従来の方法とは異なり、商業資本を積極的に利用し、民間の経済活動を活発にして、その利益の一部を幕府の財源として取り込もうとするものだった。意次は、商人や職人の同業組織である**株仲間**を広く公認し、**運上**や**冥加**などの営業税の増収を図った。しかし、意次の積極的な経済政策は**賄賂**の横行を招いて批判され、家治の死とともに意次は失脚した。

●寛政の改革（1787〜1793年）＜中心人物：老中松平定信＞

囲米（1789年）：飢饉に備えて、諸藩に対し翌年から5年間、1万石につき50石を貯蔵するよう命じた。

棄捐令（1789年）：旗本・御家人の救済のため、札差に貸金を放棄させる。

旧里帰農令（1790年）：江戸に流入した没落農民の帰農を奨励。

寛政異学の禁（1790年）：**朱子学**を正学とし、湯島聖堂においてそれ以外の学問の講義や研究を禁止。

●天保の改革（1841〜1843年）＜中心人物：老中水野忠邦＞

倹約と風俗の取締り：芝居小屋の移転、**寄席**の取り潰し、出版統制などを行う。

株仲間の解散（1841年）：商品流通を独占する株仲間を解散させ、自由な取引による物価の引き下げをねらったが、市場の混乱を招き逆効果となる。

人返しの法（1843年）：江戸に流入した貧民の帰農を強制し、農村の再建を図る。

上知令（1843年）：江戸・大坂周辺の大名・旗本の知行地、約50万石を幕府の直轄地にしようとするが、大名・旗本の反対にあい失敗。忠邦は失脚した。

＊　慶安の変…兵学者・由井正雪が、牢人丸橋忠弥らと幕府への反乱を企てたが発覚し、未遂に終わった事件。
＊　札差…旗本・御家人を代行して蔵米の受け取りや売却を行い手数料を得た商人で、蔵米を担保とした金融業も行った。

1 文治政治とは、儒教の思想に基づいて人心を教化し、世の中を安定させようとする政治のあり方をいう。江戸幕府の3代将軍・徳川家光から7代将軍・家継までの時代の政治がこれに当てはまる。

× 初代将軍・家康から3代・家光までの時代の幕政は、武力によって世の中を治める**武断政治**、4代・**家綱**から7代・家継までの時代の幕政が文治政治とされている。

2 5代将軍・綱吉の時代には、極端な動物愛護例である生類憐みの令が頻繁に出されたが、綱吉が死去し、家宣が6代将軍になると廃止された。

○ **綱吉**は、1685年以来、たびたび生類憐みの令を出し、生類すべての殺生を禁じた。特に犬の愛護に関する内容は極端なもので、違反者には死罪などの厳罰が科された。

3 6代将軍・家宣は、朱子学者の新井白石を登用し、白石は7代家継の時代も引き続き政務を補佐した。白石らが起草した海舶互市新例は、長崎での中国、オランダとの貿易を奨励し、幕府の財政再建を図ったものである。

× 白石らが起草した海舶互市新例は、長崎での中国、オランダとの貿易額を**制限**する法令で、**金銀**の流出を防ぐことがその目的であった。

4 8代将軍・吉宗は、幕府の財政再建のために足高の制を出し、大名から石高1万石につき100石を幕府に献上させた。

× 8代将軍・吉宗は、幕府の財政再建のために、大名から石高1万石につき100石を幕府に献上させる**上げ米**を実施し、その代わりに参勤交代の江戸在住期間を半減させた。同じく吉宗の政策である足高の制は、幕府の役職に就任する者の禄高が基準に満たない場合に、在職期間中に限り不足分を支給したもので、**旗本**の人材登用が目的であった。

⑤ 8代将軍・吉宗は、評定所に目安箱を設置し、庶民の進言や役人への不満などを投書させた。

○ 8代将軍・吉宗は、1721年、評定所の門前に**目安箱**を設置し、庶民の進言や役人への不満などを投書させた。翌年、町医者の小川笙船が目安箱に投じた上書を契機として、幕府は貧民のための医療施設・小石川養生所を設置した。

⑥ 10代将軍・家治の時代に老中となった田沼意次は、商人や職人の同業組織である株仲間を広く公認し、運上や冥加などの営業税の増収を図った。

○ **田沼意次**は、商業資本を積極的に利用し、民間の経済活動を活発にして、その利益の一部を幕府の財源として取り込もうとする積極的な経済政策を実施したが、賄賂の横行を招いたことから批判され、家治の死とともに失脚した。

⑦ 老中松平定信は、飢饉に備えて諸藩に囲米を命じ、棄捐令を出して、困窮する旗本・御家人の負債を免じた。定信が行ったこれらの政策を、享保の改革という。

× 11代将軍・家斉の時代に老中松平定信が実施した、囲米、棄捐令、旧里帰農令、寛政異学の禁などの政策を、**寛政の改革**という。

⑧ 老中水野忠邦は、株仲間を奨励し、商業を発展させることにより幕府の財政立て直しを図った。

× 12代将軍・家慶の時代に老中となった水野忠邦は、商品流通を独占する株仲間を**解散**させ、自由な取引による物価の引き下げをねらったが、市場の混乱を招き逆効果となった。株仲間は、江戸時代初期には禁止されていたが、享保の改革において公認され、老中田沼意次が実権を握った時代には積極的に奨励された。

STEP 3 過去問にチャレンジ！

消防官Ⅰ類（2016年度）

問題1

江戸時代の人物に関する記述として、最も妥当なものはどれか。

1　柳沢吉保は、徳川綱吉の側用人になり、綱吉の意を受けて武断政治を推進した。

2　大岡忠相は、徳川家治に抜擢されて、享保の改革の実務を担当した。

3　田沼意次は、倹約と商業の支配統制をはかり、また米価の安定に努力した。

4　松平定信は、農村政策を重視した寛政の改革を行った。

5　水野忠邦は、従来の緊縮政策を捨て、商業の発展を目的とした天保の改革を行った。

➡解答・解説は別冊P.012

国家一般職（2016年度）

問題2

江戸幕府が行った政策に関する記述A～Eを古いものから年代順に並べ替えたとき、2番目と4番目に来るものの組み合わせとして最も妥当なものはどれか。

A　旧里帰農令を出して都市に流入した農村出身者の帰村を奨励するとともに、村からの出稼ぎを制限して農村人口の確保に努めた。また、飢饉対策として各地に社倉や義倉を設置し、囲米を行った。

B　一国一城令を出して、大名の居城を一つに限り、それ以外の領内の城を破壊させた。さらに武家諸法度を制定し、大名の心構えを示すとともに、城の新築や無断修理を禁じ、大名間の婚姻には許可が必要であるとした。

C　都市や農村の商人・手工業者の仲間組織を株仲間として広く公認し、引換えに運上・冥加金などを納めさせた。また、銅座・人参座などの座を設けて専売制を実施した。金貨の単位で表された計数銀貨である南鐐二朱銀を大量に鋳造し、金銀相場の安定に努めた。

D　町人の出資による新田開発を奨励し、年貢を増徴するため、その年の作柄から年貢率を定める検見法を改めて、一定の税率で徴収する定免法を採用した。また、財政難の下で人材を登用するため足高の制を定めた。

E 武道のみならず忠孝の道徳と礼儀を守るよう大名らに求めた。また、武家に対して忌引を定めた服忌令を、民衆に対して犬や鳥獣の保護を命じた生類憐みの令を出した。江戸湯島に聖堂を建て、儒学を奨励した。

	2番目	4番目
1.	B	A
2.	B	C
3.	D	A
4.	D	E
5.	E	C

➡解答・解説は別冊 P.012

問題3

江戸時代の政治改革に関する記述として、最も妥当なものはどれか。

1 徳川家宣は、生類憐みの令を廃止し、朱子学者の新井白石と側用人の柳沢吉保を信任して、政治の刷新をはかろうとした。

2 徳川吉宗は、側用人による側近政治をやめ、有能な人材を多く登用し、天保の改革と呼ばれる幕政改革を行った。

3 田沼意次は、幕府財政を再建するため、特定の商人に銅座や人参座をつくらせ独占を認め、商人や職人の同業者でつくる株仲間も積極的に公認して運上金や冥加金の増収をはかった。

4 松平定信は、寛政異学の禁を発し、朱子学を異学として、湯島聖堂の学問所で朱子学の講義や研究を禁じる措置を講じた。

5 水野忠邦は、人返しの法を発し江戸・大坂周辺の地を幕府直轄地にして、財政の安定や対外防備の強化をはかろうとしたが、大名や旗本の反対を受けて実現できなかった。

➡解答・解説は別冊 P.013

6 江戸時代③

STEP 1 要点を覚えよう！

POINT 1 ペリー来航から開国へ

1842年 **天保の薪水給与令**が出される。⇒1825年の**異国船打払令**を緩和し、漂着した異国船に薪・水・食料を与えて退去させることにした。

1853年 アメリカ東インド艦隊司令長官**ペリー**が、軍艦4隻を率いて浦賀沖に現れ、日本に**開国**を求める。

1854年 ペリーが再び来航し、強硬に条約締結を要求。幕府は圧力に屈し、**日米和親条約**に調印した（当時、幕政を担ったのは老中首座であった**阿部正弘**）。

> 日米和親条約の内容
> ①**下田・箱館**の開港
> ②難破船の救済と必需品の供与
> ③**領事駐在**の容認
> ④アメリカに一方的な**最恵国待遇**＊を与える
> ⇒幕府は、**イギリス・ロシア・オランダ**とも類似の条約を締結

POINT 2 日米修好通商条約の締結

1853年 ペリー来航を機に、**大船建造の禁**が解かれる。⇒**武家諸法度**により禁じられていた諸藩による軍船の建造を解禁し、**洋式軍艦**の建造を奨励。

1856年 初代駐日総領事として**ハリス**が下田に着任。通商条約の締結を求める。

1858年 老中首座**堀田正睦**が通商条約調印の**勅許**を求めたが、**孝明天皇**は拒否。／**井伊直弼**が大老に就任し、勅許のないまま**日米修好通商条約**に調印。⇒**オランダ・ロシア・イギリス・フランス**とも類似の条約を結ぶ（**安政の五カ国条約**）

> 日米修好通商条約の内容
> ①**神奈川・長崎・新潟・兵庫**の開港と、**江戸・大坂**の開市
> ②**自由貿易**の原則
> ③**居留地**の設定（一般外国人の国内旅行禁止）
> ④**領事裁判権**＊の規定（**治外法権**）
> ⑤**協定関税**（日本側の**関税自主権**＊の欠如）

＊ **最恵国待遇**…この場合、日本が他国と結んだ条約において、他国に対してアメリカよりも有利な条件を認めた場合は、アメリカにも同等の待遇を与えることをいう。

ここで差をつける！ 開港とその影響

日米修好通商条約の締結後、実際の貿易は、翌1859年から、横浜（神奈川）・長崎・箱館の3港で始まった。当初の最大の貿易相手国は**イギリス**で、主な輸出品は**生糸**、茶、蚕卵紙、海産物など。輸入品は、**毛織物、綿織物、武器、艦船、綿糸**などであった。貿易は大幅な輸出超過となり、物価の上昇をもたらした。幕府は、生糸など主要な輸出品5品の開港場への直送を禁じ、江戸の問屋を経由して輸出することを命じる**五品江戸廻送令**を出して貿易の統制を図ったが、在郷商人や列国の反対にあい、効果は上がらなかった。

POINT 3 公武合体と尊攘運動

公武合体論：**朝廷**と**幕府**が協力して国内外の問題に対処することにより、安定的な体制をつくろうとする考え方。

尊王攘夷論：天皇を尊ぶ**尊王論**と、開国を迫る諸外国を武力で撃退しようとする**攘夷論**が結びついたもので、水戸学者の**藤田東湖**らが唱えた。長州藩士**吉田松陰**らを通して全国の武士層に大きな影響を与え、**倒幕運動**の思想的基盤となった。

POINT 4 幕末の動乱～戊辰戦争

1858～1859年 安政の**大獄**。⇒大老**井伊直弼**が、**違勅調印**や**将軍継嗣問題**をめぐって対立した公家、大名、尊攘派の志士らを弾圧。**吉田松陰、橋本左内**らは刑死。

1860年 桜田門外の変（尊攘派の水戸浪士らが井伊を暗殺）。

1862年 公武合体策をとる老中**安藤信正**が、孝明天皇の妹**和宮**を将軍**家茂**の妻に迎える／安藤、尊攘派の水戸浪士らに襲撃される（**坂下門外の変**）／薩摩藩・**島津久光**一行が、行列を横切ったイギリス人を殺傷（**生麦事件**）。

1863年 長州藩、下関で外国船を砲撃／イギリス軍艦が鹿児島を砲撃（**薩英戦争**）。⇒講和後、薩摩とイギリスは接近／**薩摩・会津**両藩が公武合体派の公家らと手を結び、尊攘派の**長州藩**や急進派の公家**三条実美**らを京都から追放（**八月十八日の政変**）。

1864年 長州藩が京都に攻め上るが、会津・桑名・薩摩の兵に敗れ敗走（**禁門の変**または**蛤御門の変**）／第1次長州征討／英・米・蘭・仏の**四国艦隊**が下関を砲撃。／長州藩の**高杉晋作**が**奇兵隊**を率いて挙兵。⇒長州藩は倒幕へと向かう。

1866年 第2次長州征討／土佐藩出身の**坂本龍馬**らの仲介により、**薩長連合**の密約が結ばれる。

1867年 前土佐藩主・**山内豊信**が、将軍**徳川慶喜**に**大政奉還**を進言。慶喜はこれを受け入れ、朝廷に**大政奉還**の上表を提出。⇒武力倒幕派の機先を制したが、倒幕派は**王政復古の大号令**を発して幕府の廃絶を宣言し、**新政府**を樹立。

1868年 鳥羽・伏見の戦いを発端に、新政府軍と旧幕府軍による内戦（**戊辰戦争**）が起こる。⇒翌年の**五稜郭の戦い**（箱館戦争）で旧幕府軍の降伏により終結。

＊ **領事裁判権**…駐在国の自国民に対して、領事が自国の法に基づいて裁判を行う権利。
＊ **関税自主権**…国家が主権に基づいて自主的に関税を定める権利。

1 1842年、江戸幕府は異国船打払令を出して鎖国政策を強化した。

×　1842年にアヘン戦争で清がイギリスに敗れ、南京条約が結ばれると、江戸幕府は**天保の薪水給与令**を出して異国船打払令を緩和し、沿岸に所領をもつ大名や旗本に対して、来航した異国船に穏便に対処すること、漂流船に薪・水・食料を与えて退去させることを命じた。

2 1846年に、アメリカ東インド艦隊司令長官ペリーが浦賀に来航し、通商を求めたが、幕府が拒絶したため退去した。

×　1846年に浦賀に来航したビッドルは、通商を求めたが、幕府が拒絶したため退去した。ペリーは**1853年**に来航し、フィルモア大統領の国書を提出して、日本に開国を求めた。ペリーは翌年に再び来航し、幕府は圧力に屈して**日米和親条約**を結んだ。

3 日米和親条約では、下田・箱館の2港を開港すること、アメリカに領事の駐在を認めること、アメリカに一方的な最恵国待遇を与えることなどが定められた。

○　**最恵国待遇**とは、条約締約国の一方（この場合は日本）が他方（アメリカ）に対して、第三国に与えた最も有利な待遇と同等の待遇を自動的に与えることをいう。

4 1858年に調印された日米修好通商条約は、日本に関税自主権を認めない不平等な内容であった。

○　日米修好通商条約は、アメリカに**領事裁判権**を認め、日本に**関税自主権**を認めない不平等な内容であった。

⑤ 老中安藤信正は、安政の五カ国条約の違勅調印や将軍継嗣問題をめぐって対立した公家、大名、尊攘派の志士たちを弾圧したが、江戸城桜田門外で水戸浪士らにより暗殺された。

× 問題文中の「老中安藤信正」は、**大老井伊直弼**の誤り。井伊の死後に老中首座となった安藤信正は、公武合体策を推進し、和宮降嫁を実現したが、坂下門外の変で水戸浪士らに襲撃され失脚した。

⑥ 生麦事件とは、1862年に薩摩藩の島津久光一行が、江戸からの帰途、横浜生麦村において、騎馬のまま行列を横切ったイギリス人を殺傷した事件である。

○ 翌1863年、イギリスは、**生麦事件**への報復として鹿児島を攻撃し、薩摩藩と交戦した（薩英戦争）。講和後、薩摩藩とイギリスは接近し、親密な関係になる。

⑦ 1863年に起きた八月十八日の政変は、尊攘派の薩摩・会津両藩が、公武合体派の公家や長州藩の勢力を京都から追放した事件である。

× 八月十八日の政変は、薩摩・会津両藩が、公武合体派の公家とともに朝廷の実権を握り、長州藩を中心とする尊攘派の勢力と急進派の公家三条実美らを京都から追放した事件である。

⑧ 長州藩の久坂玄瑞は、自ら組織した奇兵隊を率いて挙兵し、藩内の保守派を倒して実権を握った。

× 問題文中の「久坂玄瑞」は**高杉晋作**の誤り。高杉が組織した奇兵隊は、武士、庶民の身分にかかわらず、有志の者を募って編成され、長州藩における改革派の軍事的基盤となった。久坂玄瑞は、吉田松陰が開いた松下村塾の塾生で高杉晋作と並ぶ逸材とされた、長州藩尊攘派を代表する人物であるが、禁門の変に破れ自刃した。高杉晋作が長州藩の実権を得たのは、禁門の変よりも後である。

過去問にチャレンジ！

問題 1

警察官Ⅰ類（2016年度）

桜田門外の変に関する記述中の空所 A ～ D に当てはまる語句の組み合わせとして、最も妥当なものはどれか。

　13代将軍家定に子が無いことから起こった将軍継嗣問題で、一橋家の慶喜を推す一橋派と、紀伊藩主徳川慶福を推す南紀派が対立した。1858年、井伊直弼が大老に就任すると、孝明天皇の勅許を得ることなく　A　の調印を断行するとともに、　B　を将軍の跡継ぎに決定した。こうした井伊の強硬方針に対して、大名や尊王攘夷を唱える志士たちから強い非難の声が上がるも、井伊は強硬な態度で反対派の公家大名をおさえ、　C　ら多数を処罰した。これを　D　という。この厳しい弾圧に憤激した水戸脱藩の浪士らは、1860年、井伊を江戸城桜田門外で暗殺した。

	A	B	C	D
1.	日米修好通商条約	一橋慶喜	渡辺崋山	禁門の変
2.	日米修好通商条約	徳川慶福	吉田松陰	安政の大獄
3.	日米修好通商条約	一橋慶喜	吉田松陰	蛮社の獄
4.	日米和親条約	徳川慶福	高野長英	安政の大獄
5.	日米和親条約	徳川家斉	渡辺崋山	蛮社の獄

➡解答・解説は別冊 P.013

問題 2

東京都Ⅰ類（2019年度）

江戸時代末期の情勢に関する記述として、妥当なものはどれか。

1　江戸幕府は、1854年に日米修好通商条約の締結に踏み切り、下田と箱館の開港、燃料・食料・水の提供、日本の一方的な最恵国待遇が定められた。

2　堀田正睦は、1858年、日米和親条約に調印し、自由貿易の開始、神奈川・長崎・新潟・兵庫の開港などが定められたが、同条約は日本に関税自主権がなく、領事裁判権も認める不平等条約であった。

3　開港により1859年に貿易が始まると、最大の貿易相手国であるアメリカとは、日本から生糸や綿糸を輸出し、毛織物や茶を輸入していた。

4　1863年、会津・薩摩両藩が中心となり、長州藩勢力と尊王攘夷派の公家三条実美らを京都から追放する八月十八日の政変が起きた。

5 1864年、山内豊信は禁門の変で会津・薩摩両藩に敗れたため、1867年に公議政体論の立場から徳川慶喜に朝廷への大政奉還をすすめ、慶喜は翌年、奉還を申し出た。

➡解答・解説は別冊P.014

問題3

消防官Ⅰ類（2018年度）

開国に関する、次のア～ウの記述の正誤の組み合わせとして、最も妥当なものはどれか。

ア 清国がイギリス・フランス連合軍にやぶれたアロー戦争の結果は、欧米からの外圧の脅威となって、日米修好通商条約の締結に影響した。この条約は関税自主権の欠如を定めた不平等なものであり、その後にアメリカ以外の国々と締結した安政の五か国条約も類似内容であった。

イ アメリカの東インド艦隊司令長官ペリーは、1853年に4隻の軍艦をひきいて浦賀沖に現われ、日本の開国を求めるフィルモア大統領の国書を幕府に提出した。幕府は翌年に日米和親条約を結び、200年以上続いた鎖国政策から開国へと転換した。

ウ 1859年に外国との貿易のために開港したのは長崎、函館、横浜の3港である。幕府は貿易の統制による物価抑制を目的として万延貨幣改鋳をおこなったが、列国からの圧力と地方商人の反対によって効果は上がらなかった。

	ア	イ	ウ
1.	誤	誤	正
2.	誤	正	誤
3.	正	誤	誤
4.	正	正	誤
5.	誤	正	正

➡解答・解説は別冊P.014

この章で学ぶこと

○ 上からの近代化

　ここからは近代史を扱います。諸外国との駆け引きの中で、日本が歩んだ道を追っていきましょう。

　明治維新後の日本における近代制度の確立は、欧米のように人民による革命で勝ち取った「下からの近代化」ではなく、政府主導で推し進めた「上からの近代化」でした。お雇い外国人を招き、諸外国に追いつくために諸制度を整えます。

　一方で、アジアで最初に近代化を成し遂げた日本は、日清戦争や日露戦争で世界の注目を浴び、大審院長の児島惟謙が政府からの圧力に屈せず司法権の独立を守ったことが賞賛されるなど、名実ともに近代国家として認められるようになりました。その結果、不平等条約改正を実現し、欧米と肩を並べる存在になっていきます。

○ 大正期からの急変

　戦前というと自由や人権が抑圧された印象を持つ人も多いかもしれませんが、大正デモクラシー期は現代と比べても引けを取らないほど自由で民主的な時代でした。しかし、第一次世界大戦での特需が終わり、その反動からの戦後恐慌、関東大震災を経て、軍部が台頭する時代へと突入します。ここから一気に強権的な時代が始まります。

　対外的にも、外交戦略の失敗が続き、勝算の乏しい選択をする結果となりました。アジア初の近代国家という自負が裏目に出てしまったのかもしれません。

○ 焼け野原から高度経済成長へ

　戦後史は日本史だけでなく、他科目や他分野での出題も多くなっています。特にGHQによる戦後政策は、現代日本の統治制度に直結しており、今の日本の直接的な下地となっているため頻出事項となっています。

　昭和史については、戦後の焼け野原から高度経済成長を経て世界有数の経済大国になる復活の過程や自民党政権下での出来事を整理しましょう。

　さて、ここまで来れば、日本がどのような歴史を経て現在に至ったのかの大枠を把握できたはずです。ここで、古代から通して歴史の変遷を一気にイメージしてみましょう。歴史は一度通史を学ぶだけでも、一生ものの財産となります。公務員試験対策はもちろんのこと、合格した後にもぜひ歴史の一翼を担っていると誇りに思いながら仕事をする公務員になっていただきたいと願います。

国家総合職（教養区分）

明治時代の問題が特に頻出。諸外国との関係を、互いの利害や地政学的観点から整理しておきたい。正誤判定の出題が中心ではあるが、各事象について自分で説明ができるぐらいの正確な状況把握が求められる。口頭でいいので簡潔に説明する学習を取り入れよう。

国家一般職・専門職

令和6年度の採用試験より、知識分野の出題が「自然・人文・社会に関する時事、情報を6題」に変更となった。おもに併願先の対策を想定して取り組むのが効率的。

裁判所職員

令和6年度から知識分野の出題が「時事問題を中心とする6題」に変更となった。おもに併願先の対策を想定して取り組むのが効率的。

地方上級

出題頻度が高いため、最優先で対策をしておきたい。明治新政府の政策、自由民権運動、大正文化、地租改正や農地改革、戦後の対外関係など、テーマを決めてまとめてみよう。

東京都Ⅰ類

政治史が中心で、明治政府の初期の政策や日清・日露戦争などの出題が見られる。戦争前後の国内状況などもきちんと押さえておきたい。

特別区Ⅰ類

明治時代が頻出であるが、いくつかの時代をまたいだ通史的な出題も多い。各戦争までの流れや終戦後の処理、護憲運動から普通選挙法までの経緯について正確に理解しておこう。

市役所

市役所試験での日本史では、近現代からの出題が大半を占める。その中でも特に第二次世界大戦後の出題が多いのが特徴。他の科目とも関連させながら効率的な学習を。

警察・消防

一問一答や過去問演習を中心に基本事項をしっかり確認しておこう。未知の用語の含まれる選択肢は誤りであることが多く、基本の用語知識だけで十分に正解できる問題が大半。

7 明治時代①

STEP 1 要点を覚えよう！

POINT 1 明治維新

　明治維新とは、江戸時代に築かれた**幕藩体制**を廃し、天皇を中心とする近代的、中央集権的な統一国家をつくろうとして、明治政府が行ったさまざまな改革を指す。当時は「御一新」と呼ばれた。

五箇条の誓文（1868年）：新政府の国策の基本方針を示したもので、明治天皇が神々に誓約する形で記された。

五榜の掲示（1868年）：五箇条の誓文交付の翌日に、全国の民衆に向けて掲げられた人民の心得。儒教的道徳を説き、徒党・強訴を禁じ、**キリスト教**を邪教として禁止した。

江戸を東京と改める（1868年）：翌年、皇居が旧江戸城に移される（**東京遷都**）。

一世一元の制（1868年）：9月に年号を**明治**と改元し、以後、天皇一代ごとに一つだけ年号を定めることとした。

版籍奉還（1869年）：諸藩主が天皇に**土地**と**人民**を返還。旧藩主はそのまま**知藩事**に任命され、藩政に当たった。

廃藩置県（1871年）：藩を廃して府県を置き、全国を政府の直轄地とする。旧藩主である知藩事は罷免され、中央政府が**府知事**・**県令**を派遣。

田畑永代売買の禁止令を解く（1872年）：**地券**を発行して土地の所有権を認める。

徴兵令（1873年）：満20歳に達した男子に3年間の兵役義務を課す（**国民皆兵**）。

地租改正（1873年）：課税の基準を収穫高から**地価**に変更。物納を**金納**に改め、税率を地価の**3%**とする（地券所有者が納税）。

ここで差をつける！ 四民平等

明治政府は、幕藩体制を支えた旧来の封建的身分制度の撤廃を進めた。**版籍奉還**により、藩主と藩士の主従関係は解消され、旧藩主は公家とともに**華族**とされ、藩士や旧幕臣は**士族**とされた。百姓や町人は**平民**とされ、苗字をもつことを許され、華族・士族との結婚や、移住、職業選択の自由も認められた。また、**解放令**を出して、えた・非人の賤称を廃止し、身分、職業とも平民同様とすることを定めた。しかし、現実には身分の差が解消されたわけではなく、社会的差別もなくならなかった。

POINT 2 殖産興業

　明治政府は、**富国強兵**をめざして**近代産業**の育成に力を注いだ。1870年に設置された**工部省**や、1873年に設置された**内務省**が、殖産興業政策の中心となり、欧米の学問や技術を学ぶために、多くの外国人教師（**お雇い外国人**）が招かれた。

1869年 蝦夷地を北海道と改称し、**開拓使**を設置する。

1871年 前島密の建議により、官営の**郵便制度**が発足する。

1872年 新橋・横浜間に初の鉄道開通。／**官営富岡製糸場**が操業開始（フランス人技師**ブリューナ**が指導）。／渋沢栄一が中心となり、**国立銀行条例**を制定。

1873～74年 第一国立銀行など4行が設立される。

1874年 北海道に**屯田兵制度**が設けられる（**開拓**と**ロシアの南下**に備えた警備）。

1876年 札幌農学校設立（アメリカの教育者**クラーク**を教頭として招く）。

1877年 第1回**内国勧業博覧会**が開かれる。

POINT 3 不平士族の反乱と自由民権運動～国会開設

1873年 明治六年の政変（征韓論争に敗れた**西郷隆盛**、**板垣退助**らが下野）。

1874年 板垣らが愛国公党を設立し、**民撰議院設立の建白書**を提出／佐賀の乱（江藤新平を首領とする征韓党などが反乱を起こしたが鎮圧され、江藤らは刑死）／板垣、片岡健吉らとともに土佐で**立志社**を設立。

1875年 立志社を中心に各地の民権派が結集し、大阪に**愛国社**を設立。⇒板垣の政府復帰により事実上解散。⇒1878年再興／政府、**漸次立憲政体樹立の詔**を発布。

1876年 廃刀令／**金禄公債証書**発行条例（**秩禄処分**＊）／熊本で神風連の乱が起き、これに呼応して**秋月の乱**、**萩の乱**が起きるが、いずれも鎮圧される。

1877年 西郷隆盛が鹿児島で挙兵し、熊本城の鎮台を包囲（**西南戦争**）。⇒約半年にわたる戦いの末、政府軍に鎮圧され西郷らは自決した。

1880年 前年の愛国社第3回大会での決定に基づき、**国会期成同盟**が結成される。

1881年 明治十四年の政変。⇒国会開設、憲法制定をめぐる政府内の対立に、**開拓使官有物払下げ事件**への世論の批判が絡み、急進派の**大隈重信**が罷免される。／政府は世論の動向に対応して**国会開設の勅諭**を出し、1890年に国会を開くことを公約／**自由党**結成（総理板垣退助）／**松方正義**が大蔵卿に就任（**松方財政**）。⇒デフレ政策による米・繭などの物価の下落や増税により農民が困窮する。

1882年 立憲改進党結成（総理大隈重信）／**福島事件**⇒翌年の高田事件、1884年の加波山事件、**秩父事件**など、自由党員や農民らの蜂起が相次ぐ。

1885年 内閣制度制定（第1次伊藤博文内閣が成立）。

1887年 三大事件建白運動（片岡健吉ら民権派による、**地租の軽減**、**言論・集会の自由**、**外交失策挽回**の要求）／**保安条例**⇒在京の民権派を東京から追放。

1889年 **大日本帝国憲法**発布。

1890年 第1回**衆議院議員総選挙**／第1回**帝国議会**が開かれる。

＊ **秩禄処分**…廃藩置県後も、政府は華族・士族に秩禄（家禄と賞典禄）を与えていたが、その支出が膨大であったために支給を打ち切る政策を進め、最終的に年間支給額の5～14年分の金禄公債証書を発行して秩禄を全廃した。

STEP 2　一問一答で理解を確認！

1 1869年に版籍奉還（はんせきほうかん）が行われると、諸藩主はただちに東京居住を命じられ、代わって中央政府が派遣する府知事・県令が地方行政を担当した。

× 　版籍奉還後、藩主はそのまま**知藩事**に任命され、藩政に当たった。1871年に**廃藩置県**が行われると、知藩事は罷免（ひめん）されて東京居住を命じられ、知藩事に代わって中央政府が派遣する**府知事・県令**が地方行政を担当した。

2 政府は、近代的な軍隊の創設をめざして徴兵令を公布し、士族のうち満20歳以上の男子に兵役義務を課したが、平民は徴兵の対象とならなかった。

× 　1873年に公布された**徴兵令**は、**国民皆兵（かいへい）**を原則とし、**士族・平民**の区別なく、**満20歳**に達したすべての男子に兵役義務を課した。ただし、当初は多くの免役規定があり、兵役に就いたのは農村の二男以下の者がほとんどであった。

3 政府は、土地の所有と売買を認め、土地の所有者に地券を発行するとともに、地券所有者を納税者とし、地価の一定割合を地租として金納させることにより財源の確保を図った。

○ 　1873年に実施された**地租改正**により、課税の基準は収穫高から**地価**に、納税の方法は物納から**金納**に改められた。当初、税率は地価の3%とされたが、負担の軽減を求めて各地で農民一揆（いっき）が起きたために政府が譲歩し、1877年に2.5%に引き下げられた。

4 政府は、1872年に官営模範（もはん）工場として富岡製糸場を設立し、フランスの先進技術を導入するとともに、近代的熟練工の養成を図った。

○ 　政府は、フランス人技師ブリューナを雇（やと）い入れ、フランス製の機械や蒸気機関を導入して**富岡製糸場**を設立した。

5 1872年に、渋沢栄一らの尽力により国立銀行条例が定められ、翌年、日本初の近代的銀行である第一国立銀行が設立された。

○ 1873〜74年に、東京の第一国立銀行をはじめとする4行の国立銀行が設立された。なお、国立銀行とは官営の銀行ではなく、国法に基づいて設立された民間資本の銀行である。

6 明治六年の政変とは、大久保利通、木戸孝允らが唱える征韓論に反対した西郷隆盛、板垣退助らが、論争に敗れて下野したことをさす。

× 西郷隆盛、板垣退助らは、武力を背景として朝鮮に開国を求める征韓論を唱えたが、内治優先を説く岩倉具視、大久保利通、木戸孝允らに反対され挫折し、征韓派の参議5名（西郷・板垣・後藤象二郎・江藤新平・副島種臣）が一斉に辞任した。

7 明治十四年の政変は、国会開設・憲法制定をめぐって政府内部に対立が生じ、急進派の大隈重信らが漸進派の伊藤博文らを追放した事件である。

× 明治十四年の政変は、国会開設・憲法制定をめぐる政府内部の対立が激化し、漸進派の伊藤博文らが急進派の大隈重信らを追放した事件である。この時期に、開拓長官黒田清隆らが起こした開拓使官有物払下げ事件への批判が強まっており、払下げに反対した大隈が世論の動きに関与しているとされ、参議を罷免された。

8 1887年に起きた三大事件建白運動は、片岡健吉ら民権運動家が、政府に対して、地租の軽減、言論・集会の自由、外交失策の挽回を求めた運動である。

○ 国会開設の時期が近づくと、後藤象二郎らによる大同団結運動や、片岡健吉らによる三大事件建白運動が起こり、民権派の再結集が図られた。

過去問にチャレンジ！

問題 1

国家専門職（2018 年度）

明治時代の政治に関する記述として最も妥当なものはどれか。

1 政府は、版籍奉還により旧藩主を旧領地の知藩事に任命し藩政に当たらせた。その後、政府は薩摩・長州・土佐の3藩の兵から成る御親兵によって軍事力を固めた上で廃藩置県を行った。これにより藩は廃止され府県となり、知藩事に代わって中央政府が派遣する府知事や県令が地方行政に当たることとなった。

2 西郷隆盛を中心とした鹿児島士族らによる反乱である西南戦争が起こると、これに続き、佐賀の乱や萩の乱などの士族の反乱が全国各地で頻発した。政府はこれらの反乱を長期間にわたる攻防の末に鎮圧したが、その後、兵力不足を痛感した政府は国民皆兵をめざす徴兵令を公布した。

3 大隈重信は、開拓使官有物払下げ事件が起こると、これをきっかけにして明治十四年の政変を主導して伊藤博文らを中心とする藩閥勢力に大きな打撃を与えた。大隈重信は、その後、下野し、国会開設に備え、フランスのような一院制の導入と主権在民を求める立憲改進党を設立した。

4 第1回衆議院議員総選挙においては、立憲自由党や立憲改進党などの民党は大敗し、その勢力は衆議院の過半数にはるかに及ばない結果となり、民党は政府と激しく対立していった。また、この選挙結果に不満を持った民党の支持者らは、福島事件や秩父事件を起こした。

5 日露戦争で日本が勝利すると、山県有朋内閣は軍事力の更なる拡大をめざし軍部大臣現役武官制を定めるとともに、治安警察法を公布して政治・労働運動の規制を強化した。その後、シーメンス事件とよばれる汚職事件の責任をとって退陣した山県有朋は立憲政友会を結成し、伊藤博文が率いる軍部・官僚・貴族院勢力と対立した。

➡解答・解説は別冊P.015

問題 2

東京都Ⅲ類（2018 年度）

明治時代の情勢に関する記述として、妥当なものはどれか。

1 新政府は、1869（明治2）年に廃藩置県を、さらに1871（明治4）年に版籍奉還を行い、政府の役人が統治する中央集権国家の基礎がつくられた。

2 新政府は富国強兵の政策として殖産興業に取り組み、1872（明治5）年に官営の八幡製鉄所が作られた。また、同年に新橋・大阪間に鉄道が開通した。

3 自由民権運動の発展とともに政党結成の動きが進み、1881（明治14）年に板垣退助が立憲改進党を、1882（明治15）年に大隈重信が自由党をつくった。

4 福沢諭吉は、「学問のすゝめ」の中で「天は人の上に人を造らず、人の下に人を造らず」と記し、平等の思想を説いた。

5 帝国議会は、衆議院と貴族院の二院で構成され、両院の議員とも国民の選挙によって選ばれた。

明治政府の政策に関する記述として、最も妥当なものはどれか。

1 西郷隆盛を長とした兵部省により近代的な軍隊の整備がすすめられ、士族のみにより編成された常備軍が、全国の鎮台に配置された。

2 従来の家禄を廃止するかわりに士族授産をおこなったが、多くの下級士族が没落し、その救済として金禄公債証書が交付されることになった。

3 神風連の乱や秋月の乱、さらには西南戦争など不平士族による相次ぐ反乱に手を焼いたため、廃刀令を出して士族の身分的特権をうばうこととした。

4 田畑永代売買禁止令を解き、年貢負担者に地券を交付して、土地を地券所有者が自由に処分できる私有財産とした。

5 新貨条例を公布し、円、銭、厘の十進法をとる硬貨を発行し、また前島密が中心となって国立銀行条例を制定するなど、金融の安定につとめた。

➡解答・解説は別冊P.017

CHAPTER
1
日本史
7
明治時代
①

8 | 明治時代②

STEP 1 | 要点を覚えよう！

POINT 1 日清戦争

1882年 朝鮮の漢城（かんじょう）で**壬午軍乱**（じんご）（**壬午事変**）が起きる。⇒清が派兵し鎮圧

1884年 漢城で**甲申事変**（こうしん）が起きる。⇒清の干渉によりクーデタ失敗

1885年 日本と清の間で**天津条約**（てんしん）が結ばれる。⇒日清両国軍が朝鮮から撤退

1894年 朝鮮で**甲午農民戦争**（こうご）（**東学の乱**（とうがく）、**東学党の乱**とも）が起きる。日清両国は朝鮮の内政改革をめぐって対立し交戦状態に。⇒**日英通商航海条約**が結ばれ、日本はイギリスからの援助を期待できると判断して清に宣戦布告（**日清戦争**始まる）／**黄海の海戦**（こうかい）で、日本の連合艦隊が清の**北洋艦隊**を撃破

1895年 下関で講和会議が開かれ、**下関条約**が結ばれる。

下関条約の内容（日本全権：**伊藤博文・陸奥宗光**（むつむねみつ）／清国全権：**李鴻章**（りこうしょう））

①清国は**朝鮮**の独立を認める

②**遼東半島**（りょうとう）**・台湾・澎湖諸島**（ほうこ）を日本に割譲

③清国は**賠償金2億両**（ばいしょうきん におくテール）＊を日本に支払う

④**蘇州・杭州・重慶・沙市**（そしゅう・こうしゅう・じゅうけい・さし）の開市

⑤**揚子江**（ようすこう）の航行権を日本に与える

ここで差をつける！ 三国干渉

　下関条約締結後、ロシア・フランス・ドイツの3国は、日本の遼東半島領有が「朝鮮の独立を有名無実に為す」ことを理由に、日本に遼東半島の返還を勧告した。日本は3大国の圧力に屈してこれを受け入れ、清国と新たに遼東半島還付条約を結び、代償として3000万両（テール）（約4500万円）を取得した。以後、日本国内では、「**臥薪嘗胆**（がしんしょうたん）」を合言葉に、ロシアに敵対する世論が高まった。

> 臥薪嘗胆は、「たきぎの上に寝て、苦い胆（きも）をなめる」という意味で、苦しみに耐えながら屈辱を晴らす機会をうかがうこと。中国の故事成語だよ。

＊　テール…中国の旧通貨単位「両（リャン）」の英語名。2億テールは、当時の約3億1000万円に相当する。

POINT 2 日露戦争

1898年 ドイツが山東半島の膠州湾を、ロシアは遼東半島の旅順・大連を、イギリスは九龍半島・威海衛を租借（列強による**中国分割**）。

1899年 フランスが広州湾を租借。

1900年 排外主義団体**義和団**が、北京の列国公使館を包囲（**義和団事件**）／清国政府も義和団に同調し、列国に宣戦を布告したが、英・米・日・仏・露・独など8か国の連合軍が出兵し鎮圧（**北清事変**）。

1901年 北京議定書（列強は多額の賠償金と公使館守備隊の駐留権を得る）。

1902年 **日英同盟**が結ばれる。⇒北清事変を機にロシアが**満州**を事実上占領し、日本の**韓国**での権益が脅かされたため、日本はイギリスと同盟して対抗。

1904年 **日露戦争**始まる。

1905年 日本軍は**奉天会戦**で辛勝し、**日本海海戦**ではロシアの**バルチック艦隊**を全滅させる。⇒**アメリカ**の仲介により講和（**ポーツマス条約**）。

> ポーツマス条約の内容（日本全権：**小村寿太郎**／ロシア全権：**ウィッテ**）
> ①ロシアは、日本の**韓国**に対する指導権・監督権を認める
> ②旅順・大連の租借権、長春以南の**鉄道利権**と付属権益を日本に譲渡
> ③北緯50度以南の**サハリン**（樺太）を日本に割譲
> ④沿海州・カムチャツカの漁業権を日本に認める
> ⇒戦費をまかなうための増税に苦しんだ日本国民は、**賠償金**の取れない講和条約に不満を爆発させ、**日比谷焼打ち事件**が起きる

POINT 3 条約改正

1894年、第2次伊藤博文内閣の**陸奥宗光**外相は、自由党の支持を得て国内の条約改正反対の声を抑え、**領事裁判権**の撤廃、関税率の引上げ、相互対等の最恵国待遇などを内容とする**日英通商航海条約**の調印に成功。次いで他の欧米諸国とも改正条約を結んだ（1899年に同時に施行）。残された課題であった**関税自主権**の回復は、**1911年**、第2次桂太郎内閣の**小村寿太郎**外相のもとで実現した。

POINT 4 韓国併合

日本は、1876年に**日朝修好条規**を結び、鎖国政策をとっていた朝鮮を開国させて以来、朝鮮への政治、経済的進出を図ってきた。一方、清国は朝鮮の宗主国として指導権を握っていたが、**日清戦争**に勝利した日本は、**下関条約**で清国に朝鮮の独立を認めさせた。清の冊封体制から離脱した朝鮮は、1897年に国号を**大韓帝国**と改めた。その後、日本は第1次から第3次にわたる**日韓協約**によって、韓国の外交、内政の実権を掌握。1910年には**韓国併合条約**を結んで韓国を**日本領朝鮮**とし、**朝鮮総督府***を設置して名実ともに統治下に置いた。

---

* **朝鮮総督府**…韓国併合後、日本は首都漢城を京城と改称し、統治機関として朝鮮総督府を設置した。以後、1945年に日本が第二次世界大戦に敗れるまで、日本による朝鮮の植民地支配が続いた。

STEP 2　一問一答で理解を確認！

1. 朝鮮で起きた江華島事件をきっかけに、日清両国が朝鮮の内政改革をめぐって対立し、交戦状態に入ったことが日清戦争の発端となった。

× 　問題文中の江華島事件は、**甲午農民戦争**または**東学の乱（東学党の乱）**の誤り。江華島事件は、1875年に日本の軍艦が朝鮮の首都漢城近くの江華島で挑発行為を行い、砲撃を受けた事件である。

2. 下関条約で、清国は日本に遼東半島・台湾・澎湖諸島を割譲することを認めたが、ロシア・ドイツ・フランスの要求により、日本は台湾と澎湖諸島を返還した。

× 　ロシア・ドイツ・フランスの三国干渉により日本が清に返還したのは、台湾と澎湖諸島ではなく、**遼東半島**である。

3. 北清事変の鎮圧後、ロシアは満州を占領したまま撤退せず、日本の韓国での権益が脅かされたため、日本はイギリスと同盟を結んでロシアに対抗した。

○ 　日本政府内には、ロシアの満州支配を認める代わりに日本の韓国支配を認めさせる日露協商の構想（満韓交換論）も唱えられたが、桂内閣は、**日英同盟**を結び、実力でロシアから韓国の権益を守る対露強硬策をとった。

4. 日露戦争では、日本は日本海海戦でロシアのバルチック艦隊に敗れたため戦争継続が困難になり、講和に臨むことになった。

× 　日本海海戦では、日本の連合艦隊がロシアのバルチック艦隊を**全滅**させた。しかし、戦費調達に苦しむ日本は長期戦に耐えられる状態ではなく、ロシアも国内で革命運動が起こり戦争継続が困難になったため、アメリカの仲介により講和に臨むことになった。

5 日本は、日清戦争では講和条約により多額の賠償金を獲得したが、日露戦争の講和条約では賠償金を得ることができなかった。

○ 日清戦争の講和条約（**下関条約**）では、日本は清国から賠償金2億両を得たが、日露戦争の講和条約（**ポーツマス条約**）は賠償金を伴わないものであった。そのことにより、国内では講和反対運動が起こり、日比谷焼き打ち事件が起こった。

6 日露戦争の講和会議はアメリカのポーツマスで開かれ、日本全権陸奥宗光とロシア全権ウィッテがポーツマス条約に調印した。

× 問題文中の日本全権「**陸奥宗光**」は**小村寿太郎**の誤り。日露戦争の講和会議は、セオドア・ローズヴェルト米大統領の調停により、アメリカのポーツマスで開かれた。

7 1894年、第2次伊藤博文内閣の陸奥宗光外相は、国内の条約改正反対の声を抑えて日英通商航海条約の調印に成功し、これにより、領事裁判権の撤廃と関税自主権の回復が実現した。

× 日英通商航海条約と、その後、他の欧米諸国と結ばれた改正条約により、**領事裁判権**の撤廃が実現した。条約改正のもう一つの大きな課題であった**関税自主権**の回復は、1911年に、第2次桂太郎内閣の小村寿太郎外相により実現した。

8 日本は、1876年に日朝修好条規を結び、鎖国政策をとっていた朝鮮を開国させて以来、朝鮮への政治、経済的進出を図ってきたが、1910年に韓国を併合し、名実ともに統治下に置いた。

○ 日本は、1910年に**韓国併合条約**を結んで韓国を日本領朝鮮とし、**朝鮮総督府**を設置して名実ともに統治下に置いた。以後、1945年に日本が第二次世界大戦に敗れるまで、日本による植民地支配が続いた。

STEP 3 過去問にチャレンジ！

問題 1

特別区Ⅲ類（2017年度）

明治政府の外交に関する記述として、妥当なものはどれか。

1 陸奥宗光外相は、領事裁判権の撤廃と関税自主権の完全回復を内容とする改正日米通商航海条約に調印し、不平等条約の改正に成功した。

2 日清戦争は日本の勝利に終わり、日清両国は天津条約に調印、清国は日本に遼東半島を割譲することとなった。

3 北清事変後、ロシアは満州を事実上占領し、韓国における日本の権益を脅かすようになったため、桂太郎内閣は日英同盟協約を締結した。

4 日露戦争において日本がロシアに勝利した日本海海戦後、ポーツマス条約が調印され、ロシアは日本に多額の賠償金を支払うことになった。

5 日本は、韓国併合条約を韓国に調印させ、首都の漢城を京城と改め、関東都督府をおいて植民地支配をはじめた。

➡解答・解説は別冊P.018

問題 2

警察官Ⅰ類（2018年度）

日清戦争に関する記述として、最も妥当なものはどれか。

1 朝鮮で起こった甲申事変をきっかけに日清両軍は対立を深め、その後、正式に日本が清国に宣戦布告し、日清戦争がはじまった。

2 日清戦争後、清国の弱体化に乗じて、アメリカは山東半島の膠州湾を、イギリスは遼東半島の旅順・大連を、ロシアは九龍半島の九龍を租借し、鉄道建設などを進めていった。

3 日清戦争は日本の勝利に終わり、イギリス仲介のもと日本全権伊藤博文と清国全権李鴻章との間でポーツマス条約が締結された。

4 日清戦争後、清国は遼東半島を日本に割譲したが、これは東アジア進出をめざすロシアを刺激し、ロシアはフランス・ドイツ両国をさそって、同半島の返還を日本に要求した。

5 日本国民は大幅な増税に耐えて日清戦争を支えたが、賠償金がまったくとれない講和条約に不満を爆発させ、米騒動が起きた。

→解答・解説は別冊P.018

問題3

日清戦争又は日露戦争に関する記述として、妥当なものはどれか。

1 1894年に、朝鮮で壬午事変が起こり、その鎮圧のため朝鮮政府の要請により清が出兵すると、日本も清に対抗して出兵し、8月に宣戦が布告され日清戦争が始まった。

2 日清戦争では、日本が黄海海戦で清の北洋艦隊を破るなど、圧倒的勝利を収め、1895年4月には、日本全権伊藤博文及び陸奥宗光と清の全権袁世凱が下関条約に調印した。

3 下関条約の調印直後、ロシア、ドイツ、アメリカは遼東半島の清への返還を日本に要求し、日本政府はこの要求を受け入れ、賠償金3,000万両と引き換えに遼東半島を清に返還した。

4 ロシアが甲申事変をきっかけに満州を占領したことにより、韓国での権益を脅かされた日本は、1902年にイギリスと日英同盟を結び、1904年に宣戦を布告し日露戦争が始まった。

5 日露戦争では、日本が1905年1月に旅順を占領し、3月の奉天会戦及び5月の日本海海戦で勝利し、9月には、日本全権小村寿太郎とロシア全権ウィッテがアメリカのポーツマスで講和条約に調印した。

→解答・解説は別冊P.019

9 第一次世界大戦～第二次世界大戦

STEP 1 要点を覚えよう！

POINT 1 第一次世界大戦

　20世紀初頭のヨーロッパでは、**ドイツ・オーストリア・イタリアの三国同盟**と、**ロシア・フランスの露仏同盟**が対立。イギリスは、フランスと英仏協商、ロシアと英露協商を結び、**イギリス・フランス・ロシアの三国協商**が成立した。日本は、**日英同盟**と**日露協約**を結んでいた関係で、三国協商側に立った。

　1914年の**サライェヴォ事件***が引き金となり、ドイツ・オーストリアなどの同盟国と、英・仏・露などの連合国の間で、4年余りに及ぶ**第一次世界大戦**が起きる。日本は、日英同盟を理由に連合国側として参戦し、中国におけるドイツの租借地であった**青島**（チンタオ）と、ドイツ領**南洋諸島**を占領した。1915年には、中国の**袁世凱**政府に対し、**山東省**におけるドイツの権益の継承など**二十一カ条の要求**を行い、その大部分を承認させた。

POINT 2 大正デモクラシー

大正デモクラシー：日露戦争後から大正期にかけて、政治・社会・文化の各方面において、**自由主義**、**民主主義**的な思潮が起こり、さまざまな**社会運動**や**労働運動**が行われたことをいう。

民本主義：**吉野作造**が提唱した政治理論。民本主義とは「**デモクラシー**」の訳だが、**主権在民**を意味する「**民主主義**」とは一線を画し、主権の所在にかかわらず、主権の運用において民意を尊重すべきであると主張。**明治憲法**（大日本帝国憲法）のもとで行われた**普選運動**に指針を与えるなど、大正デモクラシーを代表する理論となった。

天皇機関説：**美濃部達吉**（みのべ）が提唱した、**明治憲法**の解釈に関する学説。主権者は**国家**であり、天皇は法人である国家の権限を行使する最高機関であるとした。1935年に起きた**国体明徴問題**（めいちょう）で弾圧された。

第一次護憲運動：立憲政友会の**尾崎行雄**、立憲国民党の**犬養毅**（いぬかいつよし）らの野党勢力が、ジャーナリスト・商工業者らとともに、「**閥族打破・憲政擁護**（ようご）」をスローガンに掲げて展開した倒閣運動。第3次桂太郎内閣が退陣に追い込まれた（**大正政変**）。

第二次護憲運動：憲政会・立憲政友会・革新倶楽部の3党（**護憲三派**（けいご））が、貴族院中心の**超然内閣***であった**清浦奎吾**内閣打倒、**普通選挙**実現などを掲げた運動。総選挙では護憲三派が圧勝し、憲政会総裁の**加藤高明**を首相とする3党の連立内閣が発足。満**25歳以上の男子**に選挙権を与える**普通選挙法**を成立させた。

---

* **サライェヴォ事件**…ボスニアの州都サライェヴォで、オーストリア＝ハンガリー帝国の皇位継承者夫妻がセルビア人に暗殺された事件。

POINT 3 軍部の台頭〜第二次世界大戦

1931年 奉天郊外の柳条湖で、日本の関東軍が**南満州鉄道**の線路を爆破（**柳条湖事件**）。⇒この事件を中国軍の行為と偽って軍事行動を開始（**満州事変**）。

1932年 満州国建国宣言／海軍将校らが**犬養毅**首相を射殺（**五・一五事件**）／リットン調査団が、満州国を日本の傀儡政権とする報告書を提出。

1933年 **国際連盟**総会でリットン報告書が採択される／日本は国際連盟を**脱退**。

1936年 皇道派の将校らが**斎藤実**内大臣・**高橋是清**蔵相らを殺害（**二・二六事件**）。

1937年 北京郊外の盧溝橋で日中両軍が衝突（**盧溝橋事件**）。⇒**日中戦争**始まる。

1938年 **国家総動員法**が制定される。

1939年 **ドイツ**が**ポーランド**に侵攻、**イギリス・フランス**がドイツに宣戦布告し、**第二次世界大戦**が始まる。

1940年 日独伊三国同盟締結／**大政翼賛会**発足。

1941年 日本海軍が**ハワイ真珠湾**を奇襲、陸軍が**マレー半島**に上陸し、日本は**アメリカ・イギリス**に宣戦布告（**太平洋戦争**始まる）。

1945年 米軍が**沖縄本島**に上陸／**広島・長崎**に原子爆弾が投下される／ソ連が日本に宣戦布告し、満州・朝鮮に侵入／日本は**ポツダム宣言**を受諾し降伏。

POINT 4 大正期から昭和初期の主な内閣と出来事

首相	年代	主な出来事
寺内正毅	1916.10〜1918.9	シベリア出兵／米騒動により総辞職
原敬	1918.9〜1921.11	華族の爵位をもたない平民宰相／立憲政友会を与党とする本格的な政党内閣／首相暗殺
清浦奎吾	1924.1〜1924.6	超然内閣／第二次護憲運動により退陣
加藤高明	1924.6〜1926.1	護憲三派内閣／普通選挙法・治安維持法制定
若槻礼次郎①	1926.1〜1927.4	金融恐慌の処理に失敗し退陣
田中義一	1927.4〜1929.7	モラトリアムにより金融恐慌を処理／張作霖爆殺事件（満州某重大事件）
浜口雄幸	1929.7〜1931.4	金輸出解禁／昭和恐慌／首相狙撃
若槻礼次郎②	1931.4〜1931.12	満州事変⇒不拡大方針を声明したが総辞職
犬養毅	1931.12〜1932.5	金輸出再禁止／満州国建国に反対／五・一五事件で首相暗殺⇒政党内閣の崩壊

＊ **超然内閣**…政府は政党の意向にとらわれるべきではないとする超然主義に立ち、議会や政党に制約されずに政治を行った藩閥・官僚内閣。議会で多数派を占める政党に基礎を置く政党内閣と対立する概念。

1 第一次世界大戦に日本は参戦せず、中立を保ちながら、中国におけるドイツの権益を接収していった。

× イギリスがドイツに宣戦布告すると、日本は**日英同盟**を理由に第一次世界大戦に参戦し、中国におけるドイツの権益を接収していった。

2 日本は、第一次世界大戦中の1915年に、中国の蒋介石政府に対して二十一カ条の要求を行った。

× 問題文中の「蒋介石政府」は、**袁世凱政府**の誤り。日本は、中国に対して、山東省におけるドイツの権益の継承など二十一カ条の要求を行い、その大部分を承認させた。

3 大正デモクラシーとは、第一次世界大戦中に日本経済が成長し、空前の好況となったことをさす。

× 大正デモクラシーとは、日露戦争後から大正期にかけて、自由主義、民主主義的な思潮が起こり、さまざまな**社会運動や労働運動**が行われたことをいう。なお、第一次世界大戦中に、輸出の急増により日本経済が空前の好況となったことは事実である。

4 吉野作造が唱えた天皇機関説は、主権は国民にあり、天皇は国家の機関にすぎないとする説で、大正デモクラシーの理論的支柱となった。

× 吉野作造が提唱したのは**民本主義**で、主権の所在にかかわらず、政策の決定は民衆の意向に従うべきであると主張した。天皇機関説は、主権は**国家**にあり、天皇は国家の最高機関として主権を行使するにとどまるという説で、**美濃部達吉**により提唱された。

5 1918年、米騒動の責任を追及され、寺内正毅内閣が退陣すると、立憲政友会の総裁原敬を首班とする、本格的な政党内閣が成立した。

○ 最初の政党内閣は、1898年に成立した第1次大隈重信内閣（隈板内閣）だが、与党憲政党の分裂により短命に終わった。1918年に発足した原敬内閣は、陸・海・外相を除く閣僚を立憲政友会員が占める本格的な政党内閣で、衆議院に議席をもつ初の首相である原は「平民宰相」と呼ばれた。

6 憲政会・立憲政友会・革新倶楽部の3党は、桂太郎内閣を超然内閣として批判し、憲政擁護運動を起こした。桂内閣は衆議院を解散し総選挙に臨んだが、選挙では護憲三派が圧勝した。

× 問題文は、1924年に起きた第二次護憲運動に関する記述で、問題文中の「桂太郎内閣」は、清浦奎吾内閣の誤り。護憲三派の勝利により加藤高明内閣が成立してからは、立憲政友会と憲政会（のち立憲民政党）の総裁が交代で内閣を組織する「憲政の常道」と呼ばれる時代が8年間続いた。

7 護憲三派内閣と呼ばれた加藤高明内閣の政権下で、原則として満25歳以上のすべての男女に選挙権を与える普通選挙法が成立した。

× 1925年に、加藤高明内閣のもとで成立した普通選挙法は、原則として満25歳以上のすべての男子に選挙権を与えるものであった。男女平等の選挙権が実現したのは、第二次世界大戦後の1945年である。

8 日中戦争が始まると、政府は経済統制に踏み切り、国家総動員法を制定した。

○ 1938年に制定された国家総動員法により、政府は、戦争遂行に必要な物資や労働力を、議会の承認なしに動員する権限を与えられた。

問題 1

警察官Ⅰ類（2021 年度）

昭和初期から太平洋戦争までの出来事に関する記述として、最も妥当なものはどれか。

1 1932年、海軍の青年将校の一団が起こした五・一五事件によって高橋是清蔵相が殺害され、大正末より続いた政党内閣が崩壊した。

2 1933年、国際連盟の総会でリットン報告書が採択され、日本に対し、満州国承認の撤回を勧告することが決議されると、松岡洋右ら日本全権団は総会から退場し、日本政府は翌月、国際連盟からの脱退を通告した。

3 1937年、北京郊外で起きた柳条湖事件後、近衛内閣は不拡大の方針を声明しながらも中国への派兵を認めたため、戦火は拡大し全面戦争に発展した。

4 1940年、近衛文麿は新体制運動を提唱し、一国一党の強力な基盤を持つ新党の結成を構想し、その構想は産業報国会として結実した。

5 1941年、日本陸軍による英領マレー半島への奇襲上陸、日本海軍のハワイ真珠湾攻撃を機に、日本はアメリカ・イギリス・ソ連に宣戦布告し、太平洋戦争が始まった。

➡解答・解説は別冊 P.020

問題 2

特別区Ⅰ類（2018 年度）

護憲運動に関する記述として、妥当なものはどれか。

1 立憲政友会の犬養毅や立憲国民党の尾崎行雄の政党政治家、新聞記者、実業家たちは、「閥族打破・憲政擁護」を掲げて、第3次桂太郎内閣の倒閣運動を起こし、桂内閣は総辞職に追い込まれた。

2 憲政会総裁の加藤高明は、立憲政友会、革新倶楽部と連立内閣を組織し、国体の変革や私有財産制度の否認を目的とする運動を処罰し、共産主義思想の波及を防ぐことを目的とした治安警察法を制定した。

3 枢密院議長の清浦奎吾は、貴族院の支持を得て超然内閣を組織したが、これに反発した憲政会、立憲政友会、革新倶楽部の3政党は、内閣反対、政党内閣実現をめざして護憲三派を結成した。

4 立憲政友会総裁の原敬は、華族でも藩閥でもない衆議院に議席をもつ首相であったため「平民宰相」とよばれ、男性の普通選挙の実現を要求する運動が高まると、普通選挙法を制定し、25歳以上の男性に選挙権を与えた。

5 海軍大将の山本権兵衛は、立憲同志会を与党として組閣し、文官任用令や軍部大臣現役武官制の改正を行ったが、外国製の軍艦購入をめぐる海軍高官の汚職事件で世論の批判を受け、山本内閣は総辞職した。

➡解答・解説は別冊P.020

問題3   特別区Ⅰ類（2016年度）

日本の恐慌に関する記述として、妥当なものはどれか。

1 加藤高明内閣は、震災手形の整理に着手したが、1927年に議会での高橋是清蔵相の失言をきっかけとする一部の銀行の経営悪化が世間に知られ、不安に駆られた人々が預金の引出しに殺到して、取付け騒ぎへと発展した。

2 若槻礼次郎内閣は、経営が破綻した鈴木商店に対する巨額の不良債権を抱えた台湾銀行を緊急勅令によって救済しようとしたが、衆議院で否決され、総辞職した。

3 田中義一内閣は、3週間のモラトリアムを発し、日本銀行からの非常貸出しによって、金融恐慌をしずめたが、金融恐慌で中小銀行の整理、合併が進み、三井・三菱・住友・安田・第一の5大銀行が支配的な地位を占めた。

4 浜口雄幸内閣は、蔵相に前日本銀行総裁であった井上準之助を起用し、金輸出禁止を断行したが、世界恐慌が発生していたため、日本経済は金輸出禁止による不況と世界恐慌の波及によって、深刻な恐慌状態に陥った。

5 犬養毅内閣は、円高で一時的に経営が苦しくなる企業の国際競争力を高めるために産業合理化政策をとり、1931年には基幹産業におけるカルテルの結成を促す重要産業統制法を制定した。

➡解答・解説は別冊P.021

10 戦後史

STEP 1 要点を覚えよう！

POINT 1 GHQの占領政策

連合国軍最高司令官総司令部（GHQ）：連合国軍最高司令官**マッカーサー**のもとに設置された総司令部。連合軍による日本の占領は、事実上は**アメリカ**による単独占領で、GHQの指令・勧告に基づいて日本政府が政策を実行するという**間接統治**の形をとった。

財閥解体：三井・三菱・住友・安田など15財閥の資産凍結と解体を命じる。

農地改革：**寄生地主制**と高率の**小作料**から農民を解放し、**自作農**を創出する。

労働三法：労働者の**団結権・団体交渉権・争議権**を保障する**労働組合法**（1945年）、労働委員会による労働争議の調停等について定める**労働関係調整法**（1946年）、労働条件の最低基準を定める**労働基準法**（1947年）を労働三法という。

教育基本法・学校教育法（1947年）：小学校と新制中学校の9年間を義務教育とし、**六・三・三・四**の新学制を規定した。

女性参政権：1945年の衆議院議員選挙法改正により、満**20歳以上**の**男女**に選挙権が認められた。

日本国憲法の制定（1946年）：英文の**マッカーサー草案**をもとに政府がつくった旧憲法の改正案を議会で修正可決し、翌年施行された。新憲法は、**主権在民・象徴天皇制・平和主義・基本的人権の尊重**などを規定している。

経済安定九原則：徹底した引き締め政策で**インフレ**を抑え、**円**の価値を安定させて国際競争力を高めることにより日本経済の復興をめざした。GHQ経済顧問となった**ドッジ**が具体策を立案し、一連の経済政策を指示した（**ドッジ・ライン**）。

POINT 2 高度経済成長とバブル経済

　戦時中から終戦直後にかけての食糧難と物資不足の時代を乗り越え、朝鮮戦争の特需などを経て奇跡的な復興をとげた日本は、1968年に、資本主義諸国の中でアメリカに次いで**国民総生産（GNP）**世界第2位となり、1955年から1973年までの年平均経済成長率は**10%**を上回った。1973年に第4次中東戦争が起きると、アラブ石油輸出国機構（OAPEC）は欧米や日本への石油輸出を制限し、原油価格を引上げた（第1次石油危機）。中東からの石油輸入に依存していた日本経済は大打撃を受け、高度経済成長は終焉を迎えた。

　1980年代後半には、地価や株価の暴騰を伴う好景気が続き、のちに**バブル経済**と呼ばれたが、バブル崩壊後の日本は、長引く不況に苦しむことになった。

POINT 3　戦後の歴代内閣と主な出来事

首相	年代	主な出来事
鈴木貫太郎	1945.4～1945.8	ポツダム宣言受諾
東久邇宮稔彦	1945.8～1945.10	唯一の皇族内閣／敗戦処理を行う
幣原喜重郎	1945.10～1946.5	憲法草案を作成⇒GHQが拒否／公職追放
吉田茂①	1946.5～1947.5	日本国憲法公布／傾斜生産方式
片山哲	1947.5～1948.3	初の社会党内閣
芦田均	1948.3～1948.10	昭和電工事件で総辞職
吉田茂②～⑤	1948.10～1954.12	経済安定九原則／朝鮮戦争勃発／警察予備隊の創設／サンフランシスコ平和条約・日米安全保障条約調印／自衛隊発足／造船疑獄事件
鳩山一郎①～③	1954.12～1956.12	自由民主党結成（保守合同・55年体制*）／国際連合加盟
石橋湛山	1956.12～1957.2	病気のため2か月で辞任
岸信介①②	1957.2～1960.7	日米安全保障条約改定（新安保）
池田勇人①～③	1960.7～1964.11	所得倍増計画／東京五輪
佐藤栄作①～③	1964.11～1972.7	日韓基本条約／非核三原則／小笠原・沖縄返還
田中角栄①②	1972.7～1974.12	日中国交正常化／変動為替相場制度に移行／第一次石油危機
三木武夫	1974.12～1976.12	ロッキード事件で田中前首相逮捕
福田赳夫	1976.12～1978.12	日中平和友好条約調印
大平正芳①②	1978.12～1980.6	第二次石油危機／首相急死
鈴木善幸	1980.7～1982.11	日米共同声明に「同盟関係」を明記
中曽根康弘①～③	1982.11～1987.11	電電公社・専売公社・国鉄の民営化
竹下登	1987.11～1989.6	消費税導入／リクルート事件で退陣

* **55年体制**…1955年に日本社会党が統一され、日本民主党と自由党の保守合同により自由民主党が発足して以来、自民党が長期政権を維持する一方、社会党も一定の勢力を保った2大政党による政治体制。

1 日本がポツダム宣言を受諾して降伏すると、マッカーサー元帥を最高司令官とする連合国軍最高司令官総司令部（GHQ）が設置され、連合国軍が日本を占領し、直接統治した。

× 同じ敗戦国であるドイツが、アメリカ・イギリス・フランス・ソ連の4か国に分割占領され、直接軍政下に置かれたのに対し、日本では、GHQの指令・勧告に基づいて日本政府が政策を実施する**間接統治**の形がとられた。

2 GHQは、三井・三菱・住友・安田など15財閥の資産の凍結と解体を要求したが、日本政府と経済界が強硬に反対したため実現しなかった。

× GHQは、15財閥の資産の凍結と**解体**を命じ、**持株会社**や財閥家族が所有する株式を委譲させ、一般に**売却**した。

3 GHQの労働政策に基づいて、8時間労働制などの最低限の労働条件を定めた労働基準法が制定されるとともに、労働組合の結成や労働争議が禁止された。

× GHQの労働政策に基づいて、1945年に、労働者の**団結権・団体交渉権・争議権**を保障する**労働組合法**が制定された。これに労働関係調整法、労働基準法を加えて労働三法という。

4 GHQは、幣原喜重郎内閣に憲法改正を指示し、これに応じて政府内に憲法問題調査委員会が設置された。同委員会が作成した改正試案が議会で可決され、日本国憲法として公布された。

× **憲法問題調査委員会**が作成した改正試案は、天皇の統治権を認める保守的なものだったため **GHQに拒否**された。GHQは、自ら作成した改正草案（**マッカーサー草案**）を日本政府に提示。これに手を加えたものが政府原案とされ、議会で修正可決されて、日本国憲法として公布された。

5 日本国憲法は、第1次吉田茂内閣のもとで 1946年に公布され、翌年施行された。

○ 主権在民・平和主義・基本的人権の尊重を3原則とする日本国憲法は、1946年に公布され、翌年施行された。憲法が公布された11月3日は文化の日、施行された5月3日は憲法記念日として、ともに国民の祝日とされた。

6 1955年に、日本社会党の左右両派が統一され、日本民主党と自由党の保守合同により自由民主党が発足して以来、自民党と社会党の2大政党が交替で政権を担う55年体制と呼ばれる状況が40年近く続いた。

× 1955年に、左右両派に分裂していた日本社会党が統一され、保守合同により自由民主党が発足して以来、自民党が長期政権を維持する一方、社会党も議席の3分の1程度を保持し続ける55年体制が40年近く続いた。

7 1972年に発足した田中角栄内閣は、日中国交正常化を実現させた。

○ 田中角栄内閣は、「日本列島改造論」を掲げて公共投資を拡大し、新幹線と高速道路による高速交通網の整備、工業の地方分散などの政策を打ち出したが、土地の投機により地価が暴騰し、第1次石油危機による原油価格の高騰も重なり、狂乱物価と呼ばれる激しいインフレを招いた。

8 1982年に発足した中曽根康弘内閣は、行財政改革を推進し、電電公社・専売公社・国鉄の民営化と、消費税の導入を実現した。

× 中曽根康弘内閣は、電電公社・専売公社・国鉄の民営化を実現したが、中曽根内閣が提出した売上税法案は廃案となった。大型間接税は、続く竹下登内閣のもとで消費税として実現した。

STEP 3 過去問にチャレンジ！

問題 1

1950年代半ばから1970年代初頭の高度経済成長下の日本に関する記述として、妥当なのはどれか。

1 日本経済は、1955年から1973年まで、年平均10%以上の経済成長率を示し、神武景気、岩戸景気、バブル景気といった好景気の時期を経験した。

2 1960年、田中角栄内閣は「所得倍増」をとなえて、高度経済成長政策を推進し、技術革新や設備投資が進み、電力は水力発電が中心となった。

3 1968年に日本の国民総生産(GNP)がアメリカを抜いて世界第1位となり、同年、日本は経済協力開発機構(OECD)に加盟した。

4 産業構造が高度化するなか、大都市では人口が過密化する一方、農村・山村では過疎化が進み、地方分権の進展のために市町村の大合併が実施された。

5 高度経済成長が深刻な公害や環境破壊を引き起こすなか、政府は公害対策基本法を制定し、環境庁を発足させた。

➡解答・解説は別冊P.022

問題 2

東京都と別の出典: 警察官Ⅲ類（2022 年度）

第2次世界大戦後の日本に関するA～Dの記述の正誤の組み合わせとして、最も妥当なものはどれか。

A 新憲法となる大日本帝国憲法は、1946年11月3日に公布され、主権在民・戦争放棄・基本的人権の尊重を3原則とした。

B 戦後の日本は、北大西洋条約機構（GHQ/SCAP）の指令・勧告にもとづいて日本政府が政治を行う間接統治方式がとられた。

C 1946年12月、第1次吉田茂内閣は、経済安定のため資材・資金を石炭・鉄鋼などの重要産業部門に集中させる傾斜生産方式を閣議で決定した。

D GHQは、1945年10月に人権指令を出して、治安維持法・治安警察法の廃止や、政治犯の即時釈放などを指令した。

```
      A    B    C    D
1.    正   正   誤   誤
2.    正   正   正   誤
3.    正   誤   誤   正
4.    誤   誤   正   誤
5.    誤   誤   正   正
```

➡解答・解説は別冊P.022

問題3

1970年代の日本に関する記述として、妥当なものはどれか。

1 佐藤栄作内閣では、アメリカとの間で沖縄返還協定が調印され、沖縄は日本に復帰した。

2 福田赳夫首相は、訪中して周恩来首相と日中共同声明を発表し、日中国交正常化を実現した。

3 田中角栄内閣は、「クリーンな政治」を掲げたが、発覚したロッキード事件の対応をめぐり、退陣に追い込まれた。

4 三木武夫内閣は、「所得倍増」をスローガンに掲げ、高度成長を更に促進する経済政策を展開した。

5 変動為替相場制へ移行したことにより、円高が進んで急激にデフレーションが進行した。

➡解答・解説は別冊P.023

問題4

太平洋戦争後の日本に関する記述として、最も妥当なものはどれか。

1 1945年12月、労働者の団結権・団体交渉権・争議権を保障する労働基準法が制定され、翌年には、労働委員会による調停などを定めた労働関係調整法が制定された。

2 敗戦後の日本の統治は、トルーマンを最高司令官とする連合国軍最高司令官総司令部が、日本政府に指令・勧告する間接統治の方法がとられた。

3 GHQは、軍国主義の経済的基盤となった三井・三菱・住友・安田などの財閥の解体を命じ、1947年に独占禁止法や過度経済力集中排除法を制定した。

4 朝鮮戦争の勃発により、在日アメリカ軍が国連軍の主力として朝鮮に出動した。在日アメリカ軍が朝鮮へ出動すると、治安維持のために自衛隊が創設された。

5 1946年4月に戦後初の総選挙が行われ、日本自由党が第一党となったが、吉田茂が公職追放で組閣できず、かわりに同党の鳩山一郎が5月に第1次鳩山内閣を組閣した。

➡解答・解説は別冊P.023

問題5

第二次世界大戦直後の日本の状況に関する記述として、妥当なものはどれか。

1 ワシントンの連合国軍最高司令官総司令部（GHQ）の決定に従い、マッカーサーは東京に極東委員会（FEC）を置いた。

2 経済の分野では、財閥解体とともに独占禁止法が制定され、農地改革により小作地が全農地の大半を占めるようになった。

3 現在の日本国憲法は、幣原喜重郎内閣の草案を基礎にしてつくられ、1946年5月3日に施行された。

4 新憲法の精神に基づいて作成された地方自治法では、都道府県知事が国会の任命制となり、これまで以上に国の関与が強められた。

5 教育の機会均等をうたった教育基本法が制定され、中学校までを義務教育とする、六・三制が採用された。

➡解答・解説は別冊 P.024

問題 6   警察官Ⅰ類（2019 年度）

GHQ による日本の統治に関する記述として、最も妥当なものはどれか。

1　GHQ は財閥の解体を指令したが、日本政府や財閥一族はこれに反発したため、解体が進んだのは独占禁止法などの法律が整備された1960年代に入ってからであった。

2　戦前に発達した寄生地主制を排除するため、GHQ は農地改革を指令し、地主が持つすべての貸付地が強制的に買収された。

3　GHQ は労働組合の組織化を奨励し、労働者の団結権・団体交渉権・争議権を保障する労働基準法や、8時間労働制などを規定した労働組合法が制定された。

4　インフレを鎮静させ日本経済の自立と安定を図るため、1948年に GHQ は経済安定九原則の実行を指令し、翌年にはドッジが派遣され一連の施策を指導した。

5　GHQ は教育制度を改革するため、義務教育を6年から9年に延長する学校教育法や教育基本法を制定させて九・三・四の新しい学制を採用させた。

➡解答・解説は別冊 P.025

👍 この章で学ぶこと

○ 大陸的な「ますらをぶり」

　江戸時代の国学者賀茂真淵は、『万葉集』の作風を「ますらをぶり」と高く評価しました。一方で、真淵の門人であった本居宣長は、『古今集』以降の作風である「たをやめぶり」を高く評価しました。実は、この二つの作風こそが日本文化の本質であるといえます。ぜひ対比をさせつつ整理しましょう。

　『万葉集』の時代は遣隋使や遣唐使が活発で、大陸からの文化が多く流入し、日本側もそれらを積極的に吸収しようとしていました。よって、当時の文化は大陸色が非常に強く、自分の考えや感性を率直に表したものが主流となっています。当時の服装も身体に合った動きやすいものであり、建築も機能的でわかりやすいものとなっています。

○ 日本的な「たをやめぶり」

　遣唐使が廃止されると日本独特の文化が熟成されます。簡潔にいうと、「隠れたもの」「言わないこと」に価値を見出す文化です。これ以降の文化は、ぼやけていて、はっきりしないものが多くなります。日本人は「空気を読む」「行間を読む」「隠された本質」「心の探究」といったものを好む傾向にあり、その下地ができあがったのがこの時代です。

　和歌の修辞は複雑になり、凝った技法に自身の本音を隠し伝える作風が好まれ、服装も十二単衣に代表されるように身体を包み隠すようになっていきます。

○ 大陸的美意識と日本的美意識

　日宋貿易、日明貿易で大陸的な感覚を持っていた平清盛、足利義満は、豪華さがわかりやすい厳島神社や金閣をつくりました。その一方で、義満の庇護を受けていた世阿弥は、『風姿花伝』で「秘すれば花」と日本的美意識を謳い、文化の主流は水墨画や枯山水などの日本的美意識のほうに流れていきます。

　海の向こうに強い興味を示した織田信長や、朝鮮出兵など大陸に強い関心を持っていた豊臣秀吉も、やはり大陸的美意識からなる壮麗な安土城や伏見城、大坂城を築き、豪華な濃絵や障壁画、金の茶室などのわかりやすい表現を好みました。一方で、同時期に流行した千利休による侘び茶はまさに日本的美意識の極みです。

　海外に目を向けた為政者は大陸的美意識を持ち、命令的にわかりやすいものをつくらせましたが、その時代でも、日本人の共感を集めたのは日本的美意識だったと分析できます。

国家総合職（教養区分）

長文問題が多いが、時代を横断した出題であるため重要事項の内容に限定されており、得点しやすい分野といえる。文化史からの出題が多いので、まずは文化史を、次に外交史、そして余裕があれば土地制度史や教育史なども各自でまとめておきたい。

国家一般職・専門職

令和6年度より知識分野の出題が「自然・人文・社会に関する時事、情報を6題」に変更となったが、文化史については、文化遺産の時事的テーマとからめて出題される可能性がある。

裁判所職員

国家一般職・専門職と同様に知識分野の出題が「時事問題を中心とする6題」に変更となったが、文化史については、文化遺産の時事的テーマとからめて出題される可能性がある。

地方上級

出題頻度は高くないが、基本事項からの出題であるため、一通り学習をしておけば確実に得点できる。仏教との関わりのある文化をまとめるなど、分類をしながら学習をすると効果的。

東京都Ⅰ類

数年に一度、文化史の出題がある。やや難しめの内容が出題されるため、日本史が得意な人はぜひ得点源に。そうでない人は、まずは政治史を優先するべし。

特別区Ⅰ類

通史としての出題が多いため、一つの時代だけではなく、各時代の特色を対比させながらまとめる学習が望ましい。知識を正確に確認しておこう。

市役所

やさしめの問題が1題程度出題される。頻度は高くないが、重要事項だけ確認しておけば得点できるため、既習の政治史とからめながら整理しておこう。

警察・消防

この分野は頻出ではなく、やや難しい内容も含まれるため、学習効率は低い。日本史が得意な人はぜひ得点源に。そうでない人はまずは政治史を押さえよう。

11 文化史

STEP 1 要点を覚えよう！

POINT 1 飛鳥・奈良時代の文化

●**飛鳥文化**（7世紀前半：**推古天皇**の時代が中心）

・都が置かれた飛鳥地方を中心に**畿内**周辺で発達した、**仏教**中心の文化

＜主な文化遺産＞**法隆寺**（**厩戸王**（聖徳太子）の創建とされる）など

●**白鳳文化**（7世紀後半～8世紀初頭：**大化改新**から平城京遷都に至る時代）

・**律令国家**が形成される時期の、清新で若々しい文化

・**初唐文化**の影響⇒**遣唐使**は630年から894年の停止までに十数回渡海した。

＜主な文化遺産＞**薬師寺東塔**・**興福寺仏頭**・**高松塚古墳壁画**など

●**天平文化**（奈良時代：**聖武天皇**の時代が中心）

・**盛唐文化**や**西域文化**の影響が強い、国際色豊かな文化

・すぐれた**仏教美術**が生まれる。

＜主な文化遺産＞『**古事記**』・『**日本書紀**』・『**万葉集**』・東大寺法華堂・正倉院宝庫・興福寺八部衆像（阿修羅像を含む）・唐招提寺鑑真像・薬師寺吉祥天像など

POINT 2 平安・鎌倉時代の文化

●**弘仁・貞観文化**（平安京遷都から9世紀末頃：**嵯峨・清和天皇**の時代が中心）

・唐の影響を受けつつそれを消化した、平安京の貴族を中心とする文化

・新たに伝えられた**密教**（**天台宗・真言宗**）と密教芸術が発展

＜主な文化遺産＞**室生寺金堂**・**神護寺薬師如来像**・**教王護国寺両界曼荼羅**など

●**国風文化**（10～11世紀：藤原氏が**摂関**政治を行った時代）

・それまでに受容した唐風文化を踏まえた**日本風**の文化

・**かな文字**の発達⇒平がなを用いた**日記・物語**文学が発展

・**浄土教**の流行（末法思想）

＜主な文化遺産＞『**古今和歌集**』・『**源氏物語**』（紫式部）・『**枕草子**』（清少納言）・『**土佐日記**』（紀貫之）・平等院鳳凰堂・醍醐寺五重塔・高野山聖衆来迎図など

●**鎌倉文化**（12世紀末～14世紀初め）

・京都の公家文化に、新興の**武士**の文化が加わる。

・**鎌倉仏教**の発展（**浄土宗・浄土真宗・時宗・日蓮宗・臨済宗・曹洞宗**）

＜主な文化遺産＞『**新古今和歌集**』・『**徒然草**』（兼好法師）・『**方丈記**』（鴨長明）・『**平家物語**』・『**吾妻鏡**』・東大寺南大門・円覚寺舎利殿・六波羅蜜寺空也上人像・蒙古襲来絵巻など

POINT 3 室町・安土桃山時代の文化

●北山文化（14世紀末～15世紀初頭：3代将軍・足利義満の時代が中心）

・禅僧による漢文学（五山文学）、水墨画、能が興隆した。

＜主な文化遺産＞鹿苑寺金閣・『瓢鮎図』（如拙）・『風姿花伝』（世阿弥）など

●東山文化（15世紀後半：8代将軍・足利義政の時代が中心）

・禅宗の影響を受け、簡素さを旨とし、幽玄・侘を精神的な基調とする。

・枯山水の庭園、水墨画、侘茶、書院造の住宅などに代表される。

＜主な文化遺産＞慈照寺の銀閣と東求堂同仁斎・龍安寺石庭・大徳寺大仙院庭園・『四季山水図巻』『秋冬山水図』（雪舟）など

●桃山文化（16世紀末～17世紀初頭：織田信長・豊臣秀吉の時代が中心）

・安土城・伏見城・大坂城などの壮麗な城郭がつくられ、城の内部は豪華な濃絵*の障壁画*で装飾された。

・千利休は侘茶を完成させ、茶道を確立した。

＜主な文化遺産＞姫路城・都久夫須麻神社本殿（伏見城遺構）・妙喜庵茶室・『唐獅子図屏風』（狩野永徳）・『松林図屏風』（長谷川等伯）など

POINT 4 江戸時代の文化

●元禄文化（江戸時代前期：5代将軍・徳川綱吉の時代が中心）

・上方中心の町人文化⇒井原西鶴の浮世草子、松尾芭蕉の俳諧、近松門左衛門の人形浄瑠璃・歌舞伎作品が代表的

・菱川師宣が浮世絵を確立⇒肉筆画から版画へ（美人画・役者絵など）

＜主な文化遺産＞『好色一代男』『日本永代蔵』（井原西鶴）・『奥の細道』（松尾芭蕉）・『曽根崎心中』（近松門左衛門）・『見返り美人図』（菱川師宣）など

●化政文化（江戸時代後期：文化・文政期が中心）

・主に江戸で発達した町人文化

・文学では、滑稽本・読本・俳諧などが流行

＜主な文化遺産＞『東海道中膝栗毛』（十返舎一九）・『南総里見八犬伝』（曲亭馬琴）・『富嶽三十六景』（葛飾北斎）・『東海道五十三次』（歌川広重）など

POINT 5 明治時代の文化

西洋文明の摂取による急速な近代化が進められる一方、急激な変化にとまどう者も多く、日本的な伝統を重んじ、欧化政策を批判する者も少なくなかった。その結果、明治時代の文化は、西洋的なものと東洋的なものが無秩序に混在するものとなった。

＜主な文化遺産＞『西洋事情』『学問のすゝめ』（福沢諭吉）・『小説神髄』（坪内逍遙）・『浮雲』（二葉亭四迷）・『舞姫』（森鷗外）・『若菜集』（島崎藤村）・『みだれ髪』（与謝野晶子）・『吾輩は猫である』（夏目漱石）・ニコライ堂（コンドル）・日本銀行本店（辰野金吾）・『湖畔』（黒田清輝）・『海の幸』（青木繁）など

---

* 濃絵…金銀泥や岩絵具、金箔・銀箔を用いた極彩色の障壁画。桃山時代から江戸時代初期にさかんに描かれた。
* 障壁画…襖絵や天井画など、室内の壁面に描かれた絵画。屏風絵とあわせて障屏画ともいう。

1 奈良時代には、中央集権的な国家の体制が整い、平城京を中心に高度な貴族の文化が生まれた。この時代の文化を、天武天皇の時代の年号をとって白鳳文化という。

× 問題文中、天武天皇は**聖武天皇**、白鳳文化は**天平文化**の誤り。天平文化は、仏教を重んじた聖武天皇により、東大寺の大仏がつくられるなど、仏教的色彩の強いものであった。白鳳文化は、天武・持統天皇の時代を中心とする、大化改新から平城京遷都までの時代の文化である。

2 国風文化を象徴するのは、この時代に広く使われるようになったかな文字である。

○ かな文字は、和歌を除いて公式には用いられなかったが、日常的には広く用いられるようになり、かなを用いた日記や物語などのすぐれた文学作品が書かれた。最初の勅撰和歌集である『**古今和歌集**』にも、紀貫之による仮名序が添えられている。

3 鎌倉時代には、天台宗、真言宗などの新仏教が生まれた。

× 天台宗、真言宗は、**平安時代初期**に生まれた仏教である。鎌倉時代の新仏教には、浄土宗・浄土真宗・時宗・日蓮宗・臨済宗・曹洞宗がある。

4 足利義満の時代にさかんになった、禅僧らによる漢詩文の文学を、五山文学という。

○ 臨済宗は室町幕府の保護を受けて栄え、足利義満の時代に、五山・十刹の制により寺格が定められた。五山・十刹に拠った禅僧らによる漢詩文学を**五山文学**という。

5 足利義政は、応仁の乱の後に将軍職を子義尚に譲り、北山山荘に隠棲した。義政の周辺には、公家、僧侶、武家、町人など幅広い階層の人々が集まり、北山文化が形成された。

× 問題文中、北山山荘は『東山山荘』、北山文化は『東山文化』の誤り。北山山荘は、足利義満が京都の北山に営んだ山荘で、北山殿と呼ばれた。その名にちなんで、義満の頃に栄えた文化は北山文化と呼ばれる。

6 桃山文化は、新興武家の勢威と豪商の財力を背景にした豪壮で華麗な文化で、壮大な城郭建築や、墨一色の濃淡だけで描かれた濃絵の障壁画などに代表される。

× 濃絵とは、極彩色と金箔・銀箔を用いた障壁画をさす。問題文中の「墨一色の濃淡だけで描かれた」は、水墨画の特徴である。桃山時代に築かれた壮麗な城郭の内部は、豪華な濃絵の障壁画で飾られた。

7 元禄文化は、上方中心の町人文化で、井原西鶴の浮世草子、松尾芭蕉の俳諧、近松門左衛門の人形浄瑠璃・歌舞伎作品などに代表される。

○ 歌舞伎は、17世紀初めに出雲阿国が京都で始めたかぶき踊り（阿国歌舞伎）が発祥とされ、初期は女性が演じる女歌舞伎、続いて少年が演じる若衆歌舞伎となったが、それらが幕府により禁止されると、成人男性だけが演じる野郎歌舞伎になり、元禄時代に全盛に至った。

8 江戸時代後期には、庶民の旅も一般化する中で、錦絵の風景画が流行した。なかでも、葛飾北斎の『東海道五十三次』、歌川広重の『富嶽三十六景』が有名である。

× 『東海道五十三次』は歌川広重、『富嶽三十六景』は葛飾北斎の作品。錦絵とは、多色刷りの浮世絵版画で、安価に入手できることから広く普及した。

過去問にチャレンジ！

問題 1

国家一般職高卒（2022 年度）

我が国の文化に関する記述として最も妥当なものはどれか。

1　東大寺は、飛鳥時代に桓武天皇によって建立された。飛鳥時代には隋の仏教文化の影響を受けた白鳳文化が栄え、『日本書紀』や『枕草子』もこの時代に成立した。

2　平等院鳳凰堂は、平安時代末期に平清盛によって建立された。平安時代末期から鎌倉時代にかけて、次第に武士が文化の担い手となり、国風文化と呼ばれる武士の文化が発展した。

3　鹿苑寺金閣は、室町時代に足利義満によって建立された。また、慈照寺銀閣は足利義政によって建立され、書院造の様式や枯山水の庭園が取り入れられた。

4　日光東照宮は、江戸時代に徳川綱吉によって建立された。江戸時代前期には江戸城や安土城の築城が始められ、城郭の内部を装飾する障壁画である役者絵や美人画などが興隆した。

5　鹿鳴館は、明治時代に欧米流の社交場として建設された。これを建設した陸奥宗光は、極端な欧化政策を進め、関税自主権の完全な回復を実現した。

➡解答・解説は別冊P.025

問題 2

特別区Ⅲ類（2017 年度）

室町文化に関するA～Dの記述のうち、妥当なものを選んだ組み合わせはどれか。

A　連歌は、短歌の上の句と下の句を別の人が交互に詠む文芸であり、二条良基が菟玖波集を編集して勅撰集に準じられると、和歌と対等の地位に並んだ。

B　侘び茶は、茶の産地を飲みあてる賭け事であり、村田珠光がはじめ、南北朝期に流行した。

C　枯山水は、水を用いず砂と石で自然を表現する庭園であり、大徳寺大仙院や龍安寺が代表的である。

D　水墨画は、墨の濃淡で自然や人物を象徴的に表現するものであり、狩野正信・

元信父子が明から帰国したのち水墨山水画を大成した。

1. A　B
2. A　C
3. A　D
4. B　C
5. B　D

問題3

奈良時代の文化に関する記述として、妥当なものはどれか。

1 712年に完成した『古事記』は、天武天皇が太安万侶に『帝紀』と『旧辞』を よみならわせ、これを稗田阿礼に筆録させたものである。

2 751年に編集された『懐風藻』は、日本に現存する最古の漢詩集として知られ ている。

3 官吏の養成機関として中央に国学、地方に大学がおかれ、中央の貴族や地方の 豪族である郡司の子弟を教育した。

4 仏像では、奈良の興福寺仏頭（旧山田寺本尊）や薬師寺金堂薬師三尊像に代表 される、粘土で作った塑像や原型の上に麻布を漆で塗り固めた乾漆像が造られ た。

5 正倉院宝庫には、白河天皇が生前愛用した品々や、螺鈿紫檀五絃琵琶などシル クロードを伝わってきた美術工芸品が数多く保存されている。

→解答・解説は別冊P.027

CHAPTER

1

日本史

11

文化史

　　　　　　　　　　　　　　　　　　　　　　　　国家専門職（2022 年度）

我が国の文化に関する記述として最も妥当なものはどれか。

1　弘仁・貞観文化は、平城京において発展した、貴族を中心とした文化で、隋の影響を強く受けている。仏教では、いずれも隋に渡った経験をもつ、比叡山延暦寺を開いた最澄の真言宗、高野山金剛峯寺を開いた円仁の天台宗が広まり、密教が盛んになった。

2　東山文化は、武家文化と公家文化、大陸文化と伝統文化の融合が進み、また、当時成長しつつあった楽市や都市の民衆との交流により生み出された、広い基盤をもつ文化である。この頃、能、浮世絵、落語、生花などの日本の伝統文化の基盤が確立され、茶の湯では、千利休が茶と禅の精神の統一を主張して、侘茶を創出した。

3　元禄文化は、鎖国状態が確立し外国の影響が少なくなったことで、江戸において発展した日本独自の文化で、国学などの学問も重視された。国学のうち、朱子学派の一派である古学派の林羅山は、朱子学と神道を融合させた垂加神道を唱え、公家や神職に受け入れられて経世論に大きな影響を与えた。

4　化政文化は、都市の繁栄、商人・文人の全国的な交流、出版・教育の普及、交通網の発達などによって、全国各地に伝えられた。民衆向けに多彩な文学が発展し、滑稽本の十返舎一九、読本の曲亭（滝沢）馬琴などの代表的作家が現れた。

5　明治の文化は、新しいものと古いもの、西洋的なものと東洋的なものが、無秩序に混在・併存する文化である。西洋画では、岡倉天心が日本最初の西洋美術団体である明治美術会を結成し、高村光雲が白馬会を創立する一方、日本画では、黒田清輝が日本美術院を組織して日本画の革新に努めた。

➡解答・解説は別冊 P.027

　　　　　　　　　　　　　　　　　　　　　　　　警察官Ⅰ類（2020 年度）

化政文化に関する記述として、最も妥当なものはどれか。

1　日本の古典を研究する国学は、本居宣長の死後、緒方洪庵によって継承され、復古神道が神主や農村にひろまった。

2　天文方に学んだ伊能忠敬は、幕府の命を受けて全国の沿岸を実測し、その成果

は死後『大日本沿海輿地全図』にまとめられた。

3 天文方の高橋至時の建議によって設置された蕃書調所は、開国後に蛮書和解御
用となり、オランダ語や英語などの書物の翻訳や、軍事科学や人文科学などの
諸学が教授された。

4 私塾が全国各地につくられるようになり、長崎で鳴滝塾を開いたアメリカ人の
フェノロサは、滞在期間中に医療だけではなく西洋の学問を教えていた。

5 庶民の娯楽であった寺院や神社を参詣する旅は、幕府によって厳しく制限され
るようになったが、例外として伊勢神宮への巡礼だけは認められていた。

➡解答・解説は別冊P.028

問題6

鎌倉時代の仏教に関する宗派、開祖、主要著書および中心寺院の組み合わせとして、
妥当なものはどれか。

	宗派	開祖	主要著書	中心寺院
1.	浄土真宗	法然	『選択本願念仏集』	本願寺（京都）
2.	臨済宗	栄西	『興禅護国論』	建仁寺（京都）
3.	浄土宗	親鸞	『教行信証』	知恩院（京都）
4.	曹洞宗	道元	『立正安国論』	久遠寺（山梨）
5.	時宗	一遍	『正法眼蔵』	永平寺（福井）

➡解答・解説は別冊P.029

12 外交史

STEP 1 要点を覚えよう！

POINT 1 仏教伝来〜遣隋使・遣唐使

538年または**552年** 朝鮮半島から**仏教**が伝わる。

600年 最初の**遣隋使**が派遣される（『日本書紀』には記載なし）。

607年 **小野妹子**が**遣隋使**として派遣される。⇒隋と対等の形をとる国書を持参したために煬帝の怒りを買う。妹子は、翌年再び渡海した。

614年 **犬上御田鍬**が遣隋使として派遣される（最後の遣隋使）。

630年 **犬上御田鍬**が遣唐使として派遣される（最初の遣唐使）。

894年 **菅原道真**らの建議により、遣唐使が中止される。

⇒遣唐使になった主な人物は、**阿倍仲麻呂、吉備真備、玄昉**など。唐の僧・**鑑真**は遣唐使船に乗って来日し、**唐招提寺**を創建して**律宗**を伝えた。

POINT 2 日宋貿易

　遣唐使の中止により中国との正式な国交は途絶えたが、私的な貿易は活発に行われた。10世紀後半に**宋朝**が成立すると、宋の商船が頻繁に来航するようになり、**大宰府**の管理下で、**博多**で貿易が行われた。12世紀になると、**平忠盛**が日宋貿易に着手し、これを受け継いだ子の**清盛**は、摂津の**大輪田泊**（現在の神戸港付近）を修築して瀬戸内海航路を開いた。日宋貿易の輸入品は、**宋銭・陶磁器・香料・書籍**などで、日本からは**刀剣・水銀・硫黄・木材・砂金**などが輸出された。日宋貿易がもたらす利益は**平氏政権**の経済的基盤となり、続く**鎌倉幕府**も積極的に貿易に関与した。宋銭の輸入は室町時代まで続き、貨幣経済の発達をもたらした。

POINT 3 日明貿易（勘合貿易）

　モンゴル人の王朝である元の時代は、2度にわたる**蒙古襲来（元寇）**の後も日本との間に緊張状態が続き、正式な国交は結ばれなかったが、民間の商船による貿易は行われていた。元が滅ぼされ、漢民族の王朝である**明**が成立すると、明は中国を中心とする国際秩序の回復をめざし、近隣の諸国に通交を求めた。それを知った室町幕府の3代将軍・**足利義満**は、明に使者を送って国交を開いた。**日明貿易**は、日本の国王である将軍が明の皇帝に貢物を送り、それに対して皇帝が返礼の品を与えるという**朝貢貿易***の形で行われたが、滞在費や運搬費はすべて明が負担したので、日本側の利益は大きかった。日本からは、刀剣・槍・鎧などの武器・武具類や、工芸品、銅、硫黄などが輸出され、明からは、銅銭、生糸、織物、陶磁器、

---

* **朝貢貿易**…中華思想に基づく、中国と周辺諸国の冊封関係を前提にした貿易の形態。周辺諸国は、宗主国である中国の皇帝に使節を送って貢物を届け、皇帝は高価な返礼の品を与えることにより徳を示すという形をとった。

書籍、書画などが輸入された。遣明船には、明が公認する正式な貿易船であることを証明する**勘合**を所持することが義務づけられた。これは、**倭寇***を防止し、密貿易を取り締まる明の**海禁**政策によるものであった。応仁の乱後は、守護大名の**細川氏**と**大内氏**が貿易の利権を争い、のちに大内氏が独占した。

POINT 4　南蛮貿易と朱印船貿易

　1543年、**種子島**に漂着した中国船に乗っていた**ポルトガル人**により、**鉄砲**が伝えられた。これ以来、ポルトガル人やスペイン人がしばしば九州周辺に来航し、日本と貿易を行うようになる。当時の日本では、彼らを南蛮人と呼んだので、この貿易を**南蛮貿易**という。輸入品は中国の**生糸**や、**鉄砲・火薬**など。主な輸出品は、16世紀中頃から生産量が増大していた**銀**であった。

　ポルトガル人やスペイン人は、貿易だけでなく、**キリスト教**の布教も行った。1549年に鹿児島に来航したイエズス会の宣教師・**フランシスコ・ザビエル**は、大内義隆、大友義鎮（宗麟）らの保護を受けて布教活動を行った。これらの大名は、南蛮貿易による利益を得るために領国内での布教を認め、みずから洗礼を受ける者もいた。**豊臣秀吉**も、当初はキリスト教の布教を認めていたが、九州平定におもむいたときに、**キリシタン大名**の**大村純忠**が**長崎**をイエズス会の教会に寄進したことを知ると、**バテレン追放令**を出して、宣教師の国外追放を命じた。しかし、南蛮貿易は引き続き奨励したので、あまり効果はなかった。

　豊臣政権の後期から江戸時代初期にかけて、日本人の海外進出もさかんになり、東南アジアの各地に渡航して貿易を行った。秀吉や江戸幕府は、これらの商人に海外渡航許可の**朱印状**を与えた。朱印状を携えて貿易に従事した商船を**朱印船**という。朱印船貿易が発展すると、南方の各地に**日本町**がつくられた。江戸幕府が**鎖国政策**に転じ、日本船の海外渡航が禁止されると、朱印船貿易は終了した。

POINT 5　鎖国下の貿易と外交

　江戸幕府が、禁教と貿易統制を目的として**鎖国政策**に転じると、スペイン船、ポルトガル船の来航、日本人の海外渡航は禁止された。九州各地に寄港していた**中国の民間商船**の寄港地は**長崎**に限られ、**オランダ商館**も長崎の**出島**に移された。以後、中国船、オランダ船との貿易は**長崎奉行**のきびしい監視のもとに行われ、幕府が貿易を独占した。このほか、鎖国下においても、幕府の公認のもとに、**対馬藩**は**朝鮮**との、**薩摩藩**は**琉球王国**との、**松前藩**は**アイヌ**との交易を行った。

　徳川家康は、豊臣秀吉の朝鮮侵攻により中断していた朝鮮との国交を、**対馬藩主・宗氏**の仲立ちにより再開させ、1607年から1811年までの間に、12回にわたって朝鮮からの使節が来日した。そのうち最初の3回は、豊臣政権が朝鮮から連れ去った捕虜の返還を目的とする**回答兼刷還使**という名目であったが、4回目以降は、修好を目的とした**通信使**とされ、徳川将軍の代替わりごとに派遣された。

　薩摩藩の支配下に置かれた琉球王国からは、国王の代替わりごとに**謝恩使**が、将軍の代替わりごとに**慶賀使**が、幕府に派遣された。

----

*　**倭寇**…13世紀から16世紀にかけて、朝鮮半島や中国大陸の沿岸に出没し、略奪行為や密貿易を行った海賊集団の、中国・朝鮮側からの呼称。前期倭寇は日本人、後期倭寇は中国人が主体であった。

1 小野妹子は、607年に遣唐使として唐に派遣されたが、皇帝に臣属しない形の国書を持参したために、唐の皇帝・玄宗から無礼とされた。

× 小野妹子は、607年に遣隋使として隋に派遣されたが、皇帝に臣属しない形の国書を持参したために、隋の皇帝・煬帝から無礼とされた。

2 菅原道真は、894年に遣唐使として唐に派遣されたが、当時、唐はすでに衰退していたために思わしい成果が得られなかった。

× 菅原道真は、894年に遣唐大使に任じられたが、当時、唐はすでに衰退していたため、危険をおかしてまで渡海する必要はないという理由により、道真が派遣の中止を提案し、このときの遣唐使は派遣されずに終わった。

3 唐の僧・空海は、奈良時代に遣唐使船に乗って来日し、唐招提寺を創建して真言宗を開いた。

× 問題文中、唐の僧・空海は唐の僧・鑑真、真言宗は律宗の誤り。空海は、平安時代初期に遣唐使に随行して唐に渡り、帰国後、高野山に金剛峰寺を創建し、真言宗を開いた。

4 平忠盛は、日宋貿易により財力を得て、平氏の経済的基盤を築いた。これを受け継いだ清盛は、摂津の大輪田泊を修築して瀬戸内海航路を開き、さらに貿易を推進した。

○ 平清盛は、父・忠盛が着手した日宋貿易を受け継ぐと、摂津の大輪田泊（現在の神戸港付近）を修築して瀬戸内海航路を開き、宋の商人を畿内に招来して、さらに貿易を推進した。日宋貿易で得た利益は、清盛が築いた平氏政権の経済的基盤となった。

⑤ 遣唐使の中止以来、日本と中国の正式な国交は途絶えていたが、中国に明朝が成立すると、足利義満は明に使者を送って国交を再開させ、日明貿易を行った。

○ 日明貿易は、日本の国王である将軍が明の皇帝に貢物を送り、それに対して皇帝が返礼の品を与えるという朝貢貿易の形で行われ、遣明船には、明が公認する正式な貿易船であることを証明する勘合を所持することが義務づけられた。

⑥ 16世紀半ばから、オランダやイギリスの船が九州周辺にしばしば来航し、日本と貿易を行うようになった。当時の日本では、オランダ人やイギリス人を南蛮人と呼び、彼らとの貿易は南蛮貿易と呼ばれた。

× 問題文中、「オランダやイギリス」は、「ポルトガルやスペイン」の誤り。当時の日本において、南蛮とは東南アジアの諸地域をさし、東南アジアに植民地をもつポルトガルやスペインも南蛮と呼ばれた。

⑦ 朱印船貿易が発展すると、東南アジアの各地に日本町がつくられ、江戸幕府が鎖国政策に転じたのちも、日本町を拠点にした貿易が江戸時代を通して行われた。

× 江戸幕府により鎖国政策が進められると、朱印船貿易は奉書船制度により制限され、最終的には、日本人の海外渡航が禁止されたことにより消滅した。東南アジアの各地につくられた日本町も、それ以降はしだいに衰退した。

⑧ 江戸幕府がとった鎖国政策のもとでは、対外貿易は長崎における中国船、オランダ船との貿易に限られ、それ以外の交易や外交は一切禁止された。

× 鎖国下においても、幕府の公認のもとに、対馬藩は朝鮮との、薩摩藩は支配下に置いた琉球王国との、松前藩はアイヌとの交易を行った。また、朝鮮からは通信使、琉球王国からは謝恩使、慶賀使が幕府に派遣された。

過去問にチャレンジ！

問題 1

国家一般職高卒（2021年度）

我が国の外交等に関する記述として最も妥当なのはどれか。

1 我が国は、明治時代、欧米各国との不平等条約を改正して関税自主権の回復などを目指したが、米国の反対で交渉は難航し、改正が実現したのは第一次世界大戦後の大正時代であった。

2 日英同盟は、清朝滅亡後の中国の利権を、ロシアを排除して日本と英国が中心となって配分することを目的として成立した同盟であり、これにより、台湾は日本の植民地となった。

3 第一次世界大戦後に設立された国際連盟の常任理事国は、欧米の国々で占められており、日本は非常任理事国であった。このことに日本は不満をもち、国際連盟を脱退した。

4 1930年代、中国と同盟関係にあった米国に対抗するため、我が国は、日独伊三国同盟を結んで米軍を中国から撤退させ、満州事変を優位に進めることに成功した。

5 1950年代前半、サンフランシスコ平和条約の調印と同じ日に日米安全保障条約が調印され、日本国内に米軍が駐留を続けることとなった。

➡解答・解説は別冊P.029

問題 2

警察官Ⅲ類（2017年度）

我が国の外交史に関する記述として、最も妥当なものはどれか。

1 厩戸王（聖徳太子）は、隋との対等外交を目指して遣隋使犬上御田鍬に国書を提出させたが、煬帝から無礼とされた。

2 足利尊氏が開始した日明貿易は、倭寇対策のため勘合を使用し、朝貢形式によって莫大な利益を上げたが、足利義教が明への臣礼を嫌ったため一時中断された。

3 豊臣秀吉が始めた奉書船貿易により、主に東南アジアとの交易が行われ、各地に日本町が形成されたが、徳川家康はこれを廃止し、鎖国化をすすめた。

4 フェートン号事件後もイギリス船やアメリカ船がしばしば日本近海に出没し、幕府は異国船に薪水や食糧を与えて帰国させていたが、その方針を変えて異国船打払令を出した。

5 小村寿太郎が日英通商航海条約の調印に成功したことで、日本は関税自主権の完全回復を達成し、条約上列国と対等の地位を得た。

➡解答・解説は別冊 P.030

問題3

国家一般職（2020年度）

桃山時代から明治時代における我が国の外交等に関する記述として最も妥当なものはどれか。

1 豊臣秀吉が2度の朝鮮出兵を行った結果、江戸時代を通じて我が国と朝鮮は長く国交が断絶した状態にあったが、明治新政府の成立を契機に対馬藩を窓口として国交の正常化が実現し、日清戦争が始まるまでの間、数回にわたって朝鮮通信使が派遣されてきた。

2 江戸幕府は、戦国時代末期に島津氏に征服された琉球王国に対して、明との貿易を禁止したが、明が滅びて清が建国されると、琉球王国は清の冊封を受けるとともに朝貢貿易を再開したことから、江戸幕府は我が国と清との交易を全面的に禁止した。

3 18世紀にロシアの南下政策に危機を感じた江戸幕府は、伊能忠敬に蝦夷地、樺太の地図作成を命じた。樺太の帰属は日露間の大きな問題であり、樺太・千島交換条約で樺太南半分の領有権を得る代わりに千島列島の領有権を放棄することでその問題を解決した。

4 19世紀中頃、米国使節のペリーは、黒船を率いて江戸湾入口の浦賀に来航し、開国を求める国書を渡し、翌年、その回答を求め再び来日した。江戸幕府は、下田・箱館の開港、漂流民の救助、米国に対する最恵国待遇の供与等を内容とした日米和親条約を結んだ。

5 江戸時代に長崎の出島でオランダのみと行われていた西洋諸国との貿易は、日米修好通商条約の締結後、スペイン、ポルトガル、オランダ、英国とも通商条約を締結し、大きく拡大した。これら4か国との条約では、日米修好通商条約で認められなかった我が国の関税自主権が認められた。

➡解答・解説は別冊 P.031

鎌倉時代から江戸時代までの日本の対外関係に関する記述として最も妥当なものはどれか。

1 13世紀後半、元のフビライ＝ハンは、日本に朝貢を求めたが、北条時宗はその要求に応じなかった。元は、文禄の役、慶長の役と二度にわたって日本に兵を派遣したが、高麗や南宋の援軍を得た日本軍は、集団戦法や火薬で圧倒し、元軍を二度とも退けた。

2 15世紀初め、国内を統一した足利義満は、対等な通交を求めてきた明に使者を送り、国交を開いた。この日明貿易では、正式な貿易船と海賊船とを区別するために勘合という証明書が用いられ、その後、16世紀半ばまで、室町幕府が貿易の実権を独占した。

3 16世紀半ばに始まった南蛮貿易では、主に、銅銭、薬草、生糸などを輸入し、刀剣、銅、硫黄などを輸出した。南蛮船で日本に来たキリスト教の宣教師は、布教活動を行ったが、キリスト教信者の増大を警戒した九州各地の大名によって国外に追放された。

4 17世紀、江戸幕府は当初、諸外国との貿易に意欲を出し、キリスト教を黙認していたが、後に貿易統制とキリスト教の禁教政策を強化していった。そして、異国や異民族との交流は長崎・対馬・薩摩・松前に限定され、鎖国とよばれる状態が完成した。

5 18世紀末以降、中国・ロシア・アメリカ合衆国などの諸外国が日本に開国を求めた。19世紀半ばには、アメリカ合衆国のペリーが二度来航したことを受け、江戸幕府は、自由貿易や下田・箱館の開港などを内容とする日米和親条約を結ぶこととなった。

→解答・解説は別冊P.032

CHAPTER

世界史

この章で学ぶこと

● 古代文明は、四大文明の特徴を整理する

　SECTION 1 では、メソポタミア・エジプト・インダス・中国の四大文明の特徴と古代オリエント・ギリシア・ローマ時代について学習します。

　この分野では、古代の四大文明の特徴を整理して記憶することが大事です。四大文明の特徴が一つの設問の中で問われることが多いので、それぞれの文明に関するキーワードを押さえておきましょう。

　また古代ギリシア・ローマ時代は、ヨーロッパの中世史を理解するうえでの前提となるので、こちらもキーワードを中心に概要を押さえておいてください。

● 中世史は、キリスト教を軸に歴史の流れを押さえる

　SECTION 2 では、ヨーロッパの中世史として、フランク王国の成立、教会の改革運動と十字軍、2つのローマ帝国やイギリス・フランスの動きについて学習します。

　この分野では、十字軍や東西ローマ帝国の分裂、教会の改革運動と、キリスト教を軸にして歴史が展開していくという側面があります。特に、教皇庁と各国の王権の関係、イスラーム勢力との対立など、複雑な要素も多いので、混乱しないように整理しながら学習しましょう。

● 近現代史につながるので概略は押さえておこう

　古代・中世史は出題頻度がかなり低いのですが、出題頻度の高い近現代史を押さえるうえでの前提となる部分なので、ヨーロッパに関する事項を中心に、大まかな歴史の流れだけは把握しておくとよいでしょう。世界史ではヨーロッパ史は比較的重要事項も多いので、キーワードを中心に記憶の整理をしておくと全体の流れがつかみやすくなります。

　世界の一地域に過ぎなかったヨーロッパは、近世以降に力をつけて外界に進出し、世界史全体に影響を与える立場に躍り出ます。ここでは、そんなヨーロッパ各国の胎動の音にしっかり耳を傾けてみてください。

国家総合職（教養区分）

　出題頻度はかなり低いが、ヨーロッパの中世がたまに問われる。総じて長文の選択肢問題になりやすいので、過去問演習で慣れておこう。

国家一般・専門職

　令和６年度からの新試験制度により、この分野からの出題はほぼないと予想される。念のため、ヨーロッパの中世を中心にキーワードは押さえておこう。

裁判所職員

　出題頻度はかなり低く、合否にはほぼ影響しない。近現代史を理解する前提として、ヨーロッパの中世を中心に概要を把握しておこう。

特別区Ⅰ類

　他の試験種と比べ、ヨーロッパの中世がやや出題されやすい。この分野におけるキーワードを中心に記憶の作業を確実に行い、過去問演習に取り組もう。

東京都Ⅰ類

　この分野からの出題はほぼなく、たまに出題される程度。近現代史への足がかりとして、ヨーロッパの中世の概要をつかんでおこう。

地方上級

　出題頻度はかなり低い。ヨーロッパの中世の概要をつかみつつ、２つのローマ帝国について念のため押さえておこう。

市役所

　出題頻度はかなり低いので、対策は後回しでもよい。念のため、古代ローマやローマ帝国に関する知識を見ておくのが無難である。

警察・消防

　他の試験種と同様に出題頻度は低いので、まずは概要を押さえよう。こちらも、ヨーロッパの中世を優先的に見ておくのが一手である。

1 古代文明

STEP 1 要点を覚えよう！

POINT 1 古代文明

メソポタミア*文明 前35～前15世紀頃	・楔形文字の使用、太陰暦、60進法 ・シュメール人がウル、ウルクなどの都市国家を形成 ・前24世紀頃アッカド人がメソポタミアを統一 ・その後、アムル人がバビロン第1王朝を建国→第6代王ハンムラビ王が『ハンムラビ法典』を制定。「目には目を、歯には歯を」の復讐法の原則
エジプト文明 ❶古王国時代（前27～前22世紀頃） ❷中王国時代（前22～前17世紀頃） ❸新王国時代（前16～前11世紀頃）	・ナイル川流域に小国家（ノモス）が分立 ・前3000年頃ファラオ（王）のもとに統一国家が成立 ・ピラミッド、ミイラ、スフィンクス、「死者の書」 ・ヒエログリフ（神聖文字）と呼ばれる象形文字を使用 　→ロゼッタ・ストーン ・測地術、太陽暦（1年365日）、10進法
インダス文明 前26～前18世紀頃	・インダス川流域の都市文明。ハラッパー、モエンジョ＝ダーロなどが代表的な都市 ・インダス文字、印章、彩文土器
中国文明 前50～前15世紀頃	・前50世紀頃、黄河流域に黄河文明が現れた ・前50～前30世紀頃　仰韶文化（彩陶文化） ・前29～前20世紀頃　竜山文化（黒陶文化）

POINT 2 紀元前16世紀前後の古代オリエント

　インド・ヨーロッパ語系の人々が南下する民族移動が起こり、前17世紀半ば頃～**ヒッタイト人***が**アナトリア**（小アジア）に国家を建設し、メソポタミアにも遠征してバビロン第1王朝を滅ぼした。前16世紀頃～**ミタンニ**がメソポタミア北部を、**カッシート人**がメソポタミア南部を支配した。

POINT 3 古代オリエント世界の統一

　前7世紀前半アッシリア人がアナトリア～シリア～イラン高原西北部を征服、エジプトまで進軍し、初めて全オリエントを征服した国（**アッシリア王国**）となった。
　アッシリア王国滅亡後、**4王国**（メディア、リディア、新バビロニア王国、エジプト）分立時代を経て、前6世紀半ばにペルシア人が**アケメネス朝*****ペルシア**を建

---

*　メソポタミア…ギリシア語で「川と川の間」を意味し、ティグリス川とユーフラテス川に挟まれた地域を指す。
*　ヒッタイト人…鉄器を使用し、オリエントに君臨した。

国した。前522年即位のダレイオス1世時代に広大な領土を征服。中央集権制を敷き、「王の目」「王の耳」（監察官）、「王の道」（公道）や駅伝制を使い、情報・交通網を整備した。ダレイオス1世はギリシアに侵入し、前500～前449年にペルシア戦争が起こったが、アテネやスパルタを中心としたギリシア軍に敗れた。

POINT 4　古代ギリシア世界

　前8世紀頃、ギリシア各地にポリス（都市国家）建設。富裕市民らによる重装歩兵がポリス市民軍の中核としてポリスの防衛に活躍した。

ソロン		財産に応じて市民を階級化（財産政治）
ペイシストラトス	前6世紀	平民の支持を背景に、独裁政治を行う（僭主）
クレイステネス		10部族制・オストラキスモス（陶片追放）制度の創設
テミストクレス	前480年	サラミスの海戦で指揮し、ペルシア海軍を撃破
ペリクレス	前5世紀	・デロス同盟の指導権を握り、アテネ隆盛。民会中心に、成年男性市民が参加する直接民主政実施 ・前431年ペロポネソス戦争（アテネ VS スパルタ）

　ペリクレスの死後、扇動政治家（デマゴーグ）による衆愚政治が行われ、ペロポネソス戦争で、ペルシアの支援を受けたスパルタに敗北。その後、マケドニアが国力強化、アレクサンドロス大王時代（前336～前323年）に大帝国を建設した。

POINT 5　古代ローマ世界

前6世紀	ローマ共和政。貴族出身の執政官（コンスル）と元老院が政治の主導権を握る
前5世紀	護民官制度とローマ最古の成文法である十二表法の制定
前3世紀半ば～2世紀	ポエニ戦争。前216年カンネーの戦いで、カルタゴのハンニバルに敗れるも、前202年ザマの戦いで将軍スキピオが勝利
前1世紀半ば	ガリア遠征で有名になったカエサルがポンペイウスを倒し、前46年独裁官に就任するも、共和派ブルートゥスにより暗殺
前1世紀後半	前31年オクタウィアヌスが、エジプト女王クレオパトラと結んだアントニウスをアクティウムの海戦で破り、翌前30年プトレマイオス朝は滅亡。地中海世界は統一する。前27年オクタウィアヌスはアウグストゥスの称号を受け、帝政開始
2世紀	五賢帝（ネルウァ、トラヤヌス、ハドリアヌス、アントニヌス・ピウス、マルクス・アウレリウス・アントニヌス）時代。トラヤヌス帝時代に領土最大。「ローマの平和」
3～4世紀	軍人皇帝時代。284年即位のディオクレティアヌス帝以降は専制君主政（ドミナトゥス）。330年コンスタンティヌス帝がビザンティウムに遷都し、コンスタンティノープルと改称
395年	テオドシウス帝死後、帝国の東西分裂

＊　アケメネス朝…異民族等に寛容で、アラム語などが使われたが、文字は楔形文字をもとにペルシア文字が作られ、ペルシア人はゾロアスター教（この世を光明神アフラ・マズダと暗黒神アーリマンが対立する場と捉える宗教）を信仰。

1 メソポタミアとは、ギリシア語で「川と川との間の地域」という意味で、ユーフラテス川とインダス川にはさまれた地域を指し、シュメール人が文明を築いた。

× 「インダス川」ではなく**ティグリス川**である。**シュメール人**は、メソポタミア南部に文明を築いた。

2 シュメール人は前3000年頃から、ウル、ウルクなどの都市国家を建設し、象形文字を使用した。

× 「象形文字」ではなく**楔形文字**である。楔形文字による最古の神話『**ギルガメシュ叙事詩**』が有名である。

3 バビロン第1王朝の第6代王ハンムラビは、復讐法の原則で知られる法典を制定した。

○ アムル人によるバビロン第1王朝、第6代の王であるハンムラビは『**ハンムラビ法典**』を制定し、「目には目を、歯には歯を」という復讐法の原則をとった。

4 ヒッタイト人は、アナトリア（小アジア）にミタンニ王国を建国し、前7世紀前半に全オリエントを征服した。

× 前7世紀前半に全オリエントを征服したのは、アッシリア王国である。

5 アケメネス朝ペルシアのダレイオス1世は、「王の道」といわれる監察官を巡回させて中央集権的な統治を行った。

× 「王の道」ではなく「**王の目**」「**王の耳**」である。

6 エジプト文明では、象形文字が使用され墓等に刻まれた。また、1年を365日とする太陽暦や、測地術、10進法が発達した。

○ ナイル川流域に発展したエジプト文明では、**ヒエログリフ**（神聖文字）と呼ばれる象形文字が使われていた。測地術は、ナイル川が氾濫した後に耕地を整理するために発展した。また、医学、天文学、数学などの実用的な学問に優れていた。

7 古代ギリシアのペイシストラトスは、僭主の出現を防止するため陶片追放（オストラキスモス）の制度を創設した。

× 「ペイシストラトス」ではなく**クレイステネス**である。**クレイステネス**は、デーモス（区域）に基づく**10部族制**の創設や、**陶片追放**（オストラキスモス）の制度を新設するなどの改革を行った。

8 古代ギリシアのペリクレスは、デロス同盟の指導権を握って、成年男性市民が参加して政治を行う民主政を完成させた。

○ デロス同盟の指導権を握ったアテネの**ペリクレス**は、民会を中心とした、**成年男性市民**が参加する**直接民主政**によってポリスの政治を行った。

9 『ガリア戦記』を記したことでも知られるカエサルは、ポンペイウスを倒して、独裁官に就任したが、ブルートゥスらの共和派によって暗殺された。

○ 古代ローマの**カエサル**は軍人ポンペイウス、大富豪クラッススとともに三頭政治を行ったが、前58～前51年、ほぼ現在のフランスにあたるガリアへ遠征を行い（『ガリア戦記』はその記録）、威光を高めるとポンペイウスを倒した。前46年に**独裁官**に就任し、事実上の独裁政治を行ったが、共和派のブルートゥスらに暗殺された。

1

古代文明

過去問にチャレンジ！

問題1

特別区Ⅲ類（2022年度）

アケメネス朝ペルシアに関する記述として、妥当なものはどれか。

1 紀元前6世紀半ばに、ダレイオス1世はメディアの政権を奪取し、やがてギリシア、新バビロニアも征服し、アケメネス朝ペルシアを築いた。

2 ダレイオス1世は、中央集権的な統治を行い、「王の耳」と呼ばれる幹線道路を整備した。

3 アケメネス朝ペルシアは、その重税や強制移住政策が服属する諸民族の反乱を招き、紀元前4世紀後半に滅亡した。

4 アケメネス朝ペルシアでは、世界をアフラ゠マズダとアーリマンの二神の闘いの場と捉えるゾロアスター教が信仰された。

5 アケメネス朝ペルシアでは、ヒエログリフを発展させたペルシア文字や、アラム語が用いられた。

➡**解答・解説は別冊P.034**

問題2

東京都Ⅲ類（2019年度）

古代の地中海世界に関する記述として、妥当なものはどれか。

1 紀元前8世紀には、ギリシャ各地にクレタと呼ばれる都市国家が成立し、市民が武装する重装歩兵が防衛の主力になった。

2 紀元前5世紀前半、アケメネス朝ペルシアの軍がギリシャに侵入すると、ギリシャ人はアテネとスパルタを中心に連合して、ペルシア軍を撃退した。

3 紀元前4世紀後半、マケドニア王アリストテレスが西アジアに遠征し、ギリシャ・エジプトから西インドに至る大帝国を築き上げた。

4 ローマ帝国では紀元前27年、オクタウィアヌスが貴族の会議である元老院からアレクサンドロスの称号を授けられ、ローマは共和政から帝政へ移行した。

5 古代ローマ時代には、円形闘技場のパルテノンで剣闘士の闘技などの見世物が行われた。

➡解答・解説は別冊 P.034

問題 3

特別区Ⅰ類（2021年度）

ローマ帝国に関する記述として、妥当なものはどれか。

1 オクタウィアヌスは、アントニウス、レピドゥスと第2回三頭政治を行い、紀元前31年にはアクティウムの海戦でエジプトのクレオパトラと結んだアントニウスを破り、前27年に元老院からアウグストゥスの称号を与えられた。

2 3世紀末、テオドシウス帝は、2人の正帝と2人の副帝が帝国統治にあたる四分統治制を敷き、皇帝権力を強化し、以後の帝政はドミナトゥスと呼ばれた。

3 コンスタンティヌス帝は、313年にミラノ勅令でキリスト教を公認し、また、325年にはニケーア公会議を開催し、アリウス派を正統教義とした。

4 ローマ帝国は、395年、テオドシウス帝の死後に分裂し、その後、西ローマ帝国は1千年以上続いたが、東ローマ帝国は476年に滅亡した。

5 ローマ法は、はじめローマ市民だけに適用される市民法だったが、やがて全ての市民に適用される万民法としての性格を強め、6世紀には、ユスティニアヌス帝の命令で、法学者キケロらによってローマ法大全として集大成された。

➡解答・解説は別冊 P.035

2 ヨーロッパの中世

STEP **1** 要点を覚えよう！

POINT 1 フランク王国（メロヴィング朝・カロリング朝）

〔前史〕アジア系遊牧民フン族の圧迫→375年**ゲルマン人の大移動**の開始

王朝	出来事	キリスト教との関わり
メロヴィング朝（481〜751年）	ガリアへ進出したゲルマン人（フランク人）の豪族メロヴィング家のクローヴィスがフランク人を統一→**フランク王国の建国**	正統派（アタナシウス派）へ改宗→ローマ・カトリック教会からの支持
カロリング朝（751〜987年）	❶メロヴィング家の宮宰*カール・マルテルが732年 トゥール・ポワティエ間の戦い でウマイヤ朝を破る ❷751年カールの子ピピンがメロヴィング朝を倒し、カロリング朝を開く ❸ピピンの子カール大帝が領土の征服・統合により西ヨーロッパを統一→**カロリング・ルネサンス**推進 ❹843年ヴェルダン条約、870年メルセン条約により王国は3分裂	❷ローマ教皇の承認により王位につく→「ピピンの寄進」により教皇領が成立する ❸800年、ローマ教皇レオ3世により帝冠を受ける（カールの戴冠）→ローマ皇帝の称号を受ける

西フランク（現フランス）	東フランク（現ドイツ）	イタリア
987年カペー朝建国	919年ザクセン朝建国	都市国家が分立

POINT 2 神聖ローマ帝国

王朝	出来事	キリスト教との関わり
ザクセン朝（919〜1024年）	第2代オットー1世 936年ドイツ国王になる→マジャール人らを撃退	962年ローマ教皇より帝冠を受ける（オットーの戴冠）→ローマ皇帝の称号受ける **神聖ローマ帝国**の成立

　その後ザーリアー朝（1024〜1125年）をはさんでシュタウフェン朝（1138〜1208年、1215〜1254年）断絶後は、皇帝不在の**大空位時代**（1256〜73年）を生じた。

---

* **宮宰**…メロヴィング朝の宮廷職の最高位。

POINT 3 キリスト教（教皇VS王権）

10世紀以降、聖職売買や聖職者の妻帯などの堕落行為を正そうとする**教会の改革運動**が**クリュニー修道院**を中心に起こった。

教皇		出来事	王権
グレゴリウス7世 **聖職叙任権***を教会へ回復求める		1077年 皇帝VS教皇の聖職叙任権闘争の結果、諸侯が教皇側につき、皇帝が謝罪（**カノッサの屈辱**）	**ハインリヒ4世** （神聖ローマ皇帝）
ウルバヌス2世		1095年**クレルモン宗教会議**にて**十字軍**呼びかけ	
カリストゥス2世		1122年**ヴォルムス協約** 叙任権→教皇、世俗権→皇帝で妥結	**ハインリヒ5世** （神聖ローマ皇帝）
インノケンティウス3世		**教皇権の絶頂期** →第4回十字軍派遣	
ボニファティウス8世		1303年**アナーニ事件** 教会への課税を巡り、教皇を逮捕	**フィリップ4世** （フランス国王）
クレメンス5世 （フランス出身のアヴィニョン教皇）		**教皇のバビロン捕囚** 教皇庁を南仏アヴィニョンへ移転	
ウルバヌス6世 （ローマ教皇）	**クレメンス7世** （アヴィニョン教皇）	・教会大分裂（**大シスマ**） ・1414〜1418年**コンスタンツ公会議** 　→教皇庁をローマに統一（**シスマ解消**）、宗教改革先駆者の**フス**を処刑 ・1419〜1436年**フス戦争**	**ジギスムント** （神聖ローマ皇帝）

POINT 4 東ローマ帝国（ビザンツ帝国）

〔前史〕395年ローマ帝国東西分裂→東ローマ帝国成立（首都コンスタンティノープル）

東ローマ帝国 （395〜1453年）	527〜565年**ユスティニアヌス帝** 全盛期 　→勅令で『**ローマ法大全**』を編纂させる 7世紀東方勢力やイスラーム勢力の侵入により領土縮小 ◀侵入 サ**サン朝ペルシア** ・9世紀後半よりふたたび繁栄　・ビザンツ式建築様式 ・**ギリシア正教会**の誕生 11世紀東方勢力の進出 ◀侵入 **セルジューク朝トルコ** 　→ローマ教皇へ救援依頼 　→十字軍の呼びかけへ POINT 3·5 1453年首都コンスタンティノープル陥落→**滅亡** ◀侵入 **オスマン朝トルコ**

---

* **聖職叙任権**…聖職者の任命権。

POINT 5 十字軍

　十字軍とは、キリスト教を信仰する西ヨーロッパ諸国が、聖地イェルサレムを、イスラム教（イスラーム）を信仰する中東の諸国から奪還することを大義として派遣された遠征軍である。

主な十字軍	きっかけ・目的	主な結果
第1回 1096〜1099年	セルジューク朝トルコの侵攻を受けたビザンツ帝国皇帝が、ローマ教皇ウルバヌス2世へ救援依頼をし、教皇はクレルモン宗教会議にて聖地イェルサレム奪還のための遠征軍派遣を呼びかける	イェルサレム王国の建国
第3回 1189〜1192年	1187年アイユーブ朝のサラディンによるイェルサレム奪還を契機として、教皇グレゴリウス8世の聖地再奪還の呼びかけに呼応した西ヨーロッパ諸国が結集	・神聖ローマ皇帝、フランス王、イギリス王が参加 ・イギリス王がサラディンと休戦
第4回 1202〜1204年	ローマ教皇インノケンティウス3世の呼びかけと軍資金を準備したヴェネツィア商人の意向のもと、聖地奪還の目的を逸脱する形でビザンツ帝国を攻撃	ラテン帝国の建国

POINT 6 中世の文化

　古代ギリシア・ローマの古典文化が、ギリシア語圏（ビザンツ帝国）やイスラーム世界を経由してラテン語圏（西ヨーロッパ）へと伝わり、学問、芸術などに大きな影響を与えたことを「**12世紀ルネサンス**」と呼ぶ。

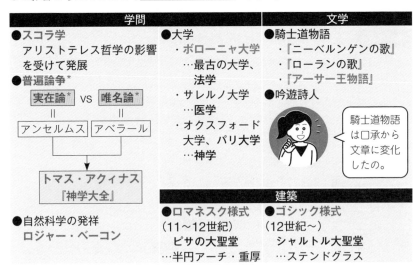

学問	文学
●スコラ学 アリストテレス哲学の影響を受けて発展 ●普遍論争* 実在論* VS 唯名論* ＝ ＝ アンセルムス アベラール → トマス・アクィナス 『神学大全』 ●自然科学の発祥 ロジャー・ベーコン	●大学 ・ボローニャ大学 …最古の大学、法学 ・サレルノ大学 …医学 ・オクスフォード大学、パリ大学 …神学	●騎士道物語 ・『ニーベルンゲンの歌』 ・『ローランの歌』 ・『アーサー王物語』 ●吟遊詩人 騎士道物語は口承から文章に変化したの。

建築	
●ロマネスク様式 （11〜12世紀） ピサの大聖堂 …半円アーチ・重厚	●ゴシック様式 （12世紀〜） シャルトル大聖堂 …ステンドグラス

＊　**普遍論争・実在論・唯名論**…「普遍」とは「個」に対する概念で、個々を超越するものであり、そうした存在が実在するか否かの論争。実在論は普遍は現実に存在するとする説、唯名論は普遍は思考の中にしか存在しないとする説である。

POINT 7　中世のイギリス・フランス

イギリス	フランス
1066〜1154年　ノルマン朝	987〜1328年　カペー朝
1154〜1399年　プランタジネット朝	

```
        ┌→ 第3代ジョン王        VS        第7代フィリップ2世
        │
    敗れた上に、重税を課す
        │
        ↓
```

1215年　マグナ・カルタ（大憲章）
1265年　シモン・ド・モンフォールの
　　　　　議会

┌──────────────────────────┐
│ 第4代王ヘンリ3世による、大憲章 │
│ を無視した専制政治へ対抗するため │
│ の諮問議会。今のイギリス議会の起 │
│ 源 │
└──────────────────────────┘

1295年　模範議会

┌──────────────────────────┐
│ 身分制議会。のちに「貴族院（上 │
│ 院）」「庶民院（下院）」の2院制に │
└──────────────────────────┘

1302年　三部会の招集

┌──────────────────────────┐
│ 第11代王フィリップ4世が「聖職者」 │
│ 「貴族」「平民」の3身分からなる、 │
│ 身分制議会を招集 │
└──────────────────────────┘

1328〜1589年　ヴァロワ朝

1339〜1453年　百年戦争

きっかけ

```
エドワード3世 ━━ 仏王位継承権を主張し侵攻 ━━▶ 初代フィリップ6世
```

┌──┐
│ 　　　　　黒死病（ペスト）の流行 │
│ ・14世紀にヨーロッパ全域で流行し、人口の3分の1が死亡した │
│ ・寒冷化による凶作も重なり、農民の地位↑（農奴制からの解放） │
└──┘

結果　**フランス側勝利**（農民の娘ジャンヌ・ダルクによるオルレアン
　　　解放など）→フランスでは諸侯・貴族が弱体化し、**王権が増大**

　百年戦争後に、イギリスでは、ランカスター家とヨーク家による**バラ戦争**＊（1455
〜1485年）が起こり、有力貴族が相次いで没落した。内乱は**ランカスター家の勝
利**で終わり、ヘンリ7世がテューダー朝（1485〜1603年）を開いた。

POINT 8　商業都市の発展

・**ロンバルディア同盟**

┌──────────────────────────────────────┐
│ 北イタリア諸都市が神聖ローマ皇帝に対抗するための連合体 │
└──────────────────────────────────────┘

・**ハンザ同盟**

┌──────────────────────────────────────┐
│ リューベックを盟主に、北ドイツ諸都市が結成した連合体 │
└──────────────────────────────────────┘
　　　　　→のちに北ヨーロッパの貿易を掌握し、経済圏を支配

＊　**バラ戦争**…王位継承をめぐる内乱。ランカスター家の紋章が赤いバラ、ヨーク家の紋章が白いバラであったことから、後
　　世にこの名がついた。

1 751年、フランク王国のカール・マルテルの子ピピンはカロリング朝を倒し、メロヴィング朝を創始した。

× 732年フランク王国のカール・マルテルはトゥール・ポワティエ間の戦いでイスラム教徒のウマイヤ朝を破り、751年カール・マルテルの子ピピンが**メロヴィング朝**を倒し、**カロリング朝**を創始した。

2 カール・マルテルがローマ教皇レオ3世により帝冠を受けたことを「カールの戴冠」と呼ぶ。

× 800年、ローマ教皇レオ3世により帝冠を受けたのはカール・マルテルの孫に当たる**カール大帝**である。

3 東フランク王国のオットー1世がローマ教皇より帝冠を受け、ローマ皇帝の称号を受け継いだのが、神聖ローマ帝国の起源である。

○ 962年にオットー1世が**ローマ教皇**より帝冠を受けたことを**オットーの戴冠**という。

4 1303年のアナーニ事件では、教皇ボニファティウス8世が、イギリス王フィリップ4世により一時逮捕された。

× 14世紀に入ると教皇権の権威が揺らぎ、1303年の**アナーニ事件**では、聖職者に対する課税のあり方をめぐって教皇ボニファティウス8世が、**フランス王**フィリップ4世により一時逮捕された。

5 教会大分裂（大シスマ）は、1414年から開催されたコンスタンツ公会議により終止符が打たれた。

○ ローマと南フランスのアヴィニョンの2つに教皇が立った**教会大分裂（大シスマ）**は、1414年から開催された**コンスタンツ公会議**においてローマ教皇が正統と認められたことで終止符が打たれた。

6 普遍論争は実在論と唯名論との間でおこった議論であり、代表的な論者は、実在論がウィリアム・オブ・オッカム、唯名論はアンセルムスである。

× 　普遍論争とは、「普遍」というあらゆるものに共通するものが現実に存在するか(実在論)、それとも思考の中にのみ存在するか（唯名論）に分かれた議論であり、実在論は**アンセルムス**によって唱えられた。一方の唯名論は**アベラール**によって唱えられ、**ウィリアム・オブ・オッカム**により発展した。

7 12世紀頃から大学が誕生し、最古の大学といわれるボローニャ大学は法学、パリ大学は神学、サレルノ大学は医学でそれぞれ有名であった。

○ 　この頃の大学の多くは、**神学**を中心としており、神学ではパリ大学のほかにも**オクスフォード大学**や、少し後に創設された**ケンブリッジ大学**などが特に有名であった。

8 ローマ教皇インノケンティウス3世のもとで教皇権は最盛期を迎え、その呼びかけと軍資金を準備したヴェネツィア商人の意向のもと、ビザンツ帝国に対して第4回十字軍が派遣され、コンスタンティノープルを占領後イェルサレム王国が建てられた。

× 　第4回十字軍派遣の結果建てられたのは**ラテン帝国**である。

9 イギリスでは、王位継承権をもつ二つの家系による王位継承の内乱であるバラ戦争が起きた結果、諸侯や騎士が両派に分かれて戦ったために没落し、王権が高まって絶対王政への道が開かれた。

○ 　バラ戦争を終結したランカスター家のヘンリ7世が開いたのが**テューダー朝**（1485～1603年）である。

STEP 3 過去問にチャレンジ！

問題 1

警察官Ⅰ類（2020年度）

ヨーロッパの中世に関する記述として、最も妥当なものはどれか。

1 セルジューク朝の支配下に置かれたイェルサレムに対して、ウルバヌス2世はクレルモン宗教会議の招集後の1096年に第4回十字軍を派遣し、聖地の奪還後にラテン帝国をたてた。

2 北イタリアの諸都市は、12世紀に神聖ローマ皇帝のイタリア政策に対抗するためにロンバルディア同盟を結び、北ドイツの諸都市はハンザ同盟を結成して、君侯と並ぶ政治勢力となった。

3 14世紀にヨーロッパ全域に流行した黒死病による人口激減と、寒冷化による凶作や飢饉が続いたため、その対策としてイギリスでは農奴制を強化して労働力の確保に努めた。

4 イタリアの王ヘンリ2世は戦争に敗れてフランスの領地の大半を失い、さらに財政難を理由に重税を課したため、貴族は結束して王に反抗し、1215年に大憲章を王に認めさせた。

5 ドイツでは優先されていたイタリア政策の方針を改めると、帝国の統一を最重要課題にするようになり、1273年にシュタウフェン朝が中心となって「大空位時代」を終結させた。

➡解答・解説は別冊 P.036

問題 2

特別区Ⅰ類（2018年度）

次の文は、ビザンツ帝国に関する記述であるが、文中の空所 A〜C に該当する語または語句の組み合わせとして、妥当なものはどれか。

　ローマ帝国の東西分裂後、西ローマ帝国は　A　の混乱の中で滅亡したが、東ヨーロッパでは、ビザンツ帝国がギリシア正教とギリシア古典文化を融合した独自の文化的世界をつくり、商業と貨幣経済は繁栄を続けた。ビザンツ帝国の首都　B　は、アジアとヨーロッパを結ぶ貿易都市として栄え、ユスティニアヌス帝の時代には、一時的に地中海のほぼ全域にローマ帝国を復活させた。しかし、7世紀以降、ビザンツ帝国の領土は東西ヨーロッパの諸勢力やイスラーム諸王朝に奪われ縮小し、1453年に　C　により滅ぼされた。

	A	B	C
1.	十字軍の遠征	アレクサンドリア	オスマン帝国
2.	十字軍の遠征	コンスタンティノープル	ササン朝ペルシア
3.	ゲルマン人の大移動	アレクサンドリア	ササン朝ペルシア
4.	ゲルマン人の大移動	コンスタンティノープル	オスマン帝国
5.	ゲルマン人の大移動	アンティオキア	ササン朝ペルシア

→解答・解説は別冊P.037

問題3

消防官Ⅰ類（2021年度）

百年戦争に関する記述として、最も妥当なものはどれか。

1 イギリスは毛織物生産の中心地であるフランドルを支配下におこうとしたが、この地に羊毛を輸出して利益をあげていたフランスは、イギリスが勢力を伸ばすのを阻止しようとした。

2 フランスでヴァロワ朝の直系が絶えると、イギリス国王エドワード3世は母がヴァロワ家出身であることからフランスの王位継承権を主張し、これをきっかけに百年戦争が始まった。

3 百年戦争の結果、フランス国内の領土を失ったイギリスでは王位継承をめぐってランカスター家とヨーク家の間でバラ戦争とよばれる内乱が起こり、有力な諸侯が次々と没落した。

4 フランス国内は黒死病の流行やジャックリーの乱などで荒廃し、フィリップ4世が即位したときに勢力が急速に衰えた。

5 国を救えとの神託を受けたという国王の娘ジャンヌ=ダルクは、フランス軍をひきいてオルレアンの囲みを破りイギリス軍を大敗させた。

→解答・解説は別冊P.037

この章で学ぶこと

● ヨーロッパの近世は、大きな流れを押さえよう

　SECTION 3〜4では、ルネサンスと宗教改革、大航海時代と宗教戦争、絶対王政という流れを経て、ヨーロッパ各国が中央集権体制により発展を遂げ外界へと進出していく歴史を学びます。

　このパートでは、ヨーロッパ世界でキリスト教の対立を背景としたさまざまな動きがあり、大航海時代と絶対王政時代を経て近代への歩みが始まったという点を念頭に置いて学習しましょう。

● 市民革命・産業革命は、現代とのつながりを意識しよう

　SECTION 5では、絶対王政や重商主義政策への反動から市民革命や独立戦争、フランス革命が起こり、それとともにイギリスでの産業革命による工業化が進展するまでの歴史を学びます。

　この時代に、社会体制の変革や大きな技術革新を通じて封建的な古い世界が一掃され、我々の住む現代の政治・経済へとつながる基礎がつくられたということを意識しつつ学習しましょう。現代の自由主義社会は、実は血塗られた殉教と闘争の末に成り立ったものであるという点もしっかり理解しておきたいところです。

● 記憶を整理する時間をしっかり取ろう

　このSECTION 3〜5では、覚えるべき事項がやや増えています。ヨーロッパ世界では多くの動きがあるので、これらをひとつずつ正確に理解して記憶することが大事です。キーワードを中心に必ず記憶を整理する時間を設け、テキストの熟読と過去問演習を着実に行うことによって知識を確実に定着させてください。

国家総合職（教養区分）

　市民革命・産業革命の部分がやや出題されやすいので、このパートの知識を優先して押さえよう。もちろん、ヨーロッパの近世①②も抜かりなく。可能であれば、このパートの知識は網羅しておきたい。

国家一般・専門職

　令和6年度からの新試験制度により、このパートからの出題は減りそうだが、市民革命・産業革命についてはしっかり押さえておこう。

裁判所職員

　出題頻度はあまり高くない。近現代史を理解する前提として、市民革命・産業革命を中心に知識を整理しておくとよい。

特別区Ⅰ類

　出題頻度は低いが、市民革命・産業革命がやや問われやすい。まずはこの部分の知識をしっかりと習得しよう。

東京都Ⅰ類

　他の試験種に比べて、この分野からの出題頻度はやや低い。しかし今後の出題は予想されるので、丸ごと捨てないように。概要はしっかりと把握しておこう。

地方上級

　国家総合職（教養区分）と同様、市民革命・産業革命の部分がやや出題されやすい。この部分を優先的に押さえたうえで、ルネサンスや宗教改革も見ておこう。

市役所

　他の試験種に比べて出題頻度は若干高いので、対策をしっかりとる必要がある。ルネサンスや宗教改革、それから絶対王政を見ておくのがよい。穴をつくらず網羅的に学習できるとベスト。

警察・消防

　裁判所職員などと同様に出題頻度は高くない。こちらも、市民革命・産業革命を中心に大きな流れを把握しておこう。

3 ヨーロッパの近世①

STEP 1 要点を覚えよう！

POINT 1 ルネサンス

　14〜16世紀に西ヨーロッパで広まった、人間の理性・感性を重視した文化復興及び創造をルネサンスという。**イタリア**やネーデルラントから展開された。**ギリシア・ローマの古典文化**を範とし、中世の封建社会や神を絶対視するキリスト教思想からの**解放**を、文化や精神面から支えた。

イタリアルネサンス	その他ヨーロッパのルネサンス	
●文学 ダンテ『神曲』 ペトラルカ：『叙情詩集』 ボッカチオ『デカメロン』 ●美術 ボッティチェリ：「春」 ●建築 ブラマンテ：サン・ピエトロ大聖堂 ●絵画 レオナルド・ダ・ヴィンチ：「モナリザ」「最後の晩餐」 ミケランジェロ：「ダヴィデ像」「最後の審判」 ラファエロ：「聖母子像」「アテナイ（アテネ）の学堂」 ●政治思想 マキャヴェリ『君主論』 ●科学 ガリレオ・ガリレイ：地動説の擁護	ネーデルラント（オランダ）	●絵画 ファン・アイク兄弟：油彩画法の改良 ブリューゲル：「農民の踊り」 ●思想 エラスムス：人文主義（ヒューマニズム）*『愚神礼賛』
	ドイツ	●絵画 デューラー：銅版画 ●科学 ケプラー：惑星の運行法則
	フランス	●文学 ラブレー『ガルガンチュアとパンタグリュエルの物語』 モンテーニュ『随想録（エセー）』
	スペイン	●文学 セルバンテス『ドン・キホーテ』
	イングランド（イギリス）	●文学 シェークスピア『ハムレット』 トマス・モア『ユートピア』
	ポーランド	●科学 コペルニクス：地動説

毛織物業や**金融業**で栄えたイタリアのフィレンツェでは、**メディチ家**などの富裕市民が芸術家・学者を支援したんだよ。

---

* **人文主義（ヒューマニズム）**…中世のカトリック教会による神中心の世界観に対し、あるがままの人間に美しさや価値を置く考え方。のちの宗教改革に影響を与えたといわれる。

POINT 2 宗教改革

　ルネサンスの時代には、様々な科学や技術が発達した。**グーテンベルク**により改良・実用化された**活版印刷術**は、新しい思想の普及に大きな役割を果たした。

●**ドイツ**

1517年 神学教授**マルティン・ルター**が、教皇**レオ10世**による**贖宥状**（赦しを与える免罪符）の販売を批判した**九十五カ条の論題（テーゼン）**を発表、**活版印刷**によりドイツ中に流布された。「人は信仰のみによって救われる」。

1521年 ルターは教皇から破門、**ヴォルムス帝国議会**で神聖ローマ皇帝カール5世により帝国追放。

　→ザクセン選帝侯フリードリヒに保護され、『**新約聖書**』をドイツ語訳。

1524〜1525年 ドイツ農民戦争

　→ルターの教えに触発された西南ドイツの農民らが、**トマス・ミュンツァー**の指導の下に農奴制の廃止などを求めた（ルターは**当初農民を支持**したが、過激化すると**次第に領主である諸侯側**に）。

1555年 アウクスブルクの和議が成立し**ルター派**を公認。

●**スイス**

　ツヴィングリが贖宥状販売を批判。

1536年 カルヴァンが『**キリスト教綱要**』を公刊、**福音主義***と**予定説***を説く。勤労と蓄財を容認し、**商工業者**に普及する。

　　　カルヴァン派はスイス以外のヨーロッパにも広まる

| ユグノー | ピューリタン（清教徒） | プレスビテリアン（長老派） | ゴイセン |
| （フランス） | （イングランド） | （スコットランド） | （オランダ） |

　ルター派やカルヴァン派などの**新教徒**を「**プロテスタント（抗議する人）**」というんだけど、これは、皇帝カール5世が一度は認めた信教の自由を取り消したことに対して抗議したことに由来しているんだ。

新派（ルター派、カルヴァン派）	16〜17世紀 **宗教戦争** ⇒参130ページ **POINT 2**	旧派（カトリック教会）
宗教改革により派生、勢力を拡大		宗教改革の動きに対抗して、体制を立て直す（対抗宗教改革） 1545年 トリエント公会議…教皇至上権と教義を再確認 1534年 イエズス会設立 →1549年 フランシスコ・ザビエルが来日

＊ **福音主義**…聖書（福音）に基づく信仰を強調する思想。
＊ **予定説**…「魂の救済は、神の意思により予め定められている」とする説。

1 ルネサンスは、ギリシア・ローマの古典文化を模範とし、それまでの神中心の世界観に対し、自由で人間らしい生き方を求めた文化運動である。

○ 14〜15世紀に、戦争やペストの流行により多数の死者が出たことから、「**いかに生きるべきか**」という意識が強くなったことが、ルネサンスが登場した一つの時代背景として挙げられる。

2 ルネサンスの最盛期には、レオナルド・ダ・ヴィンチやミケランジェロなどの芸術家が様々な作品を残し、また、パルテノン神殿やコロッセウムなどの建築物もつくられた。

× 前半は正しいが、後半が誤り。パルテノン神殿は**古代ギリシア**時代に建てられた神殿であり、コロッセウムもまた**古代ローマ**時代に建てられた円形闘技場であり、ともにルネサンス期の建築物ではない。代表的なルネサンス建築としては、ローマの**サン・ピエトロ大聖堂**やフィレンツェの**サンタ・マリア大聖堂**などがある。

3 毛織物業や金融業で栄えたフィレンツェでは、フッガー家など富裕な市民が芸術家や学者を保護したため、庶民的性格を備えたルネサンスがいち早く展開された。

× 毛織物業や金融業で栄えたフィレンツェでは、**メディチ家**など富裕な市民が芸術家や学者を保護したため、**華やかな性格**を備えたルネサンスがいち早く展開された。なお、フッガー家とは、15世紀ドイツで繁栄した豪商である。

4 ルターは、1521年に教皇より破門されると、同年のトリエント帝国議会で神聖ローマ皇帝カール5世によって公民権を剥奪された。

× ルターが神聖ローマ皇帝カール5世によって公民権を剥奪されたのは、1521年の**ヴォルムス帝国議会**である。

5 ルネサンス期は芸術の隆盛のみならず、科学や技術の発達も促し、15世紀半ばにグーテンベルクにより改良・実用化された活版印刷術は、その後の宗教改革にも大きな役割を果たした。

○ **活版印刷術**と**製紙法**の普及により、それまで写本や木版により行われてきた思想や聖書の伝達をより簡単に行うことができるようになったことが、新派の思想を広めることに大きな役割を果たした。

---

6 コペルニクスは古代の天文学に刺激されて天動説を唱え、聖書に基づいて地動説をとっていた教会の世界観と対立していた。

× **コペルニクス**は、自ら行った天体観測に基づき**地動説**を体系づけたが、教会による弾圧を恐れ、広く地動説が世に知られるのは死後のことであった。のちに地動説を支持したジョルダーノ・ブルーノや**ガリレオ・ガリレイ**は天動説を唱える教会の世界観と対立し、迫害を受けた。

---

7 カルヴァン派は勤労と蓄財を容認したことから、商工業の盛んな西ヨーロッパへと広まり、フランスではプレスビテリアン、イングランドではピューリタン、スコットランドではゴイセン、オランダではユグノーと呼ばれた。

× **カルヴァン派**は、フランスでは**ユグノー**、イングランドでは**ピューリタン**、スコットランドでは**プレスビテリアン（長老派）**、オランダでは**ゴイセン**と呼ばれた。

---

8 1529年、皇帝カール5世が一度は認めた信教の自由を取り消すと、のちにプロテスタントと呼ばれるようになった人々はこれに抗議して争い、1555年アウクスブルクの和議により、諸侯は信仰の自由を得ることとなった。

○ プロテスタントとは「抗議する人」を意味する言葉である。1555年**アウクスブルクの和議**により、諸侯は**信仰の自由**を得ることとなったが、領民たちの個人としての信仰の自由を認めるものではなかった。

STEP3 過去問にチャレンジ！

ルネサンスに関する記述として、最も妥当なものはどれか。

1　ルネサンス文芸は、古代ローマの伝統が強かったイタリアでまず展開し、詩人ダンテは『神曲』を著し、ボッカチオは短編集『デカメロン』で世相を風刺した。

2　ルネサンス最盛期には、「天地創造」を制作したダ＝ヴィンチ、「最後の晩餐」で名高いミケランジェロ、「アテネの学堂」で知られるボッティチェリなどの巨匠が輩出した。

3　ルネサンスはイタリア以外にも広まり、絵画ではラブレーやモンテーニュ、文学ではシェークスピアやデューラー、ブリューゲルらが活躍した。

4　14〜15世紀にヨーロッパにおいて世界ではじめて発明された火薬や羅針盤、活版印刷術は、のちの大航海時代や宗教改革にも大きな影響を及ぼした。

5　ルネサンスとは、フランス語で「人文主義」を意味し、古典の研究を通じて理性と感情の調和した人間性豊かな生き方を追究することをいう。

➡解答・解説は別冊 P.038

ルネサンスに関する記述として、妥当なものはどれか。

1　ネーデルラントでは、国王の保護のもとでルネサンスが開花し、『ガルガンチュアとパンタグリュエルの物語』で社会的因習を風刺したラブレーや『随想録』で人間のありかたを考察したモンテーニュがあらわれた。

2　イタリアでは、フィレンツェのメディチ家が芸術家を保護し、「最後の晩餐」を描いたレオナルド＝ダ＝ヴィンチや「ダヴィデ像」を制作したミケランジェロ、聖母子像を描いたラファエロが活躍した。

3　フランスでは、商業と毛織物工業の繁栄を背景にルネサンスが開花し、ファン＝アイク兄弟が油絵の技法を改良し、フランドル画派の基礎を築き、ブリューゲルが「農民の踊り」で農民生活を描いた。

4 ドイツでは、セルバンテスが『ドン＝キホーテ』を著して、没落する騎士たち
を風刺し、デューラーが銅版画を残し、肖像画家のホルバインは「エラスムス
像」を描いた。

5 イギリスでは、トマス＝モアが『カンタベリ物語』を書き、チョーサーが『ユー
トピア』で社会を批判し、シェークスピアは『ハムレット』など多数の戯曲を
書いて活躍した。

➡解答・解説は別冊P.039

　　　　　　　　　　　　　　　　　　消防官Ⅲ類（2018年度類題）

ヨーロッパにおける宗教改革に関する記述として、最も妥当なものはどれか。

1 ツヴィングリは、カトリック教会の贖宥状を非難する九十五カ条の論題を発表
した。

2 ルターの主張に賛同した西南ドイツの農民は、三十年戦争を起こした。

3 カルヴァンが説いた「予定説」は、西ヨーロッパの商工業者の間でひろまった。

4 ザビエルが海外宣教で日本にきた理由は、プロテスタント教会の勢力回復のた
めであった。

5 フランスの宗教内乱であるユグノー戦争は、カール5世のナントの王令によっ
て終結した。

➡解答・解説は別冊P.040

4 ヨーロッパの近世②

STEP 1 要点を覚えよう！

POINT 1 大航海時代

　15〜17世紀に、ヨーロッパ人による海外進出が行われた時代のことを**大航海時代**という。

〔背景〕・**マルコ・ポーロ**『**世界の記述（東方見聞録）**』による東洋へのあこがれ
　　　　・香辛料入手への期待　など

●**アメリカ大陸（西廻り航路）**

1492年 **コロンブス**が**スペイン女王イサベル**の支援下に**サン・サルバドル島**へ到達。

1497年 **カボット**がイギリス王ヘンリ7世の命で北西航路探検、北米大陸到達。

1500年 **カブラル**がブラジル漂着。

1513年 **バルボア**がパナマ地峡横断、太平洋到達。

●**インド航路**

15世紀 **エンリケ**がアフリカ西岸航路開拓。

1488年 **バルトロメウ・ディアス**がアフリカ南端の**喜望峰**へ到達。

1498年 **ヴァスコ・ダ・ガマ**が喜望峰経由でインド西岸**カリカット**到達（**インド航路開拓**）。

●**世界周航**

1519〜1522年 スペイン王の支援下に、**マゼラン**一行が世界周航を達成。

POINT 2 宗教戦争

●**フランス**

1562〜98年 **ユグノー戦争**（**カルヴァン派ユグノー**vs**カトリック教徒**）。

1572年 **サン・バルテルミの虐殺**。

1589年 ユグノー指導者**アンリ4世**が即位、**ブルボン朝**始まる。

1598年 **ナントの王令（勅令）**で**アンリ4世**がカトリックに改宗後、信仰の自由を容認。

●**ドイツ**

1618〜48年 **三十年戦争**。ベーメン（ボヘミア）の**プロテスタント**が、ハプスブルク家のフェルディナント2世による**カトリック強制に反発**したことがきっかけ。ハプスブルク家の勢力拡大を恐れた**フランス**や、デンマーク、スウェーデンが新教を支援した。

1648年 **ウェストファリア条約**成立。ルター派、**カルヴァン派が容認**され、神聖ローマ帝国は有名無実となり、主権国家体制が強まった。

＊　**レコンキスタ(国土再征服運動)**…約800年間、キリスト教勢力がイベリア半島をイスラーム勢力から奪還、再征服を試みた運動。

POINT 3 絶対王政

16〜17世紀、**君主**が絶対的な権力をもつ中央集権的政治体制が形成された。中世の諸侯、貴族や教会などによる分権体制と対比される。

スペイン	オランダ（ネーデルラント）	イギリス
〔前史〕レコンキスタ* →ポルトガル・カスティリャ・アラゴン3王国成立	毛織物業や商業が盛ん。 南部は国際商業の中心	1485年〜 テューダー朝 1509年〜 ヘンリ8世
	1568年 **オランダ独立戦争**	1534年 **イギリス国教会**成立
1479年 スペイン王国誕生	スペイン王フェリペ2世による旧教強制や重税政策に対して、貴族やカルヴァン派商工業者が反抗	→絶対王政確立
1492年 グラナダ攻略 →レコンキスタ完成		1558年〜 **エリザベス1世** →**絶対王政最盛期**
1516年 ハプスブルク家**カルロス1世**が王即位	1579年 **ユトレヒト同盟** ホラントを中心とする北部7州の軍事同盟	1559年 信仰統一法でカルヴァン主義に近い**イギリス国教会体制**の再建
→絶対王政確立	1581年 ネーデルラント**連邦共和国**として独立を宣言	1588年 無敵艦隊（アルマダ）撃退
1556年 フェリペ2世即位		
1571年 **レパントの海戦**	1609年 スペインと休戦	1603年〜 **ジェームズ1世**（ステュアート朝）
┌─────────────┐ │オスマン帝国に勝利│ └─────────────┘	1648年 **ウェストファリア条約**で独立承認	
→**絶対王政最盛期**		┌───────────────┐ │**王権神授説***を唱える│ │（議会軽視の専制政治）│ └───────────────┘
1588年 無敵艦隊がイギリスに敗北		

フランス	ロシア
〔前史〕1589年〜ブルボン朝	〔前史〕1480年 モスクワ大公国独立
1610年 ルイ13世即位	1547年 **イヴァン4世**（雷帝）がツァーリ（皇帝）戴冠
┌──────────────────┐ │宰相リシュリューによる王権強化策│ └──────────────────┘	┌──────────────────────┐ │・官僚による中央集権政治（大貴族 │ 排除） │・農民を土地に拘束し、農奴制強化 │・コサックの首長イェルマークの協 │ 力によりシベリアを征服 └──────────────────────┘
1643年 ルイ14世即位	
┌──────────────────┐ │・**王権神授説**を唱えるボシュエを重 │ 用 │・宰相マザランによる中央集権化や │ 財務長官**コルベール**による**重商主** │ **義政策** └──────────────────┘	
	1613年 **ロマノフ朝**ロシア帝国（〜1917年）
1648〜53年 **フロンドの乱** →**絶対王政最盛期**	1682年 **ピョートル1世**（大帝）即位 ┌──────────────┐ │工業の育成と官僚制の整備│ └──────────────┘
1685年 **ナントの王令**（勅令）廃止（信仰の統一）	1689年 **ネルチンスク条約**締結（清朝）
1701年 **スペイン継承戦争**	1700〜21年 北方戦争（vsスウェーデン）
1713年 **ユトレヒト条約**	

---

*　**王権神授説**…「王権は神からの授かりもので、神以外のもの（人民、教皇など）に束縛されることはない」とする政治思想。

1 航海王子と呼ばれたエンリケは、アフリカ大陸の西側沿岸を南下し、南端の喜望峰に到達した。

× 15世紀に、航海王子と呼ばれたエンリケは**アフリカ大陸の西岸航路**を開拓したが、ヨーロッパ人として喜望峰に初めて到達したのは**1488年**の**バルトロメウ・ディアス**である。

2 1497年、カボットはイギリス王ヘンリ7世の命令で北西航路を探検し、北米大陸へ到達した。

○ コロンブス以降、ヨーロッパ人は**西廻り航路**で次々と**アメリカ大陸へ進出**した。イタリアのジェノヴァ出身の**カボット**もその1人で、1497年、コロンブスの次に大西洋を横断し、**北米大陸**のニューファンドランドへ到達した。

3 バルトロメウ・ディアスの探検により、コロンブスが到着した地は、ヨーロッパ人には未知の大陸であることが突き止められた。

× コロンブスが到着した地は、ヨーロッパ人にとって未知の大陸である、ということを突き止めたのはイタリアのフィレンツェ出身の**アメリゴ・ヴェスプッチ**である。

4 1568年、カルヴァン派の中心であったスペイン王国のフェリペ2世は、カトリック教徒の多いスペイン領オランダにカルヴァン派を強制したため、オランダは反発して戦争となった。

× **カトリック教徒である**フェリペ2世は、カルヴァン派の多いスペイン領オランダにカトリック教を強制したため、オランダの貴族や商工業者が反発。1568年オランダ独立戦争へと発展した。

5 ポルトガルと競って海外に進出したスペインは、16世紀にはブルボン家出身の国王カルロス1世が神聖ローマ皇帝を兼ねて広大な領土を得た。

× 神聖ローマ皇帝（カール5世）を兼ねて広大な領土を得た、16世紀のスペイン国王カルロス1世は、**ハプスブルク家**の出身である。

6 1571年、フェリペ2世はトラファルガー海戦でオスマン帝国を破り、ポルトガルも併合して強力な絶対主義国家として繁栄した。

× 1571年、フェリペ2世がオスマン帝国を破ったのは、**レパントの海戦**である。1580年フェリペ2世はポルトガルを実質的に併合し、「**太陽の沈まぬ国**」と呼ばれる絶対王政の最盛期を迎えた。

7 1588年、オランダを支援するイギリスのエリザベス1世はスペインの無敵艦隊を撃退し、これをきっかけにスペインは衰退に向かった。

○ イギリスの絶対王政の最盛期を迎えていたエリザベス1世は、のちに「**アルマダ**」と呼ばれたスペインの**無敵艦隊**を破った。この海戦を「**アルマダの海戦**」ということもある。

8 ルイ14世は、王権神授説に従い、「君臨すれども統治せず」と称し、コルベールを首相に任命して立憲君主政を実現させた。

× 1643年に即位し「太陽王」とも称された**ルイ14世**は、**王権神授説**を唱えたボシュエを重用し、「朕は国家なり」といったとされ、絶対王政を誇った。一方で、ルイ14世は官僚制を整備し、**財務長官にコルベール**を登用、重商主義政策を行った。なお、「君臨すれども統治せず」は、18世紀以降のイギリスの政治体制を表す言葉である。

過去問にチャレンジ！

問題 1

国家一般職高卒（2021年度）

大航海時代の人物に関する記述として最も妥当なのはどれか。

1　ヴァスコ＝ダ＝ガマは、海路でアフリカ大陸南端の喜望峰を経由してインドに到達し、ヨーロッパからアジアに直接至るインド航路の開拓に貢献した。

2　コロンブスは、探検航海を行い、アメリカ大陸、オーストラリア大陸、アフリカ大陸を経由し、世界で初めて地球を一周する世界周航を行った。

3　マゼランは、ムスリムの水先案内人の助けを借りて、陸路のシルクロードを通らずに地中海、インド洋経由で中国に向かう航路の開拓に貢献した。

4　バルトロメウ＝ディアスは、地球球体説を信じて、西まわりでインドの航海を行いカリブ海の島々や中米地域を探索し、西洋人として初めてアメリカ大陸に到達した。

5　アメリゴ＝ヴェスプッチは、マルコ＝ポーロの『東方見聞録』に記述されているジパング（日本）の金に関心をもち、日本への航海を目指し、種子島に漂着し鉄砲を伝えた。

➡解答・解説は別冊P.041

問題 2

特別区Ⅲ類（2016年度）

次の文は、16世紀のスペインに関する記述であるが、文中の空所A〜Cに該当する語、人物名又は国名の組み合わせとして、妥当なものはどれか。

　スペインは、　A　のときに全盛期を迎え、1571年、　B　でオスマン帝国を破り、隣国ポルトガルも併合して「太陽の沈まぬ国」を築いた。しかし、　A　は、カトリック信仰を強制する政策をとったため、支配下にあったネーデルラントのプロテスタントの反乱を招き、1588年、これを援助した　C　に対して、無敵艦隊を派遣したが敗れ、衰退に向かった。

	A	B	C
1.	カルロス1世	アルマダの海戦	イギリス
2.	カルロス1世	レパントの海戦	フランス
3.	フェリペ2世	アルマダの海戦	イギリス
4.	フェリペ2世	レパントの海戦	イギリス

5. フェリペ2世　　レパントの海戦　　フランス

➡解答・解説は別冊P.041

問題3

国家一般職（2016年度）

16世紀から17世紀にかけてのヨーロッパに関する記述として最も妥当なものは
どれか。

1　イギリスでは、国王の権威を重んじるトーリ党と、議会の権利を主張するホイッ
グ党が生まれた。国王ジェームズ2世がカトリックの復活を図り、専制政治を
強めると、両党は協力して、王女メアリとその夫のオランダ総督ウィレムを招
いて王位に就けようとした。

2　フランスでは、ルイ14世が即位し、リシュリューが宰相となって国王の権力の
強化に努めたが、それに不満を持った貴族がフロンドの乱を起こした。国内の
混乱は長期化し、ルイ14世が親政を始める頃にはフランスの王権は形骸化して
いた。

3　神聖ローマ帝国内に大小の領邦が分立していたドイツでは、ハプスブルク家が
オーストリア領ベーメン（ボヘミア）のカトリック教徒を弾圧し、それをきっ
かけに百年戦争が起こった。その後、ウェストファリア条約によって戦争は終
結した。

4　スペインは、フェリペ2世の下で全盛期を迎えていたが、支配下にあったオラ
ンダが独立を宣言した。イギリスがオランダの独立を支援したため、スペイン
は無敵艦隊（アルマダ）を送り、イギリス艦隊を撃滅し、オランダ全土を再び
支配下に置いた。

5　ロシアは、ステンカ=ラージンによる農民反乱が鎮圧された後に即位したイヴァ
ン4世（雷帝）の下で、軍備の拡大を背景にシベリア経営を進め、中国の清朝
とネルチンスク条約を結び、清朝から九竜半島を租借した。

➡解答・解説は別冊P.042

5 | 市民革命・産業革命

STEP 1 | 要点を覚えよう！

POINT 1　市民革命

　17～18世紀、中世からの封建制や絶対王政の打破を目指して、資本主義経済への移行とともに成長した新興**市民階級**が起こした急進的な政治的変革をいう。

1628年　権利の請願…チャールズ1世の**専制政治***に対して議会が提出

●**清教徒（ピューリタン）革命**

1640年　議会が招集されたが国王の要求に応じなかったため3週間で解散

1642年　**内乱勃発**…王の暴政に対し**王党派**と**議会派**に分かれ内乱が勃発

1649年　**共和政*樹立**…議会派の**クロムウェル**がチャールズ1世を処刑

1653年　**護国卿就任**…クロムウェルが護国卿に就任し、軍事独裁体制を敷く

1660年　**王政復古**…クロムウェルの死後、独裁体制に不満を抱いた国民が**チャールズ2世**を迎え、王政を復古。チャールズ2世は専制政治を行い、カトリックを擁護し議会と対立

　議会では、王権派の「**トーリ党**」と議会の権利を重視する「**ホイッグ党**」の二大政党が生まれ、これがのちに二大政党制へと発展したんだね！

●**名誉革命**

1685年　**ジェームズ2世即位**…カトリックを復活し、専制政治を行う

1688年　**名誉革命**…トーリ党とホイッグ党が協力して、プロテスタントである王女メアリとオランダ総督ウィレム3世を王位に招聘。ジェームズ2世はフランスへ亡命した

1689年　**権利の章典**…議会が提出した「**権利の宣言**」がウィレム夫妻により承認され、制定された。**国民の生命・財産の保護**、議会での**言論の自由**が保障され、**立憲王政**が確立された

POINT 2　アメリカ独立戦争

　イギリス本国による重商主義政策への不満から、**アメリカ独立戦争**が勃発（1775～83年）。1776年、北米13植民地側の代表者からなる**大陸会議**は、**トマス・ジェファソン**らが起草した**独立宣言**を発表、1783年パリ条約で独立を達成した。

---

*　**共和政**…国民に選ばれた代表者に主権を委ねる政治体制。
*　**専制政治**…個人または少数の支配者が恣意的に国を治める政治体制。

POINT 3　フランス革命

①1789～91年　絶対王政の崩壊

旧体制（アンシャン・レジーム）*下で財政改革を行うため、国王**ルイ16世**が三部会を招集したが議決方法をめぐる特権階級と第三身分（平民）が対立。第三身分の議員は自らの部会を**国民議会**と称し（のちに**憲法制定国民議会**と改称）、憲法制定まで解散しないことを誓った（球戯場の誓い）。1789年7月14日にパリ市民が**バスティーユ牢獄を襲撃**すると、国民議会は**封建的特権の廃止**と**人権宣言**を採択した。

②1791～92年　立憲君主政→第一共和政

1791年憲法が発布され、制限選挙による**立法議会**が成立。立憲君主政の維持を目指す**フイヤン派**と共和政実現を求める**ジロンド派**が対立した。ジロンド派は反革命勢力打破のためオーストリアに宣戦布告するも敗北。オーストリア・プロイセン軍の侵入の危機にパリに結集した義勇軍がテュイルリー宮殿を襲撃（八月十日事件）し、王権が停止された。男性普通選挙制による国民公会で王政廃止と共和政樹立が宣言された（第一共和政）。

③1793～94年　急進共和政（恐怖政治）

ルイ16世処刑後、国民公会で急進共和主義の**ジャコバン派**（山岳派）の**ロベスピエール**が権力を握り（独裁政治）、公安委員会を革命の執行機関として反対勢力を次々に処刑したが（**恐怖政治**）、反発を招き、**穏健共和派**などの政敵により処刑された（テルミドール9日のクーデタ）。

④1794～99年　総裁政府

1795年憲法制定後、制限選挙制による二院制議会と、5人の総裁からなる**総裁政府**が成立するも、政局は安定しなかった。1799年**ナポレオン・ボナパルト**による**ブリュメール18日のクーデタ**により総裁政府は倒され、**統領政府**が樹立された。

POINT 4　（第一次）産業革命

18世紀後半に**イギリス**から始まった、生産の**機械化**及び**動力化**をいう。

〔背景〕農業革命→第2次囲い込みによる、余剰農民の工業労働者化など

機械化（技術革新）	動力化（エネルギー変革）
・軽工業の綿工業から始まる ・紡績と織布の技術革新が競合し進む ・紡績部門…ジェニー紡績機、水力紡績機、ミュール紡績機など	・水力から蒸気機関へ ・蒸気機関…ニューコメンが実用化し、1769年に**ワット**が改良

↓

交通変革へ　・19世紀、スティーヴンソンによる蒸気機関車の実用化、アメリカ人フルトンによる蒸気船の発明などで、原料や商品の大量輸送が可能に

---

*　旧体制（アンシャン・レジーム）…フランス革命以前の絶対王政期のフランスの政治体制。国民は、第一身分（聖職者）と第二身分（貴族）、それ以外の大多数の第三身分（平民）と区分されていた。

1 イギリスではジェームズ1世、チャールズ1世と続いた専制政治に対して1628年、議会が権利章典を提出した。

× 　1628年、議会がチャールズ1世に対して提出したのは**権利の請願**である。権利の請願は、議会の同意なき課税や、不当な逮捕・投獄などを制限することを内容とするものであった。なお、権利の章典は、1688年議会が提出した「権利の宣言」をもとに1689年制定された文書であり、生命・財産の保護や議会での言論の自由などを内容とする。

2 1660年の王政復古の時代の後、1670年代末頃に、議会では王権派のホイッグ党と、議会派のトーリ党という、のちの二大政党制のもととなる政党が生まれた。

× 　王権派の**トーリ党**と、議会派の**ホイッグ党**である。

3 クリミア戦争への参戦によって破産状態に陥っていた国家財政を立て直すため、フランス国王ルイ16世は、免税特権を認められていた貴族たちにも課税しようとした。これに反発した貴族たちは、第一身分の国王、第二身分の貴族、第三身分の平民から成る三部会の招集を要求した。

× 　17世紀末〜18世紀にかけて**イギリス**と**植民地戦争**を行ってきたフランスは、膨大な戦費や宮廷での散財により財政困難に陥っていた。そこで**ルイ16世**は、免税特権を認められていた貴族たちにも課税しようと第一身分の聖職者、第二身分の貴族、第三身分の平民から成る**三部会**を招集したが、議決方法をめぐり身分間の対立が生じ、議事に入ることはできなかった。

4 1789年、軍隊のヴェルサイユ集結の動きに危険を感じた農民が全国で反乱を起こし、その影響を受けたパリ市民がバスティーユ牢獄を襲撃した。この事態を沈静化するため、国民議会は封建的特権の廃止を決議した。

○ 1789年7月のバスティーユ牢獄襲撃を受けて、同年8月国民議会は**封建的特権の廃止**を決議した。領主裁判権も無償で廃止されたが、封建地代は有償廃止にとどまった。

5 国民議会は、ラ・ファイエットらが起草して、すべての人間の自由・平等、国民主権、私有財産の不可侵などをうたった人権宣言を採択し、教会財産の没収、ギルドの廃止などの改革が進められて、立憲君主政の憲法が発布された。

○ 1789年8月、国民議会が**封建的特権**の廃止と**人権宣言**の採択を相次いで決定すると、旧体制は崩壊し、その代わり**ラ・ファイエット**ら自由主義貴族主導のもと、教会財産の没収、ギルドの廃止などの改革が進められ、1791年には**立憲君主政の憲法**が発布された。

6 ロベスピエールを中心とするジロンド派政権は、ヴェルサイユ体制を維持するため、これの反対派とも話合いを重ね、協働して民主化を図った。この政権は、権力の掌握を狙うナポレオン・ボナパルトが起こしたテルミドール9日のクーデタによって倒された。

× ロベスピエールを中心とする**ジャコバン派**（山岳派）政権は、公安委員会を革命の執行機関として、反対派を次々に処刑する恐怖政治を行ったが、反発を招き、穏健共和派などの政敵による**テルミドール9日のクーデタ**で処刑された。

7 ナポレオン・ボナパルトは、エジプト遠征から帰国した1799年、ブリュメール18日のクーデタにより総裁政府を倒して、統領政府を樹立した。

○ **ナポレオン**は、統領政府において、自ら**第一統領**に就任、事実上の独裁権力を掌握した。

問題 1

東京都Ⅰ類（2020年度）

17世紀のイギリスの歴史に関する記述として、妥当なものはどれか。

1 クロムウェルに率いられた議会派は、国王軍を破ると、国王チャールズ2世を裁判にかけて処刑し、共和政をはじめる十月革命をおこした。

2 クロムウェルの独裁に不満を持った国民は王政を復古させ、王権神授説をとったチャーチルが立憲君主政の頂点に立った。

3 議会と国教会は国王一家を追放し、カトリックの王族を招き、議会との間に「権利の章典」を定めることで、共和政が確立した。

4 イングランド銀行や公債の発行による積極財政をすすめ、国内産業を盛んにし、海外の植民地を拡大していった。

5 ヴィクトリア女王による絶対王政により、官僚制、常備軍を整えるなど、国内の中央集権化を推進した。

➡解答・解説は別冊 P.043

問題 2

国家専門職（2022年度）

18世紀から19世紀にかけてのフランスに関する記述として最も妥当なものはどれか。

1 旧体制（アンシャン＝レジーム）下では、第一身分の貴族と第二身分のブルジョワジーに免税特権が認められていた。これに反発した第三身分の聖職者は特権身分への課税をも含む財政改革を目指したが、ルイ16世が反対したため、フランス革命が起こった。

2 立法議会では、立憲君主主義のジロンド派が左派を、共和主義で多数派のフイヤン派が右派を構成した。その後、ジロンド派が主導したスペインとの対外戦争での敗北によりフランス軍が不利になると、フイヤン派は、ヴェルサイユ宮殿を襲撃し王政の廃止と共和政を宣言した。

3 第一共和政の成立後、急進共和主義のジャコバン派が優勢になり権力を握った。ジャコバン派のロベスピエールを中心とする公安委員会は、反対派を粛清するなど強硬な恐怖政治を行った。しかし、ロベスピエールらは、反発を招いて穏

健共和派などの政敵によって倒された。

4 ナポレオン＝ボナパルトは、クーデタで穏健共和派主導の統領政府を倒して総裁政府を樹立し、自ら第一総裁となって事実上の独裁権を握った。彼は、革命以来フランスと対立関係にあったローマ教皇と和解するとともに、大陸封鎖令を撤回して英国とアミアンの和約を結んだ。

5 フランス革命では、自由・平等の理念と共に、民族自決の原則が打ち出された。その後の第一帝政下では、共和暦に代えて革命暦が導入され、長さや重さの単位もメートル法が制定され統一される一方、地域独自の言語が重視されるなど、民族意識の形成が追求された。

➡解答・解説は別冊 P.044

問題3　　　　　　　　　　　　　　　　　　　　　　　東京都Ⅰ類（2017年度）

第1次産業革命および第2次産業革命に関する記述として、妥当なものはどれか。

1 第1次産業革命とは、17世紀のスペインで始まった蒸気機関等の発明による生産力の革新に伴う社会の根本的な変化のことをいい、第1次産業革命により18世紀の同国の経済は大きく成長し、同国は「太陽の沈まぬ国」とよばれた。

2 第1次産業革命の時期の主な技術革新として、スティーヴンソンが特許を取得した水力紡績機、アークライトが実用化した蒸気機関車、エディソンによる蓄音機の発明などがある。

3 第1次産業革命は生産力の革新によって始まったが、鉄道の建設は本格化するには至らず、第2次産業革命が始まるまで、陸上の輸送量と移動時間には、ほとんど変化がなかった。

4 19世紀後半から始まった第2次産業革命では、鉄鋼、化学工業などの重工業部門が発展し、石油や電気がエネルギー源の主流になった。

5 第2次産業革命の進展につれて、都市化が進むとともに、労働者階層に代わって新資本家層とよばれるホワイトカラーが形成され、大衆社会が生まれた。

➡解答・解説は別冊 P.045

この章で学ぶこと

◯ 帝国主義時代のヨーロッパは、広い視野で流れを捉えよう

　SECTION 6では、ヨーロッパ列強の帝国主義と、複雑な国際関係から発生したダイナミックな歴史の流れを学びます。

　ここでは、ナポレオンによってヨーロッパ全体が大きく揺れ動いたという点と、ヨーロッパ各国が海外進出してゆく過程を整理して記憶していきましょう。また、ヨーロッパの内外でさまざまな戦いが起こっていますが、それぞれの戦いの名前を意識して覚えるようにしてください。

◯ 2度の世界大戦は、それぞれの陣営を把握して流れを押さえよう

　SECTION 7では、列強の植民地争いや経済恐慌などさまざまな要因から、2度の世界大戦が起こった歴史を学びます。

　2つの世界大戦においては、各国ごとにさまざまな出来事が発生しています。対立する国家陣営がどことどこなのかをきちんと把握しながら、大戦の発生から終結までの流れを細かく記憶していくことが大事です。

◯ 戦後史は東西冷戦の流れがポイント

　SECTION 8では、第二次大戦終結後の東側陣営（ソ連とワルシャワ条約機構）と西側陣営（アメリカとNATO）の東西冷戦の歴史を中心に学びます。

　大戦終結後は国際協調に向かうかと思いきや、米ソの東西冷戦がはじまり、日本やヨーロッパを含む多くの国々が冷戦構造に組み込まれていきました。米ソの対立を俯瞰しながら、どのような出来事が起こったのかをしっかり整理して押さえていきましょう。

　数知れぬ闘争の歴史を積み重ねてきた世界史ですが、これからの未来を協調に向かわせるかどうかは、ここまで学習を進めてくれた皆さんの双肩にかかっています。しっかりと学びを深めていってください。

国家総合職（教養区分）

ナポレオン帝政とウィーン体制、２度の世界大戦が出題されやすいので、これらの分野の知識を優先して押さえよう。覚える事項が多いので、時間をかけて記憶すべし。

国家一般・専門職

２度の世界大戦が問われやすく、戦後史も出題されやすい。世界大戦から戦後史に至る流れをしっかりと押さえておこう。

裁判所職員

２度の世界大戦からの出題が多い。大戦の流れを把握しながら、細かい部分まで知識をしっかりと整理して覚えていこう。

特別区Ⅰ類

出題頻度は高くないが、２度の世界大戦と戦後史がやや問われやすい。まずはこの分野の知識をしっかりと整理して記憶していこう。

東京都Ⅰ類

他の試験種に比べて、この分野からの出題頻度はやや低い。２度の世界大戦を中心に、大まかな知識は記憶しておこう。

地方上級

他の試験種に比べて、戦後史からの出題がそれなりに多い。２度の世界大戦の流れをふまえたうえで、戦後史の知識をしっかりと押さえていこう。

市役所

他の試験種に比べて出題頻度はやや高い。特に２度の世界大戦と戦後史はしっかりと対策する必要がある。本書の熟読と過去問演習を通じて、知識を正確に押さえておこう。

警察・消防

裁判所職員とおおむね同様で、２度の世界大戦や戦後史が問われやすい。本書を熟読して知識をしっかりと頭に入れていこう。

6 ナポレオン帝政・ウィーン体制・帝国主義

STEP 1 要点を覚えよう！

POINT 1 ナポレオン帝政

　1799年の統領政府樹立後、**第一統領**となり事実上の独裁権を握ったナポレオンは、1804年国民投票により**皇帝**に即位し、**第一帝政**を開始した。第一帝政期を中心とした、ナポレオンによるイギリス及び大陸諸国に対する一連の侵略戦争をナポレオン戦争という。

1805年 **第3回対仏大同盟**（イギリス・オーストリア・ロシアなど）成立
1805年 **トラファルガーの海戦**…イギリスの勝利
1805年 **アウステルリッツの戦い**…オーストリアとロシアの敗北
1806年 **ライン同盟**…フランスが西南ドイツを保護下に置く。神聖ローマ帝国は解体
1806年 **大陸封鎖令**…ナポレオンがイギリスと大陸諸国間の通商禁止
1807年 **ティルジット条約**…ヨーロッパ大陸がほぼナポレオンの支配下に
　→ナポレオンの征服により、被征服地では近代化改革が促された（**プロイセン改革**：農奴解放、教育改革など）。同時に、外国による支配に反発して**ナショナリズム**の意識が芽生えた（1808年**スペインの反乱**など）
1812年 **ロシア遠征**→ナポレオン敗退
1813年 **ライプツィヒの戦い**…ヨーロッパ諸国連合軍の勝利
　→ナポレオン退位、エルバ島幽閉。**ルイ18世**即位、ブルボン朝復活
1815年 **ワーテルローの戦い**…イギリス・オランダ連合軍とプロイセン軍の勝利
1815年 ナポレオンはセントヘレナ島へ流刑されて、没した（1821年）

POINT 2 **ウィーン体制（1815～48年）**

　ウィーン会議（1814～15年）で成立したヨーロッパの国際体制を**ウィーン体制**と呼ぶ。フランス革命以前の絶対王政の復活、維持を原則に（**正統主義**）、各国の勢力均衡を図る反動的保守体制（ブルボン王家の復活など）で、ナショナリズムと自由主義を抑圧した。
　ウィーン体制は、1848年フランスで起こった**二月革命**により崩壊、それを機にオーストリア、ドイツで起こった**三月革命**などにより終焉を迎えた（1848年革命）。これら民族主義の高揚は「**諸国民の春**」と呼ばれた。

二月革命	三月革命	
	オーストリア	ドイツ（プロイセン）
選挙権拡大運動を弾圧した政府に対してパリ市民が蜂起。1830年の**七月革命**に銀行家などの上層市民の支持で国王に即位した**ルイ・フィリップ（七月王政）**は退位し、新憲法が制定され、**第二共和政**が成立	首都ウィーンで市民が蜂起。首相メッテルニヒを追放	首都ベルリンで暴動。拡大を恐れた国王は憲法制定などを約束

波及→

ハンガリー：民族運動と独立政府樹立
イギリス：チャーティスト運動　など

POINT 3　帝国主義

　資本主義列強による、領土や支配圏の拡大を目指して展開する対外膨張政策。一般的には、1870年代半ば～第一次世界大戦前の植民地獲得競争の時代をいう。

●イギリスのインド支配

　1600年に**東インド会社**を設立。**マドラス・ボンベイ・カルカッタ**に拠点を築いた。1757年**プラッシーの戦い**、1767～99年マイソール戦争などを経て、19世紀中頃までにインド全域がイギリス支配下に置かれた。東インド会社は、地税の徴収法として、ベンガル管区などでは**ザミンダーリー制***を、マドラス管区などでは**ライヤットワーリー制***を採用した。19世紀に入ると、イギリス本国から産業革命による安価な綿布が流入するようになり、インド国内の手工業が打撃を受けた。1857年に東インド会社のインド人傭兵（**シパーヒー**）が北インドを中心に反乱を起こし（**シパーヒーの乱**）、イギリス支配下で没落した旧支配者層も加わり大反乱へと発展した。翌1858年に鎮圧されると**ムガル帝国は滅亡**。同年に**東インド会社を解散**、1877年**ヴィクトリア女王**が**インド皇帝**に即位してイギリス支配下の**インド帝国**が成立した。

●欧州列強によるアフリカ分割

　イギリスは、エジプトのカイロとアフリカ南部**ケープタウン**をつなぐ**縦断政策**（参150ページ）を遂行した。一方、フランスは1881年チュニジアの保護国化とともにサハラ砂漠地域を占領し、**横断政策**を実施。1884～85年に**ビスマルク**主催により開かれたベルリン会議で、ベルギー国王の所有地としてコンゴ自由国の設立を認めるとともに**先占権**を確認した。アフリカ分割が激化すると、1898年にイギリスとフランスはスーダンのファショダで衝突（**ファショダ事件**）したが、フランスの譲歩により危機を回避し、以降両国は協調関係を築いた。1899年におこった**南アフリカ（ブール）戦争**を経て、1910年にイギリス自治領の**南アフリカ連邦**が成立した。アフリカは、20世紀の初頭には、**エチオピア帝国**と**リベリア共和国**の2国を除いて全土が植民地化された。

---

*　**ザミンダーリー制**…領主層を地主として土地所有権を与え、納税させる制度。
*　**ライヤットワーリー制**…実際の耕作者である自作農（ライヤット）に土地所有権を与え、納税させる制度。

1 皇帝に即位し、第一帝政を開始したナポレオン・ボナパルトは、ワーテルローの戦いではネルソンが率いるイギリス軍に勝利したが、トラファルガーの海戦ではプロイセン・ロシア軍に大敗した。

×　ナポレオンは1804年国民投票により皇帝に即位し、第一帝政を開始した。1805年の**トラファルガーの海戦**ではネルソンが率いるイギリス軍が勝利したが、オーストリア・ロシア連合をアウステルリッツの戦いで破った。1815年の**ワーテルローの戦いではイギリス・オランダ連合軍とプロイセン軍に大敗した。

2 ウィーン会議の結果、フランス及びスペインではブルボン王朝が復活した。

○　フランス革命以降のヨーロッパ諸国の混乱を収拾するために開かれた1814～15年のウィーン会議では、フランスのタレーラン外相の唱えた正統主義により、フランス及びスペインにおける**ブルボン王朝**が復活した。また、**ドイツ連邦の形成**などが決定された（**ウィーン体制**）。

3 ウィーン体制によって王政復古を果たしたフランスにおいては、1824年にシャルル10世が即位すると貴族を保護する反動政治を開始、議会を強制解散するなどしたため、1830年7月にパリ市民が蜂起し、七月革命が起こった。

○　ウィーン体制によってブルボン王朝が復活したフランスでは1824年にシャルル10世が即位したが、その反動政治は選挙権の制限や言論統制に及び、**七月革命を引き起こす**こととなった。なお、この七月革命をモチーフに、王政に対する自由主義の勝利を描いたのが、ドラクロワの「民衆を導く自由の女神」である。

4 七月革命により成立した七月王政は、オルレアン公ルイ・フィリップを王とする立憲王政であり、主に下層市民の支持を得て成立した。

× **ルイ・フィリップ**を王とする七月王政は、銀行家など金融業を中心とする大資本家の**上層市民**の支持によるものであった。

5 1848年2月に選挙権拡大運動を弾圧した政府に対してパリ市民が蜂起し、ルイ・フィリップは退位、新憲法が制定され、共和派による臨時政府（第二共和政）が成立したが、これを二月革命という。

○ ウィーン体制はこのフランスの**二月革命**により崩壊し、それを機にオーストリア、ドイツで起こった**三月革命**など（**諸国民の春**）によって完全に終焉を迎えたといわれる。

6 1857年に起こったシパーヒーの乱から始まったインド大反乱を契機として1858年にインド帝国は滅亡し、1877年にイギリスのヴィクトリア女王が皇帝を兼ねるムガル帝国が成立した。

× 「**インド帝国**」と「**ムガル帝国**」が逆である。イギリスは1857年のインド大反乱を契機に1858年東インド会社を解散すると、実質上インドを直接支配。名目上も1877年**ヴィクトリア女王**がインド帝国皇帝を兼ねることでイギリスの植民地帝国であるインド帝国が成立した。

7 フランスはチュニジアを保護国にし、サハラ砂漠地域をおさえ、アフリカの横断政策を進めようとしたが、イギリスの縦断政策と衝突し、1898年南アフリカ戦争が勃発した。

× 1898年にイギリスの縦断政策とフランスの横断政策が衝突して起こったのは**ファショダ事件**である。

8 欧州列強による「アフリカ分割」と呼ばれる状態が形成されたアフリカ大陸は、20世紀初めにケニアとリビアを除いて、その全土が植民地化された。

× 19世紀半ば以降、欧州列強によるアフリカ分割が進み、**エチオピア帝国**と**リベリア共和国**の2国を除いて全土が植民地化された。

STEP 3 過去問にチャレンジ！

消防官Ⅱ類（2021年度類題）

問題 1

ナポレオン1世が行ったこととして、最も妥当なものはどれか。

1 大陸封鎖令の発布

2 人権宣言の採択

3 ウィーン会議の開催

4 総裁政府の樹立

5 バスティーユ牢獄の襲撃

➡解答・解説は別冊P.046

警察官Ⅰ類（2017年度）

問題 2

ウィーン体制以後の各国の状況に関する記述として、最も妥当なものはどれか。

1 1848年、フランスでは二月革命がおき、国王ルイ－ナポレオンが退位して臨時政府が樹立され、ナポレオン3世が即位した。

2 1853年、ロシアはオスマン帝国に対してクリミア戦争をおこし、オスマン帝国と敵対するイギリス、フランスを味方につけて、クリミア半島を占領した。

3 イタリア半島では、サルディニア王国がガリバルディを首相として改革をすすめ、カヴールが両シチリア王国を征服するなど、1861年にイタリア統一が宣言された。

4 1862年にプロイセンの首相となったビスマルクは、軍事力でドイツ地域の覇権を握ろうとオーストリア、次いでフランスと戦い、これらを破った。

5 1867年、オーストリア帝国は自治権を求めたハンガリーを武力で押さえ込み、のちにハンガリーを併合してオーストリア＝ハンガリー帝国と称した。

➡解答・解説は別冊P.046

問題3　　　　　　　　　　　　　　　　　　　　　警察官Ⅰ類（2019年度）

19世紀のイギリスに関する記述として、最も妥当なものはどれか。

1 イギリスの貿易の分野では、これまでの自由貿易政策から経済活動など様々な活動に規制を加えていく重商主義政策へ転換した。この政策により穀物法や航海法が制定された。

2 第1回選挙法改正により、都市の中産市民層の成人男性を中心に選挙権が拡大された。しかし、労働者階級には選挙権が与えられなかったため、チャーティスト運動が起きた。

3 イギリスによるインド支配に対して、インド人傭兵による大反乱が発生した。イギリス軍による反乱鎮圧の結果、ムガル帝国が成立し、ヴィクトリア女王が皇帝に即位した。

4 アヘン戦争後、清との間で期待したほどの貿易利益が上がらなかったため、イギリスはドイツと共同出兵を行い、広州を占領した後、南京条約を締結した。

5 イギリスはアフリカ支配においてドイツと衝突し、ファショダ事件が起こった。その後、ドイツが譲歩し英独協商が成立した。

➡解答・解説は別冊 P.047

7 第一次世界大戦～第二次世界大戦

STEP 1 要点を覚えよう！

POINT 1 列強の対立

●三国同盟と三国協商

19世紀末から20世紀初頭にかけて、ドイツを中心とした**三国同盟**と、ドイツに対抗するイギリス・フランス・ロシア（英・仏・露）の**三国協商**が対立した。

三国同盟	三国協商
・1882年ドイツのビスマルクを中心に締結した軍事同盟 ・ドイツ、オーストリア、イタリアの3国が締結（イタリアは後に協商国側へ）	・1891～94年にかけて露仏同盟が成立 ・1904年英仏協商を締結 ・1907年英露協商を締結 　→三国協商が成立

●モロッコ事件

ドイツの**ヴィルヘルム2世***（第9代プロイセン国王、第3代ドイツ皇帝）は、フランスのモロッコへの優越的地位に反発し、**1905年**と**1911年**の2度にわたり牽制や威嚇を行い（**モロッコ事件**）、国際的緊張を高めた。

●3B政策

ベルリン－ビザンティウム－バグダードの3都市を**バグダード鉄道**で結ぶことで、中東をドイツ経済圏に入れようとしたドイツの帝国主義政策の一つ。英仏協商（1904年）のきっかけにもなった。

ここで差をつける！

試験では、3B政策を**3C政策**と混同させるパターンがある。3C政策は、**カイロ－ケープタウン**を結ぶ**縦断政策**（参145ページ）から、さらにインドの**カルカッタ**（現コルカタ）までを鉄道で結ぶ、19世紀後半～20世紀前半にイギリスが行った植民地政策である。

---

* **ヴィルヘルム2世**…当時ドイツ帝国はプロイセン王が皇帝を世襲していた。世襲後、首相ビスマルクを退陣させ、自ら親政を開始した。

POINT 2 　第一次世界大戦

●バルカン半島問題

20世紀初頭、バルカン半島は、列強の利害と複雑な民族問題や宗教問題を抱え、常に不安定な状況にあったことから「ヨーロッパの火薬庫」と呼ばれていた。

1908年 青年トルコ革命がオスマン帝国で勃発。混乱に乗じて、**ブルガリア**がオスマン帝国から独立、**オーストリア**はボスニア・ヘルツェゴビナを併合。

1912年 バルカン同盟（セルビア・ブルガリア・モンテネグロ・ギリシア）諸国がバルカン半島のオスマン帝国領の大半を獲得（**第1次バルカン戦争**）。

1913年 ブルガリアはその領土を巡り、同盟の他３国と争い敗北（**第2次バルカン戦争**）。

> **パン・スラヴ主義・パン・ゲルマン主義**
>
> **パン・スラヴ主義**は、ロシア主導の、バルカン半島におけるスラヴ系民族の独立と統一を目指す思想、**パン・ゲルマン主義**は、ドイツ・オーストリア両国（オーストリア＝ハンガリー帝国）とポーランド・チェコ・セルビアなどのドイツ人居住地域の併合を目指す思想をいう。バルカン半島では、この両主義が衝突した。

●第一次世界大戦の勃発

1914年**オーストリア＝ハンガリー帝国**の皇位継承者夫妻が**サライェヴォ**でセルビア人民族主義青年に暗殺された（**サライェヴォ事件**）。これを契機にオーストリア＝ハンガリー帝国がセルビア王国に宣戦布告し、**第一次世界大戦**が勃発した。

同盟国側	連合国側
三国同盟のドイツ、オーストリア（イタリアは1915年に脱退） ＋ オスマン帝国、ブルガリア	三国協商のイギリス、フランス、ロシア ＋ セルビア、モンテネグロ、日本、イタリア（1915年〜）、アメリカ（1917年〜）他

1914年、ドイツ軍は**マルヌの戦い**でフランス軍に進撃阻止され、戦線は膠着し、長期戦の様相を呈するようになった。東部戦線ではドイツ軍がロシア軍を**タンネンベルクの戦い**で破ったが、補給等の不備から進撃が停滞、1916年**ヴェルダン要塞攻防戦**と**ソンムの会戦**では死者が多数出る総力戦となった。

●ロシア革命

1917年、ロシア（二月）革命が勃発。**ソヴィエト政権**が樹立されると、1918年3月にはドイツとの単独講和に踏み切り、同盟国側と**ブレスト・リトフスク条約**を締結、戦線から離脱した。

●ドイツ革命と大戦の終結

1918年、ドイツ国内に厭戦気分が広がる中、ドイツ海軍首脳部がイギリス艦隊との決戦を命じると一部兵士がこれを拒絶。ドイツ艦隊基地キールで、水兵の暴動が勃発した（**キール軍港の水兵反乱**）。これを契機に、ドイツ国内に革命運動が広がった（**ドイツ革命**）。同年11月に皇帝ヴィルヘルム2世が退位し、**ドイツ共和国**が成立すると、連合国との間で休戦協定が締結され、第一次世界大戦は終結した。

POINT 3　新しい国際秩序

●ヴェルサイユ体制

1919年にドイツと連合国との間で調印された**ヴェルサイユ条約**と、同盟国側諸国と連合国との間で締結された講和条約により、ヨーロッパ中心の新しい国際秩序が成立した。

ヴェルサイユ条約では、ドイツに対し、**全植民地の放棄**、**アルザス・ロレーヌ**のフランスへの**返還**、巨額の**賠償金支払い**、ラインラントの**非武装化**、**軍備制限**などを課した。

> **国際連盟**
>
> ヴェルサイユ体制の中心となった、初の本格的な国際平和維持機構。アメリカ大統領**ウィルソン**が発表した『**十四か条の平和原則**』で設立を提唱し、1920年に発足した。本部はスイスの**ジュネーヴ**に置かれた。ただし、提唱国の**アメリカ**は議会の反対により不参加、敗戦国の**ドイツ**と革命直後の**ロシア**は当初除外されるなどしたため、影響力において十分な機能を果たしたとはいえなかった。

●ワシントン体制

1921年アメリカ大統領**ハーディング**の提唱で開催された、**ワシントン会議**において成立した一連の条約等により形成された東アジア・太平洋の戦後国際秩序体制をいう。

四か国条約	1921年	太平洋諸島の現状維持と日英同盟の解消を確認	アメリカ・イギリス・日本・フランス
ワシントン海軍軍縮条約		右記5国の主力艦の保有トン数の比率が決定	アメリカ・イギリス・日本・フランス・イタリア
九か国条約	1922年	中国の主権尊重・領土保全・門戸開放・機会均等を約束	アメリカ・イギリス・日本・フランス・イタリア・オランダ・ベルギー・ポルトガル・中国

POINT 4　世界恐慌とファシズムの台頭

1929年ニューヨーク株式相場での株価大暴落を発端として、**世界恐慌**へ発展した。経済的基盤が盤石なイギリスやフランスなどは**ブロック経済**により恐慌を打

破しようとした。経済的基盤の弱いドイツ・イタリア・日本などでは国内統制の強化と対外侵略による領土拡張に活路を見出し、ファシズムの台頭を許すこととなった。

●アメリカ

1933年 フランクリン・ローズヴェルト大統領就任、**ニューディール政策**を掲げる。
→農業調整法（**AAA**）、全国産業復興法（**NIRA**）、テネシー川流域開発公社（TVA）

●イギリス

1931年 マクドナルド挙国一致内閣による財政削減・**金本位制の停止**。

1932年 オタワ連邦会議にて連邦内の特恵関税制度と他国への**スターリング（ポンド）・ブロック**を形成。

●フランス

1933年 フラン・ブロックを形成。

●ドイツ

1933年 ヒトラー（ナチス党）、**全権委任法**により一党独裁体制確立。アウトバーン建設などにより失業を克服し、国際連盟を脱退する。

●イタリア

1926年 ムッソリーニによる**一党独裁体制**が確立。

1936年 エチオピア併合。

1937年 国際連盟を脱退。

POINT **5** 第二次世界大戦

1938年3月、ナチスはドイツ民族統合を大義に**オーストリアを併合**し、9月には**チェコスロヴァキア**の**ズデーテン地方**の割譲を要求。イギリス・フランスがドイツ・イタリアとの**ミュンヘン会談**によりこれを認容すると（宥和政策）、これに乗じたドイツは1939年3月**チェコスロヴァキアを解体**、イタリアも4月にアルバニアを併合した。イギリスとフランスはソ連と軍事同盟を目論んだが、ソ連は1939年8月**独ソ不可侵条約**を締結。東部の安全を確保したドイツは同年9月**ポーランド**に侵攻した。これを受けてイギリスとフランスがドイツに宣戦し、第二次世界大戦が始まった。

大西洋上会談	1941年	大西洋憲章を発表	アメリカ・イギリス
カイロ会談		カイロ宣言（対日処理方針）	アメリカ・イギリス・中国
テヘラン会談	1943年	対独共同作戦協議 →44年連合軍のノルマンディー上陸～パリ解放～対独進軍へ	アメリカ・イギリス・ソ連
ヤルタ会談	1945年	ヤルタ協定（戦後処理、ソ連の対日参戦決定、国際連合設立の決定）	
ポツダム会談		ポツダム協定（対独戦後処理） ポツダム宣言（対日無条件降伏勧告）	アメリカ・イギリス・中国・ソ連

1 1908年、青年トルコ革命によるオスマン帝国の混乱に乗じて、オーストリアはブルガリアを併合した。

× 　オーストリアが併合したのは**ボスニア・ヘルツェゴビナ**である。**ブルガリア**は、1908年オスマン帝国で青年トルコ革命が勃発し、新政権を握った青年トルコ人が掲げたパン・トルコ主義に反発して**独立**をした。

2 イギリスは三国同盟の一員だったが、ロンドン秘密条約で領土獲得の約束を取りつけて、協商国側に立って参戦した。

× 　「イギリス」ではなく**イタリア**である。1882年イタリアは、ドイツ、オーストリアと三国同盟を結んだが、イタリアはトリエステなどの領土問題（「未回収のイタリア」）でオーストリアと対立していた。1915年4月、イタリアはイギリスなどとロンドン秘密条約を締結し、協商国側に参戦する代わりに、「未回収のイタリア」と新しい領土を獲得するとの約束を得た。

3 1914年、マルヌの戦いでドイツ軍はフランス軍に進撃を阻止され、西部戦線は膠着し、長期にわたる持久戦となった。

○ 　一方、対ロシア軍である**東部戦線**では、タンネンベルクの戦いでドイツ軍が**勝利**を収めたものの、やはり東部戦線においても長期化は避けられなかった。

4 1932年のニューヨーク株式市場における株価の暴落を原因にして、アメリカで恐慌が始まった。その影響がヨーロッパ諸国に波及して、世界恐慌となった。

× 　恐慌は**1929年**に始まった。世界恐慌を打破するため、イギリス・フランスなどは**ブロック経済体制**を敷いた。

5 ドイツは、1919年に調印されたヴェルサイユ条約で、軍備の制限、ラインラントの非武装化、巨額の賠償金等が課され、全ての植民地を失った上、アルザス・ロレーヌをフランスへ返還した。

○ **アルザス・ロレーヌ**は1870年に勃発した普仏戦争で、プロイセンに敗北したフランスが、1871年に成立した**ドイツ帝国へ割譲した土地**であった。

6 1918年、ドイツがロシアに降伏すると、それを不服とした水兵がキール軍港で反乱をおこしたことを契機に、革命運動が全国に広がり、ドイツ革命が起こった。

× キール軍港の水兵反乱のきっかけは、「ドイツがロシアに降伏」したのではなく、「ドイツ海軍の首脳部がイギリス艦隊との**決戦を命じた**」ことである。ドイツ革命の結果、1918年11月に皇帝ヴィルヘルム2世が退位し、**ドイツ共和国**が成立した。

7 アメリカに次いで恐慌の影響を受けたドイツでは、経済が破滅的状況となった。社会不安の広がりの中で、大衆宣伝を用いたナチ党が勢力を伸ばしていった。

○ ドイツの経済危機は**政治的危機**をももたらした。共和国から離れた国民の心は、大衆宣伝やSA（突撃隊）の精力的行動により**ナチ党**（国民社会主義ドイツ労働者党）へと傾倒していくこととなる。

8 1938年3月、ナチスはドイツ民族の統合を大義にチェコスロヴァキアを併合し、オーストリアのズデーデン地方の割譲を要求した。

× 「**チェコスロヴァキア**」と「**オーストリア**」が逆である。このナチスの要求に対して、イギリス・フランスは宥和(ゆう)政策をとったが、ドイツはさらなる領土拡張を目論(もくろ)んだ。

155

STEP 3 過去問にチャレンジ！

問題 1

ヴェルサイユ体制またはワシントン体制に関する記述として、妥当なものはどれか。

1 パリ講和会議は、1919年1月から開かれ、アメリカ大統領セオドア＝ローズヴェルトが1918年1月に発表した十四か条の平和原則が基礎とされたが、第一次世界大戦の敗戦国は参加できなかった。

2 ヴェルサイユ条約は、1919年6月に調印されたが、この条約で、ドイツはすべての植民地を失い、アルザス・ロレーヌのフランスへの返還、軍備の制限、ラインラントの非武装化、巨額の賠償金が課された。

3 国際連盟は、1920年に成立した史上初の本格的な国際平和維持機構であったが、イギリスは孤立主義をとる議会の反対で参加せず、ドイツとソヴィエト政権下のロシアは除外された。

4 ワシントン海軍軍縮条約では、アメリカ、イギリス、日本、フランス、イタリアの主力艦保有トン数の比率およびアメリカ、イギリス、日本の補助艦保有トン数の比率について決定された。

5 四か国条約では、中国の主権尊重、門戸開放、機会均等が決められ、太平洋諸島の現状維持や日英同盟の廃棄が約束されたほか、日本は山東半島の旧ドイツ権益を返還することとなった。

➡解答・解説は別冊 P.049

問題 2

ニューディール政策に関する次の記述の空欄に当てはまる語句の組み合わせとして、妥当なものはどれか。

　民主党の　A　は、1933年にアメリカ大統領となり、ニューディールと呼ばれる恐慌対策を掲げた。農業調整法（AAA）と　B　により、農産物価格の安定や産業体制の改革を進め、　C　川流域開発公社（TVA）設立によって未開発地域の開発を試み、失業者救済のための公共事業を実施した。

	A	B	C
1.	セオドア＝ローズヴェルト	全国産業復興法（NIRA）	テネシー
2.	セオドア＝ローズヴェルト	産業別組織会議（CIO）	テムズ

3. セオドア＝ローズヴェルト　　　産業別組織会議（ＣＩＯ）　　　テネシー
4. フランクリン＝ローズヴェルト　全国産業復興法（ＮＩＲＡ）　テネシー
5. フランクリン＝ローズヴェルト　産業別組織会議（ＣＩＯ）　　テムズ

➡解答・解説は別冊P.050

問題3　　　　　　　　　　　　　　　　　　　　　　東京都Ⅰ類（2019年度）

第一次世界大戦後のヨーロッパの歴史に関する記述として、妥当なものはどれか。

1　1919年の国民議会でヴァイマル憲法が制定されたドイツでは、この後、猛烈な
　　インフレーションに見舞われた。

2　イタリアでは、ムッソリーニが率いるファシスト党が勢力を拡大し、1922年に
　　ミラノに進軍した結果、ムッソリーニが政権を獲得し、独裁体制を固めた。

3　1923年にフランスは、ドイツの賠償金支払いの遅れを口実にボストン地方を占
　　領しようとしたが、得ることなく撤兵した。

4　1925年にドイツではロカルノ条約の締結後、同年にドイツの国際連合への加盟
　　を実現した。

5　イギリスでは大戦後、労働党が勢力を失った結果、新たにイギリス連邦が誕生
　　した。

➡解答・解説は別冊P.050

問題 4

国家専門職（2017 年度）

第一次世界大戦後から第二次世界大戦前までの各国に関する記述として最も妥当なものはどれか。

1 アメリカ合衆国は、ウィルソン大統領が提案した国際連盟の常任理事国となり、軍縮や国際協調を進める上で指導的な役割を果たした。世界恐慌が始まると、フーヴァー大統領がニューディールとよばれる政策を行い、恐慌からの立ち直りを図ろうとした。

2 ドイツは、巨額の賠償金の支払などに苦しみ、政治・経済は安定せず、ソ連によるルール地方の占領によって激しいインフレーションに襲われた。この危機に、シュトレーゼマン外相は、ヴェルサイユ条約の破棄、ドイツ民族の結束などを主張し、ドイツは国際連盟を脱退した。

3 イタリアは、第一次世界大戦の戦勝国であったが、領土の拡大が実現できず、国民の間で不満が高まった。世界恐慌で経済が行き詰まると、ムッソリーニ政権は、対外膨張政策を推し進めようとオーストリア全土を併合したが、国際連盟による経済制裁の決議の影響を受けて、更に経済は困窮した。

4 イギリスでは、マクドナルド挙国一致内閣が金本位制の停止などを行ったほか、オタワ連邦会議を開き、イギリス連邦内で排他的な特恵関税制度を作り、それ以外の国には高率の保護関税をかけるスターリング（ポンド）＝ブロックを結成した。

5 ソ連では、レーニンの死後、スターリンがコミンテルンを組織して、世界革命を主張した。スターリンは、五カ年計画による社会主義建設を指示し、工業の近代化と農業の集団化をめざしたが、世界恐慌の影響を大きく受けて、経済は混乱した。

➡解答・解説は別冊 P.051

問題 5

裁判所職員（2017 年度）

第二次世界大戦の始まりに関する次の記述中のA～Eの空欄に入る語句の組み合わせとして最も妥当なものはどれか。

　1938年3月、ドイツはドイツ民族統合を名目に（　A　）を併合し、9月には（　B　）のズデーテン地方の割譲を要求した。イギリス首相は宥和政策を唱え、9月末、イギリス・フランス・ドイツ・イタリアの4国による（　C　）会談が開かれ、ズデーテン地方のドイツへの割譲を認めた。ドイツは続いて1939年3月、

（　B　）解体を強行し、西半分を保護領に、東半分を保護国にした。さらに（　D　）にもダンツィヒの返還、東プロイセンへの陸上交通路を要求した。そうした中、ドイツの行動に刺激された（　E　）も4月、アルバニアを併合した。イギリス・フランスは宥和政策を捨て、軍備拡充を急ぎ、（　D　）とギリシアに安全保障を約束したため、（　D　）はドイツの要求を拒否した。イギリス・フランスはソ連とも軍事同盟の交渉に入ったが、ソ連はドイツとの提携に転じ、1939年8月末、独ソ不可侵条約を結んだ。これに力を得て、ドイツは9月1日、準備していた（　D　）侵攻を開始した。イギリス・フランスはドイツに宣戦し、第二次世界大戦が始まった。

	A	B	C	D	E
1.	ポーランド	ユーゴスラヴィア	ミュンヘン	オーストリア	ハンガリー
2.	ポーランド	チェコスロヴァキア	ミュンヘン	オーストリア	イタリア
3.	オーストリア	ユーゴスラヴィア	バンドン	ポーランド	イタリア
4.	オーストリア	チェコスロヴァキア	バンドン	ポーランド	ハンガリー
5.	オーストリア	チェコスロヴァキア	ミュンヘン	ポーランド	イタリア

➡解答・解説は別冊P.052

問題 6

消防官Ⅰ類（2017年度）

次のア～オの語句のうち、第二次世界大戦中に関連するもののみをすべて選んだ組み合わせとして、最も妥当なものはどれか。

ア　アウシュヴィッツ強制収容所
イ　ポツダム会談
ウ　国際連合発足
エ　国際連盟発足
オ　北大西洋条約機構発足

1. ア、イ
2. イ、ウ
3. ウ、エ
4. エ、オ
5. ア、オ

➡解答・解説は別冊P.053

8 戦後史

STEP 1 要点を覚えよう！

POINT 1 第二次世界大戦後の秩序

●**ヤルタ体制**

　1945年の**ヤルタ協定**（⚑153ページ）で合意された国際秩序体制。のちに欧州分割問題を巡り、米英とソ連が対立した。

●**国際連合**

　1945年**サンフランシスコ会議**で**国際連合憲章**が採択され、同年10月に原加盟国**51か国**で正式に成立した。本部はアメリカの**ニューヨーク**に設置。

POINT 2 第一次冷戦期

　ヤルタ体制を起点に鮮明化した米ソ対立であったが、1946年にイギリス前首相チャーチルが「**鉄のカーテン**」演説によりソ連による東欧諸国の囲い込みを批判し、「冷戦」の到来を告げることとなった。

西側（資本主義）陣営	東側（社会主義）陣営
1947年**トルーマン・ドクトリン**[*]発表…共産主義勢力に対する初の「**封じ込め政策**」 **マーシャル・プラン**（ヨーロッパ経済復興援助計画）発表…アメリカによる欧州経済の戦後復興計画。	1947年**コミンフォルム**（共産党情報局）結成…ソ連がイタリアやフランス、東欧6か国の共産党（労働党）を系列・組織化
1949年**北大西洋条約機構（NATO）**…アメリカを含む西側12か国で反共軍事同盟を結成	1948年ソ連による**ベルリン封鎖** 1949年**経済相互援助会議**（**COMECON**：コメコン）設立
1950〜1953年朝鮮戦争	
	1955年**ワルシャワ条約機構**…NATOに対抗して結成された東欧7か国とソ連の軍事同盟 1961年**ベルリンの壁**
1962年**キューバ危機**…ソ連の支援によるキューバでのミサイル基地建設に対し、米が撤去を求めて海上封鎖し米ソの緊張が高まった	

---

[*] 　トルーマン・ドクトリン…ソ連進出を恐れたアメリカのトルーマン大統領がギリシア・トルコ両国に経済・軍事的支援を表明し、共産圏を封じ込める政策を提唱した。

1960〜1975年**ベトナム戦争**…南ベトナムをアメリカが支援、北ベトナムをソ連・中国が支援。戦局は泥沼化してアメリカに対し国内外から批判が起こった

POINT 3　ヨーロッパの経済的結束

　1947年マーシャル・プラン下で戦後経済復興を果たした西欧諸国は、政治的には西側陣営に立ちつつも、次第にアメリカに対する過度な経済依存からの脱却を目指し、西欧諸国間での経済相互協力や市場統一への道を進み始めた。

1952年ヨーロッパ石炭鉄鋼共同体（**ECSC**）

1958年ヨーロッパ経済共同体（**EEC**）
　　ヨーロッパ原子力共同体（**EURATOM**）

統合 → 1967年ヨーロッパ共同体（**EC**）

POINT 4　デタント（緊張緩和）期

　キューバ危機での核戦争の脅威をきっかけに、1963年**部分的核実験禁止条約**、1968年**核拡散防止条約**、1969年からは第一次戦略兵器制限交渉（**第一次SALT**）などが行われ、米ソの政治対話により軍備管理が図られた。

POINT 5　東欧の自由化運動

　1953年ソ連でスターリンが亡くなり、**フルシチョフ**が第一書記に就任すると西側への協調路線へ外交政策を転換した。1956年には**スターリン批判**を行い、西側との**平和共存路線**を明確にした。これらが東欧へと伝播すると、同年にポーランドで民衆による自由化運動（**ポズナニ暴動**）や、1968年に**チェコスロバキア**での**プラハの春**などが起こった。

POINT 6　第二次冷戦（新冷戦）期

　対ソ強硬派のアメリカ大統領レーガンは「強いアメリカ」を標榜し、軍拡を推進。米ソの緊張は再び高まった。しかし、軍備拡張は両国財政へ重い負担となり、アメリカは「**双子の赤字**[*]」を抱え、1985年世界最大の債務国へ転落。一方のソ連も、軍縮交渉への道を進み始めた。同年、**ゴルバチョフ**が共産党書記長に就任すると、「**ペレストロイカ**（立て直し）」「**グラスノスチ**（情報公開）」を掲げ、国内で諸改革を断行、外交でも新思考外交を唱えて、1987年に**中距離核戦力（INF）全廃条約**を米と締結。そして1989年にブッシュ大統領と首脳会談を行い、**マルタ宣言**に調印し、冷戦終結を宣言した。

POINT 7　ヨーロッパ連合（EU）

　1973年に**イギリス**が加盟するなど拡大を続けたEC（**拡大EC**）は、経済・通貨統合を推進。1993年**マーストリヒト条約**発効により、ECを母体とした**ヨーロッパ連合（EU）**が発足、1999年には**ユーロ**が導入され、通貨統合[*]された。

---

* 　**双子の赤字**…財政収支と経常収支（特に貿易収支）がともに赤字になっている状態。
* 　**EUの通貨統合**…ユーロ導入当初、イギリス・デンマーク・スウェーデン・ギリシアは不参加（ギリシアは2001年から導入）。

1 1945年サンフランシスコ会議で国際連合憲章が採択され、同年10月に新しい国際機関として「国際連合」が成立し、スイスのジュネーヴに本部が設置された。

× 　国際連合の本部はアメリカの**ニューヨーク**に置かれている。ジュネーヴは、国際連合の前身である「**国際連盟**」の本部が置かれた都市である。

2 1949年にソ連が中心となり経済相互援助会議（コメコン）を結成すると、西側の資本主義諸国は集団防衛機構としてNATOを結成した。

○ 　北大西洋条約機構（**NATO**）は、アメリカを含む西側12か国で結成された。

3 ソ連と東ドイツ政府によってベルリンの壁が築かれた翌年、ソ連の支援によるキューバにおけるミサイル基地建設により、ソ連とアメリカは一触即発の危機状態となった。

○ 　ソ連と東ドイツ政府は1961年西ベルリンとの境界線に壁を構築した（ベルリンの壁）。翌62年には**キューバ危機**が起こり、核戦争の危機に瀕したが、ソ連が譲歩し、危機は回避された。

4 アメリカがベトナム戦争に軍事介入したことについては、ベトナムの独立を助ける行動であるとして国内外から称賛された。

× 　ケネディ政権は、1960年に**南ベトナム解放民族戦線**が結成されたことに端を発した**ベトナム戦争への介入**を行い、ケネディ大統領暗殺後の1963年に就任したジョンソン大統領が本格的な軍事介入へと発展させた。特に1965年以降は北ベトナムへの大規模な爆撃などにより、多くの命が失われたことから、軍事介入への**抗議・反対運動**が国内外を問わず全世界へと広まった。

5 1950年代は、ヨーロッパ石炭鉄鋼共同体（ECSC）が発足するなど、ヨーロッパ統合の動きが始まった。

○ 1952年に**フランス、西ドイツ、ベネルクス3国、イタリア**の6か国間で、石炭・鉄鋼の生産を共同管理する経済協力機関であるヨーロッパ石炭鉄鋼共同体（ECSC）が発足した。

6 ソ連でのフルシチョフらによるスターリン批判が伝わると、ポーランドでは、自主管理労働組合を中心として、「プラハの春」と呼ばれる民主化運動が起こった。

× 「プラハの春」は1968年**チェコスロバキア**で起きた社会主義社会の変革運動であり、ソ連でのフルシチョフらによる**スターリン批判**に影響を受けて起こった。1968年にドプチェクが政権に立つと、言論自由化や市場経済の導入などの変革が行われ、民衆の支持を得た。なお、ポーランドでは、同様にスターリン批判が波及し、1956年に**ポズナニ暴動**と呼ばれる民衆による自由化運動が起こっている。

7 マーストリヒト条約の発効によりヨーロッパ連合（ＥＵ）が発足し、貿易及び一般市民の取引通貨としてユーロが導入された。

○ 1993年**マーストリヒト条約**発効により、ヨーロッパ共同体（EC）を母体とするヨーロッパ連合（EU）が発足した。なお、1999年には貿易などの決済通貨として、2002年からは一般市民の取引通貨として**ユーロ**が導入された（**通貨統合**）。

STEP 3 過去問にチャレンジ！

消防官Ⅱ類（2018年度類題）

問題 1

米ソ冷戦に関する次のア〜ウの記述の正誤の組み合わせとして、最も妥当なものはどれか。

ア アメリカが戦後のヨーロッパ経済復興援助計画としてコミンフォルムを発表すると、ソ連と東欧諸国はマーシャル＝プランを結成して西欧諸国に対抗した。この米ソ間の緊張状態を、冷戦という。

イ ソ連が社会主義政権成立後のキューバにミサイル基地を建設すると、アメリカはソ連船の機材搬入を海上封鎖で阻止し、一時米ソ間で核戦争の緊張が高まるキューバ危機が勃発した。

ウ 冷戦終結前に、ゴルバチョフによる情報公開やペレストロイカといったソ連の諸改革と中距離核戦力全廃条約の米ソ両国合意があった。

```
     ア    イ    ウ
1.   誤    誤    正
2.   正    誤    誤
3.   誤    正    誤
4.   正    正    誤
5.   誤    正    正
```

➡解答・解説は別冊P.054

特別区Ⅰ類（2020年度）

問題 2

第二次世界大戦の終結と戦後の国際政治の動向に関する記述として、妥当なものはどれか。

1 1945年、アメリカ・ソ連・イギリスの3首脳は、マルタ会談で、国際連合の設立と運営原則を取り決め、同時にソ連の対日参戦について話し合った。

2 1955年、インドネシアのバンドンでアジア・アフリカ会議が開催され、主権と領土保全の尊重及び内政不干渉等からなる「平和10原則」が採択された。

3 1989年、アメリカのブッシュ大統領とソ連のゴルバチョフ共産党書記長は、ヤルタ会談で、冷戦終結を宣言した。

4 1990年、全欧安全保障協力機構（OSCE）が発足し、ヨーロッパの対立と分断の終結を約した「パリ憲章」を宣言したが、1995年にOSCEは解散した。

5 1991年、ソ連が解体し、ソ連に属していた11か国は、緩やかな結びつきである経済相互援助会議（COMECON）を創設した。

➡解答・解説は別冊P.054

問題3

消防官Ⅰ類（2016年度）

国際機構に関する次のア～エの記述のうち、正しいもののみをすべて選んだ組み合わせとして、最も妥当なものはどれか。

ア ASEAN ― アジア太平洋経済協力。1989年に枠組みが成立し、域内での貿易や投資の自由化を促した。

イ BRICS ― 新興工業国。21世紀になり経済が急成長した、ベルギー、ロシア、インドネシアなどの国の頭文字をとったもの。

ウ CIS ― 独立国家共同体。1991年、エリツィンを大統領とするロシア連邦を中心に旧ソ連の11共和国で形成された。

エ EU ― ヨーロッパ連合。ヨーロッパ結合の核となったEC（ヨーロッパ共同体）が1993年のマーストリヒト条約の発効により発展したもの。

1．ア、イ
2．ア、ウ
3．イ、ウ
4．イ、エ
5．ウ、エ

➡解答・解説は別冊P.055

この章で学ぶこと

● 中国史は、王朝名を軸に知識を整理する

SECTION 9 では、日本と関わりの深い隣国である中国の歴史を通史で学習します。

中国史では、多くの王朝が生まれ、その中でさまざまな出来事が起こってきました。王朝ごとに知識を整理すると全体の流れが見えやすくなるので、王朝の名前をキーワードにしながら学習しましょう。

中国史は多くの試験種で問われやすいので、念入りに学習しておくと併願が有利になります。

● イスラーム史・アジア史は、概要を確実に押さえよう

SECTION10では、イスラームと中東・朝鮮半島の歴史を学習します。それぞれの地域におけるおおまかな流れをつかんだうえで、特徴的な出来事を押さえておきましょう。

朝鮮半島の歴史は、日本との関わりを意識しながら学習します。また、イスラームと中東の歴史は、中国史と同様に、王朝の名前を足がかりに整理することを意識してみるとよいでしょう。

多極化する世界においては、欧米以外のエリアにも目を配ることが大事です。このパートの学習を通じて、世界に対する視野の広さを持てるようにしていきましょう。

● アメリカ史は、独立戦争を起点に戦後史とのつながりも意識

SECTION11では、日本と関わりの深い国であるアメリカの歴史を通史で学習します。アメリカは、日本や中国に比べると歴史は短いですが、独立戦争と2度の世界大戦、戦後の冷戦を通じて、世界の盟主的地位に躍り出ました。そのような流れを前提にしながら知識を整理しましょう。

またアメリカ史は、SECTION 8 の戦後史とからめて出題されることもあるので、戦後史とのつながりを意識して学習しておきましょう。

きめる！ 試験別対策

国家総合職（教養区分）

　イスラーム史と中国史が比較的出題されやすい。まずはこの２つの通史を優先して押さえよう。パレスチナ問題などの世界情勢も問われる可能性があるので、併せて確認しておくとよい。

国家一般・専門職

　イスラーム史と中国史がよく出題されている。この２つの通史を確認しつつ、余裕があれば他の分野も見ておこう。

裁判所職員

　アメリカ史と中国史がやや問われやすい。アメリカ史については戦後史とからめた出題もありうるので、戦後史と合わせて学習しておくのがおススメ。

特別区Ⅰ類

　出題頻度は低く、出題される場合は中国史が問われやすい。まずは中国史を優先して学習し、王朝名を軸に知識を整理しておこう。

東京都Ⅰ類

　特別区Ⅰ類とおおむね同じで、出題頻度は低く、出題された場合は中国史が問われやすい。中国の王朝ごとの知識をしっかり押さえておこう。

地方上級

　他の試験種に比べて、中国史からの出題頻度が若干高い。まずは中国史を念入りに学習し、王朝ごとの特色や政策をしっかり記憶しておこう。

市役所

　地方上級と同様で、中国史の出題頻度が高い。本書の中国史の箇所を熟読し、知識をしっかりと定着させよう。

警察・消防

　他の試験種とおおむね同様で、中国史を優先して学習するのが無難である。余裕があれば他の通史も見ておくとよい。

9 中国史

STEP 1 要点を覚えよう！

POINT 1 中国の初期王朝・春秋戦国時代・秦

前16世紀頃、殷（〜前11世紀）が成立。遺跡（**殷墟**）には、**祭政一致の神権政治**が実践されていたことが**甲骨文字**により記録されている。

前11世紀、殷周革命により**鎬京**を都とする周が成立。周王は、一族などを諸侯として封土を分与し、統治権と世襲権を与えた（**封建制**）。前770年周の東遷が起こり分裂の時代に入る。そこから晋が3国（韓・魏・趙）に分裂した前403年までを**春秋時代**、前403〜221年を**戦国時代**という。春秋時代には5人の有力な諸侯が覇権を争い（**春秋の五覇**）、戦国時代に7つの強国が分割支配を行った（**戦国の七雄**）。

前221年、戦国七雄の一つ秦王の政が他国を滅ぼし、中国を統一。**始皇帝**を名乗る。**郡県制**による中央集権化、度量衡・貨幣・文字の統一、**焚書・坑儒**による言論・思想統制、北方の**匈奴**の侵攻を防ぐため**万里の長城**建設を行う。

POINT 2 漢

陳勝・呉広の乱をきっかけに各地で反乱がおこり、秦滅亡後の前202年、庶民出の**劉邦**（**高祖**）が名門出の**項羽**を破り、**漢王朝**を樹立（**前漢**）。都は長安。当初**郡国制**を採用したが、**呉楚七国の乱**鎮圧後は郡県制による中央集権体制が復活。7代**武帝**時代に全盛期を迎えた。

武帝の時代には、地方長官の推薦による官吏登用法（**郷挙里選**）を制定した。経済政策としては、軍事費調達のために塩・鉄・酒を**専売**とし、物価の調整と管理のために**均輸・平準**を採用した。また、思想による安定を目指し、董仲舒などの儒家の思想を官学とした。

前漢は紀元後8年、外戚の**王莽**が**新**王朝を建国したことで滅亡したけど、その**新**も**赤眉の乱**（18〜27年）のさなかに、わずか15年で崩壊しちゃったんだ。

25年**劉秀**（**光武帝**）が洛陽を首都に漢王朝を再興（**後漢**）。しかし、184年に宗教結社を中心とした武装化した大規模な農民反乱（**黄巾の乱**）がおこり衰退、滅亡した。

POINT 3 分裂の時代

後漢末に**曹操**、**孫権**、**劉備**の三者が台頭すると、曹操の子**曹丕**が魏王朝を樹立。

その後、孫権と劉備もそれぞれ呉と蜀を建国し、**三国時代**が到来した。

魏が蜀を滅ぼすと、魏の将軍**司馬炎**（武帝）が魏に代わる晋を建国。280年に呉を滅ぼし中国統一を果たしたが、316年に北方民族の**五胡**の侵入により滅亡した。晋滅亡後は、華北・江南ともに政権や王朝の交代・対立の時代へと突入した。

華北 304〜439年**五胡十六国** ➡ 439〜581年北朝時代（北魏の華北統一）
江南 317〜420年東晋 ➡ 420〜589年南朝時代（宋・斉・梁・陳）

POINT 4 　隋

| **楊堅**（文帝） | ・581年隋を建国。589年南朝の陳を滅ぼし中国統一
・北朝以来の**均田制・府兵制**を引き継ぐ。**律令**を制定。租調庸制の確立。学科試験による官吏登用法（選挙の法〔**科挙**〕）を採用 |
| **煬帝** | ・華北と江南を結ぶ**大運河**の建設
・騎馬遊牧民国・突厥を討伐。3度にわたる高句麗出兵の失敗をきっかけとして反乱がおこり、618年隋は滅亡 |

POINT 5 　唐

李淵（高祖）	・618年隋を滅ぼし、唐を建国。都は長安
太宗（李世民）	・628年中国統一 ・「**貞観の治**」、隋を踏襲した政治体制（律令制、三省・六部の整備、租調庸制、均田制の採用、府兵制による徴兵、科挙）
高宗	・対外政策に成功。百済・高句麗を滅ぼすなど勢力は最大に
則天武后	・「**武韋の禍**」といわれる政治混乱
玄宗	・「**開元の治**」、募兵制への転換、節度使による国境防備 ・755年**安史の乱**（節度使安禄山とその部下史思明による反乱）
徳宗	・780年**両税法**の施行
僖宗	・875年**黄巣の乱**（塩の密売人らが率いた反乱）→衰退へ
哀帝	・907年節度使の**朱全忠**が後梁を建国し、唐滅亡

POINT 6 　宋

唐滅亡後、華北で5王朝が交替し、その他の地方に10あまりの国が分立した**五代十国**を経て、960年に**趙匡胤**（**太祖**）が**宋**（**北宋**）を建国（都は**開封**）、第2代太宗時代に中国主要部を再統一した。**文治主義**を実施。

第6代神宗の宰相**王安石**は、財政再建と富国強兵を目指す**王安石の新法**を実施したが、保守派（旧法党）の**司馬光**により新法は廃止。12世紀初めに、女真族の金に上皇の徽宗や皇帝欽宗が捕虜として連行され、宋は崩壊した（**靖康の変**）。靖康の変後、江南へ逃れた**高宗**が**南宋建国**（都は臨安）。1142年に金と紹興の和約を結んだ。

宋の時代は商業が発展し、**貨幣経済**も進展、**紙幣**の使用が開始された。

> 宋の時代の科挙の最後には、皇帝自ら試験を行う殿試が行われていたの。また、文人官吏は**形勢戸**と呼ばれる新興地主層が大勢を占めていたみたい。

STEP 1
要点を覚えよう！

POINT 7 モンゴル帝国と元

1206年、モンゴル民族の**テムジン**は**クリルタイ**[*]で**ハン**（汗）位につき**チンギス・ハン**の称号を得ると**モンゴル帝国**を創設。第2代皇帝**オゴタイ・ハン**は1234年に金を滅ぼし、**カラコルム**を都とした。オゴタイは甥バトゥを欧州遠征へ派遣。**バトゥ**は1241年**ワールシュタット**の戦いで**ドイツ・ポーランド**連合軍を撃破した。ハン位についた**フビライ・ハン**は、1271年に中国風に**元**と国名を称すると、翌年都を**大都**と改称した。その後南宋を滅ぼし中国統一を果たした。以降モンゴル帝国は元を宗主国に、ロシア地域の**キプチャク・ハン国**、中央アジアの**チャガタイ・ハン国**、イラン地域の**イル・ハン国**が緩やかに連携する体制となった。

政治	・表面は中国伝統の官僚制度を採用（科挙は一時**中止**、元末期に復活）するが、内実はモンゴル人や**色目人**（中央・西アジア系）優遇の側近政治
経済	・駅伝制（ジャムチ）[*]、**大運河**など交通網を整備し交易が発展 ・貨幣経済の発達、紙幣（**交鈔**）の発行
文化	・西洋の宣教師らの来訪 ・イタリアのマルコ・ポーロ『**世界の記述（東方見聞録）**』

POINT 8 明

1368年、元末期の**紅巾の乱**（1351〜1366年）の指導者**朱元璋**（**洪武帝**）が**明**を建国。**金陵**（現在の**南京**）を都とし、漢人王朝を復活させた。

◆朱元璋時代の主な政策

・「**里甲制**」 ・「**魚鱗図冊**」（土地台帳） ・**衛所制**（軍戸の戸籍）
・「**賦役黄冊**」（租税台帳） ・**一世一元の制**（一皇帝一元号）
・**海禁政策**（民間人の海上交易禁止→朝貢貿易） など

1399年の**靖難の役**で第3代皇帝となった**永楽帝**（成祖）は積極的対外政策をとり、**鄭和**に大艦隊によるインド洋遠征を命じた。16世紀末**豊臣秀吉**による朝鮮侵略の際の支援派遣などで財政難に陥り、1644年**李自成の乱**により滅亡した。

---

* **クリルタイ**…「大集会」を意味する、モンゴル諸部族の部族長会議。
* **駅伝制（ジャムチ）**…幹線道路に沿って宿駅が設置された大交通網。

POINT 9 清

漢人文化を取り入れつつ、辮髪令や文字の獄などの弾圧も行った。

ヌルハチ（太祖）		・満州族（女真族）。1616年後金を建国
ホンタイジ		・1636年国号を清に改称。皇帝と称する ・藩部を管理する理藩院を設置
康熙帝	最盛期	・1683年鄭成功を始祖とする鄭氏台湾を平定し、台湾を領土化 ・1689年ロシアとネルチンスク条約を締結
雍正帝		・1727年ロシアとキャフタ条約を締結
乾隆帝		・最大領土

アヘン戦争：1840～1842年。**林則徐**のアヘン厳禁策を口実にイギリスが開戦する。1842年**南京条約**締結。上海など5港開港、**香港島**割譲。

太平天国の乱：1851～1864年。客家（広東・福建などに居住する漢民族の一派）出身の指導者**洪秀全**がキリスト教系宗教結社拝上帝会を組織し、「**滅満興漢**」を標語に反乱を起こす。**曾国藩**や**李鴻章**などの郷勇や団練により鎮圧。

アロー戦争：1856～1860年。**アロー号事件***を口実に、英仏が開始。1858年**天津条約**、1860年**北京条約**締結。

義和団事件：1900年**義和団**が「**扶清滅洋**」を唱え、排外運動がおこる。清はこれを利用して各国に宣戦布告をするも敗れ、1901年**北京議定書**を締結。

POINT 10 中国の近代化

変法（自強）運動：日清戦争（1894～95年）敗北後、日本に倣って制度・思想面の近代化を目指し、**科挙の廃止**や**立憲君主制への移行**を推進した（戊戌の変法）。

孫文：漢人による満州王朝打倒を目指し、1905年東京で**中国同盟会**を組織。「民族・民権・民生」の三民主義を掲げ革命運動を展開。

辛亥革命：鉄道国有化をめぐる不満から四川省で暴動がおこり、1911年10月に**武昌**の軍隊の革命派が蜂起した。

中華民国：1912年南京で建国、皇帝政治が終了。

中国国民党：1919年中華革命党を改組して作られた政党。共産党員が個人の資格で入党することを認め、「連ソ・容共・扶助工農」を掲げた。

蒋介石：中国国民党の指導者。1927年に上海でクーデタを起こし共産党を弾圧、南京に国民政府を建てた。大戦後、共産党に敗れ台湾に逃れた。

中国共産党：1921年**陳独秀**によって結成。

中華人民共和国：1949年中国共産党により成立。

＊ **アロー号事件**…広州でイギリス国旗を掲げていたアロー号に清の役人が立入検査、清人船員を海賊容疑で逮捕した事件。

1 戦国時代、七雄と呼ばれた七つの強国の争いの中で、庶民出身の劉邦が郷里の民衆を率いて蜂起し、七雄を統一して漢王朝を建てた。

× 戦国の七雄（秦、燕、斉、趙、魏、韓、楚）のうち、秦王の政が前221年、他の6国を滅ぼして全国を統一し秦王朝を建てた。政は皇帝という称号を初めて名乗った（始皇帝）。劉邦は、その秦王朝滅亡後の前202年に名門出身の項羽を破り、漢王朝を樹立した。

2 明では均田制、租調庸制、府兵制が整えられた。また次第に財政状態が悪化すると、租調庸制にかわって両税法が施行された。

× 「明」ではなく唐である。618年に建国された唐は第2代李世民（太宗）時代に中国統一を果たし、『貞観の治』と呼ばれる政治を行った。すなわち、律令制や三省・六部を整備し、租調庸制、均田制を採用、府兵制による徴兵や科挙による人材登用を行った。次第に財政状態が悪化し、780年租調庸制にかわり両税法が施行された。

3 隋は文帝と煬帝の2代のみで滅んだが、その間に大運河の建設を行い、高等官僚資格試験である科挙を開始した。

○ 589年に中国統一を果たした隋は、楊堅（文帝）と煬帝の2代のみで滅んだが、文帝は律令を制定し、租調庸制を確立、学科試験による官吏登用法（選挙の法〔科挙〕）を採用するなど国の制度を整備。次の煬帝は華北と江南を結ぶ大運河を建設するなど、流通の整備を行った。

4 漢の時代、官吏を登用する方法として郷挙里選の制度がつくられ、広く各地から人材が集められるようになった。

◯ 漢は第7代皇帝・**武帝**の時代に全盛期を迎える。武帝は、地方長官の推薦によって人材を登用する**郷挙里選**を採用した。

5 オゴタイ・ハンは、騎馬軍を率いて支配域を広げ、大都に都を定めて、国号を中国風に元として南宋を滅ぼした。

× 「オゴタイ・ハン」ではなく**フビライ・ハン**である。フビライ・ハンは、1271年に中国風に**元**と国名を称すると、翌年都を大都と改称しその後南宋を滅ぼし中国統一を果たした。

6 バトゥは、西方に軍を率いて遠征し、ワールシュタットの戦いでドイツ・ポーランド諸侯連合を撃破した。

◯ 第2代皇帝オゴタイ・ハンは、甥**バトゥ**を欧州遠征へ派遣。バトゥは1241年の**ワールシュタットの戦い**でドイツ・ポーランド連合軍を撃破した。

7 清は満州人による支配を徹底し、辮髪令を出して満州人の髪型を漢人に強要したほか、文字の獄という反清思想の弾圧を行った。

◯ 清は『康熙字典』『四庫全書』の編集を行うなど、中国の**伝統的文化を尊重する**一方、満州文字の創始や、辮髪令による髪型の強要、**文字の獄**という**反清思想の弾圧**、言論の統制（禁書）なども行った。

8 清朝末期に白蓮教系の宗教的武術集団である義和団が「滅満興漢」を唱えて、排外活動を行った。

× 「滅満興漢」ではなく「**扶清滅洋**」であり、教会や鉄道など「洋」に関するものの破壊活動をした。「滅満興漢」は**太平天国の乱**の標語である。

過去問にチャレンジ！

問題1

国家一般職（2021年度）

中国の諸王朝に関する記述として最も妥当なものはどれか。

1 秦は、紀元前に中国を統一した。秦王の政は皇帝と称し（始皇帝）、度量衡・貨幣・文字などを統一し、中央集権化を目指した。秦の滅亡後に建国された前漢は、武帝の時代に最盛期を迎え、中央集権体制を確立させた。また、儒家の思想を国家の学問として採用し、国内秩序の安定を図った。

2 隋は、魏・蜀・呉の三国を征服し、中国を再統一した。大運河の建設やジャムチの整備などを通じて全国的な交通網の整備に努めたが、朝鮮半島を統一したウイグルの度重なる侵入により滅亡した。唐は、律令に基づく政治を行い、節度使に徴税権を与える租調庸制の整備などによって農民支配を強化した。

3 宋（北宋）は、分裂の時代を経て、中国を再統一した。都が置かれた大都（現在の北京）は、黄河と大運河の結節点で、商業・経済の中心地として栄えた。北宋は、突厥の侵入を受け、都を臨安（現在の杭州）に移し、国家を再建した（南宋）。南宋では儒学の教えを異端視する朱子学が発達し、身分秩序にとらわれない科挙出身の文人官僚が勢力を強めた。

4 元は、モンゴルのフビライ＝ハンによって建てられた征服王朝である。フビライ＝ハンは科挙制度を存続させたが、これに皇帝自ら試験を行う殿試を加えることで、モンゴル人の重用を図った。元代には交易や人物の往来が盛んであり、『東方見聞録』を著したマルコ＝ポーロやイエズス会を創設したフランシスコ＝ザビエルが元を訪れた。

5 明は、元の勢力を北方に追い、漢人王朝を復活させた。周辺諸国との朝貢体制の強化に努めた一方、キリスト教の流入を恐れ、オランダを除く西洋諸国との貿易を禁じる海禁政策を採った。清は、台湾で勢力を伸ばした女真族によって建国された。康熙帝、雍正帝、乾隆帝の三帝の治世に清は最盛期を迎え、ロシアとの間にネルチンスク条約を締結し、イランを藩部とした。

➡解答・解説は別冊 P.056

問題2

中国で起きた次のA～Eの反乱について、年代の古い順に並べ替えたものとして、最も妥当なものはどれか。

A　黄巾の乱
B　紅巾の乱
C　三藩の乱
D　李自成の乱
E　黄巣の乱

1．A－E－B－D－C
2．A－E－D－B－C
3．A－B－C－E－D
4．E－A－B－D－C
5．E－A－D－C－B

➡解答・解説は別冊P.057

問題3

中国の宋（北宋・南宋）に関する記述として、最も妥当なのはどれか。

1　中国主要部を統一した宋は、文治主義を重視して軍人による統治を行った。

2　官吏登用法の中心として科挙を整備したほか、皇帝みずから試験を行う殿試を始めた。

3　形勢戸と呼ばれる経済力のある貴族が、新興地主層の人びとにかわり新しく勢力を伸ばした。

4　貨幣経済が発展し、銅銭のほか金・銀も地金のまま用いられたが、紙幣はまだ用いられなかった。

5　都市商業の繁栄を背景に庶民文化が発展し、宗教では道教が官僚層によって支持され、禅宗の革新をとなえて全真教がおこった。

➡解答・解説は別冊P.058

問題 4　　　　　　　　　　　　　　　　　　　　　警察官Ⅰ類（2021年度）

元に関するA〜Cの記述の正誤の組み合わせとして、最も妥当なものはどれか。

A 相続争いを経て第5代の大ハンに即位したフビライは、都を大都に定め、国名を中国風に元と称し、ついで南宋を滅ぼして中国全土を支配した。

B 元は中国の統治に際して、中国の伝統的な官僚制度を採用したが、実質的な政策決定は、中央政府の首脳部を独占するモンゴル人によっておこなわれた。

C 元の政府は、支配下の地域の社会や文化を厳しく取り締まったため、大土地所有は衰退し、都市の庶民文化も衰えていった。

	A	B	C
1.	正	正	誤
2.	正	誤	誤
3.	誤	正	誤
4.	誤	誤	正
5.	誤	正	正

➡解答・解説は別冊P.058

問題 5　　　　　　　　　　　　　　　　　　　　　警察官Ⅲ類（2022年度）

清朝に関する記述中の空所A〜Dに当てはまる語句の組み合わせとして、最も妥当なものはどれか。

　義和団事件後、清朝では、近代国家建設のため、（　A　）や憲法大綱の発表など諸改革を行った。一方、海外では、（　B　）による清朝打倒を目指す革命運動がおこった。この運動の中心となった孫文は、1905年に東京で革命運動の母体となる（　C　）を組織し、「民族・民権・民生」の三民主義を掲げて革命運動を推進した。1911年、新内閣がとった鉄道建設の方針に対する不満から四川で暴動がおこり、さらに同年10月には、（　D　）の軍隊のなかにいた革命派が蜂起し、辛亥革命が始まった。

	A	B	C	D
1.	科挙の廃止	満州人	中国同盟会	南京
2.	科挙の廃止	漢人	興中会	武昌
3.	科挙の廃止	漢人	中国同盟会	武昌
4.	科挙の復活	満州人	興中会	武昌
5.	科挙の復活	満州人	興中会	南京

➡解答・解説は別冊P.059

問題6

特別区Ⅲ類（2017年度）

中国の国民革命に関する記述として、妥当なものはどれか。

1 陳独秀は、1919年に中華革命党を改組して、中国国民党を組織し、1921年に広州に新政府を建てた。

2 中国国民党第1回党大会では、連ソ、容共、扶助工農の方針が決定されたが、共産党員の国民党への個人入党は許されなかった。

3 孫文の死の直後、上海の日本人経営の紡績工場での労働争議をきっかけに、反帝国主義運動として五・四運動が起こった。

4 蔣介石は、1927年に上海でクーデタを起こして共産党を弾圧し、南京に国民政府を建てた。

5 張学良は、北伐軍に敗れて奉天に戻る途中、日本軍によって列車を爆破されて殺害された。

➡解答・解説は別冊P.059

10 | イスラーム史・アジア史

STEP 1　要点を覚えよう！

POINT 1　イスラーム世界の成り立ち

●ムハンマドによるイスラム教創始

　610年頃**ムハンマド**が預言者として**イスラム教（イスラーム）**を創始。622年メッカの大商人から迫害を受け、メディナ（ヤスリブ）に移住（**聖遷〔ヒジュラ〕**）、**ウンマ***を成立させた。630年に**メッカ征服**に成功した。

> イスラム教は、アラビア語で記された『**コーラン**』を聖典とし、「**偶像崇拝の徹底的禁止**」「**唯一神アッラー**への絶対的帰依（一神教）」「**六信五行の義務**」などを特徴としているんだ。

●正統カリフ時代（632～661年）

　632年ムハンマドの死後、選挙により選出された預言者の後継者（**カリフ**）がウンマの指導的立場に立つ。初代正統カリフ**アブー・バクル**がアラビア半島の支配を確立すると、第2代正統カリフ**ウマル**はアラブ大征服ともいわれる大規模な**ジハード（聖戦）**を展開。642年**ニハーヴァンドの戦い**でササン朝ペルシアを撃破した。

●ウマイヤ朝（661～750年）

　第4代正統カリフ**アリー**暗殺後、ウマイヤ家ムアーウィヤがカリフ世襲制を確立、自らカリフとなり**ウマイヤ朝**を開朝（都はダマスクス）。732年トゥール・ポワティエ間の戦いではフランク王国に敗れたが、征服戦争により広大な地域を支配した。支配層のアラブ人は、異民族に対し人頭税（**ジズヤ**）や地租（**ハラージュ**）を課した。

●アッバース朝（750～1258年）と後ウマイヤ朝（756～1031年）

　アラブ人特権に不満を抱いたアッバース家の反乱によりウマイヤ朝が滅亡し、**アッバース朝**成立。第2代カリフ**マンスール**が**バグダード**を都とした。アッバース朝ではアラブ人の特権を廃止して**ムスリム平等主義**を採用、政治的に安定した。**交通網の整備**により交易が発展し、バグダードは商業・文化の中心地として繁栄。第5代カリフ**ハールーン・アッラシード**の時代に絶頂を迎えた。

　他方、ウマイヤ家一族はウマイヤ朝滅亡後、イベリア半島にのがれて、**コルドバ**を首都とする**後ウマイヤ朝**を建国した。

---

*　ウンマ…イスラム教信者（ムスリム）の共同体。

POINT 2　イスラーム帝国の分裂

アッバース朝は広大な版図の維持のため、有力者らによる地方政権が分立した。

北アフリカ	・**シーア派***の一部が**ファーティマ朝**（909〜1171年）を建国。10世紀後半にエジプトを征服して首都**カイロ**建設 ・ファーティマ朝宰相**サラディン**がファーティマ朝を滅ぼし、**アイユーブ朝**を建国（1169〜1250年）。**イクター制**導入 ・アイユーブ朝君主が強化した奴隷出身のマムルーク軍団が、アイユーブ朝を滅ぼし**マムルーク朝**（1250〜1517年）を開朝
イラン・トルコ	・946年**シーア派**ブワイフ朝（932〜1062年）がバグダード占領。イクター制をはじめて実施した ・11世紀に中央アジア・イランを支配していた**スンナ派***セルジューク朝（1038〜1194年）が、1055年バグダード入城 　→カリフより世俗君主**スルタン**（支配者）の称号を付与される

POINT 3　イラン・トルコ世界の展開

●ティムール朝（1370〜1507年）

中央アジアのチャガタイ・ハン国（参170ページ）の分裂に乗じ、1370年トルコ系の**ティムール**が**ティムール朝**を建国。西進し、イランのイル・ハン国（参170ページ）を吸収した。1402年**アンカラの戦い**で**オスマン・トルコ**軍を撃破した。首都**サマルカンド**は、商業・文化（**モスク**建築）・学術（**天文学**）の中心として繁栄。

●サファヴィー朝（1501〜1736年）

1501年イランで神秘主義教団教主**イスマーイール1世**が**サファヴィー朝**を建国。スンナ派オスマン帝国などに対抗して**シーア派**（十二イマーム派）を国教とし、**シャー**（王）の称号を採用した。**アッバース1世**（在位1587〜1629年）のときに最盛期を迎え、首都を**イスファハーン**としたが、その死後王朝の勢力は急速に衰えた。

●カージャール朝（1796〜1925年）

1796年トルコ系騎馬遊牧民による**カージャール朝**が建国された（首都は**テヘラン**）。19世紀初頭、カフカス領有をめぐる戦いでロシアに敗れ、1828年**トルコマンチャーイ条約**でアルメニアなどを割譲。70年代に近代改革の失敗から財政難に陥り、1891年タバコ販売の利権を英投資家等に譲渡することで利益を得ようとしたが、**アフガーニー**を中心とした**タバコ・ボイコット**運動が展開された。

●パフレヴィー朝（1925〜1979年）

第一次世界大戦中にはイギリス・ロシア両軍に占領されたが、1921年**レザー・ハーン**がクーデタにより政権を握ると、1925年**パフレヴィー朝**を創始した。1935年国名をペルシアからイランに改める。

●オスマン帝国（1300頃〜1922年）

→ POINT 4

---

*　**シーア派**…暗殺された第4代正統カリフの子孫のみが指導者（イマーム）の後継者と認める宗派。
*　**スンナ派**…ムハンマドの言行（スンナ）を重んじる宗派で、多数派。

POINT 4 オスマン帝国（1300頃〜1922年）

オスマン1世	・1300年頃小アジア（アナトリア）でオスマン朝を建国
ムラト1世	・バルカン半島に進出し、1366年アドリアノープルへ遷都
バヤジット1世	・1396年ニコポリスの戦いでハンガリー等連合軍に勝利 ・1402年アンカラの戦いでティムール（参179ページ）に敗れる
メフメト2世	・1453年コンスタンティノープルを攻略し、ビザンツ帝国（参115ページ）を滅ぼす
セリム1世	・1517年マムルーク朝（参179ページ）を滅ぼし、メッカ・メディナ2聖都の保護者の地位を継承（スンナ派イスラム教の守護者） ・シリア・エジプト併合
スレイマン1世 （帝国の最盛期）	・1526年モハーチの戦いに勝利し、ハンガリーを属国化 ・1529年ウィーン包囲 ・1538年プレヴェザの海戦でスペイン等連合軍に大勝 ・1571年レパントの海戦でスペイン等に敗北（地位は揺るがず） ・1683年第2次ウィーン包囲に失敗 ・1699年カルロヴィッツ条約でハンガリーなどをオーストリアに割譲
アブデュルメジト1世	・1839年ギュルハネ勅令 ・1839〜1876年タンジマート（西欧化改革）を実行

　1853年ロシア対オスマン帝国・イギリス・フランスによる**クリミア戦争**が勃発。オスマン帝国は勝利したが立憲制への要求が高まり、1876年革新派の宰相**ミドハト・パシャ**が起草した憲法草案が**アジアで最初の憲法**として発布された（ミドハト憲法）。

●オスマン帝国の主な制度
ティマール制：イクター制（参179ページ）を継承した**軍事封土制**。
デヴシルメ：バルカン半島のキリスト教徒の子弟を徴用した上で、**ムスリムに改宗**させ官僚・軍人とする制度。
ミッレト（宗教共同体）：帝国内のキリスト教・ユダヤ教の宗教団体。内部での自治が認められた。
カピチュレーション：**フランス商人**に与えた治外法権、免税などの通商特権。のちに欧州列強に不平等条約として利用された。

POINT 5 ムガル帝国（1526〜1858年）

バーブル （初代皇帝）	・1526年パーニーパットの戦いで、デリー・スルタン朝最後の王朝であるロディー朝（ローディー朝）を破り、ムガル帝国を建国（首都デリー）

アクバル (第3代皇帝)	・広大な領土を征服、大帝国を築く。**アグラに遷都** ・徴税制度の改革と中央集権制度の確立 ・**人頭税（ジズヤ）**廃止し、**ヒンドゥー教徒との融和**を図る
アウラングゼーブ (第6代皇帝)	・領土が最大に ・人頭税復活、ヒンドゥー寺院の破壊など**イスラーム中心政策** をとりヒンドゥー教徒を圧迫 →**マラーター王国**の抵抗や**シク教徒**の反乱を招く

POINT 6 朝鮮王朝（1392〜1910年）

倭寇を撃退した**李成桂**により朝鮮王朝建国（首都は漢城〔現ソウル〕）。儒教を保護した。第4代**世宗**は朝鮮独自の**訓民正音**（ハングル）を制定。16世紀末に**豊臣秀吉**による2度にわたる侵略が図られる（**壬辰・丁酉倭乱**＊）も李舜臣らの活躍でこれを撃退する。江戸幕府が成立すると**朝鮮通信使**を派遣するなど外交関係を築いた。やがて清が成立するとこれに服属する一方、1875年**江華島事件**を契機に、1876年**日朝修好条規**（江華条約）を締結。鎖国策を脱して日本に対して開国した。

POINT 7 第二次世界大戦以降の朝鮮

1943年**カイロ会談**により朝鮮独立は承認されていたが、**北緯38度線**を境に北はソ連、南は米国の占領に二分。その後、1948年に北に**金日成**を首相とする**朝鮮民主主義人民共和国**（北朝鮮）、南に**李承晩**を大統領とする**大韓民国**（韓国）が成立すると、1950年に北朝鮮軍が38度線を越え侵攻。**朝鮮戦争**が勃発するも、1951年には停戦、1953年には**休戦協定**が成立した。1960年韓国で**四月革命**（**学生革命**）により李承晩政権が崩壊すると、1961年軍事クーデタにより**朴正熙**が独裁政権を樹立した。

POINT 8 第二次大戦以降のアジア

●**イスラエル**：パレスチナ問題

1947年の国連による分割案決議をアラブ人が拒否したのち、1948年5月に**ユダヤ人**による一方的な建国宣言がなされ、アラブ諸国とイスラエルの間でパレスチナ戦争が起こった。戦争によってパレスチナに居住するアラブ人の多くが難民となり（パレスチナ難民）、1964年にパレスチナ解放機構（PLO）を結成してイスラエルに抵抗した。

●**アフガニスタン**：ソ連侵攻

アフガニスタンの社会主義政権を守るために、1979年に**ソ連**が侵攻したが、イスラーム勢力はゲリラ戦で抵抗した。侵攻は長期化したが、ゴルバチョフ政権のもと1989年にソ連軍が撤退した。

●**イラク**：湾岸戦争

1990年、石油資源の確保を狙って隣国クウェートを占領、湾岸戦争が起こった。翌91年、国連の決議によりアメリカを中心とする多国籍軍が組織され、イラク軍を撤退させた。

＊ **壬辰・丁酉倭乱**…和名は文禄・慶長の役。

1 当初ムハンマドはメッカで布教をしていたが、有力者たちがムハンマドを迫害したことから、622年にメディナに移住した。

〇　ムハンマドのメディナ移住を聖遷（ヒジュラ）という。聖遷後ムハンマドは、イスラム教信者（ムスリム）の共同体であるウンマを成立させた。

2 正統カリフとは、ムハンマドの死後にウンマの合意を得て就任した、アブー・バクルからムアーウィヤまでのカリフを指す。

×　正統カリフとは、ムハンマドの死後にウンマの合意を得て就任した、アブー・バクルからアリーまでの4代のカリフを指す。なお、ムアーウィヤはアリー暗殺後、自らカリフとなり661年にウマイヤ朝を開朝した人物である。

3 アッバース朝では、海路や陸路の交通網が整備され、バグダードは商業・文化の中心都市として栄え、第5代カリフのハールーン・アッラシードの時代に全盛期を迎えた。

〇　この当時バグダードは「平安の都」と称され発展していた。交通網は主にバグダードを起点とした駅伝制に基づき整備が行われた。

4 イランに成立したサファヴィー朝は、建国後にスンナ派を国教とし、君主はスルタンを名乗るなどイラン人の民族意識を高揚した。アッバース1世は、新しい首都イスファハーンを建設し、サファヴィー朝は最盛期を迎えた。

×　ティムール朝が衰退すると1501年神秘主義教団教主イスマーイール1世がサファヴィー朝を建国した。サファヴィー朝はシーア派を国教とし、イランの伝統的王の称号であるシャーを用いた。最盛期を迎えたアッバース1世の時代には、火器を用いた軍を創設し、かつてオスマン帝国やポルトガルに奪われた領土を回復し、イスファハーンを新しい首都とした。

5 13世紀末にアナトリアに建国されたオスマン帝国は、セリム1世時代の1517年エジプトのマムルーク朝を滅ぼし、その管理下にあったメッカとメディナの保護者の地位を継承し、スンナ派イスラム教の擁護者となった。

○ **セリム1世**はマムルーク朝を滅ぼし、シリア・エジプトを併合し**領土を拡大**した。また、**スンナ派**イスラム教の擁護者として、イスラム法に基づく統治を行った。

6 ムガル帝国第6代皇帝アウラングゼーブは、人頭税を復活するなどイスラーム中心の政策をとったため、これに反発するマラーター王国が抵抗したり、シク教徒が反乱をおこすなどした。

○ 第6代皇帝**アウラングゼーブ**の時代にムガル帝国の領土は最大となったが、**ヒンドゥー教徒**への**人頭税**（**ジズヤ**）を復活したり、ヒンドゥー寺院を**破壊**するなどしたため、17世紀後半には**ヒンドゥー教徒**のシヴァージーが建国したマラーター王国が抵抗したり、**シク教徒**が反乱をおこしたりした。

7 朝鮮は、長らく鎖国政策をとっていたが、欧米諸国は朝鮮に対し開国要求をつきつけていた。そのような中、アメリカ合衆国は、1875年江華島事件を起こし、翌年朝鮮との間に不平等条約を締結すると、朝鮮を開国させた。

× **江華島事件**を起こし、翌年不平等条約である**江華条約**（日朝修好条規）を締結して朝鮮を開国させたのは、「アメリカ合衆国」ではなく**日本**である。

8 マルタ会談で独立が約束されていた朝鮮であったが、第二次大戦後は北緯38度線を境に、南部がアメリカ、北部はソ連による占領状態となり、その後、金日成が首相となった南部は韓国、李承晩が大統領となった北部では北朝鮮が成立し、南北の分裂は決定的となった。

× 朝鮮の独立が約束されたのは、1943年の**カイロ会談**である。また、「**金日成**」と「**李承晩**」がそれぞれ逆になっている。

STEP 3 過去問にチャレンジ！

問題 1
国家一般職高卒（2020年度）

イスラーム世界に関する記述として最も妥当なものはどれか。

1 イェルサレムに生まれたムハンマドは、イスラーム教を開き、この世を善の神と悪の神との対立と捉え、善の神であるアッラーへの絶対的帰依を説き、厳格なカースト制度を定めた。

2 ムハンマドの死後に成立したウマイヤ朝は、フランク王国を滅ぼしてキリスト教の聖地であるメッカを初めて征服した。これに対し、ビザンツ皇帝は聖地奪還を目指して十字軍を派遣した。

3 十字軍は、聖地奪還後にイェルサレム王国を建国し、キリスト教の布教を進めた。これに対し、セルジューク朝は、レコンキスタと呼ばれるイスラーム教への改宗運動を進めた。

4 アッバース朝は、税制面でのアラブ人の特権を廃止して、イスラーム教徒間の平等を実現した。また、交通網が整備されて交易が発展し、都のバグダードは商業等の中心都市として栄えた。

5 モンゴル高原に成立したイル＝ハン国がイスラーム教徒を迫害したため、イスラーム教徒はメディナに移住した。その後、信徒を増やしたイスラーム教徒は、イル＝ハン国を征服した。

→解答・解説は別冊P.060

問題 2
警察官Ⅰ類（2021年度）

イランの歴史に関する記述として、最も妥当なものはどれか。

1 1501年、トルコ系遊牧民を率いたイスマーイールがサファヴィー朝を倒してティムール朝を開いた後、その王朝は国内統一のためにスンナ派を国教とした。

2 王朝の最盛期を築いたアッバース1世は、オスマン帝国と戦って領土の一部を取り返し、16世紀末に新首都イスファハーンを建設した。

3 カージャール朝では、カフカスの領有をめぐるロシアとの戦いに勝利して、1828年、ロシアが中央アジアへ進出するのを阻止するトルコマンチャーイ条約を締結した。

4 カージャール朝では、19世紀末からムスタファ＝ケマルのよびかけにこたえ、政府がイギリスの会社に与えたタバコの独占利権に反対するタバコ＝ボイコット運動が展開された。

5 第一次世界大戦中イギリス・ロシアに占領されていたイランでは、イブン＝サウードがクーデタで政権を握り、1925年、パフレヴィー朝を創始した。

➡解答・解説は別冊P.061

問題3

第二次世界大戦後の西アジア・南アジアに関する記述として最も妥当なものはどれか。

1 インドでは、東西両陣営から自立する動きが現われた。その後、国民会議派のネルーと毛沢東中国国家主席による平和五原則が発表され、インドは英国から独立した。

2 トルコでは、スルタンの独裁に反対する青年将校たちの反乱により、オスマン帝国のスルタン制が廃止され、トルコ共和国が成立した。

3 パレスチナでは、パレスチナ難民が結成したパレスチナ解放機構（PLO）が中心となり、イスラエルを建国した。

4 アフガニスタンでは、社会主義勢力に対抗するため米軍が侵攻したが、ソ連がアフガニスタン政府を支援したため、米軍は間もなく撤退した。

5 イラクが石油資源の確保を狙ってクウェートを占領すると、湾岸戦争が起こり、米国を中心とする多国籍軍がイラク軍を撤退させた。

➡解答・解説は別冊P.061

特別区Ⅰ類（2020年度）

問題 4

オスマン帝国に関する記述として、妥当なものはどれか。

1 イェニチェリは、キリスト教徒の子弟を徴用し、ムスリムに改宗させて官僚や軍人とする制度であり、これによって育成された兵士で、スルタン直属の常備歩兵軍団であるデヴシルメが組織された。

2 カピチュレーションは、オスマン帝国内での安全や通商の自由を保障する恩恵的特権であり、イギリスやオランダに対して与えられたが、フランスには与えられなかった。

3 セリム1世は、13世紀末にアナトリア西北部でオスマン帝国を興し、バルカン半島へ進出してアドリアノープルを首都としたが、バヤジット1世は、1402年のニコポリスの戦いでティムール軍に大敗を喫した。

4 メフメト2世は、1453年にコンスタンティノープルを攻略し、サファヴィー朝を滅ぼして、その地に首都を移し、更には黒海北岸のクリム＝ハン国も服属させた。

5 スレイマン1世のときに、オスマン帝国は最盛期を迎え、ハンガリーを征服してウィーンを包囲し、1538年にプレヴェザの海戦でスペイン等の連合艦隊を破った。

➡解答・解説は別冊 P.062

問題 5

特別区Ⅲ類（2021年度）

ムガル帝国に関する記述として、妥当なものはどれか。

1 1526年、ティムールの子孫のアウラングゼーブは、北インドに侵入し、デリーのロディー朝を破ってムガル帝国を建てた。

2 第3代皇帝アクバルは、アグラを都として、非ムスリムに課せられていた人頭税（ジズヤ）を廃止し、ヒンドゥー教徒との融和を図った。

3 第6代皇帝バーブルは、ジズヤの復活やヒンドゥー寺院の破壊を行うなど、イスラーム政策を強化し、ヒンドゥー教徒の反発を招いた。

4 1757年、イギリス東インド会社は、プラッシーの戦いでオランダの支援を受けたベンガル太守軍を破り、イギリスはベンガルの徴税権を獲得した。

5 東インド会社のインド人傭兵によるイギリスへの反乱後、1858年に、イギリスはムガル帝国を滅ぼし、東インド会社にインドを統治させた。

➡解答・解説は別冊P.063

問題6

国家一般職高卒（2021年度）

14世紀以降の朝鮮半島の歴史に関する記述として最も妥当なのはどれか。

1 倭寇の撃退などで名声を得た李舜臣は、高麗を倒して王位につき、国名を朝鮮として釜山に都を置いた。彼は、漢字を廃止し、朝鮮独自の文字である訓民正音（ハングル）を制定した。

2 豊臣秀吉の朝鮮出兵によって断絶した国交を回復するため、江戸幕府が朝鮮に派遣したのが朝鮮通信使である。朝鮮通信使は将軍の代替わりの度に朝鮮に派遣された。

3 清に朝貢して鎖国政策を続けていた朝鮮は、日本との間で起こった江華島事件を機に、日朝修好条規を結び開国した。

4 第二次世界大戦の終結により朝鮮半島は北緯38度線を境に二分され、北は中国、南は米国の占領下に置かれた。その後、北には李承晩を首相とする朝鮮民主主義人民共和国が成立した。

5 朝鮮戦争後の韓国では、朴正熙大統領が米国の経済援助の下で反共的な独裁体制を敷いたが失脚し、その後、民主的な直接選挙で選ばれた金大中大統領が日本との国交を回復した。

➡解答・解説は別冊P.063

SECTION

11 | アメリカ史

STEP 1 要点を覚えよう！

POINT 1 植民地時代

17世紀にイギリスが北米大陸の**東海岸**に**13の植民地**を建設した。1619年ヴァージニアで初の植民地議会が開催されるなど、イギリスの放任主義のもと、**自治制度**をつくり出した。

七年戦争終結後、イギリス政府は放任政策を一転し、課税と統治を強化した。1765年の印紙法による課税に対して植民地側は「**代表なくして課税なし**」と主張し、**撤廃**させた。また、1773年イギリスが茶法により東インド会社に茶の独占販売権を与えると、**ボストン茶会事件**が勃発。イギリスの制裁措置に対して、1774年に第1回大陸会議を開催し抗議した。

POINT 2 アメリカ合衆国の成立

1775年、レキシントンとコンコードでの本国と植民地側の武力衝突を機に**アメリカ独立戦争が開始**。第2回大陸会議で総司令官に任命された**ワシントン**を中心とした植民地軍は初め苦戦したが、1776年に発表されたトマス・ペイン『**コモン・センス（常識）**』が独立の正当性を説き、独立派の力となった。同年7月には**トマス・ジェファソン**らが起草した**独立宣言**が**フィラデルフィア**で発表された。

1777年、**サラトガの戦い**で植民地側が勝利を収めると、大陸会議は連合規約を採択し、13の植民地が連合した「**アメリカ合衆国**」の国号を決定。1778年にフランス、翌79年にスペインが植民地側に参戦すると、植民地側は1781年**ヨークタウンの戦い**でイギリス軍に勝利した。1783年**パリ条約**でイギリスがアメリカ合衆国の**独立を承認**するとともに、**ミシシッピ川以東**の土地を合衆国へ**割譲**した。

1787年、**フィラデルフィア**で開かれた**憲法制定会議**で**アメリカ合衆国憲法**が制定されると、1789年**ワシントン**を**初代大統領**とする**連邦政府**が発足、1800年には首都**ワシントン**が建設された。

合衆国憲法は、**連邦主義**を採用して中央政府の権限を強化するとともに、三権分立の原則によってその権限が濫用されるのを防止したんだ。

POINT 3 アメリカ合衆国の拡大と孤立主義

1803年、第3代大統領**ジェファソン**がミシシッピ川以西の仏領**ルイジアナ**を購入すると領土は倍増。1812年に勃発した**米英戦争**（～1814年）による英からの貿易中断を契機として、北部の**綿工業**を中心に工業化が進展、経済的自立を果たした。1823年、第5代大統領**モンロー**は**モンロー教書**を発し、米欧大陸の**相互不干渉**を掲げ、**孤立主義**を基本的な外交姿勢とした。

POINT 4 二大政党の成立と南北対立

1829年、初の西部出身大統領となった第7代大統領**ジャクソン**は、「**ジャクソニアン・デモクラシー**」と呼ばれる白人至上主義的な民主主義改革に着手。綿花の栽培・輸出を主な産業とする**南部**農民層を中心としたその支持層は、同年**民主党**を結成して奴隷制存続や自由貿易を主張した。これに対して**北部**の**商工業者**を中心とした反対派は、1854年**共和党**を結成、奴隷制反対や保護貿易を主張し、南北対立が決定的となった。

南部	事項	北部
賛成 存続を主張	奴隷制	反対 廃止を主張
綿花の栽培・輸出のために自由貿易を主張	産業・貿易	様々な商工業育成のために保護貿易を主張
民主党	支持政党	共和党

1860年、奴隷制に反対する共和党**リンカン**が第16代大統領に就任すると、南部はこれに反発、翌61年**アメリカ連合国**を結成し、**南北戦争**へと突入した。1863年、リンカンは奴隷解放宣言により世論を味方につけると、同年南北戦争最大の戦いである**ゲティスバーグの戦い**に勝利、**リッチモンド**を占領し、戦争は終結した。

POINT 5 フロンティアの消滅と対外積極政策

1869年、初の**大陸横断鉄道完成**など国内市場は発展したが、1890年代に**フロンティアが消滅**すると、従来の孤立主義から対外積極政策への転換を望む声が出てきた。1889年にワシントンで第1回**パン・アメリカ会議**を開催し、ラテンアメリカへの影響力を強め、1898年の**米西戦争**でスペインからプエルトリコやグアム島を獲得するなど勝利した。

1901年に共和党から第26代**セオドア・ローズヴェルト**大統領が就任すると、棍棒外交*といわれる積極外交を展開。スペインから独立したキューバを事実上保護国化したり（1901年）、1914年には**パナマ運河**を完成させるなど、ラテンアメリカへの積極的介入政策を実施した。

---

* **棍棒外交**…カリブ海域等への米の武力干渉と欧州からの干渉排除を内容とする外交政策。「大きな棍棒を持ち、穏やかに話す」というローズヴェルト大統領の言葉から名づけられた。

1 アメリカ独立戦争では、フランスやスペインがイギリスを支援したため当初は植民地側が苦戦したが、ロシアの支援により優勢となり、パリ条約で独立が承認された。

×　植民地側は当初、イギリス本国軍に対して苦戦したが、1778年にイギリスと対立する**フランス**が、翌79年に**スペイン**が植民地側に参戦、また**ロシア**がヨーロッパ諸国の武装中立同盟を締結させるなど支援を行った結果、戦況は植民地側に傾き、ついに1781年にアメリカ・フランス連合軍がヨークタウンの戦いで勝利を決定づけると、1783年の**パリ条約**でイギリスはアメリカ合衆国の独立を承認した。

2 1787年、フィラデルフィアで開かれた憲法制定会議でアメリカ合衆国憲法が制定され、1789年にワシントンを初代大統領として連邦政府が発足した。

○　アメリカ合衆国憲法は、**連邦主義**を採用し中央政府の権限を強化するとともに、**三権分立の原則**により権限の濫用を防止するしくみを採用した。また1800年には首都**ワシントン**が建設された。

3 1803年、第3代大統領ジョンソンがミシシッピ川以西のフランス領ルイジアナを購入するとアメリカの領土は倍増し、1812年に勃発した米英戦争を契機として、経済的自立を果たした。

×　「ジョンソン」ではなく**ジェファソン**大統領である。1812年に勃発した米英戦争では、イギリスからの貿易中断を契機にアメリカ合衆国の工業化が進展したことで経済的自立を果たした。

4 19世紀初めには列強のラテンアメリカ進出が進んだが、アメリカ合衆国はこれに反対し、大統領モンローが、ヨーロッパ大陸とアメリカ大陸との相互不干渉を唱えた。

○ 1823年に第5代大統領モンローは**モンロー教書**を発し、アメリカ大陸とヨーロッパ大陸**相互不干渉**を掲げ、以降孤立主義を基本的な外交姿勢とした。

5 1829年、西部出身者として初のアメリカ大統領になったジャクソンは、民主主義の発展に努め、ジャクソニアン・デモクラシーと呼ばれる政治改革を行った。

○ ただし、ジャクソニアン・デモクラシーは純粋な民主主義というよりも、白人至上主義的な民主主義の立場をとり、**奴隷制の存続**を主張したため、南部の農民層を支持基盤とし、**民主党**の結成へとつながった。

6 1861年、奴隷制存続や自由貿易政策を求める北部と奴隷制反対や保護関税政策を求める南部の間で南北戦争が勃発したが、リンカン大統領は奴隷解放宣言を出し、世論を味方につけ、さらに南北戦争最大の戦いであるゲティスバーグの戦いに勝利し、戦争を終結させた。

× 「**南部**」と「**北部**」が逆である。リンカン大統領は、1863年に南北戦争最大の戦いである**ゲティスバーグの戦い**に勝利すると、リッチモンドを占領し、戦争は終結した。

7 19世紀後半には初めて大陸横断鉄道が建設され、国内のフロンティアも消滅したアメリカ合衆国は、海外進出に積極的な姿勢をとり、19世紀末には第1回パン・アメリカ会議を開催した。

○ 国内のフロンティアが消滅すると、従来の孤立主義から対外積極政策へと方針を転換し、1889年にはワシントンで第1回**パン・アメリカ会議**を開催し、**ラテンアメリカへ**の影響力を強めた。

過去問にチャレンジ！

問題1 国家専門職（2016年度）

北アメリカおよびラテンアメリカ諸国の独立に関する記述として最も妥当なものはどれか。

1　18世紀半ばまでに、北アメリカの東海岸には、イギリスによって20以上の植民地が成立していた。しかし、イギリス領カナダが独立を果たしたことをきっかけに、北アメリカの植民地においても独立運動が本格化し、アメリカ独立革命の起点となった。

2　植民地軍総司令官に任命されたジェファソンは、大陸会議においてアメリカ独立宣言を採択した。それに対し、イギリス本国が東インド会社による植民地への茶や綿の販売を厳しく制限したため、植民地側はボストン茶会事件を起こして反発し、独立戦争へと発展していった。

3　ヨーロッパにおける三十年戦争の激化により、戦局はしだいに植民地側に有利になり、18世紀末、イギリスはウェストファリア条約でアメリカ合衆国の独立を承認した。その後、人民主権、三権分立を基本理念とする合衆国憲法が制定され、初代大統領にワシントンが就任した。

4　フランス革命の影響を受けたトゥサン＝ルヴェルテュールらの指導により、カリブ海フランス領で反乱が起こった。植民地側はこれに勝利し、キューバ共和国がラテンアメリカ初の独立国としてフランス、アメリカ合衆国から正式に承認され、あわせて奴隷制が廃止された。

5　16世紀以降の南アメリカ大陸は、多くがスペインの植民地であったが、ナポレオンによるスペイン占領の影響をきっかけに、独立運動が本格化した。植民地側は次々と勝利を収め、19世紀前半には、南アメリカ大陸のほとんどの植民地が独立を達成した。

➡解答・解説は別冊P.064

問題2

18世紀のアメリカに関する次のA〜Cの記述の正誤の組み合わせとして最も妥当なものはどれか。

A 1773年、ボストンの市民たちは、印紙法に反対するため「代表なくして課税なし」と主張してボストン茶会事件を引き起こした。

B 1775年、武力衝突を契機にアメリカ独立戦争が始まり、1776年にはジェファソンらが起草した独立宣言を発表した。

C 1783年、パリ条約締結により、イギリスは50の植民地の独立を承認し、ミシシッピ川以東の広大な領地を譲った。

	A	B	C
1.	正	誤	正
2.	正	正	誤
3.	誤	正	誤
4.	誤	正	正
5.	誤	誤	正

→解答・解説は別冊P.065

20世紀以降のアメリカ合衆国に関する記述として最も妥当なものはどれか。

1 トルーマン大統領は、ソ連と対立していたイランに援助を与えるなど、ソ連の拡大を封じ込める政策（トルーマン＝ドクトリン）を宣言した。また、マーシャル国務長官は、ヨーロッパ経済共同体（EEC）の設立を発表した。

2 ジョンソン大統領は、北ベトナムを支援するため、ソ連やインドが援助する南ベトナムへの爆撃を開始し、ベトナム戦争が起こった。その後、ニクソン大統領は、国内で反戦運動が高まったことから、インドを訪問して新しい外交を展開し、ベトナム（パリ）和平協定に調印してベトナムから軍隊を撤退させた。

3 アメリカ合衆国の財政は、ベトナム戦争の戦費や社会保障費の増大によって悪化し、ニクソン大統領は、金とドルとの交換停止を宣言して世界に衝撃を与えた。これにより、国際通貨制度はドルを基軸通貨とした変動相場制とするブレトン＝ウッズ体制に移行した。

4 レーガン大統領は、ソ連のゴルバチョフ書記長と米ソ首脳会談を行い、中距離核戦力（INF）の全廃などに合意し、米ソ間の緊張緩和を進めた。その後、ジョージ・H・W・ブッシュ大統領は、ゴルバチョフ書記長と地中海のマルタ島で首脳会談を行い、冷戦の終結を宣言した。

5 ニューヨークの世界貿易センタービルなどが、ハイジャックされた航空機に直撃される同時多発テロ事件が起きると、ジョージ・W・ブッシュ大統領は多国籍軍を組織し、アフガニスタンに侵攻していたイラクに報復し、イラク戦争が起こった。同戦争により、イラクのタリバーン政権は崩壊した。

➡解答・解説は別冊P.065

CHAPTER

地理

この章で学ぶこと

 自然地理では、地形や気候をイメージしながら学習しよう

SECTION 1〜2では、世界の諸地域における地形と気候を学んでいきます。

ここでは、さまざまな地形名や気候名が登場するので、それらのイメージを自分なりに持ちながら学習することが重要です。「この気候区はけっこう寒そうだな」などと、具体的にイメージ化してみると覚えやすくなります。私たちの住む世界が実は豊かな気候や自然の上に成り立っているのだという点を実感しながら学習するのがおススメです。

また、SECTION 2で学習する「ケッペンの気候区分」は非常に出題されやすいので、本書の図表を熟読しつつ正確に覚えておきましょう。

 農業と工業は、国や地域ごとの特徴を捉えよう

SECTION 3〜4では、世界の諸地域における農業・工業・エネルギー事情の特徴を学んでいきます。

ここでは、それぞれの国・地域ごとの特徴ある農工業・エネルギー事情を整理しておきましょう。そして、やはり「この地域では、この産業が強いのだな」などと、それぞれの風景などを思い浮かべつつ記憶してみてください。

また、SECTION 4で学ぶエネルギー事情については、SDGsや環境保護などの社会的な重要課題との関連性から、今後は頻繁に出題されることが予想されます。未来の公務員として地球の将来を見据えるつもりで、しっかりと押さえておきたいパートです。

○ **地理では自分なりのイメージを持とう**

地理では、地形や地域について具体的・視覚的にイメージを持つと覚えやすくなります。

地形や風景などの写真を実際に見てみることで理解が深まるという面もあるので、説明だけでは覚えにくかった地形などは、実物をインターネットで確認してみるのも有効な学習法です。

世界のさまざまな地域で多くの人々の生活が営まれ、豊かな自然や特色ある産業が育まれているということを念頭に置きながら、イメージを駆使して学びを深めていきましょう。

国家総合職（教養区分）

　世界の地形と農業・工業からの出題がされやすい。まずは、これらの分野を優先して押さえよう。また、エネルギー事情もよく出題されるので、こちらもきちんと確認しておきたい。

国家一般・専門職

　世界の気候と農業・工業からの出題がやや多い。まずは、「ケッペンの気候区分」を優先して理解・記憶し、次いで世界の諸地域の農工業の特徴を押さえておこう。

裁判所職員

　世界の地形・気候からの出題が多い。他の試験種と同様に、地形の特徴と「ケッペンの気候区分」をしっかり押さえるのがおススメ。

特別区Ⅰ類

　世界の地形・環境からの出題が多い。地形の特徴と「ケッペンの気候区分」を優先して押さえておこう。

東京都Ⅰ類

　世界の農業・工業からの出題が多く、世界の諸地域の農工業の特徴を押さえていれば解ける問題が多い。まずは、これらの分野をしっかり学習しておきたい。

地方上級

　特別区Ⅰ類と同様、世界の地形・環境からの出題が多い。地形の特徴と「ケッペンの気候区分」を優先的に学習していこう。

市役所

　世界の地形・気候がやや問われやすく、次いで農業が問われることがある。地形の特徴と「ケッペンの気候区分」を押さえてから、諸地域の農業を見ておこう。

警察・消防

　裁判所職員とおおむね同様で、世界の地形・気候がやや問われやすい。地形の特徴と「ケッペンの気候区分」を押さえたうえで、余裕があれば農工業のほうもざっと確認しておこう。

1 自然地理（地形）

STEP 1 要点を覚えよう！

POINT 1　大地形の分類

●安定陸塊（りくかい）

　先カンブリア代*には造山運動があったが、**古生代**以降は大きく変動していない安定した地塊（ちかい）。長い間侵食を受けているため地形は**平坦**で、代表的な地形に、**楯状地**（じょうち）、**卓状地**（たくじょうち）がある。**アフリカ大陸**の大部分とアラビア半島、インド半島、オーストラリア大陸の西部、北アメリカ大陸の北東部とグリーンランド、南アメリカ大陸東部の**ブラジル高原**などが、主な安定陸塊である。

楯状地：先カンブリア代の岩石である**基盤岩**が地表に露出した平坦な陸地で、侵食作用により周縁部は低く、中央部がやや高い、楯を伏せたような形のなだらかな台地状になっている。

卓状地：一時的に海面下になった基盤岩の上に、古生代や中生代の地層がほぼ水平に堆積し、周囲の低地よりもやや高くなった**テーブル状**の台地。

安定大陸：安定陸塊とほぼ同じ意味であるが、下記の**変動帯**と対比する場合は、古期造山帯も含めて、現在は地殻変動していないすべての地域をさす。

●古期造山帯

　古生代中期から後期にかけての造山運動により形成された山地が分布する地域。その後の長期間にわたる侵食により、現在は比較的**緩やか**な起伏をなしていることが多い。**ウラル山脈**、**アパラチア山脈**などが代表的。

●新期造山帯

　中生代末から現在に至る造山運動により形成された山地・山脈が分布する地域で、**環太平洋造山帯**と**アルプス＝ヒマラヤ造山帯**がある。**険しく長大な**山脈がみられ、**火山活動**も活発で**地震**も多い。**石油・天然ガス**が豊富に埋蔵されている。

変動帯：火山活動や地震などの地殻変動が活発に起きている地帯。

POINT 2　プレートの境界

　地球の表面は何枚もの板状の**プレート**で覆われていて、それぞれのプレートが固有の方向に**水平移動**していると考えるのが、**プレートテクトニクス**という理論である。現在、この理論は、地球上で起きるさまざまな現象を説明し得るものとして受け入れられている。

　プレートテクトニクスによると、プレートどうしの**境界**には次の3種類があり、それぞれの境界で特徴的な活動が生じている。

---

*　**先カンブリア代**…約5億4000万年前に始まる古生代よりも前の、最も古い地質時代で、先カンブリア時代ともいう。

●**狭まる境界**（プレートどうしがぶつかり合う境界⇒**新期造山帯**と一致）

①**沈み込み帯**：**海洋プレート**が他のプレート（多くは**大陸プレート**）の下に潜り込んでいく部分。この部分の海底は深い**海溝**となり、海溝と平行して**弧状列島**（島弧）や**火山列**が形成される。地震や火山活動がさかんである。

②**衝突帯**：**大陸プレート**どうしがぶつかり合う部分。大規模な**褶曲山脈**ができる。

●**広がる境界**（プレートどうしが互いに離れていく境界）

マントルからマグマが上昇し、新たなプレートが形成されていく部分。主に海底にあり、地形的には**中央海嶺**と呼ばれる海底山脈となる。大規模な火山活動が起きている地域。

●**ずれる境界**（2つのプレートが異なる方向にすれ違う境界）

この部分では、**横ずれ断層（トランスフォーム断層）**が生じる。

POINT 3　さまざまな小地形

●**河川の地形**

Ｖ字谷：流水による下方侵食によりつくられる、横断面がＶ字形をなす谷。

谷底平野：谷を流れる川の側方侵食または堆積作用によって生じた低地。後者は**埋積谷**という。

扇状地：河川が山地から平野に流れ出た部分に生じる、谷口を頂点とする**扇形**の堆積地形。上流から、扇頂、扇央、扇端に区分される。

氾濫原：洪水時に河川が氾濫して冠水する範囲に、堆積作用により生じた平地。河川の**蛇行**、**自然堤防**、**後背湿地**、**三日月湖**などの地形がみられる。

三角州（デルタ）：河川により運搬された土砂が河口付近に堆積してできた砂地。

河岸段丘：河川の侵食作用により、河川の流路に沿って発達した階段状の地形。

●**海岸の地形**

砂嘴：海岸から細長く突き出した砂礫の地形。

砂州：砂嘴が長く延びて入り江や湾の対岸に達するか、ほぼ達したもの。

陸繋島：砂州が発達したために、対岸の陸地とつながった島。その砂州の部分を**トンボロ（陸繋砂州）**という。

海食崖：波の侵食により形成された、海岸の切り立った崖。

海食台：海食崖の下方から沖に向かって緩やかに続く、海面下の斜面。

海岸段丘：海食台、海食崖が隆起して、海岸沿いにできた**階段状**の地形。

リアス海岸：起伏の大きい山地が海面下に沈んでできた、入り組んだ海岸。

サンゴ礁：造礁サンゴの骨格などが集積してできる石灰質の岩礁。形状により、**裾礁**、**堡礁**（バリアリーフ）、**環礁**（アトール）に分けられる。サンゴ礁に囲まれた水域を、**礁湖**（ラグーン）という。

●**その他の地形**

氷食谷（Ｕ字谷）：**氷河**の侵食により形成された、深いＵ字形の横断面をもつ谷。氷食谷が沈水してできた入り組んだ海岸を**フィヨルド**という。

カルスト地形：**石灰岩**が溶食されてつくられる地形。地下には**鍾乳洞**が発達する。

CHAPTER

3

地理

1

自然地理（地形）

1 安定陸塊は、先カンブリア代に起きた造山運動の後は大きな地殻変動が起きていない地域で、地形は平坦である。アフリカ大陸の大部分は安定陸塊である。

○　**アフリカ大陸**の大部分とアラビア半島、インド半島、オーストラリア大陸の西部、北アメリカ大陸の北東部とグリーンランド、南アメリカ大陸東部のブラジル高原などが、主な**安定陸塊**である。

---

2 安定陸塊の代表的な地形の一つである卓状地は、基盤岩が地表に露出した平坦な陸地で、周縁部は低く、中央部がやや高くなっている。

×　問題文は、卓状地ではなく、**楯状地**の説明になっている。卓状地は、基盤岩の上に古生代や中生代の**地層が堆積**し、周囲の低地よりもやや高くなったテーブル状の台地である。

---

3 プレートどうしが互いに離れていく「広がる境界」は、主に陸上にあり、火山活動はほとんど発生しない地域である。

×　プレートどうしが互いに離れていく「広がる境界」は、主に**海底**にある。典型的な地形は、**中央海嶺**と呼ばれる長大な海底山脈である。この地域では、地球上で最も大規模な**火山活動**が起きている。

---

4 プレートどうしがぶつかり合う「狭まる境界」では、密度の大きい大陸プレートが、密度の小さい海洋プレートの下に潜り込み、海底には海溝やトラフが形成される。

×　プレートどうしがぶつかり合う「狭まる境界」には、**沈み込み帯**と**衝突帯**の2種類がある。前者は、海洋プレートが他のプレートの下に潜り込んでいく部分で、多くの場合、密度の大きい**海洋プレート**が、密度の小さい**大陸プレート**の下に潜り込んでいる。

---

5 扇状地は、河川が山地から平野に流れ出る谷口を頂点とする扇形の堆積地形で、上流から扇頂、扇央、扇端に区分される。

○ **扇状地**の中央部である**扇央**は、**礫質**の厚い堆積物に覆われているため、河川水が伏流して水無川になることが多く、水が得にくいので水田には適さない。水田として利用されることが多いのは、扇状地の末端部の**扇端**で、伏流していた地下水が再び地上に湧出するので、水が得やすい。

6 洪水により河川の流水が氾濫原に流れ出ると、急に流速が減じるため、流路の両側に土砂が堆積する。このようにしてできた微高地を、河岸段丘という。

× 問題文中の「**河岸段丘**」は**自然堤防**の誤り。河岸段丘は、河川の流路に沿って発達した**階段状**の地形で、**侵食作用**により河床が低下し、もとの河床が台地になったものである。

7 リアス海岸は、氷河の侵食を受けて刻まれた深い谷に海水が浸入してできた、入り組んだ海岸である。

× **リアス海岸**は、起伏の大きい**山地が海面下に沈んでできた**、入り組んだ海岸である。陸上で**河川の侵食作用**により刻まれた谷の部分が入り江になっている。問題文は、**フィヨルド**の説明になっている。

8 カルスト地形とは、石灰岩が雨水や地下水により溶食されてできた特殊な地形である。

○ 問題文の記述は、**カルスト地形**の説明として正しい。カルスト地形には、ドリーネと呼ばれる漏斗状の凹地や、ドリーネがいくつもつながったウバーレ、ウバーレの浸食が進んだポリエ（溶食盆地）や、地下にできる**鍾乳洞**などがある。

STEP 3 過去問にチャレンジ！

問題 1

世界の大地形に関する記述として最も妥当なものはどれか。

1 オーストラリア大陸のようなプレートの境界に当たる地域を変動帯といい、火山や断層が多く、地殻変動が活発である。一方、南アメリカ大陸のような安定大陸は、地殻変動の影響を受けないため地震や火山活動はほとんどなく、新たに変動帯になることはない。

2 プレートどうしが反対方向に分かれて離れていく境界は「広がる境界」と呼ばれ、主に陸上にあり、アフリカ大陸のサンアンドレアス断層に代表される。そのような断層の周辺では何度も大きな地震が起きている。

3 海洋プレートが大陸プレートの下に潜り込むと海底には海嶺が形成され、これが長期間かけて陸上に隆起すると、弧状列島という弓なりの島列や火山列が形成される。ハワイ諸島はその典型例であり、キラウエア山などでは火山活動が活発である。

4 大陸プレートどうしがぶつかり合うと、一方が他方に向かってのし上がる逆断層が生じたり、地層が波状に曲がる褶曲が起きたりする。これらにより、ヒマラヤ山脈やアルプス山脈のような高く険しい山脈が作られる。

5 二つのプレートが互いに異なる方向にすれ違う「ずれる境界」では、正断層が生まれ、活断層による大規模な地震が頻発する。アイスランド島では、プレートの「ずれる境界」に沿ってトラフと呼ばれる裂け目ができ、線状噴火を起こす火山が見られる。

➡解答・解説は別冊P.067

問題 2

大地形に関する記述として、最も妥当なものはどれか。

1 地球内部にエネルギー源をもつ火山活動や地殻変動のことを外的営力といい、山脈を形成するなど、地表面の起伏を大きくする働きがある。

2 古期造山帯は、アパラチア山脈やウラル山脈のように高く険しい山脈であり、付近では石油が多く産出される。

3 安定陸塊の代表的な地形である卓状地は、古生代以降に一時的に海面下となって土砂が水平に堆積し、その後に陸化して地表が侵食を受けたものである。

4 新期造山帯は、造山運動が止まり長期間の侵食を受け続けているため、現在ではゆるやかに起伏する山地や山脈が多い。

5 新期造山帯には、アルプス＝ヒマラヤ造山帯と環太平洋造山帯があり、前者の代表例としてアンデス山脈があげられる。

➡解答・解説は別冊 P.068

問題3

小地形に関する記述として、最も妥当なものはどれか。

1 扇状地は河川がつくる地形のひとつであり、扇央では水を得やすいために集落が発達しやすい。

2 河川の流路に沿った部分では、洪水により土砂が多く堆積した後背湿地とよばれる微高地が形成され、水田として利用されやすい。

3 河川が河口に近づくと、砂や泥が堆積して三角州（デルタ）を形成するが、低湿で水はけが悪く、土壌は肥沃でないため、農地には適していない。

4 フィヨルドとは、氷河が形成したⅤ字谷に海水が浸入して陸地に深くはいり込んだ地形であるが、南半球には存在しない。

5 カルスト地形とは、石灰岩でできた地域が雨水や地下水によって溶食されてできる侵食地形であり、日本にも存在する。

➡解答・解説は別冊 P.068

問題 4

警察官Ⅰ類（2017 年度）

海岸と海にみられる地形に関する記述として、最も妥当なものはどれか。

1 波の浸食作用により、岩石が削られて急傾斜の崖である波食台がつくられる。そのとき海側には、波で削られた海岸段丘ができる。

2 フィヨルドは深くて波が静かな湾をもつ。その背後の陸地には平地が多く、陸路の交通が便利で大規模な港が発達する傾向にある。

3 サンゴ礁は、まず海岸を縁取るように発達する。これを環礁といい、島が沈降する中で礁は上に発達し、島と礁の間にラグーンをもつ裾礁になる。

4 砂州が沖合に向かって成長し沖合の島とつながった地形をトンボロという。砂州が長くのびると、陸と島がつながって陸繋島ができる。

5 海洋プレートが大陸プレートの下へ斜めに沈み込んでいる境界では、海底は急に深くなって海嶺となる。海嶺は安定大陸に相当する。

➡解答・解説は別冊 P.069

問題 5

国家一般職（2020 年度）

我が国の地形に関する記述として最も妥当なものはどれか。

1 河川が上流で岩石を侵食し、下流へ土砂を運搬して堆積させることにより、様々な地形が作られる。山地の急流では侵食・運搬作用が働き、これに山崩れや地滑りなどが加わることで、横断面がＵ字型をしたＵ字谷が形成される。そこに上流からの土砂が堆積すると氾濫原が作られる。

2 河川が山地から平野に出ると、侵食された砂礫のうち、軽い砂から順に堆積する。氾濫のたびに河川は流路を変え、礫は扇状に堆積し、扇状地が形成される。湧水を得やすい扇央は畑や果樹園などに利用されやすく、水を得にくい扇端には集落が形成されやすい。

3 河川の氾濫が多い場所では、堤防などで河川の流路が固定されることがある。このため、砂礫の堆積が進んで河床が高くなり、再び氾濫の危険が高まる。更に堤防を高くしても河床の上昇は続くため、周囲の平野面よりも河床が高い天井川が形成されることがある。

4 河川が運んできた土砂や別の海岸の侵食により生じた土砂が沿岸流によって運搬され、堆積することにより岩石海岸が形成される。ダムや護岸が整備されると、河川により運搬される土砂が増加するため、海岸侵食が進んで海岸線が後退することがある。

5 土地の隆起や海面の低下によって海面下にあった場所が陸地になると、谷が連続して海岸線が入り組んだリアス海岸が形成される。平地が少なく内陸との交通も不便であり、内湾では波が高いため、養殖業や港が発達しにくい。

➡解答・解説は別冊P.070

問題6

特別区Ⅰ類（2017年度）

次の文は、河川がつくる地形に関する記述であるが、文中の空所A～Dに該当する語の組み合わせとして、妥当なものはどれか。

傾斜が急な山地を流れる河川は、山地を深く削って　A　をつくり、山地を侵食した河川は、平野に出ると砂礫を堆積して　B　をつくる。　B　の下流には、川からあふれた水が土砂を堆積してつくった　C　が広がり、川に沿った部分には　D　ができる。

	A	B	C	D
1.	U字谷	自然堤防	後背湿地	氾濫原
2.	U字谷	扇状地	氾濫原	自然堤防
3.	U字谷	扇状地	氾濫原	後背湿地
4.	V字谷	自然堤防	後背湿地	氾濫原
5.	V字谷	扇状地	氾濫原	自然堤防

➡解答・解説は別冊P.070

2 自然地理（気候）

STEP 1 要点を覚えよう！

POINT 1 ケッペンの気候区分

　ドイツの気候学者ケッペンの気候区分は、世界を**熱帯、乾燥帯、温帯、亜寒帯、寒帯**の5つの**気候帯**に区分し、さらに、それぞれの気候帯をいくつかの**気候区**に区分している。

気候帯／気候区		気候の特徴・植生・分布等
熱帯気候 A	熱帯雨林気候 Af	一年中高温で多雨／午後にスコールが発生／常緑広葉樹の密林に覆われる／土壌はやせたラトソルや赤色土 <分布>インドネシア・マレー半島南部・ニューギニア島・アマゾン川中上流域・コンゴ川流域など
	弱い乾季のある熱帯雨林気候（熱帯モンスーン気候） Am	気温は一年中高く、短く弱い乾季がある／アジアでは**モンスーン**（季節風）の影響が強く、夏に多量の雨が降る／乾季に落葉する広葉樹林／土壌はラトソルなど <分布>インド南西岸・マレー半島北部・フィリピン西部・小笠原諸島・ギニア湾岸・アマゾン川流域など
	サバナ気候 Aw	気温は一年中高い／**熱帯収束帯**に覆われる時期は**雨季、亜熱帯高圧帯**が近づく時期は**乾季**となる／丈の長い草原に、乾燥に強い樹木が点在／土壌はラトソルなど <分布>ブラジル高原・オリノコ川流域・アフリカ中東部・オーストラリア北部・インドシナ半島・デカン高原（土壌は綿花栽培に適したレグール土）など
乾燥帯気候 B	砂漠気候 BW	降水量がきわめて少なく、気温の**日較差**（一日の最高気温と最低気温の差）がきわめて大きい／オアシス以外に植物はほとんどみられない／まれに大雨が降るとワジ（涸れ川）ができる <分布>モンゴル・中央アジア・アラビア半島・アフリカ北部・北アメリカ西部・パタゴニア・オーストラリア中西部
	ステップ気候 BS	砂漠気候区の周辺に分布／短い雨季に降水量がやや多くなる／**ステップ**と呼ばれる丈の短い草原が広がる／比較的降水量の多い地域は、**チェルノーゼム**などの肥沃な土壌がみられる <分布>サハラ砂漠の南（サヘル）・北アメリカ中西部・パンパ西部・オーストラリア中部・ウクライナの黒土地帯・中央アジアなど

---

* **タイガ**…亜寒帯の北部に分布する針葉樹林で、多くは単一の樹種からなる純林である。トウヒ、モミなどの常緑針葉樹が中心のものと、カラマツなどの落葉針葉樹が中心のものがある。

気候帯／気候区		気候の特徴・植生・分布等
温帯気候 C	地中海性気候 Cs	中緯度の大陸西岸に分布／夏は高温で乾燥し、冬は偏西風の影響により降水量が多くなる／土壌は比較的やせた赤色土や黄色土／石灰岩地域の土壌は、果樹栽培に適したテラロッサ <分布>地中海沿岸・カリフォルニア・チリ中部・オーストラリア南西部・アフリカ南端など
	温暖冬季少雨気候 （温帯夏雨気候） Cw	大陸東岸の内陸部や、サバナ気候地域の高緯度側に分布／夏季はモンスーンや熱帯低気圧の影響で降水量が多く、冬季の乾燥との差が大きい <分布>華中・華南・朝鮮半島・ガンジス川流域・アフリカ南部の内陸部・メキシコ・ブラジル高原南部など
	温暖湿潤気候 Cfa	中緯度の大陸東部に分布／気温の年較差が大きく、四季が明瞭／夏から秋に、東アジアでは台風、北アメリカではハリケーンと呼ばれる熱帯低気圧が上陸・接近／日本の南西諸島や中国南部、フロリダ半島などは冬も温暖で気温の年較差は小さく、亜熱帯とも呼ばれる／土壌は褐色森林土など <分布>日本の大部分・長江流域・アメリカ東部・パンパ東部・オーストラリア東岸など
	西岸海洋性気候 Cfb	中・高緯度の大陸西岸に分布／夏は冷涼、冬は偏西風と暖流の影響により温暖で、気温の年較差が小さい <分布>西ヨーロッパの大部分・アラスカの太平洋沿岸・チリ南部・オーストラリア南東部・ニュージーランドなど
亜寒帯（冷帯）気候 D	亜寒帯湿潤気候 （冷帯多雨気候） Df	一年を通して降水があり、冬は多量の積雪がみられる／北部はエゾマツなどの常緑針葉樹が密集するタイガ＊、やせた酸性土壌のポドゾル／南部は混合林で、土壌は褐色森林土 <分布>スカンディナヴィア半島・ヨーロッパロシア・西シベリア・カムチャツカ半島・サハリン（樺太）・北海道・北アメリカ大陸北部など
	亜寒帯冬季少雨気候 （冷帯夏雨気候） Dw	夏は季節風の影響により降水量が多く、比較的高温／冬はシベリア高気圧の影響で降水量が少なく、著しく低温／カラマツなどの落葉針葉樹林 <分布>シベリア東部、中国東北地方など、ユーラシア大陸北東部にのみ分布する
寒帯気候 E	ツンドラ気候 ET	最暖月の平均気温が0〜10℃／短い夏の間だけ永久凍土の表層が融けて、低木や草、コケ類、地衣類がまばらに育つ <分布>北極海沿岸・チベット高原
	氷雪気候 EF	最暖月の平均気温が0℃未満／一年中氷や雪に覆われる <分布>南極大陸・グリーンランド内陸部
高山気候 H＊		気温は同緯度の低地より低く、気温の日較差が大きい <分布>チベット高原・アンデス山脈など

CHAPTER 3 地理

2 自然地理（気候）

＊ 高山気候…おおむね標高2000m以上の地域にみられる気候。同緯度の低地よりも気温が低く、熱帯では低地よりもすごしやすいので、多くの高山都市がある。本来のケッペンの気候区分にはなく、他の気候区と重複する。

1 ケッペンの気候区分は、植生の分布に注目し、気温と降水量を指標として、世界を熱帯、温帯、亜寒帯、寒帯の4つの気候帯に区分している。

✕　ケッペンの気候区分は、世界を**熱帯**、**乾燥帯**、**温帯**、**亜寒帯**、**寒帯**の**5つの気候帯**に区分し、さらに、それぞれの気候帯をいくつかの気候区に区分している。

2 熱帯雨林気候の地域は、一年中気温が高く、降水量も多い。

○　熱帯雨林気候の地域は、赤道付近に分布する。この地域は、一年を通して垂直に近い角度で太陽光が当たるので、気温が高い。温められた空気は軽くなるので上昇気流が発生し、気圧の低い熱帯収束帯ができ、降水量が多くなる。

3 サバナ気候の地域では、一年が雨季と乾季に明瞭に区分される。

○　サバナ気候の地域は、多くの雨を降らせる熱帯収束帯が近づいたときは**雨季**となり、離れたときは亜熱帯高圧帯の影響を受けて**乾季**となる。

4 ステップ気候は、砂漠気候の周辺に分布し、長い乾季と短い雨季がある。樹木は生育できず、丈の短い草原が広がっている。土壌はやせたラトソルで、農耕には適さない。

✕　ステップ気候の地域のうち、比較的降水量の多いところでは、草の密度が高く、乾季に草が枯れて養分の豊富な**チェルノーゼム**などの肥沃な土壌が形成されており、世界有数の穀倉地帯となっている。ラトソルは、熱帯から亜熱帯にかけて分布するやせた酸性土壌である。

5 地中海性気候の地域は、夏は降水量が多く、冬は亜寒帯低圧帯の影響により少雨となる。

× 地中海性気候の地域は、夏は亜熱帯高圧帯の影響により、日差しの強い晴天の日が続き、雨はほとんど降らない。冬は亜寒帯低圧帯と偏西風の影響により雨がちになる。

6 温暖湿潤気候の地域は、一年を通じて降水がみられ、気温の年較差は大きく、四季が明瞭である。日本の全域がこの気候区に含まれる。

× 日本の大部分は温暖湿潤気候の地域に含まれ、北海道は、亜寒帯湿潤気候である。

7 ツンドラ気候の地域は、北部はタイガと呼ばれる針葉樹林に覆われ、南部は針葉樹と落葉樹の混合林となっている。

× ツンドラ気候の地域は、長い冬の間は永久凍土に覆われており、植物は生育しない。短い夏には月平均気温が0℃以上になり、低木や草、コケ類、地衣類などが育つが、高い樹木は育たない。問題文は、ツンドラ気候ではなく、亜寒帯湿潤気候の説明になっている。

8 高地では、同緯度の低地にくらべて気温が低く、気温の日較差が大きい。

○ 一般に、標高が100m高くなるごとに、気温は平均して約0.65℃ずつ下がるので、高地では、同緯度の低地にくらべて気温が低く、気温の日較差が大きい。赤道に近い低緯度地域では、平地が高温・多湿であるのに対し、高地は温暖ですごしやすく、農業にも適しているため、高山都市が発達している。標高3600m付近に位置するボリビアの首都ラパスなどがその例である。

STEP 3 過去問にチャレンジ！

気候に関する記述として、妥当なものはどれか。

1　気候とは、刻一刻と変化する、気温・気圧などで示される大気の状態や雨・風など、大気中で起こる様々な現象をいう。

2　年較差とは、1年間の最高気温と最低気温との差であり、高緯度になるほど小さく、また、内陸部から海岸部に行くほど小さい。

3　貿易風は、亜熱帯高圧帯から熱帯収束帯に向かって吹く恒常風で、北半球では北東風、南半球では南東風となる。

4　偏西風は、亜熱帯高圧帯と亜寒帯低圧帯において発生する季節風で、モンスーンとも呼ばれる。

5　年降水量は、上昇気流の起こりやすい熱帯収束帯で少なく、下降気流が起こりやすい亜熱帯高圧帯で多くなる傾向にある。

➡**解答・解説は別冊P.071**

世界の気候に関する次のA～Dの記述のうち、妥当なもののみを全て挙げているものはどれか。

A　熱帯雨林気候区は、雨季には激しい雨が降るが、乾季はほとんど降水がないため、乾燥に強い樹木がまばらにはえている。

B　ステップ気候区は、乾燥帯のうち、雨季にやや降水が多くなる地域であるため、雨季には草丈の低い草原が広がる。

C　地中海性気候区は、冬は温暖だが、夏は降水量が少なく乾燥が激しいため、乾燥に強い常緑樹が育つ。

D　冷帯湿潤気候区は、おもにヨーロッパ中央部から北西部にかけて分布しており、落葉針葉樹林のタイガが広がっている。

1. A、B
2. A、C
3. B、C
4. B、D
5. C、D

➡解答・解説は別冊P.072

問題3

警察官Ⅲ類（2018年度）

世界の土壌や植生に関する記述として、最も妥当なものはどれか。

1 土壌には間帯土壌と成帯土壌の区別があり、このうち成帯土壌とは、気候や植生よりも母岩の影響を強く受けた性質をもち、局地的に分布している土壌をいう。

2 熱帯地域では、降雨の影響で養分が流されるため、鉄分などが多く残る赤色のポドゾルとなり、肥沃度は低い。

3 ツンドラ気候地域では、一年中、雪と氷におおわれているため、土壌や植生を見ることはできない。

4 地中海地方の石灰岩地域に分布するテラロッサはオリーブの栽培に適しており、ブラジル高原南部の玄武岩地域に分布するテラローシャはコーヒーの栽培に適している。

5 チェルノーゼムは、インドの玄武岩台地に広がる粘土質の黒色土で、綿花栽培に適していることから、綿花土とも呼ばれる。

➡解答・解説は別冊P.072

SECTION

3 農業

STEP 1 要点を覚えよう！

POINT 1 　自然条件と社会条件

　農業は、**気温**、**降水量**、**地形**、**土壌**などの**自然条件**の影響を強く受ける。一般に、農業を営むためには、最暖月の平均気温が**10℃以上**、年降水量が**500mm以上**でなければならないとされている。また、それぞれの作物にも**栽培限界**[*]があり、極端に寒冷な地域や、乾燥した地域、土壌がやせた地域では、栽培できる作物の種類が限定される。しかし、このような自然条件は、**灌漑**や**土地改良**、栽培技術の進歩、作物の**品種改良**などにより克服されることもある。

　農業は、自然条件だけでなく、**社会条件**にも影響される。社会条件としては、**先進国**と**発展途上国**の経済格差、**耕地**の所有関係や経営規模、**消費地**との距離や輸送手段、食生活や**食文化**の違いなどが挙げられる。

POINT 2 　さまざまな農業の形態

●伝統的農業

焼畑農業：森林や草原を切り払って焼き、その灰を肥料として、**キャッサバ**、**陸稲**、**雑穀**、**とうもろこし**、**タロイモ**、**バナナ**などを栽培する**自給的農業**。2〜3年で地力が低下すると耕地を放棄し、多くの場合、住居とともに移動する。アフリカ中南部、アマゾン川流域、東南アジアの山地、ニューギニアなどで行われている。**土地生産性**[*]が低い。

遊牧：自然に生育する草と水を求めて家畜とともに移動する、粗放的な牧畜。中央アジアから北アフリカにかけての乾燥地域では**羊**、**ヤギ**、**ラクダ**などを、北極圏の寒冷地域ではトナカイを主要家畜とする遊牧が行われている。

粗放的定住農業：焼畑農業よりも定着性を強めた畑作農業。自給用の作物のほかに、東南アジアでは**ココやし**、西アフリカでは**カカオ**などの商品作物を栽培する地域もある。

集約的稲作農業：季節風（モンスーン）の影響を受けて降水量が多く、夏に高温となる東南アジアから中国南部にかけての沖積平野で行われる、水田での稲作を中心とする**集約的農業**。灌漑が発達した東アジアでは**土地生産性**が比較的高い。華南、ルソン島、ジャワ島、日本の中国山地や中央高地などでは、傾斜地を利用した階段状の**棚田**もみられる。

集約的畑作農業：アジアでも比較的降水量の少ない地域にみられる、**畑作**を中心とする**集約的農業**。**小麦**、アワ、コウリャンなどの自給作物のほか、**綿花**、**大豆**、落花生などの換金作物も栽培される。乾燥地域では、**地下水**や**湧水**、**外来河川**

---

[*]　**栽培限界**…農作物の栽培が可能な範囲の限界。気温に注目した寒冷限界、降水量に注目した乾燥限界、標高に注目した高距限界などがある。栽培限界は、農作物の品種改良により変化する。

の水などを利用して、なつめやし、綿花、小麦、ブドウなどを栽培する**オアシス農業**が行われている。

●商業的農業

産業革命によりいち早く工業化をとげたヨーロッパでは、作物を商品として販売することを目的とする**商業的農業**が早くから発達した。

混合農業：地力の低下を抑えるための**輪作**と**牧畜**を組み合わせた農業。小麦、ライ麦などの食用の穀物と**飼料作物**を輪作により栽培し、畜舎では牛、豚、鶏などを飼育する。飼料作物の栽培と畜産物の販売に重点を置くものを、**商業的混合農業**という。ヨーロッパ中部、アメリカ東部、アフリカ南部、アルゼンチンのパンパ北東部などで行われている。

酪農：牧草や飼料作物を栽培し、**乳牛**を飼育して、**生乳**や**バター**、**チーズ**などの乳製品を生産・販売する農業。ヨーロッパの北海沿岸や、スイス、アメリカの五大湖沿岸、オーストラリア、ニュージーランドなどでさかんである。

園芸農業：消費地である都市への出荷を目的として、**野菜**、**果樹**、**花卉**などを集約的に栽培する農業。世界各地の大都市の**近郊**で行われているほか、輸送手段が発達した現代では、消費地から遠い地域でも園芸農業が行われるようになり、**輸送園芸（トラックファーミング）**と呼ばれている。

地中海式農業：夏に**乾燥**する地中海性気候の特徴を生かして、乾燥に強い**オリーブ**や、**レモン**、**オレンジ**などの**柑橘類**、**ブドウ**、**コルクガシ**などの樹木作物の栽培を集約的に行い、温暖で湿潤な冬は、平地で**小麦**などを栽培する。地中海沿岸のほか、カリフォルニア、チリ中部など地中海性気候の地域で行われている。

●企業的農業

企業的穀物・畑作農業：広大な農地で、大型農業機械を使用して**小麦**や**飼料作物**を栽培し、販売する農業。**労働生産性***がきわめて高く、国際競争力が強い。北アメリカの**中央平原**から**グレートプレーンズ**、アルゼンチンの**湿潤パンパ**、ウクライナからロシア南西部、オーストラリア南東部などで行われている。

企業的牧畜：広大な牧場に**牛**や**羊**などを放牧し、大規模に飼育して畜産物を販売する。アメリカの**グレートプレーンズ**、ブラジルの**カンポ**、アルゼンチンの**乾燥パンパ**、オーストラリアの西部や内陸部、南アフリカ共和国などで行われている。

プランテーション農業：**熱帯**や**亜熱帯**にみられる企業的農業で、大農園で、世界市場に向けた商品作物を**単一耕作（モノカルチャー）**する点が特徴。歴史的には、ヨーロッパ人による植民地支配のもとで発展した。代表的な作物は、**綿花**、**コーヒー**、**茶**、**天然ゴム**、さとうきび、バナナ、タバコなど。

> 集約的農業は単位面積あたりの労働力や資本の投入量が多い農業のこと、**粗放的農業**はそれらが少ない農業のことだからね。

---

* **土地生産性**…単位面積あたりの農作物の生産量または生産額で示される指標。
* **労働生産性**…単位労働時間あたりの農作物の生産量または生産額で示される指標。

1 焼畑農業は、森林や原野を焼いて、草木灰（そうもくばい）を肥料とする伝統的農業で、雑草や害虫の発生が少ないことから、土地生産性は高い。

× 焼畑農業では、農地の手入れはほとんど行われず、雑草や害虫が発生するので、土地生産性は**低い**。

2 ヨーロッパの内陸部などで行われる混合農業は、畜産と耕種農業を組み合わせた農業である。

○ **混合農業**は、食用の穀物と飼料作物を輪作するとともに、牛・豚・鶏などを飼育する農業である。中世ヨーロッパで行われた**三圃式農業**（さんぽ）（耕地を3つに分けて冬作地・夏作地・休耕地とし、これを毎年入れ替えるもの）から発展した。

3 地中海性気候の地域は、一年を通して温暖で降水量が多く、このような気候の特色を生かした、オリーブ、柑橘類（かんきつ）などの栽培がさかんである。

× 地中海性気候の地域は、夏は雨がほとんど降らず、冬に雨が多くなる。そのため、夏季の高温と**乾燥**に耐えられるオリーブ、柑橘類、ブドウなどの栽培がさかんで、冬は小麦などが栽培される。

4 集約的稲作農業は、アジアの中でも比較的降水量の少ない、中国東北部や、インドのデカン高原などで行われている。

× アジアの中でも比較的降水量の少ない地域で行われているのは**集約的畑作農業**で、中国東北部ではコウリャン、インドのデカン高原では綿花などが栽培されている。集約的稲作農業が行われているのは、**季節風（モンスーン）**の影響を受けて降水量が**多く**、夏に高温となる地域である。

5 砂漠での農耕は困難であるが、外来河川の水や地下水路などを利用して集約的な畑作農業を行っている地域もある。

○　農業生産が困難な乾燥地域において、**外来河川**（降水量が多い地域に水源を発し、乾燥地域に流れ込む河川）の水や**地下水路**などを利用して行われる集約的な畑作農業は、**オアシス農業**と呼ばれる。主な作物は、なつめやし、綿花、小麦、ブドウなどである。

6 都市への出荷を目的として、野菜・果樹・花卉などを栽培する園芸農業は、消費地に近い大都市の近郊でさかんであるが、遠隔地でも行われている。

○　輸送手段が発達すると、園芸農業は市場から遠い地域でも行われるようになった。遠隔地であっても、促成栽培や抑制栽培を行って出荷時期をずらすことなどにより、有利な条件で出荷することができる。このような農業を、**輸送園芸**、**遠郊農業**または**トラックファーミング**という。

7 広大な農地で、大型農業機械を使用して小麦やとうもろこしなどを栽培する企業的穀物農業は、土地生産性、労働生産性ともに低い。

×　企業的穀物農業は、広大な農地で、大型農業機械を使用して小麦や飼料作物を栽培する粗放的農業で、土地生産性は**低い**が、労働生産性は**きわめて高い**。

8 プランテーション農業は、歴史的にはヨーロッパ諸国による植民地支配を受けた地域で発達した農業で、主な作物は、ヨーロッパで大量に消費される小麦である。

×　プランテーション農業は、綿花、コーヒー、茶、天然ゴム、さとうきび、バナナ、タバコなどの**商品作物**を、大農園で大量に単一耕作（モノカルチャー）し、世界市場に輸出する大規模な企業的農業である。

STEP 3 過去問にチャレンジ！

問題1

次の表は、5種類の農作物（茶、バナナ、カカオ豆、コーヒー豆、天然ゴム）の生産上位5カ国（2016年）の国名を表したものであるが、①〜⑤の番号と作物名の組み合わせとして、最も妥当なものはどれか。

農作物	1位	2位	3位	4位	5位
①	コートジボワール	ガーナ	インドネシア	カメルーン	ナイジェリア
②	ブラジル	ベトナム	コロンビア	インドネシア	エチオピア
③	中国	インド	ケニア	スリランカ	トルコ
④	タイ	インドネシア	ベトナム	インド	中国
⑤	インド	中国	インドネシア	ブラジル	エクアドル

1. ①「コーヒー豆」　②「バナナ」
2. ②「カカオ豆」　③「天然ゴム」
3. ③「茶」　④「天然ゴム」
4. ④「茶」　⑤「バナナ」
5. ⑤「コーヒー豆」　①「カカオ豆」

➡解答・解説は別冊P.073

問題2

世界各地の農牧業に関する記述として最も妥当なものはどれか。

1　アフリカや東南アジアなどで行われる焼畑農業は、草木を焼いてその灰を肥料とし、コーヒーなどを同じ耕地で繰り返し栽培する農業である。

2　集約的稲作農業は、モンスーンの影響を受け降水量が多い東アジアなどの地域で行われ、広い耕地に少ない労働力が投入されるため土地生産性が低い。

3　デンマークなどの北西ヨーロッパ沿岸では、牛を牧草や飼料作物で飼育し、牛乳やバターなどを生産する酪農が発達した。

4　プランテーション農業は、植民地支配のもと多くの奴隷や現地住民を動員することで発展し、多種類の自給作物を大規模に栽培した。

5　混合農業は、中世ヨーロッパから続く三圃式農業から発展したもので、夏はオリーブやブドウ、冬は小麦などを栽培し、家畜は羊やヤギなどを飼育している。

問題3

東京都Ⅰ類（2022年度）

世界の農業に関する記述として、妥当なものはどれか。

1 園芸農業は、北アメリカや日本などの大都市近郊でみられる、鉢花や切花など、野菜以外の観賞用植物を栽培する農業であり、近年は輸送手段の発達とともに、大都市から遠く離れた地域にも出荷する輸送園芸農業が発達している。

2 オアシス農業は、乾燥地域においてみられる、外来河川や湧水池などを利用した農業であり、イランではフォガラと呼ばれる人工河川を利用して山麓の水を導水し、オリーブなどを集約的に栽培している。

3 企業的穀物農業は、アメリカやカナダなどでみられる、大型の農業機械を用いて小麦やトウモロコシなどの穀物の大規模な生産を行う農業であり、土地生産性が高いものの労働生産性は低い。

4 混合農業は、ドイツやフランスなどの中部ヨーロッパに広くみられる、中世ヨーロッパの三圃式農業から発展した農業であり、穀物と飼料作物を輪作で栽培するとともに、肉牛や鶏などの家畜を飼育している。

5 地中海式農業は、アルジェリアやモロッコなどの地中海沿岸地域に特有の農業であり、夏には小麦や大麦などの穀物が、冬には柑橘類やブドウなどの樹木作物が栽培されている。

➡解答・解説は別冊 P.074

諸外国の農工業等に関する記述として最も妥当なものはどれか。

1　カナダでは、国土の南部で牧畜や小麦の栽培が盛んであり、米国のプレーリーから続く平原は、世界有数の小麦生産地帯となっている。また、カナダは、森林資源や鉄鉱・鉛・ニッケルなどの鉱産資源に恵まれているほか、西部では原油を含んだ砂岩であるオイルサンドの開発も行われている。

2　メキシコでは、メキシコ高原に肥沃な土壌であるテラローシャが広がっており、そこではファゼンダとよばれる大農園でカカオやナツメヤシが栽培されている。以前はマキラドーラ制度の下で輸入品に高い関税を課し、自国の産業を保護する輸入代替工業化を行っていたが、北米自由貿易協定（NAFTA）への加盟を契機に関税を引き下げた。

3　ベトナムでは、南部のチャオプラヤ川の河口付近で広大なデルタが形成され、その流域は世界有数の農業地帯となっている。また、1980年代から、欧州ではなく日本や韓国からの企業進出や技術導入を奨励する、ドイモイ（刷新）とよばれる政策で工業化が進展した結果、コーヒーやサトウキビなどの商品作物はほとんど栽培されなくなった。

4　シンガポールでは、植民地支配の下で天然ゴムなどのプランテーションが数多く開かれてきたが、近年、合成ゴムの普及で天然ゴムの価格が低迷したため、油ヤシへの転換が進んでいる。工業分野では、政府の主導の下、工業品の輸入や外国企業の出資比率を制限することで国内企業の保護・育成を図り、経済が発展した。

5　オーストラリアでは、内陸の大鑽井盆地を中心に、カナートとよばれる地下水路を用いた牧畜が発達してきた。また、鉄鉱石やボーキサイトなどの鉱産資源の世界的な生産国であり、大陸の西側を南北に走る新期造山帯のグレートディヴァイディング山脈には、カッパーベルトとよばれる銅鉱の産出地帯がある。

➡解答・解説は別冊 P.075

問題5

世界の農業に関する記述として最も妥当なものはどれか。

1 中国では、チンリン＝ホワイ川線を境に、北は稲作地域、南は畑作地域となっている。畑作地域では、キャッサバ、ヤムいもなどのいも類が栽培されている。中国は国土が広大なため農業が多様で、地域ごとに特色のある作物が栽培され、それを元にした食文化が生み出されている。例えば、中国の四大料理の一つである上海料理は、棒棒鶏や麻婆豆腐など、その辛さに特徴がある。

2 東南アジアでは、季節風（モンスーン）の影響を強く受ける平野部で、高温多湿な気候に適したじゃがいもやてんさいの栽培が盛んである。一方、稲作は、沿岸域の干潟を階段状に埋め立てた棚田で行われている。また、山岳部では、熱帯林を伐採して火入れをし、焼け跡の草木灰を肥料に耕作する焼畑によって、野菜などが栽培されている。

3 サハラ以南のアフリカでは、かつてはきびやひえなどの雑穀が主食であったが、ヨーロッパ諸国による植民地支配の影響を受けて、小麦が主食となった。コートジボワールやガーナなどギニア湾岸の国々では、近年、穀物メジャーの進出により、カカオの輸出に依存するモノカルチャーから脱却し、小麦をはじめとする主要穀物の世界有数の輸出国になっている。

4 ヨーロッパでは、英国やオランダなど、アルプス山脈よりも北側の肥沃な土壌が分布する地域においては、レモンなどの柑橘類やオリーブ、ブドウなどを栽培する果樹農業が発達している。一方、イタリアやスペインなど、アルプス山脈よりも南側の夏が高温で乾燥する地域においては、牧草を栽培して乳牛を飼育する酪農や、野菜や花卉などを生産する園芸農業が発達している。

5 米国では、その土地の自然的条件などに最も適した作物を選び栽培する適地適作が広く行われている。プレーリーからグレートプレーンズにかけては、とうもろこしや大豆、小麦などが広大な農場で生産され、我が国などに輸出されている。また、米国ではアグリビジネスが盛んであり、アグリビジネス企業では、農産物の流通、新しい種子の開発など、様々な事業が展開されている。

→ **解答・解説は別冊P.076**

工業・エネルギー事情

STEP 1 要点を覚えよう！

POINT 1 ヨーロッパの工業地域

青いバナナ（ブルーバナナ）：イギリス南西部からベネルクス三国*、ドイツの**ルール工業地帯**、ライン川流域を経てイタリア北部に至る、さまざまな工業が集積する地域。名称は、この地域の形がバナナに似ていることと、**EU**のシンボルである欧州旗の青色にちなむ。主な工業都市は、バーミンガム、ロンドン、アムステルダム、ロッテルダム、ブリュッセル、ストラスブール、デュースブルク、フランクフルト、シュツットガルト、バーゼル、チューリヒ、トリノ、ミラノなど。

重工業三角地帯：北フランスと、ドイツの**ルール炭田**、フランスの**ロレーヌ鉄山**を結ぶ地域。石炭と鉄鉱石を産出することから、鉄鋼業や機械・化学工業が発達した。

ルール工業地帯：ドイツ北西部に位置するヨーロッパ最大の工業地帯。**ルール炭田**と**ライン川**の水運などを背景に、19世紀から工業が発達した。石炭産業が斜陽化してからは、先端技術産業を誘致するなど、再開発が行われている。主な工業都市は、エッセン、ドルトムント、デュースブルク、デュッセルドルフなど。

POINT 2 アメリカの工業地域

サンベルト：カリフォルニア州からアリゾナ州を経てメキシコ湾岸に至る、アメリカ合衆国の**北緯37度以南**の地域をさす。気候が温暖で地価が安く、低賃金の労働力が得やすいことなどから、1970年代以降、多くの企業がこの地域に進出し、新しい工業地域として発展した。特に、**航空宇宙産業**や**電子産業**などの先端技術産業の進出が著しい。主な工業都市は、アトランタ、バーミングハム、ヒューストン、ダラス、フォートワース、サンノゼ、ロサンゼルスなど。

シリコンバレー：サンフランシスコ湾南岸の渓谷地帯に位置する、サンタクララ、パロアルト、サンノゼなどの地域をさす。ソフトウェア、インターネット関連企業などが集積する**ICT産業**の拠点となっている。

スノーベルト：アメリカ合衆国の**北緯37度以北**の地域をさし、**フロストベルト**、**ラストベルト**ともいう（フロストは「霜」、ラストは「錆」を意味する）。ニューイングランド、中部大西洋岸、五大湖沿岸地域などの伝統的な工業地域がこの地域に位置しているが、産業構造の変化により多くの工業都市が衰退し、産業の再建や再開発に取り組んでいる。代表的な工業都市に、鉄鋼業で有名なピッツバーグ、自動車産業で知られるデトロイトなどがある。

---

* 　ベネルクス三国…ベルギー、オランダ、ルクセンブルクの3国をさす。

ここで差をつめる！ ▶ 中国の工業化と経済発展

社会主義国家である中国では、かつては、国家が経済活動全般を統制する**計画経済**を基本方針としていたが、1970年代末からは、**市場経済**を導入し、海外資本を積極的に導入する**改革開放政策**が進められてきた。外資や技術の導入を目的として、1980年にシェンチェン（深圳）、チューハイ（珠海）、スワトウ（汕頭）、シャーメン（厦門）、1988年にハイナン（海南）の、沿岸部の計5地区が**経済特区**に指定され、これらの地区では、**外国企業に税制や土地利用の面で優遇措置**が与えられた。外国企業も、中国の安価で豊富な労働力と市場の成長への期待から積極的に進出した。このような政策が成果を挙げて中国は急成長をとげ、現在では、世界市場に向けて大量の工業製品を輸出する**「世界の工場」**と呼ばれるほどになった。

POINT 3 資源とエネルギー

石油：1960年代以降、**石炭**に代わってエネルギー源の主力となり、自動車や火力発電の**燃料**として、また、プラスチック、化学繊維、アスファルト、化学肥料などの工業製品の**原料**としても広く用いられている。主な生産国はアメリカ、サウジアラビア、ロシア、主な輸出国はサウジアラビア、ロシア、カナダ、イラク、アメリカ、アラブ首長国連邦、主な輸入国は中国、アメリカ、インド、韓国、日本など。アメリカでは2000年代以降、**シェールオイル***の開発が進む。

石炭：石油に主役の座を譲ったものの、火力発電を中心に**燃料**としての需要は現在も大きく、主要なエネルギー源の一つ。石炭からつくられるコークスは、製鉄所の高炉の燃料とされる。主な生産国は中国、インド、主な輸出国はインドネシア、オーストラリア、ロシア、主な輸入国は中国、インド、日本、韓国など。

天然ガス：地下から産出する可燃性の気体で、主成分はメタン、エタンなど。石油や石炭よりも、燃焼時の大気汚染物質の排出が少ない。火力発電の燃料や**都市ガス**などに用いられる。主な産出国はアメリカ、ロシア、主な輸出国はロシア、アメリカ、カタール、ノルウェー、主な輸入国は中国、日本、ドイツなど。アメリカでは、2000年代以降、**シェールガス***の開発が進む。

原子力：原子力発電は、少ない燃料から膨大なエネルギーを得られることから、フランス、日本、韓国などの石油資源のとぼしい国で積極的に導入されてきた。二酸化炭素を直接排出しないことからも注目されるエネルギー源であるが、重大な事故をもたらす可能性があること、**使用済み核燃料**や**放射性廃棄物**の処分技術が確立されていないことなど、多くの問題もかかえている。

再生可能エネルギー：**太陽光**、**太陽熱**、**風力**、**地熱**、**バイオマス**など、自然界で繰り返される現象から取り出すことができ、継続的に利用できるエネルギーをいう。**化石燃料**の使用にくらべて地球環境への負荷が少なく、温室効果ガスを排出しないので、**地球温暖化**対策としても重要視されている。

---

* **シェールオイル、シェールガス**…地下数千メートルにある頁岩（シェール）という固い岩盤の隙間から産出される原油と天然ガス。2000年代からアメリカで開発が進められている。

STEP 2　一問一答で理解を確認！

1 石炭の主な生産国は、中国、インドなどである。

○　石炭は、埋蔵量が豊富で、分布の偏りも比較的少なく、世界各地で産出される。生産量は**中国**が最も多い。かつては、日本でも石炭の生産がさかんであったが、主要なエネルギー源が石油に移行したことや、採掘条件が悪化し、生産コストが上昇したことなどから石炭産業は衰退し、現在は輸入に依存している。

2 石油は、埋蔵量のほとんどが西アジアの国々に偏在しており、他の地域ではほとんど生産されていない。

×　原油の最大の生産国は**アメリカ**で、次いでサウジアラビア、ロシア、カナダ、イラク、中国、アラブ首長国連邦が生産量が多い。アメリカでは、2000年代以降のシェールオイルの開発により生産量が著しく伸びた。シェールオイルは、地下深くにある固い岩盤の隙間から産出される原油で、採掘技術が確立されたことにより、商業生産が可能になった。

3 天然ガスは、石油精製工場や石油化学工場で副産物として発生するガスで、主成分はプロパンである。

×　天然ガスは、**地下**から産出する可燃性の気体で、主成分は**メタン**、**エタン**などである。石油精製工場や石油化学工場で副産物として発生するプロパン、ブタンなどを主成分とするガスは、LPG（液化石油ガス）の原料となる。

4 青いバナナとは、韓国・台湾・香港・シンガポールなどのアジアの新興工業地域に付けられた呼び名で、これらの地域の形がバナナに似ていることから命名された。

× 青いバナナとは、**イギリス南西部**から**イタリア北部**に至る、各種工業が集積する地域に付けられた呼び名である。名称は、この地域の形がバナナに似ていることと、**EU**のシンボルである欧州旗の青色にちなむ。韓国、台湾、香港、シンガポールは、20世紀後半に工業化が進み、著しい経済成長をとげたことから、アジア**NIEs**と呼ばれた。NIEsは「新興工業経済地域」を意味する。

5 アメリカの工業地域は、ニューヨークやシカゴなどの大消費地がある北東部や中西部に集中しており、南部では工業は発達していない。

× アメリカでは、1970年代以降、**サンベルト**と呼ばれる**北緯37度以南**の地域に多くの企業が進出し、工業が発展している。一方、伝統的な工業地域であるニューイングランド、中部大西洋岸、五大湖沿岸地域などでは、産業構造の変化により、多くの工業都市が衰退した。

6 シリコンバレーとは、最先端のソフトウェア、インターネット関連企業などが集積するICT産業の拠点で、アメリカ北東部のニューヨーク州郊外に位置する。

× シリコンバレーは、アメリカ**西部**の**サンフランシスコ湾南岸**の渓谷地帯に位置する。

7 中国では、1980年以降、海外の資本や技術の導入を目的として、沿岸部の5か所に経済特区を設置した。

○ 1980年にシェンチェン（深圳）、チューハイ（珠海）、スワトウ（汕頭）、シャーメン（厦門）、1988年にハイナン（海南）の計5地区が経済特区に指定された。

STEP 3 過去問にチャレンジ！

国家一般職（2022 年度）

問題 1

世界の工業等に関する記述として最も妥当なものはどれか。

1 工業立地論とは、工業が、輸送費が最小になる場所に立地する可能性について論じるものである。これに従うと、原料重量と製品重量を比較した際に、前者が後者よりも大きい場合は、工業は製品の消費市場に立地しやすい。このような工業を、市場指向型工業という。

2 生産コストの中で、労働賃金の比重が大きい工業を労働集約型工業といい、例として鉄鋼業が挙げられる。一方、生産活動に専門的な知識や高度な技術を必要とする工業を資本集約型工業といい、例として石油化学工業が挙げられる。

3 英国南西部から、フランスのルール工業地帯やスイスを経てオーストリアに至るまでの地域は、ブルーバナナと呼ばれる。この地域は第二次世界大戦後にヨーロッパの経済成長を支えたが、第一次石油危機やヨーロッパの統合の進展などを背景として、活力が低下している。

4 米国では、五大湖沿岸地域で発展していた重工業は20世紀後半に停滞したが、現在では再開発が進められている地域もある。その一方で、サンベルトと呼ばれる南部から西部にかけて広がる地域では、先端技術産業が発展しており、企業や人口の集中がみられる。

5 中国では、主に内陸部に経済特区が設けられ、国内企業が外国企業を抑え急速に成長している。今日では、大量の工業製品を輸出するようになったことで「世界の工場」と呼ばれており、2020年における名目GDPは米国と我が国に次ぐ世界第3位となっている。

➡解答・解説は別冊 P.077

国家一般職（2021 年度）

問題 2

世界のエネルギー事情に関する記述として最も妥当なものはどれか。

1 産業革命以前における主要なエネルギー資源は石炭であったが、産業革命を契機に石油へと変化した。ヨーロッパの主な油田があったロレーヌ地方やザール地方は、フランスとスペインの国境付近にあったため、その領有問題は両国間の紛争を引き起こした。

2 第二次世界大戦後、西アジアなどの産油国で油田の国有化が進み、石油輸出国機構（OPEC）が設立された。この結果、原油価格が大幅に値上がりしたため、石油メジャーと呼ばれる欧米の巨大企業が世界の油田開発を独占することで、供給量と価格の安定化を実現した。

3 地中の地下水に含まれる天然ガスをシェールガスという。シェールガスはこれまで採掘することが難しかったが、技術の進歩により2000年代に中国で生産が急増し、2012年、中国は米国を抜いて天然ガス生産量が世界一となった。

4 原子力発電は、電力エネルギー源として主として先進国で導入されてきた。中国やインドには原子力発電所は存在せず、今後も建設される予定はないが、ドイツ、フランスでは、新規の原子力発電所の建設が予定されている。

5 バイオエタノールは、サトウキビやトウモロコシなどを原料として作るエタノールで、再生可能なエネルギーとして注目されている。2014年における主な生産国は米国とブラジルで、世界の生産量の半分以上はこれらの二国で生産された。

➡解答・解説は別冊 P.078

問題3

東京都 I 類（2019 年度）

各国の資源・エネルギーに関する記述として、妥当なものはどれか。

1 鉄鉱石は、鉄鋼の原料であり、ロシアとサウジアラビアの2か国で世界の産出量の約70％を占め（2016年）、中国や日本などで多く消費されている。

2 レアアースは、地球上の存在量がまれであるか、技術的な理由で抽出困難な金属の総称であるが、レアアースの一部の元素がレアメタルとよばれ、レアメタルの80％以上が中国で産出（2016年）されている。

3 風力発電は、年間を通じて安定した風を必要とするため、偏西風が吹くデンマークやアメリカ合衆国のカリフォルニア州では普及していない。

4 バイオエタノールは、さとうきびやとうもろこしなどを原料として生成したエタノールで、アメリカ合衆国やブラジルなどでは、自動車用の燃料として使用されている。

5 地熱発電は、火山活動の地熱を利用して発電する方法であるが、日本では温泉地や国立公園の規制等があり、地熱発電所は建設されていない。

➡解答・解説は別冊 P.079

この章で学ぶこと

各国地誌は、地域ごとの特徴を具体的にイメージしよう

SECTION 5〜8では、ヨーロッパ・アジア・アフリカ・オセアニア・南北アメリカという世界の諸地域の地誌（特定地域における自然・社会・文化などの地理的現象や特色を示したもの）を学習します。

ここでは、地域ごとの主要な産業等の特徴が数多く出てくるので、多くの事項をきちんと整理して正確に押さえることが重要です。そのためには、その地域ごとに自分なりのイメージを持ってみるのがいいでしょう。それぞれの地域を実際に旅行してみるような感覚で、興味とイメージを膨らませながら学習するとはかどります。

日本と関わりの深い国を優先してチェック

各国地誌では、やはり日本と関わりの深い国が出題されやすく、同じアジア圏の中国やASEAN諸国、貿易面でつながりの深いアメリカとオセアニア、それからイギリスやフランスといった西欧諸国の地誌が頻出です。

そのため、どこから学習してよいか迷ったら、上記の諸地域から学習するのがおススメです。

覚える事項が多いので、漆塗りのように記憶を重ね塗りする

各国地誌については、内容が多岐にわたるうえに出題範囲も広いので、ある程度時間をかけて正確に理解・記憶していく必要があります。

そのため、「困難は分割せよ」といわれるように、まずは自分の興味の持てる地域から学習して、少しずつわかる範囲を増やしていきましょう。

覚える量が多い分野は、漆塗りのようにちょっとずつ記憶を重ね塗りしながら完成度を上げていくのが攻略のコツです。

各国地誌を学習すると、世界の諸地域についての解像度が上がり、世界史など他科目への波及効果もあります。そのため、このパートは人文科学の基礎教養と考えて、しっかり押さえられると理想的です。

国家総合職（教養区分）

中国やASEAN諸国といったアジアからの出題が多いが、それ以外の地域も問われる。まずはアジア地誌をしっかり押さえたうえで、他地域を余裕がある限り学習しよう。

国家一般・専門職

アジアとヨーロッパの地誌が比較的出題されやすい。最初にこの２地域の地誌を確実に習得しよう。余裕があれば、他地域も要チェック。

裁判所職員

出題頻度はあまり高くないので、アメリカ・中国の地誌を中心に学習し、余裕があれば他地域も見ておくのがよい。丸ごと捨てないように注意。

特別区Ⅰ類

アジアとアフリカの地誌がやや問われやすい。そのため、この２地域の地誌をしっかりと整理して記憶しておこう。アフリカの地誌は後手に回りやすいので注意すること。

東京都Ⅰ類

アジアと南北アメリカの地誌が問われることがやや多い。アメリカと中国の地誌を優先して学習したうえで、ラテンアメリカを押さえておくとよい。

地方上級

アジアの地誌が問われやすいが、他の試験種に比べて、諸地域の地誌が広く問われる。まずアジア地誌を優先して押さえたうえで、諸地域の地誌もまんべんなく学習しておこう。穴をつくらない学習を心がけること。

市役所

他の試験種に比べて出題頻度はやや低いが、出題された場合は諸地域からまんべんなく問われる。まずは、アメリカ・中国・ヨーロッパといった日本と関わりの深い地域から学習しよう。

警察・消防

裁判所職員とおおむね同様で、アメリカ・中国の地誌を優先して学習し、余った時間で他地域を確認するのがよい。

5 ヨーロッパ

STEP 1 要点を覚えよう！

POINT 1 EU統合によるヨーロッパ諸国の結び付き

ヨーロッパ連合（欧州連合・EU）：1993年に**マーストリヒト条約**の発効により発足した、ヨーロッパ諸国の政治・経済面での統合を目的とする機関。現在の加盟国は27か国*。**イギリス**は2020年に離脱した。

ユーロ：1999年に導入され、2002年から本格的な流通が開始された**EU**の**単一通貨**。現在、EU加盟国のうち20か国で導入されている。

シェンゲン協定：協定国間での国境における**出入国審査**を廃止し、自由に行き来できるようにした。現在、EU加盟国のうち23か国と、EU非加盟国4か国の計27か国で施行されている。

POINT 2 ヨーロッパ各国の特色

●西ヨーロッパの主な国々

イギリス：**産業革命**発祥の国。**大英帝国**として世界に君臨したが、大国としての地位は低下した。1980年代に、国営企業の民営化などにより経済再生を図る。**北海油田**で石油・天然ガスを産出するが、近年は生産量が減少している。

フランス：西ヨーロッパ最大の**農業国**で、**小麦**や酪農品を輸出。ブドウの栽培もさかんで、ボルドー、ブルゴーニュなどは**ワイン**の産地として有名。エアバス社の製造拠点を有し、**航空機**産業が発達。**原子力発電**への依存度が高い。

ドイツ：第二次世界大戦後に、**資本主義**陣営の西ドイツ、**社会主義**陣営の東ドイツに分裂したが、1990年に**東西ドイツ**が**統一**。ヨーロッパ最大の**工業国**で、2022年の**GDP**（国内総生産）はアメリカ、中国、日本に次いで世界第4位。

ベルギー：首都ブリュッセルには、**EU**、**NATO**をはじめとする多くの国際機関の本部が置かれている。

オランダ：国土の4分の1が海面より低く、**ポルダー**と呼ばれる大規模な**干拓地**が造成されている。酪農と**園芸農業**がさかんで、**農産物輸出額**はアメリカに次いで世界第2位。**ユーロポート**が建設されたロッテルダムは世界有数の貿易港。

ルクセンブルク：佐賀県とほぼ同じ面積の内陸国。**鉄鋼業**や**金融業**が発展。

ベネルクス三国：ベルギー、オランダ、ルクセンブルクの3か国の総称。ドイツとフランスの間に位置する小国であるこれらの国は歴史的に関係が深く、1948年に発効した**ベネルクス関税同盟**は、のちのヨーロッパ共同体（EC）、現在のEUにつながる原形となった。

---

* EU加盟国…POINT 2に挙げた国(イギリス、スイス、ノルウェー、ロシア、ウクライナを除く)と、アイルランド、オーストリア、キプロス、クロアチア、スロバキア、スロベニア、ハンガリー、ブルガリア、ポルトガル、マルタ。

スイス：19世紀以来の**永世中立国**。**時計**などの精密機械工業が発達。チューリヒは**国際金融市場**の中心地の一つ。ジュネーブには多くの**国際機関**の本部がある。

●南ヨーロッパの主な国々

イタリア：北部のトリノ、ミラノ、ジェノヴァなどでは**重工業**が発展。ファッション産業もさかん。南部は農業中心で、南北の**経済格差**が生じている。ヴェネツィア、フィレンツェなどでは、皮革、繊維、宝飾、家具などの職人による**伝統工芸**が発展し、**第三のイタリア**と呼ばれる。

スペイン：EU諸国の中では賃金が安いことから、ドイツ、フランスなどの自動車メーカーが進出し、**自動車**製造業が発達。地中海沿岸では**オリーブ**や**ブドウ**の栽培、イベリア半島中央部の台地（**メセタ**）では**羊**の飼育がさかん。

ギリシア：主要産業は海運業、観光業など。**オリーブ**の栽培がさかん。2009年に財政危機が発覚し、**ユーロ危機**を招く。

●北ヨーロッパの主な国々

スウェーデン：森林資源と**鉄鉱石**が豊富で、**自動車**などの機械工業が発達。**社会保障制度**が充実した福祉国家としても知られる。

ノルウェー：北海油田で**石油**、**天然ガス**を産出し、世界有数の輸出国となっている。水産業、海運業もさかん。電力のほとんどを**水力発電**でまかなう。

フィンランド：**電子産業**などの先端技術産業が発展。スマートフォンの普及以前は、携帯電話機の生産で世界的に知られた。

デンマーク：**酪農**がさかん。**風力発電**の利用が進む。

●中央・東ヨーロッパの主な国々

ポーランド：東欧諸国では最も人口が多く、比較的安い労働力が得られることから、**自動車・自動車部品・家電製品**などの生産拠点が置かれ、経済成長をとげている。隣国ドイツとの経済的な関係が深い。**石炭**、**銅**、**銀**などの鉱産資源が豊富。

チェコ：**石炭**など鉱産資源が豊富。主要産業は自動車産業で、主に**自動車部品**をドイツに輸出。**ビール**、**ガラス**、**陶磁器**の生産でも有名。

ルーマニア：**石油**、**石炭**、**天然ガス**を産出し、鉱工業が発達。農業では、**小麦**、とうもろこしなどの穀物や、**ヒマワリ**の栽培がさかん。

●ロシアと周辺諸国

ロシア：世界最大の国土をもち、**石油**、**天然ガス**をはじめとする豊富な鉱産資源を有する。2000年代以降、著しい経済発展をとげ、**BRICS**＊の一国とされる。2022年に始まった隣国**ウクライナ**への侵攻により国際社会から批判を浴び、アメリカ、EU、イギリス、日本など多くの国がロシアへの経済制裁を行っている。

ウクライナ：ドニプロ（ドニエプル）川流域の肥沃な黒土（**チェルノーゼム**）地帯は世界有数の穀倉地帯で、**小麦**の生産量が多い。**石炭**、**鉄鉱石**が豊富で、**重工業**も発達している。ロシアの侵攻により多大な人的被害を受けるとともに、重要な生産設備、インフラを破壊され、経済活動も大きく後退している。

バルト三国：バルト海に面する**エストニア**、**ラトビア**、**リトアニア**。1991年の旧ソ連からの分離独立がソ連解体のきっかけとなる。現在は**EU**加盟国。

＊　BRICS…経済成長が著しいブラジル、ロシア、インド、中国、南アフリカ共和国の5か国をさす、これらの国の英語名の頭文字をつなげた造語。当初はBRICsと表記し、南アフリカを除く4か国をさした。

1 EU圏内では、すべての加盟国で単一通貨のユーロが導入されており、すべての加盟国の間を、出入国審査なしに自由に行き来することができる。

× 2023年4月現在、EUの加盟国は**27**か国で、単一通貨**ユーロ**を導入しているのはそのうち20か国。国境での出入国審査を廃止する**シェンゲン協定**を施行しているのは、EU加盟国23か国、EU非加盟国4か国の計27か国である。

2 イギリスは、世界で最初に産業革命が起こった国で、現在もヨーロッパ最大の工業国である。

× **産業革命**は、18世紀後半に**イギリス**で起こり、19世紀前半にヨーロッパ各国に広まった。現在、ヨーロッパ最大の工業国は**ドイツ**である。

3 イギリス、ノルウェーは、北海油田を有する産油国である。

○ 北海油田は、イギリス、ノルウェー、デンマーク、オランダ、ドイツなどが開発しているが、大部分は**イギリス**と**ノルウェー**の排他的経済水域に位置している。世界有数の油田であるが、生産コストが高く、生産量は徐々に減少している。

4 EUの本部は、スイスのジュネーブにある。

× EUの本部は、ベルギーの首都**ブリュッセル**にある。ブリュッセルには、北大西洋条約機構（NATO）の本部もある。

5 オランダの国土の4分の1は海面より低く、ギルダーと呼ばれる大規模な干拓地が造成されている。

× 問題文中、ギルダーは「**ポルダー**」の誤り。ギルダーはオランダの旧通貨単位。

6 バルト海に面するエストニア・ラトビア・リトアニアは歴史的に関係が深く、バルト3国と呼ばれるこれらの国が結んだ関税同盟が、現在のEUにつながる原形になった。

× のちのヨーロッパ共同体（EC）や現在のEUの原形になったのは、ベルギー、オランダ、ルクセンブルクの**ベネルクス三国**が結んだベネルクス関税同盟である。バルト3国は、1991年に旧ソビエト連邦から分離独立し、2004年にEU及びNATOに加盟した。

7 フランスは西ヨーロッパ最大の農業国で、主にEU諸国に小麦などを輸出している。エネルギー資源はとぼしく、原子力発電に大きく依存している。

○ フランスは西ヨーロッパ最大の**農業国**で、EU諸国に穀物、酪農品などを輸出している。南部の地中海沿岸などでは、ブドウの栽培もさかんで、ワインも主要な輸出品となっている。エネルギー資源はとぼしく、**原子力発電**が発電電力量の約7割を占めている。

8 永世中立国であるスイスは、EUに加盟していない。

○ スイスは、EU、NATOには**加盟していない**。スイスは長らく国際連合にも加盟していなかったが、国民投票の結果、2002年に190番目の国連加盟国となった。なお、スイス第2の都市ジュネーブには、国際連合の設立当初から国連欧州本部（国際連合ジュネーブ事務局)が置かれている。

9 第三のイタリアとは、重工業が発達したイタリア北部のトリノ、ミラノ、ジェノヴァなどの都市をさす。

× 第三のイタリアとは、**伝統工芸**が発展したヴェネツィア、フィレンツェ、ボローニャなどの都市をさす。

STEP 3 過去問にチャレンジ！

問題 1

国家一般職高卒（2017年度）

次のA、B、Cは、ヨーロッパ諸国のある3か国に関する記述であり、また、図は、それらの国の2014年における主要輸出品の輸出総額に占める割合を示したものである。A、B、Cにあてはまる国の組み合わせとして最も妥当なものはどれか。

A　東部の沿岸部では、夏に柑橘類やブドウの栽培が盛んであり、また、自動車産業などが集積している。

B　水産業や海運業が盛んであり、日本にも多くのサケ・マス類を輸出している。

C　エネルギー資源に乏しく、電力の多くを原子力発電に頼っている。

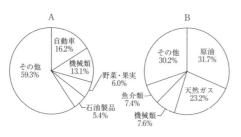
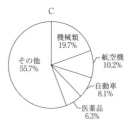

（出典）「世界国勢図会2016/17年版」より引用・加工
（注）四捨五入のため割合の合計が100％にならない場合がある。

	A	B	C
1.	スペイン	スウェーデン	フランス
2.	スペイン	スウェーデン	イタリア
3.	スペイン	ノルウェー	フランス
4.	ドイツ	スウェーデン	イタリア
5.	ドイツ	ノルウェー	フランス

→解答・解説は別冊P.080

問題 2

東京都III類（2022年度）

ヨーロッパに関する記述として、妥当なものはどれか。

1　スカンディナヴィア山脈は、古期造山帯に属しプレート境界に位置しており、活動が盛んな火山が多くみられる。

2 フィンランドは、ヨーロッパ北部に位置し、ロシアと接しており、フィンランド語とスウェーデン語が公用語となっている。

3 オランダは、ヨーロッパ最大の農業国として小麦の大規模栽培のほか、ポルダーとよばれる干拓地では、野菜や花卉などの園芸農業が発達している。

4 スイスでは、夏季にはアルプとよばれる低地の草地へと移動し家畜を放牧する移牧が営まれ、様々なチーズが伝統的な食材の一つとなっている。

5 ボスポラス海峡は、アジアとヨーロッパを隔てる海峡で、ギリシャとトルコの国境となっている。

➡解答・解説は別冊 P.080

問題3　　　　　　　　　　　　　　　消防官Ⅲ類（2017 年度類題）

ヨーロッパに関する次の記述で、A〜Cに入る語句の組み合わせとして、最も妥当なものはどれか。

　ヨーロッパ北部はかつて氷河におおわれていた時期があったため、　A　西岸にはフィヨルドがみられる。また、北極圏を含む高緯度にあるため夏には　B　もみられる。欧州連合（EU）では国のわくを越えた統合が進められている。1985年にルクセンブルクで調印され出入国の審査の共通化を定めた　C　を実施している国どうしでは、国境の検問が廃止され、パスポートを提示せずに自由に移動できるようになった。

	A	B	C
1.	イベリア半島	白夜	自由貿易協定
2.	イベリア半島	極夜	シェンゲン協定
3.	スカンディナヴィア半島	極夜	自由貿易協定
4.	スカンディナヴィア半島	白夜	シェンゲン協定
5.	バルカン半島	極夜	シェンゲン協定

➡解答・解説は別冊 P.081

6 | アジア

STEP 1 | 要点を覚えよう！

POINT 1 中国の発展と東アジア

　社会主義国家である**中国**では、かつては、経済活動全般を国が管理・運営する**計画経済**という政策がとられていたが、1970年代末から、**市場経済**を取り入れ、外国からの投資を積極的に受け入れる**改革開放政策**に転換した。その後、中国はめざましい経済成長をとげ、2010年には**GDP**が日本を上回り、アメリカに次いで世界第2位になった。現在は、テレビ、冷蔵庫、パソコンなどの家電製品をはじめとする多くの工業製品で、世界最大の生産国・輸出国となっている。しかし、多くの企業が集中する沿岸部と内陸部の農村の**経済格差**が広がり、**大気汚染**も深刻になるなど、経済発展に伴う問題も生じている。中国は、**台湾**の独立問題、アメリカとの**貿易摩擦**や軍事的緊張、国内の人権問題や少数民族をめぐる問題も抱えており、日本とは、**尖閣諸島**の領有をめぐって対立している。

　朝鮮半島は、第二次世界大戦後に日本の植民地支配を脱し、アメリカなどの連合国軍とソ連による分割占領を経て、南部に**大韓民国（韓国）**、北部に**朝鮮民主主義人民共和国（北朝鮮）**が成立した。両国間では、1950年に朝鮮戦争が起こり、1953年の休戦後も緊張状態が続いている。韓国は、1960～80年代に「漢江の奇跡」と呼ばれる高度経済成長をとげ、**アジアNIEs**[*]（新興工業経済地域）の一つとされた。1997年の**アジア通貨危機**[*]では通貨ウォンが暴落し大きな打撃を受けたが、近年は**ICT産業**が発達し、半導体などの電子部品が主な輸出品となっている。

POINT 2 ASEANと東南アジアの国々

東南アジア諸国連合（ASEAN）：1967年に、**インドネシア、マレーシア、フィリピン、シンガポール、タイ**の5か国により設立された、東南アジア諸国の地域協力機構。現在の加盟国は、**ブルネイ、カンボジア、ラオス、ミャンマー、ベトナム**を加えた10か国。2015年に**ASEAN経済共同体（AEC）**が発足し、域内の関税がほぼ撤廃された。

タイ：**チャオプラヤ川**流域での**稲作**が主産業で、天然ゴム、**スズ**の生産もさかん。バンコク近郊では工業化が進み、経済成長が著しい。農村部との**経済格差**が拡大。

マレーシア：最も人口が多いマレー系住民（主に**イスラム教徒**）、経済的に優位に立つ中国系住民と、インド系住民、その他の先住民族からなる**多民族国家**。経済格差を改善するために、マレー系住民を優遇する**ブミプトラ政策**を実施。日本や韓国を手本とする**ルックイースト政策**で1990年代に経済成長を実現。

---

[*]　**NIEs**…Newly Industrializing Economies（新興工業経済地域）の略。20世紀後半から急速に工業化が進んだ国や地域をさし、韓国、シンガポール、香港、台湾は、アジアNIEsといわれる。他には、ブラジル、メキシコなど。

インドネシア：大小1万7,000もの島々からなる島国。民族構成が複雑で、各地で民族運動が起きている。バリ島（ヒンドゥー教）を除き**イスラム教徒**が多い。**石油、天然ガス**が豊富。農産物は、米、**油やし**、天然ゴムなど。

フィリピン：7,000余りの島々からなる島国。スペインによる植民地支配が長く続いたため、**カトリック教徒**が多い。農産物は、米、とうもろこし、マニラ麻、バナナ、さとうきびなど。電子部品の組み立てなど、電機、電子工業が発達。

ベトナム：社会主義国であるが、1986年から進められた**ドイモイ**（刷新）政策により経済発展をとげる。

POINT 3　急成長をとげるインド

インドは、イギリスの植民地支配を脱し、1947年に独立した。当初は、市場経済と計画経済を合わせた**混合経済**体制を採用し、海外からの輸入を制限して自給自足的な産業の発展をめざしていたが、1980年代から徐々に規制緩和が進められ、1991年に**新経済政策**を導入して、本格的な経済の自由化に踏み切った。2000年代には、**自動車産業**や**ICT産業**を中心に経済成長が加速し、**BRICS**（☞229ページ）の一国として世界の注目を集めるようになった。現在、インドの人口は14億人を超え、2023年に中国を抜いて世界第1位になっている。人口増加を背景に、今後もますます経済成長をとげる可能性がある。

ここで差をつめる！ 緑の革命

1960年代に、稲・小麦・とうもろこしなどの高収量品種の開発が進められ、開発途上国の食糧不足を解消するために積極的に導入された。その試みは、**インド、フィリピン、メキシコ**などで成果を挙げ、穀物の生産量が飛躍的に増加した。**緑の革命**と呼ばれるこの技術革新により、インドでは、1970年代に食料の自給が達成された。一方、新品種の栽培には、大量の肥料や農薬の散布、灌漑設備などが必要であったため、新品種を導入できるのは、多額の資本を投下できる富裕な大地主に限られ、零細農民との**格差**が拡大した。

POINT 4　西アジア・中央アジアの国々

中東とも重なる西アジアは、乾燥気候の地域で自然環境はきびしいが、**石油資源**が豊富で、**サウジアラビア、クウェート、イラク、イラン、アラブ首長国連邦**などの**ペルシア湾**沿岸の産油国は、原油の輸出による利益に大きく依存している。西アジアの大部分の国は、**イスラム教**を信仰する**アラブ民族**の国であるが、イスラーム圏でも民族が異なる**イラン、トルコ**などの国や、ユダヤ人の国家である**イスラエル**が存在し、民族間の対立からたびたび紛争が起きている。

中央アジアは、旧ソ連から独立した5か国からなる。いずれもイスラム教徒の国で、イラン系のタジキスタン以外は、トルコ系民族の国である。最大の面積を占める**カザフスタン**は、**石油、天然ガス、レアメタル**などの資源に恵まれている。

＊　**アジア通貨危機**…1997年に、タイの通貨バーツの暴落をきっかけに起きた金融危機。その影響は周辺諸国にも波及し、タイ、韓国、インドネシアは国際通貨基金（IMF）の支援を要請した。

1 社会主義国家の中国では、経済活動全般を国が管理・運営する計画経済という政策がとられているので、他のアジア諸国にくらべて経済成長が遅れている。

× 　**社会主義**国家である中国では、かつては、経済活動全般を**国**が管理・運営する**計画経済**という政策がとられていたが、1970年代末から、**市場経済**を取り入れ、外国からの投資を積極的に受け入れる**改革開放政策**に転換し、めざましい経済成長をとげた。

・・

2 中国と日本は、尖閣諸島の領有をめぐって対立している。

○ 　**尖閣諸島**は、沖縄県・八重山諸島の北方に位置し、石垣市に属する。尖閣諸島が日本固有の領土であることは明らかで、領有権の問題はそもそも存在しないというのが日本の立場であるが、1970年代以降、**中国**と**台湾**が、それぞれ領有権を主張している。

・・

3 韓国は、1960〜80年代に重化学工業を中心に高度経済成長をとげ、漢江の奇跡といわれた。

○ 　**漢江の奇跡**という表現は、首都ソウルを流れるハン川（漢江）にちなむ。韓国は、著しい経済成長をとげるアジア**NIEs**（新興工業経済地域）の一つにも数えられた。

・・

4 アジア通貨危機は、1997年に、韓国の通貨ウォンが暴落したことをきっかけに起きた。

× 　**アジア通貨危機**は、1997年に、**タイ**の通貨**バーツ**の暴落をきっかけに起きた金融危機で、その影響は周辺諸国にも波及した。

・・

5 インドネシアはキリスト教徒の多い国であるが、バリ島のみに古くからの仏教文化が残っている。

× **インドネシア**は、**オランダ**の植民地であったが、オランダ人はキリスト教の布教を目的としていなかったので、それ以前に伝わった**イスラム教**の影響が強く、現在も国民の大部分はイスラム教徒である。バリ島には、さらに古い時代に伝わった**ヒンドゥー教**の文化が残っている。

6 ベトナムは、東南アジア諸国連合（ASEAN）設立時からの原加盟国の一つである。

× **ASEAN**は、1967年に、**インドネシア**、**マレーシア**、**フィリピン**、**シンガポール**、**タイ**の5か国により設立された。現在の加盟国は、ブルネイ、カンボジア、ラオス、ミャンマー、**ベトナム**を加えた10か国である。

7 インドは、2000年代に、自動車産業やICT産業を中心に著しい経済成長をとげた。

○ **インド**では、英語が堪能な人材が多かったことなどから**ICT産業**が発展した。当初はデータ入力などの事務やコールセンター業務などが主であったが、近年はソフトウェア開発などの高度な分野にも進出している。

8 西アジアには、石油資源の豊富な国が多く、油田はアラビア半島の西側の紅海沿岸に集中している。

× 西アジア諸国の油田は、アラビア半島の東側の**ペルシア湾**沿岸に集中しており、沿岸に領土をもつサウジアラビア、クウェート、イラク、イラン、アラブ首長国連邦などが代表的な産油国である。

STEP 3 過去問にチャレンジ！

問題1
東京都Ⅲ類（2021年度）

インドに関する記述として、妥当なのはどれか。

1 インド北部にはヒンドスタン平原があり、西隣のパキスタンとの国境付近を流れるガンジス川流域には、広大な三角州が広がっている。

2 モンスーン（季節風）の影響を強く受け、北東モンスーンが吹くことにより雨季となり、南西モンスーンが吹くことにより乾季となる。

3 カースト制は、日常生活や職業を規定してきたが、憲法により差別が禁止され、職業選択の自由が保障されたことで、その影響力を失った。

4 伝統的に綿工業やジュート工業が盛んであるが、近年は、ソフトウェアを中心としたICT産業の発展がめざましい。

5 農村部から都市部への流入人口の増大を抑えるため、2000年代以降、高収量品種の導入を中心とした緑の革命と呼ばれる農業開発戦略が進められている。

➡解答・解説は別冊P.082

問題2
消防官Ⅲ類（2022年度）

東南アジア諸国に関する記述として、最も妥当なものはどれか。

1 1967年に東南アジア諸国連合（ASEAN）が、インドネシア、タイ、ベトナム、ラオス、マレーシア、フィリピンの6か国により設立された。

2 タイでは、就業機会の乏しい地方の農村と都市との間で、経済的な格差が問題となってきている。

3 インドネシアでは、ドイ・モイ政策により経済の刷新が行われて工業化が進展している。

4 マレーシアでは、マレー人を優遇するルックイースト政策が行われている。

5 近年マレーシアやインドネシアでは、工業化の進展に伴いアブラヤシのプランテーション農業が衰退してきている。

問題3

国家専門職（2017年度）

次のA、B、Cは東南・南アジア諸国に関する記述であるが、それぞれにあてはまる国の組み合わせとして最も妥当なものはどれか。

A この国は、大半が変動帯に属する約7,000余りの島から成り、地震・火山災害が多く、台風にもしばしば襲われる。農業が盛んであるが、輸出指向型の工業化を進め、電機・電子などの工業が成長した。また、スペインの植民地となった時期にキリスト教の影響を強く受け、国民の多数がキリスト教徒である。

B この国は、古くから水田耕作を中心とする農業が盛んである。1960年代半ばに国土の約半分を占めていた森林が、その後30年間で減少して、洪水が南部を中心に頻発し、同国政府は天然林の伐採を原則禁止した。

C この国では、自然環境は熱帯雨林、モンスーン林から各種サバンナを経て、北西部の砂漠や北端の氷河を頂く高山まで多様である。独立後は灌漑施設整備や耕地整理等で食糧増産を図り、1960年代後半には小麦・米の高収量品種導入で「緑の革命」を推進した。また、経済成長に伴い、ミルクや鶏肉などの需要が高まり、特にミルクの需要に対する生産の増加は「白い革命」とよばれている。

	A	B	C
1.	インドネシア	タイ	パキスタン
2.	インドネシア	ベトナム	インド
3.	フィリピン	タイ	インド
4.	フィリピン	バングラデシュ	パキスタン
5.	フィリピン	ベトナム	ネパール

➡解答・解説は別冊P.083

7 アフリカ・オセアニア

STEP 1 要点を覚えよう！

POINT 1 　北アフリカとサハラ以南のアフリカ

　アフリカは、**北アフリカ**と**サハラ以南のアフリカ**（サブサハラ・アフリカ）に大きく分けられる。その場合の北アフリカとは、通常、**エジプト**、**リビア**、**チュニジア**、**アルジェリア**、**モロッコ**の5か国と**西サハラ***をさすことが多い。北アフリカの住民は、大部分が**アラブ人**で**イスラム教徒**、主な言語は**アラビア語**である。北アフリカの中でも、チュニジア、アルジェリア、モロッコ（広義にはリビア、西サハラ、モーリタニアを含む）は**マグレブ諸国**と呼ばれる（マグレブとは、アラビア語で「日の沈む地」を意味する）。この地域の先住民族は遊牧民の**ベルベル人**で、7世紀以降に侵入したアラブ人によりアラブ化・イスラーム化されたが、独自の文化が残っている地方もある。

　一方、サハラ以南のアフリカの住民は黒人（ネグロイド）が中心で、単一の共通語はなく、多くの民族言語が話される多言語社会である。15世紀末から19世紀にかけて、西欧諸国が行った**奴隷貿易**により、1,000万人を超える住民が新大陸に連れ去られた。奴隷貿易による労働人口の減少と植民地支配下での収奪により、この地域の発展は大きく遅れ、その影響は現在も続いている。

ここで差をつける！　アフリカの年

　19世紀末には、アフリカのほぼ全域が西欧諸国の植民地になっていた。それらの地域の多くは、20世紀後半になってからようやく独立を果たすことができた。1960年には**17か国**もの独立国が生まれ、**アフリカの年**といわれた。現在、アフリカには54の独立国が存在する（西サハラを含めると55か国）。

POINT 2 　北アフリカの主な国々

エジプト：古代エジプト文明の発祥地。1956年に国有化した**スエズ運河**の通航料と、石油輸出、観光収入に依存。1970年、ナイル川中流に**アスワンハイダム**が完成し、水力発電や灌漑に利用されている。

アルジェリア：国土面積はアフリカ最大。1956年に**油田**が発見され、産油国となる（隣国リビアでも1959年に油田が発見された）。天然ガス、鉄鉱石も豊富。

モロッコ：地中海と大西洋を結ぶ**ジブラルタル海峡**をはさんで、スペインの対岸に位置する。西サハラの領有問題をめぐってアルジェリアと対立。

---

*　**西サハラ**…サハラ砂漠の西端に位置する旧スペイン領で、現在はモロッコが実効支配している。ポリサリオ戦線が1976年にサハラ・アラブ民主共和国の樹立を宣言し、アフリカ諸国は独立を承認。日本を含む先進諸国は未承認。

重要度

国家一般職・専門職：★★★	地方上級：★★★	東京都Ⅰ類：★★★	市役所：★★★
国家総合職(教養区分)：★★★	裁判所職員：★★★	特別区Ⅰ類：★★★	警察・消防：★★★

CHAPTER

3

地理

7

アフリカ・オセアニア

POINT 3 サハラ以南のアフリカの主な国々

●**アフリカ東部の国**

エチオピア：イタリア領となった1936年からの5年間を除いて、欧米諸国に植民地化されることなく独立を保った国。首都アディスアベバには**アフリカ連合（AU）**の本部がある。**コーヒー**の原産地。

ケニア：赤道直下に位置する高原の国で、南部の**サバナ**には多くの野生動物が生息する。**コーヒー、茶**の栽培がさかん。

●**アフリカ中央部の国**

コンゴ民主共和国：かつてのコンゴ王国のうち、ベルギー領となっていた地域（旧フランス領はコンゴ共和国、旧ポルトガル領はアンゴラとなった）。銅、コバルト、ダイヤモンドなどの鉱産資源が豊富で、**コバルト**は産出量世界一。

ガボン：国土の大部分が熱帯雨林。**石油**、マンガンなどが豊富。

●**アフリカ西部の国**

ナイジェリア：2億人を超える**人口**、**石油**や天然ガスが豊富。**GDP**はアフリカ第1位。

コートジボワール：**カカオ**の生産量・輸出量が世界一。国名はフランス語で「象牙海岸」という意味で、かつて欧州諸国が象牙を搬出したことに由来。

ガーナ：**カカオ**の栽培がさかん。**金**、マンガン、ボーキサイト、ダイヤモンドなどの鉱産資源が豊富。2007年に沖合に**油田**が発見され、産油国となる。

●**アフリカ南部の国**

南アフリカ共和国：アフリカ大陸最南端に位置する。以前は白人政権が実施した**アパルトヘイト**（人種隔離政策）により国際社会から批判を浴びた（1991年に廃止）。**金、ダイヤモンド、鉄鉱石、石炭、プラチナ、マンガン、バナジウム**など、鉱産資源が豊富。経済成長が著しい**BRICS**の一国に挙げられている。

> アフリカの国には、直線的な人為的国境が多くみられるよね。これは、欧州諸国の都合により領土が分割された**旧植民地時代**のなごりで、現在もたびたび繰り返される**民族間の紛争**の原因にもなっているんだ。

POINT 4 オセアニアの主な国々

オーストラリア：オーストラリア大陸とその他の島々からなる。先住民は**アボリジニ**。有色人種の移民を規制するかつての**白豪主義**から、**多文化主義**に転換した。鉱産資源が豊富で、**鉄鉱石、ボーキサイト**の産出量は世界第1位。日本に石炭、天然ガス、鉄鉱石、牛肉などを輸出しており、日本にとっては、中国、アメリカに次ぐ輸入相手国である。

ニュージーランド：ニュージーランド北島・南島とその他の島々からなる島国。先住民は**マオリ**。**牧羊、酪農**がさかん。

1 アフリカは、北アフリカとサハラ以南のアフリカに大きく分けられる。北アフリカは、地理的にヨーロッパに近く、住民の大部分はキリスト教徒である。

× 北アフリカの住民は、大部分が**アラブ人**で**イスラム**教徒、主な言語は**アラビア語**である。

2 アフリカの年と呼ばれる1980年には、アフリカで17か国もの独立国が誕生した。

× アフリカで17か国もの独立国が誕生したことから**アフリカの年**と呼ばれるのは、**1960年**である。現在、アフリカには54（西サハラを含めると55）の独立国が存在する。

3 ナイジェリアは、アフリカで最も人口が多く、GDPも最大である。

○ **ナイジェリア**の人口は2億人を超えており、アフリカでは第1位、世界全体でも第7位である。アフリカでは、2位のエチオピア、3位のエジプトも人口1億人を超えている。

4 19世紀末までには、アフリカのほぼ全域が西欧諸国の植民地となったが、唯一、エジプトだけが独立を保っていた。

× **エジプト**は、1882年に**イギリス**の植民地になり、1922年に独立した後も、実質的にイギリスに支配される時代が長く続いた。19世紀末のアフリカで西欧諸国の植民地になっていなかった国は**エチオピア**と**リベリア**で、エチオピアは、イタリアに占領された1936年以降の5年間を除いて独立を保った。リベリアは、アメリカの解放奴隷が建設した国で、1847年に独立した。

5 エジプトの経済は、1956年に国有化したパナマ運河の通航料や観光収入に依存している。

× エジフトの経済は、1956年に国有化した**スエズ運河の通航料**と、石油輸出、観光収入に依存している。

---

6 アフリカ連合（AU）の本部は、ケニアの首都ナイロビにある。

× アフリカ連合（AU）は、アフリカのすべての国が加盟している国際機関で、その本部は、**エチオピアの首都アディスアベバ**にある。

---

7 コートジボワール、ガーナなどのギニア湾沿岸の国では、チョコレートやココアの原料になるカカオの栽培がさかんである。

○ コートジボワールは、**カカオ**の生産量が世界第1位、ガーナは第2位である。このほか、カメルーン、ナイジェリアなども上位を占めている（2021年）。

---

8 南アフリカ共和国では、かつて、アパルトヘイトという人種隔離政策がとられていたが、1990年代に廃止された。

○ 南アフリカ共和国では、支配者層の白人による有色人種への差別が定着していたが、1948年にオランダ系白人（ボーア人）の政党が政権を握ると、**アパルトヘイト**が法制化され、人種により居住地域を分離するなどの徹底した差別政策が実施された。アパルトヘイトは、国際社会から非難を浴び、国内でも抵抗運動が激化したことから、1991年に**廃止**された。

---

9 ニュージーランドの先住民はアボリジニである。

× ニュージーランドの先住民は**マオリ**である。アボリジニは、オーストラリアの先住民である。

STEP 3 過去問にチャレンジ！

裁判所職員（2022 年度）

問題 1

オーストラリアに関する次のA～Dの記述のうち、妥当なもののみを全て挙げているものはどれか。

A オーストラリアは、かつてはイギリスをはじめとするヨーロッパとの結びつきが強かったが、近年はアジアとの結びつきを強めている。

B オーストラリアの先住民は、民族舞踊であるハカを踊ることでも知られているマオリである。

C オーストラリア大陸の大部分は安定陸塊で、大陸北東部の沿岸に広がるグレートバリアリーフは世界最大のサンゴ礁である。

D オーストラリアではゴールドラッシュをきっかけに鉱山開発が進んでおり、特に銅鉱の生産量は長年にわたり世界第一位を維持している。

1. A、B
2. A、C
3. B、C
4. B、D
5. C、D

➡解答・解説は別冊 P.084

問題 2

国家一般職高卒（2018 年度）

サハラ砂漠以南のアフリカに関する記述として最も妥当なものはどれか。

1 焼畑の利用周期の短縮によって、中南アフリカの砂漠化が進んでいる。このため、広範囲にわたる食糧不足が生じており、人口が減少している。

2 地域別にみると、熱帯雨林地域ではイモ類やバナナの栽培、サバナ地域では牛、ヤギなどの放牧、乾燥地域では長期保存が可能な米（陸稲）や豆類の栽培が主である。

3 ギニア湾沿岸地域では、金、銀などの採掘がかつて盛んであったが、近年、資源の枯渇に直面している。一方、東部アフリカでは、大規模な油田が開発されている。

4 最も国内総生産（GDP）が大きいのは南アフリカ共和国であるが、鉱産資源への依存からの脱却が困難な状況にあり、第三次産業の割合は低いままである。

5 東部アフリカの高原地帯ではコーヒー、茶など、ギニア湾沿岸地域ではカカオなどの作物が栽培され、輸出による外貨獲得の手段となっている。

➡解答・解説は別冊P.085

| 問題3 |

特別区Ⅲ類（2022年度）

次の文は、アフリカに関する記述であるが、文中の空所A～Cに該当する語の組み合わせとして、妥当なものはどれか。

アフリカ大陸は、大陸の大部分が高原や台地で、東部には　A　山など標高5,000mを超える高山も見られる。　B　は、アフリカの政治・経済・社会的な統合、平和や安全保障を目的として2002年に発足し、アフリカ諸国における民族間の対立や資源開発をめぐる紛争の予防や解決に当たっている。　C　は、アパルトヘイトを廃止し、その後急速に世界経済との結び付きを強め、自動車の輸出などによってアフリカと世界経済を結ぶ窓口となることで、ブラジル、ロシア、インド、中国に続く新興国として目覚ましい経済成長を遂げた。

	A	B	C
1.	キリマンジャロ	アフリカ連合	南アフリカ共和国
2.	キリマンジャロ	アフリカ統一機構	ナイジェリア
3.	キリマンジャロ	アフリカ統一機構	南アフリカ共和国
4.	アコンカグア	アフリカ連合	ナイジェリア
5.	アコンカグア	アフリカ統一機構	南アフリカ共和国

➡解答・解説は別冊P.086

8 南北アメリカ

STEP 1 要点を覚えよう！

POINT 1 アメリカ合衆国の概要

アメリカ合衆国は、**北アメリカ大陸**の中央部に位置する本土48州と、アラスカ州、ハワイ州の計50州、首都・コロンビア特別区（ワシントンD.C.）からなる。国土面積は、ロシア、カナダに次いで世界第3位、人口は約3.3億人（2022年）で、インド、中国に次いで世界第3位、名目**GDP**は世界第1位である。

アメリカは、現代社会に欠かせないものとなった**インターネット**が誕生した国で、ベンチャー企業から急成長をとげた**GAFA***と呼ばれる巨大IT企業群は、世界経済を牽引する存在である。航空宇宙産業、生命工学なども含めた先端技術産業の多くの分野で、アメリカは世界の先頭に立っている。また、2000年代に始まった**シェールガス・シェールオイル**の開発により、アメリカは世界最大の原油・天然ガスの産出国にもなった（2022年）。

アメリカは世界有数の農業国でもある。アメリカの農業は、各地域の自然条件に合った作物を大規模な農地で栽培する**適地適作**が基本で、冷涼な北東部や五大湖周辺では**酪農**が、**コーンベルト**と呼ばれる中西部のオハイオ州からアイオワ州にかけての一帯では、**とうもろこし**や**大豆**の栽培がさかんである。ミシシッピ川の流域を中心とした**プレーリー**と呼ばれる大草原からプレーリーの西、ロッキー山脈の東側に広がる**グレートプレーンズ**と呼ばれる大平原は世界有数の穀倉地帯で、北部では**春小麦**、中部では**冬小麦**ととうもろこし、南部では**綿花**が主に栽培されている。グレートプレーンズは大部分が年降水量500mm以下の乾燥地域で、**肉牛**の放牧がさかんである。灌漑により、小麦やとうもろこしも栽培されている。

アメリカでは、農作物の生産・流通・販売・種子の開発など、農業に関するさまざまな事業を展開する**アグリビジネス**が発達している。なかでも、**穀物メジャー**と呼ばれる大企業は、巨大な穀物倉庫や輸送手段をもち、穀物の集荷・貯蔵・輸送・販売を一体的に手がけており、世界の穀物需給に大きな影響力をもつ。

POINT 2 NAFTAからUSMCAへ（アメリカとカナダ・メキシコ）

カナダは、北アメリカ大陸の北部に位置する広大な国で、森林資源と**石炭**、**石油**、**天然ガス**、**オイルサンド**、**ウラン**、**鉄鉱石**などの鉱産資源が豊富である。自動車、機械工業や鉄鋼業、アルミニウムの生産などが発達している。アメリカから続く大草原のプレーリーでは小麦の栽培が、沿岸部では漁業がさかんである。イギリス系に次いでフランス系の住民が多く、**英語**と**フランス語**が公用語とされている。

* **GAFA**…米国を代表するIT企業のグーグル（現在はアルファベット傘下）・アマゾン・フェイスブック（現在はメタ）・アップルの頭文字をつなげた造語。ビッグ・テックとも呼ばれ、その場合はマイクロソフトを含めることもある。

メキシコは、北アメリカ大陸の南部に位置する高原の国で、首都メキシコシティは標高約2,300mの高地にある。**銀**の産出量は世界一で、産油国でもある。1960年代後半から、アメリカとの国境沿いに**マキラドーラ**（保税輸出加工区）が設けられ、自動車、電気、電子機器などの工場が進出して、北米向けに製品を輸出している。

1994年に、アメリカ・カナダ・メキシコの3か国間で結ばれた**北米自由貿易協定（NAFTA）**が発効すると、域内での貿易が活発になり、3か国の経済的な結び付きが強まった。2018年に、NAFTAに代わる新たな貿易協定として**米国・メキシコ・カナダ協定（USMCA）**が結ばれ、2020年に発効した。USMCAは、NAFTAにくらべると、自由貿易を一部制限した内容になっている。

ここで差をつける！　アングロアメリカとラテンアメリカ

北アメリカ大陸のうち、アメリカ合衆国とカナダを**アングロアメリカ**といい、メキシコ以南の中央アメリカと南アメリカ大陸、カリブ海の西インド諸島を含む地域を**ラテンアメリカ**という。これらの地域は、いずれも新大陸の「発見」以降にヨーロッパ人が入植し、先住民族を征服して開拓した土地であるが、前者では**アングロサクソン系のイギリス人**、後者では**ラテン系民族のスペイン人やポルトガル人**が開拓の中心となったためにこのように呼ばれる。

POINT 3　ラテンアメリカの主な国々

メキシコ：⇒ **POINT 2**

パナマ：1914年に、太平洋とカリブ海を結ぶ**パナマ運河**が完成。運河地帯はアメリカ領とされていたが、1999年に返還された。運河の運営や、運輸業・金融業が主な産業で、**便宜置籍船*国**、**タックスヘイブン***としても知られる。

キューバ：1959年に**キューバ革命**が起こり、1961年から社会主義国家となる。アメリカと激しく対立したが、2015年に国交回復。主産業は、観光業、さとうきび・タバコの栽培、ニッケル・コバルトの鉱業など。

ベネズエラ：1914年に**大油田**が発見され産油国となる。**OPEC**（石油輸出国機構）の原加盟国で、経済は石油の輸出に依存。1999年に反米政権が誕生して以来、アメリカとの関係が悪化し、経済制裁を受けるなどして経済危機が続く。

ブラジル：ラテンアメリカ最大の工業国で、急成長をとげる**BRICS**の一国に数えられる。**鉄鉱石・ボーキサイト**が豊富。近年、**油田**の開発が進み石油の輸出国となる。コーヒーの生産量・輸出量はともに世界一であるが、農業はコーヒーのモノカルチャーを脱し、**大豆**、**さとうきび**、とうもろこし、綿花などを栽培。さとうきびは**バイオエタノール**の原料としても利用される。

アルゼンチン：広大なパンパでの農牧業がさかんで、東部の湿潤パンパでは**小麦**、**大豆**、とうもろこしの栽培が、西部の乾燥パンパでは、**エスタンシア**と呼ばれる大牧場で**牧羊**が行われている。肉牛の飼育もさかん。

チリ：鉱業がさかんで、**銅**の産出量は世界一。リチウム鉱、モリブデン鉱も豊富。

---

*　**便宜置籍船**…船主が，節税などの便宜を図るために船籍を外国に置いている船舶。
*　**タックスヘイブン**…外国企業に税制上の優遇措置を与えている国や地域。"tax haven" は「税の避難所」という意味。

1 ミシシッピ川は、アメリカ合衆国東部を南北に縦断してメキシコ湾に注ぐ河川で、流域にはグレートプレーンズと呼ばれる大草原が広がっている。

× ミシシッピ川の流域に広がる大草原は、**プレーリー**と呼ばれる。グレートプレーンズはその西側に位置する大平原である。

2 グレートプレーンズの大部分は、年降水量500mm以下の乾燥地域で、肉牛の放牧がさかんである。

〇 アメリカ合衆国では、年降水量500mmの等降水量線とほぼ一致する西経100度線の東側が農業地帯、西側が**牧畜地帯**となっている。グレートプレーンズの大部分が牧畜地帯に含まれる。

3 2022年現在、アメリカは世界最大の原油・天然ガスの産出国である。

〇 2000年代に始まった**シェールガス、シェールオイル**の開発により、アメリカは世界最大の原油、天然ガスの産出国になった（2022年）。

4 カナダには、イギリス系に次いでフランス系の住民が多く、英語のほかにフランス語も公用語とされている。

〇 現在のカナダに当たる北アメリカ大陸北部には、早くからフランス人が入植していたが、植民地をめぐる争いののちにイギリスに割譲された。そのような歴史的経緯から、現在のカナダでも、イギリス系に次いで**フランス系**の住民が多い。フランス系の住民が最も多いのは東部の**ケベック州**、次いでオンタリオ州である。

5　メキシコ北部のアメリカ合衆国との国境沿いには、マキラドーラと呼ばれる輸出加工区が設けられ、自動車・電気・電子機器などの工場で製造した製品を北米向けに輸出している。

○　**マキラドーラ**は、アメリカ合衆国との国境沿いの、ティファナ、メヒカリ、シウダーフアレス、マタモロスなどの都市に設けられている。

6　従来の北米自由貿易協定（NAFTA）に代わる新たな貿易協定として、2020年に、米国・メキシコ・カナダ協定（USMCA）が発効し、3国間の貿易自由化がさらに推進された。

×　**USMCA**は、**NAFTA**にくらべると、**自由貿易を一部制限した**内容になっている。

7　南アメリカ大陸の北部に位置するベネズエラは、OPEC の原加盟国である。

○　**ベネズエラ**は、1914年に大油田が発見され、世界有数の産油国となった。OPEC の原加盟国で、2023年8月現在、中東、アフリカを除く地域では唯一のOPEC加盟国である。

8　ブラジルは、コーヒー豆の生産量が世界第1位である。工業化は遅れており、コーヒー豆の輸出に頼るモノカルチャー経済の国となっている。

×　**ブラジル**は、ラテンアメリカ最大の工業国で、名目GDPは世界第11位（2022年）。経済発展が著しい**BRICS**の一国に数えられている。コーヒー豆の生産量・輸出量はともに世界第1位であるが、輸出額に占める割合は2％程度にすぎず、主な輸出品は**鉄鉱石、大豆、石油**などである。

9　チリは鉱業がさかんな国で、アルミニウムの原料となるボーキサイトの産出量は世界一である。

×　チリの鉱産資源で、産出量世界一を誇るのは**銅**である。ボーキサイトの産出量が最も多い国はオーストラリア。

STEP 3 過去問にチャレンジ！

問題1

国家専門職（2018年度）

北・中・南米諸国の商工業と資源に関する記述として最も妥当なものはどれか。

1　米国では、20世紀まで、豊富な石炭・鉄鉱石などの資源と水運を利用した工業が発達した南部が同国の工業の中心であったが、21世紀に入ると、北東部のスノーベルトとよばれる地域に工業の中心が移り、ハイテク産業や自動車産業などが進出した。

2　カナダは、鉱産資源や森林資源に恵まれ、ウランやニッケル鉱の産出が多く、パルプ・紙類などの生産が盛んである。また、豊かな水資源を利用した水力発電が盛んで、水力発電が国全体の発電量の半分以上を占めている。

3　メキシコは、輸出額のうち、石油が約5割を占め、機械類や自動車などの工業製品が約2割を占めている。同国の最大の貿易相手国は米国であるが、1980年代以降、輸出額に占める対米輸出額の割合は年々減少傾向にある。

4　ブラジルは、ロシア、カナダに次ぎ世界で3番目の面積を持つ国であり、輸出額のうち、肉類、砂糖、コーヒー豆を合わせた輸出額が約5割を占めている。一方、石油資源に乏しく、その大半を輸入に依存している。

5　チリは、鉄鉱石が輸出額の大半を占めている。同国の中部に位置するアタカマ砂漠には世界有数の埋蔵量を誇るカラジャス鉄山、イタビラ鉄山があり、鉄鉱石の産出高が世界一である。また、マラカイボ油田が同国の石油産出の中心地となっている。

→解答・解説は別冊P.086

問題2

裁判所職員（2017年度）

アメリカ合衆国の農牧業に関する次の記述中のA～Fの空欄に入る語句の組み合わせとして最も妥当なものはどれか。

　アメリカ合衆国の農牧業の特徴の一つは、適地適作である。年間降水量が500mm以下となる中央より　A　の地域では、主に放牧が行われており、中央平原、　B　などの平野部が作物栽培地帯となっている。気候的な適地に注目してみると、主に酪農が行われているのは　C　であり、綿花栽培は　D　で行われており、春小麦は　E　で、冬小麦は中部や　F　で栽培されている。また、太平洋岸では地中海式農業がみられ、かんきつ類の栽培も盛んである。

	A	B	C	D	E	F
1.	西側	プレーリー	北部	南部	北部	南部
2.	西側	パンパ	南部	北部	南部	北部
3.	西側	プレーリー	北部	南部	南部	北部
4.	東側	プレーリー	南部	北部	南部	北部
5.	東側	パンパ	北部	南部	北部	南部

➡解答・解説は別冊P.088

問題3　　　　　　　　　　　　　　　　　　　　　東京都Ⅰ類（2020年度）

ラテンアメリカに関する記述として、妥当なものはどれか。

1　大西洋側には、最高峰の標高が8000mを超えるアンデス山脈が南北に広がり、その南部には、世界最長で流域面積が世界第2位のアマゾン川が伸びている。

2　アンデス山脈のマヤ、メキシコのインカ、アステカなど先住民の文明が栄えていたが、16世紀にイギリス、フランスの人々が進出して植民地とした。

3　アルゼンチンの中部にはパンパと呼ばれる大草原が広がり、小麦の栽培や肉牛の飼育が行われており、アマゾン川流域にはセルバと呼ばれる熱帯林がみられる。

4　ブラジルやアルゼンチンでは、自作農による混合農業が発達しており、コーヒーや畜産物を生産する農場はアシエンダと呼ばれている。

5　チリにはカラジャス鉄山やチュキカマタ鉄山、ブラジルにはイタビラ銅山がみられるなど、鉱産資源に恵まれている。

➡解答・解説は別冊P.088

この章で学ぶこと

 地形・気候は、名称と特徴をセットで押さえよう

SECTION 9では、日本の地形と気候について学んでいきます。

地形の学習では、地形の名称・特徴をセットで押さえることが重要です。ここはCHAPTER 1で学習した内容とも関連しているので、リンクさせて押さえておくといいでしょう。日本史や世界史と同様、ポイントごとのキーワードをしっかり把握しておくことで問題が解きやすくなります。

 農業・工業・水産業は、それぞれの産業の特徴を押さえよう

SECTION10では、日本の農業・工業・水産業といった各種産業について学んでいきます。

この分野の学習では、時代とともに工業や農業が変化していった過程や、農林水産業における他国との貿易のあり方などに注目して進めるのがよいでしょう。ここでも、本書の太字のキーワードをしっかりと押さえていきましょう。

戦後の日本は工業化や貿易に力を入れ、今日では多くの国々と交易をするようになったという流れを念頭に置きながら、日本の産業を俯瞰していきましょう。

 日本地理もイメージが重要、旅行をするつもりで学習しよう

これまで学んできた分野と同様に、日本地理も自分なりのイメージを持つことが重要です。地形の名称が覚えにくければ、インターネットで実物の風景写真を見てみたり、日本各地をこれから旅行するつもりで本書を読んだりすることで、知識を印象深く身につけることができるはずです。

地理の学習では、日本や世界のいろいろな地域を実際に訪れたつもりになって学習すると、最後まで飽きずに継続することができます。

国家総合職（教養区分）

自然・気候がたまに出題されるくらいであり、重要度は低い。地形の名称など
をある程度確認し、概要を押さえておけばこと足りる。

国家一般・専門職

出題頻度は低く、重要度の低い分野といえる。他の分野を仕上げたうえで、日
本地理の概要を大まかにつかんでおこう。

裁判所職員

地形・気候に関する出題がややされやすい。まずはこれらの知識を確認して、
そのうえで各種産業もチェックしておこう。

特別区Ⅰ類

この分野からの出題は少なく、自然と農業がたまに問われる程度。丸ごと捨て
ないようにはしたいが、他の分野を優先して学習し、余った時間でこの分野を見
ておけばよい。

東京都Ⅰ類

この分野からの出題はほとんどなく、合否にはあまり影響しないといえる。他
の分野をひと通り学習したうえで、最後にチェックしておけばよいだろう。

地方上級

他の試験種に比べて、少しだけ出題頻度が高い。この分野のうち、地形と農業・
水産業を優先してチェックしておくのがおススメ。

市役所

他の試験種に比べて、出題頻度はやや高く、SECTION10の内容が全般的に問
われやすい。この部分を網羅的に学習し、各種産業の知識を蓄えておこう。

警察・消防

出題頻度は低いが、工業などが問われることがある。各種産業の知識を確認し
たうえで、地形・気候も見ておこう。

SECTION

9 日本（地形・気候）

STEP 1 要点を覚えよう！

POINT 1 日本にあるさまざまな地形（参199ページ）

地形の名称	地形の成因と代表例
河川流域の地形 扇状地（せんじょうち）	河川が山地から平野に流れ出た部分に生じる、谷口を頂点とする扇形の堆積地形。上流から扇頂・扇央・扇端に分けられ、扇央では河川水が伏流して**水無川**となることが多い。伏流した水が再び湧出する扇端の部分に集落や水田が発達する 例：山梨県の甲府盆地、岩手県の胆沢扇状地、栃木県の那須野ヶ原、富山県の黒部川扇状地など
三角州（さんかくす）	河川により運搬された土砂が河口付近に堆積してできた低平な砂地。**デルタ**ともいう 例：信濃川、江戸川、多摩川、淀川、筑後川、太田川などの河口付近。滋賀県の安曇川下流域は、扇状地であると同時に琵琶湖に面した三角州が形成されている扇状地状三角州の例
河岸段丘	河川の流路に沿って発達した**階段状**の地形。河川の侵食により河床が低下し、もとの河床が台地になっている 例：群馬県沼田市の片品川流域、新潟県津南町の信濃川流域など
海岸の地形 リアス海岸	起伏の大きい山地が、地盤の沈降や海面の上昇により**沈水**してできた、入り組んだ湾と半島が交互に連なる海岸 例：東北地方の三陸海岸、愛媛県の宇和島市付近、大分県の臼杵（うすき）湾、福井県の若狭湾など
海食崖（かいしょくがい）	海に面した山地や台地の前面に、波の侵食により形成された急崖 例：北海道の知床半島、千葉県の屏風ヶ浦、福井県の東尋坊、島根県の隠岐島前の摩天崖など
海岸段丘	海岸線に沿って陸側に分布する**階段状**の地形。平坦面はかつての海底が隆起や海面の低下により陸化したもので、切り立った崖の部分はかつての**海食崖**である 例：北海道の日高地方、東北地方の三陸海岸北部、高知県の室戸岬周辺など
砂嘴・砂州（さし・さす）	砂嘴は、砂礫が堆積して海岸から細長く突き出した地形。砂州は、砂嘴が延びて入り江や湾の対岸に達するか、ほぼ達しているもの **砂嘴の例**：北海道の野付半島、静岡県の三保松原など **砂州の例**：京都府の天橋立、鳥取県の弓ヶ浜など

地形の名称	地形の成因と代表例
海岸の地形	**トンボロと陸繋島** （りくけいとう）	海岸から延びて沖合の島とつながった砂州を**トンボロ**または**陸繋砂州**といい、トンボロにより海岸とつながった島を**陸繋島**という 陸繋島の例：北海道の函館山、福岡県の志賀島（しかのしま）など
	潟湖 （せきこ） （ラグーン）	湾口に発達した砂州により外海と隔てられてできた湖 例：北海道のサロマ湖・能取湖、茨城県の霞ヶ浦、静岡県の浜名湖、鳥取・島根県の中海など
その他の地形	**カルスト地形**	石灰岩地域にみられる地形。石灰岩の溶食によってできた凹地の**ドリーネ**、ドリーネがいくつもつながってできた**ウバーレ**、地下にできる**鍾乳洞**などがある 例：山口県の秋吉台、福岡県の平尾台など
	カルデラ	火山活動によって形成された広大な凹地。カルデラに水が溜まってできた湖は**カルデラ湖**という 例：熊本県の阿蘇カルデラ、鹿児島県の姶良（あいら）カルデラ

POINT 2　日本の気候

　日本列島は、ユーラシア大陸の東側に位置し、**季節風（モンスーン）**の影響を受けることから、**四季**の変化がはっきりしている。ケッペンの気候区分では、大部分が**温暖湿潤気候**に属するが、北海道は**亜寒帯湿潤気候**である。日本列島は南北に長いので、同じ時期でも地域による気温や降水量の差が大きく、なかでも南西諸島は、温帯の中でも**亜熱帯**と呼ばれる温暖な地域である。

　冬は、大陸に**シベリア高気圧**が、海上には**低気圧**が発達する**西高東低**の気圧配置となり、大陸から日本列島に向かって**北西**の季節風が吹く。この季節風は、最初は乾燥しているが、日本海上空で、暖流の対馬海流から発生する水蒸気を含んで湿った風になり、日本海側の地域に雪を降らせる。冬の日本海で海が荒れるのも季節風の影響である。北西季節風は、山を越えると再び乾燥した風になるので、太平洋側は晴天が多くなる。

　春になると、シベリア高気圧は弱まり、温帯低気圧と移動性高気圧が、**偏西風**に流されて**西**から**東**へ移動し、日本列島を交互に通過するので、天気が変わりやすい。低気圧が通過するごとに気温が上昇し、暖かくなっていく。**初夏**には、**オホーツク海高気圧**と**太平洋高気圧**の間に**梅雨前線**（ばいう）が生じ、日本列島付近をゆっくりと北上する。梅雨前線の影響を受ける地域は**梅雨**（つゆ）となる（北海道を除く）。

　夏は、**太平洋高気圧**が日本列島全体を覆い、**南東**の季節風が吹いて蒸し暑くなる。**初秋**になると、太平洋高気圧は弱まり、**秋雨前線（秋霖前線）**（あきさめ）（しゅうりん）と呼ばれる停滞前線がゆっくりと南下して、秋の**長雨**（ながあめ）をもたらす。この時期は、**台風**がたびたび日本列島に接近し、ときには上陸する。台風と秋雨前線の影響が重なると大雨になり、災害をもたらすことも多い。台風が通過した翌日や、**移動性高気圧**に覆われたときは、**秋晴れ**の好天に恵まれる。

1 扇状地は、河川により運搬された土砂が河口付近に堆積してできた低平な砂地である。

× 問題文は、扇状地ではなく、「三角州」の説明になっている。扇状地は、河川が山地から平野に流れ出た部分に生じる、谷口を頂点とする扇形の堆積地形である。

2 群馬県沼田市の片品川流域には、河川の流路に沿って発達した階段状の地形がみられる。このような地形を、自然堤防という。

× 河川の流路に沿って発達した階段状の地形を、河岸段丘という。河岸段丘は、河川の侵食により河床が低下して生じた地形で、もと河床だった部分が台地になっている。群馬県沼田市の片品川流域は、河岸段丘が発達した地域として知られる。自然堤防は、氾濫原を流れる河川の流路の両側に自然にできた堤防状の微高地。

3 海岸段丘とは、沿岸部の海底が、沖に向かって階段状に少しずつ深くなっている地形をいう。

× 海岸段丘とは、海岸線に沿って陸側に分布する階段状の地形である。平坦面はかつての海底が隆起や海面の低下により陸化したもので、切り立った崖の部分はかつての海食崖である。

4 カルスト地形とは、石灰岩地域にみられる地形の総称である。

○ カルスト地形には、石灰岩の溶食によってできた凹地のドリーネ、ドリーネがつながってできたウバーレ、地下にできる鍾乳洞などがある。

5 三陸海岸に代表されるリアス海岸は、かつ
て陸地だった部分が海になったことにより
生じた地形である。

〇 リアス海岸は、起伏の大
きい山地が、地盤の沈降や海
面の上昇により**沈水**してでき
た地形で、入り組んだ湾は、
かつて陸地だったときに山地
に刻まれた**V字谷**の部分であ
る。

6 砂州が発達して、海岸と沖合の島がつながっ
た地形をトンボロという。日本三景の一つ
として知られる天橋立（あまのはしだて）がその代表例である。

× 天橋立は、トンボロでは
なく、**砂州**の例である。砂州
は、砂礫（されき）が堆積して海岸から
細長く突き出した砂嘴（さし）が、入
り江や湾の対岸に達するか、
ほぼ達しているものをいう。
砂州が沖合の島とつながった
ものがトンボロ（陸繋砂州（りくけい））
で、その島を陸繋島という。
陸繋島の例には、北海道の函（はこ）
館山（だてやま）や福岡県の志賀島（しかのしま）などが
ある。

7 日本の上空には偏西風が吹いており、春や
秋には、高気圧や低気圧が偏西風に流され
て東から西へ移動するので、天気が変わり
やすい。

× 春や秋には、高気圧や低
気圧が偏西風に流されて**西**か
ら**東**へ移動するので、天気が
変わりやすい。この時期に偏
西風に乗って移動する高気圧
を移動性高気圧といい、この
高気圧に覆われたときは好天
となる。移動速度は時速40〜
50km程度で、おおむね3〜4
日の周期で天気が変わること
が多い。

STEP 3 過去問にチャレンジ！

日本の地形等に関する次の記述のうち、妥当なものはどれか。

1　本州の中央部には、3000m級の飛驒山脈、木曽山脈、越後山脈が連なっており、三つの山脈を総称して中央アルプスと呼んでいる。

2　本州の中央部には、中央構造線が南北にのびており、この西端は新潟県糸魚川市と静岡県熱海市をつないでいる。

3　三陸海岸など山地が海にせまったところでは、谷が海に沈み、入り組んだ海岸線をもつリアス海岸が見られる。

4　日本列島の近海の海底には、海岸線に沿うように深さ約200mの海溝があり、太平洋側の海溝の先には深さ約8000mを超える大陸棚が広がっている。

5　東日本の太平洋沖は、赤道付近から北上する暖流の親潮と千島列島から南下する寒流の黒潮がぶつかる潮目で、豊かな漁場になっている。

➡解答・解説は別冊P.089

日本の気候に関する次の記述の空欄に当てはまる語句の組み合わせとして、妥当なものはどれか。

　　　A　　の影響を受け、四季の変化がはっきりしている日本列島の周囲には、性質の異なる気団が発達しており、季節によって勢力範囲が変化する。夏には、高温・湿潤な小笠原気団におおわれて　　B　　の　　A　　が吹くが、夏に　　C　　の勢力が強いと、東北地方の太平洋側に冷たい北東風が吹き続け、北海道や東北地方で冷害を引き起こす。

	A	B	C
1.	モンスーン	南西	オホーツク海気団
2.	モンスーン	南東	オホーツク海気団
3.	モンスーン	南東	シベリア気団
4.	貿易風	南西	シベリア気団
5.	貿易風	南東	シベリア気団

➡解答・解説は別冊 P.090

問題3

国家一般職高卒（2019年度）

我が国の地形に関する記述として最も妥当なものはどれか。

1 河川が山地を深く刻み込むと、すり鉢状の窪地であるカールやU字谷などを形成する。海岸近くにある山地で形成されたカールは、海面の上昇によって水没するとリアス海岸となる。

2 河川により山地から押し出された土砂は、平地へ流れ出すところで洪積台地を形成する。洪積台地上では、河川は、勾配が急なため伏流して水無川になることが多い。

3 河川の中流域では、水はけが悪い扇状地が形成される。扇状地上には、氾濫原、後背湿地、砂嘴など河川が作る様々な地形が見られ、後背湿地は水田などに利用されている。

4 河口付近では、河川の流れが弱まり、そこに細かい砂や泥が堆積して、三角州（デルタ）が見られる場所がある。三角州は、低平なため洪水や高潮などによる浸水を受けやすい地形である。

5 近くに土砂が流れる河口がある海岸では、砂が堆積して自然堤防が出来て、この堤防によって仕切られた潟湖（ラグーン）や三日月湖といった汽水湖が形成されることが多い。

➡解答・解説は別冊 P.090

10 日本（工業・農業・水産業）

STEP 1 要点を覚えよう！

POINT 1 工業の立地による分類

原料指向型工業：製品重量よりも**原料重量**が大きく、製造コストに占める原料の**輸送費**の割合が大きい場合、工業は、**原料産地**に立地することが多い。

　例：セメント工業・窯業・製紙業など

市場指向型工業：原料重量よりも**製品重量**が大きい場合や、原料重量が大きくても、**どの場所でも入手しやすい原料**である場合は、工業は、**消費市場**に立地することが多い。また、市場の情報や流行などが重視される場合も同様である。

　例：ビール醸造・出版業・印刷業・服飾業など

労働力指向型工業：生産に多くの労働力を必要とする工業は、製造コストに占める**人件費**の割合が大きいので、安価な労働力を確保しやすい地域に立地しやすく、こうした業種では、賃金の安い発展途上国に生産拠点を置く企業も多い。

　例：繊維工業・家電その他の組立て型工業など

集積指向型工業：多様な**部品**を必要とする組立て型工業では、関連する多くの工場が一定の場所に集積することによるメリット（**集積の利益**）が大きい。

　例：自動車工業・機械工業など

交通指向型工業：交通の便利な地域に立地する工業。鉄鋼業や石油精製・石油化学工業は、原料の鉄鉱石や原油の**輸入港**に立地する。集積回路（IC）のように小さく軽量で付加価値が高い製品を製造する工業は、市場から遠くても交通の便がよい**空港**の近くや高速道路の**インターチェンジ**付近に立地することが多い。

POINT 2 日本の工業

　日本は、1950年代半ばから1970年代初頭にかけて**高度経済成長**をとげ、先進工業国の仲間入りを果たした。当時の工業は、鉄鋼・石油化学などの**素材型工業**と、電気機械・精密機械・自動車などの**機械工業**が主力で、資源のとぼしい国である日本は、原油などのエネルギー資源や工業原料を海外から輸入し、工業製品を生産・輸出することにより発展した。

　1970年代の石油危機（オイルショック）以降、素材型工業は打撃を受けて伸び悩んだが、自動車をはじめとする日本の工業製品は、価格・性能・品質にすぐれ、競争力が高まっていたことから輸出はさらに増加し、欧米諸国との**貿易摩擦**も生じた。その後、日本の多くの企業が生産拠点を海外に移すようになり、国内の工場数や従業員数が減少する**産業の空洞化**をもたらした。

1990年代以降は、ICT産業に代表される**先端技術産業**（ハイテク産業）が経済を牽引するようになり、高度な知識と技術力により付加価値の高い製品を生み出し、国際的な影響力を保持することが課題になっている。

アジアでは、**中国**、**韓国**などで工業化が進み、これらの国の多くの製品は、日本製品を上回る競争力をもつようになった。一方、経済成長をとげたこれらの国は、日本企業にとって重要な市場にもなっている。現在、日本の最大の貿易相手国は、輸出・輸入ともに中国で、主な輸出品は、集積回路や半導体製造用機器、自動車、鉄鋼など、主な輸入品は、スマートフォンやパソコン用のモニターなどである。

POINT 3 日本の農業

日本は山がちな地形で、平地が少ないことから**耕地面積**は小さいが、せまい耕地に肥料や農薬を投下して高収量をあげる**集約的**な農業が行われており、耕地面積当たりの**農業産出額**は高い。農業の中心は、稲作と野菜・果実の栽培、畜産である。1980年代以降、農産物の**貿易自由化**が進められ、主食の米を除く農産物の多くは、海外から輸入される農産物と競合するようになり、価格競争においては不利な状況に置かれている。その結果、**食料自給率**は、先進国の中で最も**低い**水準になっている。**農業人口**の**減少**と**高齢化**、**後継者不足**も深刻な問題で、農業就業者の中でも、農業を副業とする兼業農家が多い。農地を集約して経営規模を拡大し、効率化を図ることや、付加価値の高い農産物の生産に力を入れて競争力を高めることなどが課題になっている。

POINT 4 日本の水産業

日本は、かつては世界最大規模の漁獲量を誇る漁業国であったが、遠洋漁業や沖合漁業の漁獲量が激減し、近年は低迷している。現在は、水産物の多くを輸入に依存しており、特に**えび**、**まぐろ**、**さけ・ます**の輸入額が大きい。えびの主な輸入先は、ベトナム、インド、インドネシア、タイなどであるが、これらの国では、えびの養殖池を作るためにマングローブが伐採され、マングローブ林が減少しており、環境への影響が問題視されている。まぐろについては、資源の枯渇を防ぐために、世界の漁場で資源管理が行われ、国ごとに漁獲量が制限されている。

◆日本の農林水産物の主な輸入相手国と輸入額の多い品目

輸入相手国	第1位	第2位	第3位	第4位	第5位
アメリカ	とうもろこし	大豆	牛肉	小麦	豚肉
中国	冷凍野菜	鶏肉調整品	うなぎ（調整品）	生鮮野菜	いか
オーストラリア	牛肉	菜種	小麦	砂糖	木材チップ
カナダ	菜種	豚肉	小麦	製材	大豆
タイ	鶏肉調整品	天然ゴム	鶏肉	ペットフード	えび調整品

※調整品とは、加熱調理したものなどの半加工品をいう。

（2022年・農林水産省の資料による）

CHAPTER

3

地理

10

日本（工業・農業・水産業）

1 製造コストに占める原料の輸送費の割合が大きい場合、工業は、原料産地に立地することが多い。

○　製品重量よりも**原料重量**が大きく、製造コストに占める原料の**輸送費**の割合が大きい場合、工業は、輸送費が最小となる**原料産地**に立地することが多い。このような工業を、原料指向型工業という。セメント工業・窯業・製紙業などがその例である。

2 生産に多くの労働力を必要とする工業は、労働力を確保しやすい大都市周辺に立地しやすい。

×　生産に多くの労働力を必要とする工業は、製造コストに占める**人件費**の割合が大きいので、**安価**な労働力を確保しやすい地域に立地しやすく、賃金の安い**発展途上国**に生産拠点を置く企業も多い。このような工業を、労働力指向型工業という。繊維工業・家電その他の組立て型工業などがその例である。

3 日本は、1970年代半ばから1990年代初頭にかけて高度経済成長をとげ、先進工業国の仲間入りを果たした。

×　日本は、**1950年代**半ばから**1970年代**初頭にかけて高度経済成長をとげた。当時の工業は、鉄鋼・石油化学などの素材型工業と、電気機械・精密機械・自動車などの機械工業が主力であった。資源のとぼしい日本は、原油などのエネルギー資源や工業原料を海外から輸入し、工業製品を生産・輸出する加工貿易により発展した。

4 現在、日本の最大の貿易相手国は、輸出・輸入ともにアメリカ合衆国である。

× 日本の輸入相手国は、1位**中国**、2位アメリカ、輸出相手国も、1位**中国**、2位アメリカで、輸出・輸入ともに**中国**が最大の貿易相手国となっている。

5 日本は山がちな地形なので、耕地面積は小さいが、単位耕地面積当たりの農業産出額は高い。

○ 日本は山がちな地形で、平地が少ないことから国土に占める耕地面積の割合も、1人当たりの耕地面積も**小さい**が、せまい耕地に肥料や農薬を投下して高収量をあげる**集約的**な農業が行われており、耕地面積当たりの農業産出額は**高い**。

6 日本の食料自給率は、先進国の中で最も低い水準である。

○ 食料全体の自給率を示す総合食料自給率には、カロリーベースと生産額ベースの2種類がある。日本のカロリーベースの食料自給率は**38%**、生産額ベースの食料自給率は**63%**である（2021年度）。生産額ベースの数値が高い理由は、一般に、国産の食料品が輸入品よりも高価だからである。

7 日本は、かつては世界最大規模の漁獲量を誇る漁業国であったが、近年は低迷している。

○ 日本は、かつては世界最大規模の漁獲量を誇る漁業国であったが、遠洋漁業や沖合漁業の漁獲量が激減したことにより近年は低迷し、水産物の多くを輸入に依存している。

STEP 3 過去問にチャレンジ！

問題1

国家一般職高卒（2019年度）

次のA、B、Cは、魚介類に関する記述であり、また、図は、それらの魚介類の平成29年における我が国の主な輸入相手国・地域が占める割合（金額ベース）を示したものである。A、B、Cに当てはまる魚介類の組み合わせとして最も妥当なものはどれか。

（出典）「農林水産物輸出入概況2017年（平成29年）」（農林水産省）より引用・加工

A　当該魚介類の養殖池を造成するために、マングローブが伐採されており、マングローブが減少する原因の一つとなっている。

B　広い範囲を回遊する当該魚介類は、複数の国際機関により資源管理が行われている。また、2000年以降、我が国において、完全養殖技術が開発された種がある。

C　河川などの淡水で生まれ、海へ下り、広く回遊しながら成長した後、成熟して産卵期になると生まれた川へ戻ってくる種がある。

	A	B	C
1.	たら	ひらめ・かれい	さけ・ます
2.	たら	ひらめ・かれい	たこ
3.	たら	まぐろ類	さけ・ます
4.	えび	ひらめ・かれい	たこ
5.	えび	まぐろ類	さけ・ます

➡解答・解説は別冊P.091

問題2

工業の立地に関する記述として、最も妥当なものはどれか。

1 自動車工業や各種機械工業のような加工組立型工業では、企業間の分業が発達しやすく、費用軽減のために関連する多数の工場が一定の場所に集積する傾向がある。

2 ビール工業や清涼飲料水工業は、水や空気が綺麗な土地で発達しやすいため、市場となる大都市圏よりも農村地域や発展途上国を指向した立地をみせる。

3 日本では、集積回路の生産は1960年代末から九州や東北で始まったが、1980年代以降は北海道に生産の中心が移っていった。

4 ウェーバーの工業立地論によると、製品重量が原料重量より大きい場合には工場は原料産地に立地し、反対に原料重量が製品重量より大きい場合には市場に立地する。

5 近年の国際的な交通網の構築と交通機関の発達は、輸送費の高騰をもたらし、労働費の安価な海外への工場移転に歯止めをかけている。

➡解答・解説は別冊P.092

この章で学ぶこと

◯ 世界情勢は、日頃からニュースをチェック

　SECTION11では、世界の諸地域における宗教・言語・民族の分布や、それらにともなう紛争について学習します。

　この分野で学ぶ事項のうち、特に紛争については、日頃からニュースなどで情報を摂取するようにしておくのが望ましいところです。世界情勢へのアンテナを張ることで、この分野への理解の解像度がぐんと上がるからです。時事問題は今後ますます重視される傾向にあるので、意識してニュースをチェックするようにしましょう。

◯ 人口・都市等は、用語の意味を正確に

　SECTION12では、都市や地図に関する専門用語や人口について学習します。

　この分野は、専門用語を確実に押さえることと、人口転換・人口ピラミッドについてしっかり理解しておくことが大事です。少し地味な分野ですが、記憶の作業を着実に行っていきましょう。

◯ 世界の諸地域の知識は、一般常識としても重要

　世界の宗教と民族に関する知識については、社会人が持つべき一般常識としてしっかり押さえておくことをおススメします。公務員は社会のさまざまな人たちと関わる職業であり、外国出身の人と接する機会も少なくありません。今後、そうした機会は加速度的に増えていくと思われます。

　ここで学ぶ事項は、外国出身の人々を正しく理解するうえで役立つ知識となります。皆さんが今後公務員になるにあたっても、かならず身につけておきたい必要不可欠の知識といえるでしょう。

国家総合職（教養区分）

この分野からの出題は低調だが、民族間紛争に関する知識が今後はかなり問われる可能性が高い。SECTION11を優先的に確認しておこう。時事問題対策も兼ねて、国際情勢のニュースも日頃からチェックを。

国家一般・専門職

民族間紛争や都市・地図に関する事項がやや出題されやすい。これらの分野を優先してしっかりと押さえておこう。

裁判所職員

この分野からの出題は多くないが、今後は時事問題として民族間紛争が問われる可能性はある。SECTION11を一読しておくのが望ましい。

特別区Ⅰ類

他の試験種と比べて、この分野からの出題が若干多い。SECTION11・12を網羅的に学習し、穴をつくらないようにしておこう。

東京都Ⅰ類

この分野からの出題は少なく、合否にあまり影響しない分野といえる。もっとも、都市や交通に関する事項が問われることもあるので、これらはざっとでも確認しておきたい。また、SECTION11もざっと通読するとよい。

地方上級

近年はこの分野からの出題はほぼないので、合否への影響は小さい。余裕があればSECTION11を中心に概要を押さえておくのが望ましい。

市役所

都市や交通に関する事項がやや出題されやすいが、内容はごく基本的。この分野に関する専門用語を押さえておこう。

警察・消防

地図に関する知識が問われることがあるので、SECTION12をざっと確認しておくと安全。余裕があればSECTION11もチェックしておこう。

11 宗教・言語・民族問題

STEP 1 要点を覚えよう！

POINT 1 民族とは何か

民族とは、**言語・宗教・歴史・文化・生活様式**などを共有し、同族意識をもつ人々の集団をいう。民族を基盤として形成された国家を、**民族国家**という。しかし、実際には、一つの国の住民すべてが同じ民族であることはほとんどなく、ほぼすべての国が、複数の民族が混在する**多民族国家**だといえる。

ある国において相対的に人口の少ない民族を、**少数民族**という。少数民族は、多数派の民族から偏見や差別を受けたり、不平等な待遇を受けたりすることがある。反対に、数のうえでは少数派である民族が、政治や経済、社会的地位の面では優位に立っている国もある。また、同じ民族が住むひとまとまりの土地がいくつかの国に分断されていることもある。そのような場所では、しばしば国家間で領有権をめぐる争いが生じている。

ここで差をつける！ ▶ ナショナリズムと多文化主義

他の民族や国家による支配を受けることなく、民族（または国家）が自立・独立することを求める思想や運動を、**ナショナリズム**という。ナショナリズムは、かつて西欧諸国による植民地支配を受けていたアジアやアフリカの国々が独立をめざす原動力になった。しかし、ナショナリズムには、他民族や他国に対する敵意や、自国内の少数民族に対する排外主義につながりやすい危険な面もある。**多文化主義**とは、一つの国家や社会の中に多くの民族の文化が混在することを積極的に評価し、それぞれの文化の独自性を尊重する考え方である。1970年代から多文化主義を掲げたカナダ、オーストラリアをはじめ、多くの国が多文化主義の発想を政策に取り入れている。

POINT 2 世界の主な言語

中国語：中国（台湾を含む）と、世界各国に住む中国系の人々の間で使われている、**世界で最も使用人口の多い言語**。話し言葉としては地域による違いが大きく、中国では普通話（ふつうわ）を標準語とする。

英語：イギリス・北アメリカ・オーストラリア・ニュージーランドをはじめ、旧イギリス領であった国、イギリス連邦の国で国語や**公用語**＊とされているほか、世界の多くの国で通用する**国際語**である。

＊ **公用語**…ある国や国際機関において、公的な場で使用することが認められている言語。公用語が複数ある国もある。国連では、英語・フランス語・中国語・ロシア語・スペイン語・アラビア語の6か国語を公用語としている。

ドイツ語：ドイツ・オーストリア・スイス・フランスやイタリアの一部などで用いられる。日本では医学用語としてよく使われている。

フランス語：フランス・カナダの**ケベック州**・**アフリカ**の旧フランス領などで使用されている。

スペイン語：スペインのほか、ブラジルを除く大部分のラテンアメリカ諸国で使用されている。

アラビア語：西アジア・北アフリカのアラブ諸国で使用される、アラブ人の言語。

POINT 3 　世界の主な宗教

●**世界の三大宗教**

キリスト教：ユダヤ教を母体としてパレスチナで興り、4世紀にローマ帝国の国教となり、近世以降、ヨーロッパ人の布教活動により世界各地に広まる。**イエス**を救世主とする。**カトリック**、**正教会**、**プロテスタント諸派**に大きく分かれる。

イスラム教：7世紀にアラビア半島で**ムハンマド**により成立。唯一神アッラーを信じる。西アジアと北アフリカ、中央アジアのアラブ・イラン・トルコ系の国々や、インドネシア・マレーシアなどで信仰される。**スンナ派**と**シーア派**に分かれる。少数派のシーア派はイランに多く、イラク・シリア・レバノンにも居住。

仏教：紀元前5世紀頃、インドで**ゴータマ・ブッダ**（釈迦）により成立。大乗仏教と上座部仏教に大きく分かれ、前者は中国・朝鮮半島・日本などに、後者はスリランカ・ミャンマー・タイなどに伝わる。大乗哲学と密教を主体とするチベット仏教は、チベット・ネパール・モンゴルなどで信仰される。

●**その他の主な宗教**

ユダヤ教：唯一神ヤハウェを信仰する、ユダヤ人の民族宗教。1948年、西アジアにユダヤ人の国家**イスラエル**が成立し、アラブ諸国と対立。

ヒンドゥー教：インドで最大の信徒をもつ民族宗教。**カースト制**との関係が深い。

POINT 4 　世界の主な民族間対立・紛争

カシミール紛争：**インド**・**パキスタン**の北部に位置する**カシミール地方**の帰属をめぐる両国間の争い。住民の大半はイスラム教徒だが、イギリスからの独立時にヒンドゥー教徒の藩王がインドへの帰属を決めたことに端を発する。

パレスチナ問題：パレスチナの帰属をめぐる**イスラエル**（ユダヤ教徒）と**アラブ諸国**（イスラム教徒）の対立から4度の**中東戦争**が起こり、現在も対立が続く。

キプロス紛争：1960年にイギリスから独立したキプロス共和国で、**トルコ系住民**と**ギリシア系住民**が対立し、内戦に発展。トルコ軍が北部に進駐し、南北に分断される。1983年に、北部が北キプロス・トルコ共和国として独立を宣言するが、トルコ以外の国からは未承認。

シリア内戦：民主化を求める運動が始まり、政権を握るバース党のアサド政権と反政府勢力が対立、イスラーム過激派組織ISIL（イスラム国）やクルド人勢力も参戦して内戦が泥沼化した。多くの難民が発生している。

CHAPTER

3

地理

11

宗教・言語・民族問題

1 民族や国家が、他の民族や国家に支配されることなく自立し、独立することを求める思想や運動を、多文化主義という。

× 問題文中の「多文化主義」は**ナショナリズム**の誤り。多文化主義とは、一つの国家や社会の中に多くの民族の文化が混在することを積極的に評価し、それぞれの文化の独自性を尊重する考え方である。

2 公用語とは、その国で最も多くの人が使用している言語をいう。

× 公用語とは、国や国際機関において、**公的**な場で使用することが認められている言語をいう。公用語が複数存在する国もあり、たとえば、スイスではドイツ語・フランス語・イタリア語・ロマンシュ語の4つの言語が公用語とされている。

3 中央アジアから西アジア、北アフリカにかけての地域には、イスラム教徒が多く、言語は英語を話す人が多い。

× 中央アジアから西アジア、北アフリカにかけての地域には、**トルコ語**、**ペルシア語**、**アラビア語**を話す人が多い。一般に、イスラム教徒でアラビア語を話す人々をアラブ人という。イスラム教徒が多い国の中でも、トルコはトルコ語、イランはペルシア語を話す人が多い非アラブの国である。

4 世界で最も使用人口の多い言語は、英語である。

× 世界で最も使用人口の多い言語は、**中国語**である。

5 インドで最大の信徒をもつ宗教は、仏教である。

× インドでは、**ヒンドゥー教徒**が国民の約8割を占めており、ヒンドゥー教と関わりの深いカースト制と呼ばれる身分制度の影響が現在も残っている。現在のインドの憲法では、カーストによる差別は禁止され、**職業選択**の自由も認められているが、カースト制の影響は今も残っている。

6 少数民族とは、世界における人口が10万人に満たない民族をいう。

× 少数民族とは、ある国において**相対的に人口の少ない**民族をいう。スペインにおけるバスク人、トルコ・イラク・イラン・シリアにおけるクルド人、ヨーロッパにおけるロマなどがその例である。中国の人口の約9割は漢民族であるが、そのほかに55の少数民族が暮らしており、少数民族の人口が多い地域には、自治区や自治県が置かれている。

7 カシミール紛争は、インドとネパールの国境地帯に位置するカシミール地方の帰属をめぐる両国間の争いである。

× カシミール紛争は、インド北部と**パキスタン**の国境地帯に位置するカシミール地方の帰属をめぐる両国間の争いである。

8 パレスチナ問題とは、パレスチナの帰属をめぐるイスラエルとアラブ諸国の対立をさす。

○ パレスチナの帰属をめぐる**イスラエル**（ユダヤ教徒）と**アラブ諸国**（イスラム教徒）の対立から4度の中東戦争が起こり、現在も対立が続いている。

過去問にチャレンジ！

問題1

国家一般職（2017年度）

世界の諸地域に関する記述A～Dのうち、妥当なもののみをあげているものはどれか。

A 東南アジアは、アジアとヨーロッパの交易路に位置していたため、宗教や言語、芸術など様々な文化が流入してきた。交易の拡大とともにアラブ商人がもたらしたイスラームは、ミャンマーやマレーシアなどの国で広く信仰されている。また、欧米諸国から受けたキリスト教の影響も大きく、フィリピンではプロテスタントが普及している。

B ヨーロッパでは、言語は主に、イタリア語やフランス語など南ヨーロッパを中心に用いられるラテン語派、英語やドイツ語など北西から西ヨーロッパにかけての地域で用いられるゲルマン語派、チェコ語やポーランド語など東ヨーロッパで用いられるスラブ語派に分けられる。また、古代ギリシャとローマの文化を受け継ぎ、キリスト教と深く結び付いた文化が発展した。

C ラテンアメリカでは、16世紀にスペインとポルトガルを中心とするヨーロッパの人々が進出し、現在でも多くの国でスペイン語やポルトガル語が公用語とされている。また、労働力としてアフリカ系の人々が連れて来られたことで、先住民、ヨーロッパ系、アフリカ系の文化や伝統が融合して独特の文化となった。例えば、ブラジルのカーニバルやアルゼンチンのタンゴがあげられる。

D サハラ以南のアフリカは、19世紀末までに南アフリカ共和国を除くほぼ全域がヨーロッパ諸国の植民地となった。1960年代をピークに多くの国が独立したが、現在でも旧宗主国との経済・文化面のつながりを持っている国は多い。例えば、フランスの旧植民地であるガーナでは、主食にフランスパンが好まれ、公用語であるフランス語を話す人が多い。

1．A、B
2．A、C
3．A、D
4．B、C
5．B、D

➡解答・解説は別冊P.093

現代の民族問題に関する記述として最も妥当なものはどれか。

1 カナダでは、フランス系住民とイギリス系住民が共存しており、フランス語と英語が公用語となっている。イギリス系住民が多くを占めるケベック州では、分離・独立を求める運動が度々起きており、1980年と1995年に実施された州民投票では独立派が勝利している。

2 シンガポールでは、多くを占めるマレー系住民のマレー語のほか、中国語や英語も公用語となっている。大きな経済力を持っている中国系住民とマレー系住民との間の経済格差を是正するため、雇用や教育の面でマレー系住民を優遇するブミプトラ政策が実施されている。

3 南アフリカ共和国では、少数派のフツ族と多数派のツチ族は言語や文化をほとんど共有していたものの、両者の間で生じた主導権争いにより、反政府側と政府軍の内戦が勃発した。その結果、ツチ族によるフツ族の大量虐殺やツチ族の大量難民化などの人道問題が生じた。

4 旧ユーゴスラビアのコソボでは、セルビア人とアルバニア人が衝突し、多くの犠牲者を出した。国際連合やEUによる調停や、NATO（北大西洋条約機構）による軍事力の行使の結果、停戦の合意が結ばれた。

5 トルコ、イラク、イランなどにまたがる山岳地帯では、独自の文化と言語を持つバスク人が暮らしている。バスク人は、居住地域が国境で分断されており、いずれの国においてもマイノリティであるが、激しい独立運動の結果、その独自性が尊重されるようになった。

➡解答・解説は別冊P.094

12 人口・都市・交通・地図

STEP 1 要点を覚えよう！

POINT 1 都市に関する用語

都市：人口が密集し、その地方の政治・経済・文化の中心になっている地域。**第2次産業・第3次産業**に従事する人の割合が高い。

都市圏：中心になる都市と、その周囲の、都市の影響や勢力が及ぶ範囲を含む領域。**通勤・通学圏、商圏、サービス圏**などが結び付いて形成される。

首位都市（プライメートシティ）：国の政治・経済・文化などの機能が集中し、その国で人口第1位となっている都市。特に、国内の他の都市の規模を大きく上回っている都市をさすことが多い。

メトロポリス：広大な都市圏を形成し、周囲の中小都市や地域に大きな影響力をもつ大都市。東京・ロンドン・ニューヨークなどがその例。

メガロポリス：**帯状**に連なる複数の大都市が、鉄道や高速道路などの交通網で結ばれ、機能的に一体となって形成する巨大都市圏。アメリカ合衆国北東部の大西洋沿岸に位置する、ボストンからニューヨーク、フィラデルフィア、ボルティモア、ワシントンD.C.に至る地域をそう呼んだことに始まる。

コナーベーション：隣接する都市の市街地が連続して、一つの都市域を形成している都市群。**連接都市**。京浜工業地帯（東京都・川崎市・横浜市）がその例。

中心業務地区（CBD）：市街地の中でも、官庁や企業の本社、商業施設などが集中する地区。**都心**。CBDはCentral Business Districtの略。

衛星都市：中心都市の周辺に位置し、中心都市の機能の一部を分担する都市。

郊外：都市の周辺地域。都市に通勤・通学する人たちが住む住宅地（ベッドタウン）となることが多い。一般に、都心を離れるほど**地価**が安くなる。

ドーナツ化現象：都市の発展に伴い、都心部の人口が減少し、周辺部の人口が増加する現象。都心部の地価の高騰や、生活環境の悪化などが原因。

インナーシティ問題：大都市の都心部で生じる、治安や衛生環境の悪化、コミュニティの崩壊などの問題をいう。

スプロール現象：市街地が無秩序に拡大し、郊外に住宅・工場・農地などが混在する状態をいう。

ジェントリフィケーション：都心に近い地区が**再開発**され、新しい商業施設や高層住宅などが建てられて、主として**富裕層**が移り住むことをいう。地区全体の経済的価値が高まり、地価や家賃相場が高騰して、もともとその地域に住んでいた人が住み続けられなくなることもある。

POINT 2 世界の人口と人口転換理論

　世界の人口は、2022年11月に**80億人**に到達した。今後も増加し、数十年後には100億人を超えると予測されている。人口増加率には地域差があり、**発展途上国**では高く、先進国では総じて低い。日本はすでに**人口減少**の局面を迎えている。

　人口の増加（または減少）をもたらす要因には、出生数と死亡数の差によって生じる**自然増加（自然減少）**と、人口の移動によって生じる**社会増加（社会減少）**がある。このうち、自然増加のみに注目すると、出生数が死亡数を上回ると人口は増加し、出生数が死亡数を下回ると人口は減少する。**合計特殊出生率***がおおむね**2.1**より小さくなると、人口は減少するといわれている。

　国が経済発展し、栄養状態や衛生状態が改善されると、まず**死亡率**が下がり、やがて**出生率**も下がる。その結果、人口形態は、出生率・死亡率ともに高い**多産多死型**から、**多産少死**の時代を経て、**少産少死**に至る。この過程を**人口転換**という。**人口ピラミッド***は、出生率と死亡率が高く、多産多死の場合は富士山型に、出生率と死亡率が低く、両者がおおむね釣り合っている場合は釣鐘型になり、出生率と死亡率が低く、しかも出生率が死亡率よりも低い場合は**つぼ型**になる。後者は、現在の日本のような、**少子高齢化**が進んだ社会である。

POINT 3 世界地図のさまざまな図法（地図投影法）

メルカトル図法：経線と緯線がそれぞれ平行の直線で表され、経線と緯線は直交する。緯線の間隔は、経線の間隔の拡大率と等しく、高緯度になるほど間隔が広くなる。地図上の**角度**を正確に表すことができる**正角図法**の一つで、図中の任意の2点を結ぶ直線が**等角航路**を示すことから、**海図**に用いられる。

等角航路：常に経線と一定の角度を保ちながら進む航路。赤道上と経線方向以外では最短経路にならないが、羅針盤に頼る航海には便利である。

正距方位図法：図の**中心点**と任意の地点の**距離**と**方位**が正確に表される図法で、中心点と任意の地点を結ぶ直線が**大圏航路**を示す。**航空図**に用いられる。

大圏航路：地球上の2地点を通る**大円**（球面を球の中心を通る平面で切ったときに切り口に現れる円）で表される航路。地表における2点間の最短経路である。

正積図法：地図上の**面積**の比率を正確に表す。低緯度でのひずみが小さい**サンソン図法**、高緯度でのひずみが小さい**モルワイデ図法**、両者を組み合わせて海洋部分を断裂した**ホモロサイン図法（グード図法）**などがある。

正積方位図法：面積の比率と中心点からの方位を正確に表す。ランベルト正積方位図法ともいう。

　地図は、曲面である地球の表面を平面上に表すものだから、何もかもを正確に表すことはできないよね。そのため、用途に応じてさまざまな図法の地図を使い分けるんだ。

---

*　**合計特殊出生率**…一人の女性が平均して一生の間に何人の子どもを産むかを表す指標。
*　**人口ピラミッド**…年齢階層別の人口を表すグラフを、低年齢層から高年齢層へと積み上げてつくられる図。

1 メトロポリスとは、帯状に連なる複数の大都市が鉄道や高速道路などの交通網で結ばれ、機能的に一体となって形成される巨大都市圏をいう。

✕　問題文は、メトロポリスではなく、**メガロポリス**の説明になっている。メトロポリスとは、広大な都市圏を形成し、周囲の中小都市や地域に大きな影響力をもつ大都市をいう。東京・ロンドン・ニューヨークなどがその例である。

2 コナーベーションとは、都心に近い地区が再開発され、新しい商業施設や高層住宅などが建てられて、富裕層が移り住むことをいう。

✕　問題文は、コナーベーションではなく、**ジェントリフィケーション**の説明になっている。コナーベーションとは、隣接する都市の市街地が連続して境界が不明確になり、一つの都市域を形成している都市群をいう。連接都市ともいう。

3 スプロール現象とは、市街地が無秩序に拡大し、郊外に住宅・工場・農地などが混在する状態をいう。

◯　問題文は、**スプロール現象**の説明として正しい。急速に都市化が進んだ地域では、土地利用が無秩序・無計画に進行し、道路や交通機関、公共施設などの生活環境の整備が遅れることがある。そのような地域では、交通渋滞や騒音などの問題も起こりやすい。日本の都市計画法では、市街化区域と市街化調整区域（市街化を抑制する区域）を分けることにより、無秩序な開発を防いでいる。

4 人口の増加には、出生数と死亡数の差によって生じる自然増加と、人口の移動によって生じる社会増加がある。

◯ ある地域や国の人口増加数は、**自然増加**と**社会増加**の合計により示される。

5 国が経済発展をとげるにつれて、人口形態は、多産多死型から少産多死の時代を経て、最終的には少産少死に至る。

✕ 国が経済発展し、栄養状態や衛生状態が改善されると、まず死亡率が下がり、続いて出生率も下がる。その結果、人口形態は、出生率・死亡率ともに高い**多産多死型**から、**多産少死**の時代を経て、**少産少死**に至る。この過程を人口転換という。

6 少子高齢化が進んだ日本では、人口ピラミッドは釣鐘型になっている。

✕ 少子高齢化が著しい日本では、人口ピラミッドは、高齢者を除くと年齢が若い層ほど人口が少なくなる**つぼ型**になっている。

7 正距方位図法による世界地図では、図中の任意の2点を結ぶ直線が大圏航路を示す。

✕ 正距方位図法による世界地図では、図の**中心点**と**任意の地点**を結ぶ直線が大圏航路を示す。大圏航路は、地表における2点間の最短経路である。

8 メルカトル図法は、地図上の面積の比率が正確に表される正積図法の一種である。

✕ メルカトル図法は、正積図法ではなく、地図上の角度を正確に表すことができる**正角図法**の一つである。面積は、高緯度になるほど実際の比率よりも大きく表され、緯度60度では長さが2倍、面積が4倍になる。

過去問にチャレンジ！

問題 1

消防官Ⅰ類（2021年度）

地図の図法に関する次の記述で、A〜Dに当てはまる語句の組み合わせとして、最も妥当なものはどれか。

　メルカトル図法による世界地図は、経線と緯線が直交しているため、経線と任意の直線がつくる角度が正確に表されることから、　A　に利用されるが、　B　になるほど距離や面積が拡大する。また、正距方位図法は、　C　の距離と方位を正しく読み取ることができるため、　D　に利用される。

	A	B	C	D
1.	航海図	低緯度	図中の任意の2地点	航空図
2.	航空図	低緯度	図の中心点と任意の地点	航海図
3.	航海図	高緯度	図中の任意の2地点	航空図
4.	航海図	高緯度	図の中心点と任意の地点	航空図
5.	航空図	高緯度	図の中心点と任意の地点	航海図

➡解答・解説は別冊P.095

問題 2

特別区Ⅰ類（2018年度）

都市に関する記述として、妥当なものはどれか。

1 メガロポリスとは、広大な都市圏を形成し、周辺の都市や地域に大きな影響力をもつ大都市をいい、メトロポリスとは、多くの大都市が鉄道、道路や情報などによって密接に結ばれ、帯状に連なっている都市群地域をいう。

2 コンパクトシティとは、国や地域の中で、政治や経済、文化、情報などの機能が極端に集中し、人口規模でも第2位の都市を大きく上回っている都市のことをいう。

3 プライメートシティとは、都市の郊外化を抑え、都心部への業務機能の高集積化や職住近接により移動距離を短縮し、環境負荷を減らして生活の利便性の向上をめざした都市構造のあり方のことをいう。

4 日本では、1950年代半ば頃からの高度経済成長期に都市人口が急激に増大し、郊外では住宅地が無秩序に広がるドーナツ化現象が起こり、都心部では地価高騰や環境悪化によって定住人口が減るスプロール現象がみられた。

5 早くから都市化が進んだ欧米の大都市の中では、旧市街地から高所得者層や若者が郊外に流出し、高齢者や低所得者層が取り残され、コミュニティの崩壊や治安の悪化などが社会問題となっているインナーシティ問題が発生している。

➡解答・解説は別冊P.095

問題 3

特別区Ⅰ類（2022年度）

世界の交通に関する記述として、妥当なものはどれか。

1 交通機関の発達により、地球上の時間距離が拡大し、人やものの移動が活発になった。

2 船舶は、古くから重要な交通手段であり、速度は遅いが、重いものを大量に輸送でき、現在では大型化や専用船化が進んでいる。

3 鉄道は、大量の旅客、貨物を運ぶことに適しており、フランスのICEやドイツのTGVなど、都市間を結ぶ高速鉄道が整備されている。

4 自動車は、1台当たりの輸送量は限られるが、ルートを選択できるなど自由度が高く、モーダルシフトにより鉄道輸送からの転換が進んでいる。

5 航空機は、最も高速な移動手段であり、安価で比較的重い物品の大量輸送に適している。

➡解答・解説は別冊P.096

人口や居住に関する記述として最も妥当なものはどれか。

1　人間が日常的に居住している地域をアネクメーネ、それ以外の地域をエクメーネという。近年では、地球温暖化を原因とした海面上昇による低地の浸水、政治や宗教をめぐる紛争や対立などの影響により人間の居住に適さない地域が増加しており、アネクメーネは年々減少傾向にある。

2　産業革命以降、まずは先進国で、その後は発展途上国において人口転換（人口革命）が進行した。特に、日本では、第二次世界大戦前までには、医療・衛生・栄養面の改善と出生率の低下などの理由から少産少死の状態となり、人口ピラミッドはつぼ型となった。

3　人口の増加の種類には、大きく分けて自然増加と社会増加の二つがある。自然増加とは、流入人口が流出人口を上回る場合に発生し、主に人が集中する都市部等でよくみられる。一方で、社会増加とは、出生数が死亡数を上回る場合に発生し、多くは発展途上国でみられる。

4　近年、合計特殊出生率が人口維持の目安となる1.6を下回る国が増加してきており、英国やドイツなどは、2015年現在、合計特殊出生率が日本の水準を下回っている。また、韓国や中国は、今後日本以上の速さで少子高齢化が進行すると予想されている。

5　首位都市（プライメートシティ）では、国の政治・経済・文化などの機能が集中し、その国で人口が第1位となっている。首位都市の一つであるジャカルタでは、自動車の排気ガス等による大気汚染や、スラムの形成などの都市問題が深刻化している。

→解答・解説は別冊 P.096

CHAPTER

思想

この章で学ぶこと

○ 世界や人の本質を説く思想

　思想にはさまざまな種類があり、内容を分類しながら学ぶことが重要です。ここでは、3つの代表的な思想のあり方を挙げておきましょう。

　たとえば、ヘーゲルの弁証法。これは、「ある物（テーゼ）と別の物（アンチテーゼ）が対立し否定し合った末、両者のよい部分だけが統一（止揚）され、よりよい物（ジンテーゼ）をつくり出す」という、対立こそが社会発展の原動力とする考え方です。社会のルールも、道徳（主観のみで客観性なし）と法（客観的だが主観軽視）がアウフヘーベンされて人倫（社会的道徳）を生み、その人倫を具体化させる社会形態も、「家族（愛はあるが不自由）→市民社会（自由だが欲望の体系）→国家（愛と自由を実現できる共同体）」と発展を遂げているというのです。

○ 世界の理想を説く思想

　孟子は、「君子が仁義の徳で人心を掌握することが天下統治への道」と王道政治の必要を説きました。人心の掌握こそが統治の肝であり、やり方を間違った覇道では民の心は離れ、易姓革命（天命が革まり、国王の姓が易わる）につながると警告したのです。王が徳で治めれば、人民も徳で返し、絶対的な信頼が生まれます。人間には生まれながらに、人の不幸を見過ごせない惻隠の心、悪を憎む羞悪の心、他者に譲る辞譲の心、善悪判断できる是非の心があり（四端の心）、これらの4つの心を育成すれば、仁（同情心）・義（正義感）・礼（社会的節度）・智（道徳的分別）の四徳になります。このうちの仁と義は、人間愛を内と外から捉えた不可分の徳なので、君子が仁義の徳に基づく政治を行えば、王と民が互いを信頼した王道政治が実現するというのです。

○ 人々を救済する思想

　親鸞は、「念仏ですら阿弥陀仏の慈悲の力で称えさせられている」と説きました。これこそが絶対他力であり、阿弥陀仏のおのずからの働き（自然法爾）であるとしたのです。末法の世には、自力救済のできない煩悩まみれの凡夫（無知な人間）しかいません。このような凡夫を「悪人」と呼び、荒廃した世界では悪人こそが真の救済対象（正機）になると考えました。これが有名な「悪人正機説」です。悪人正機説で注意すべきは、善人・悪人の捉え方です。悪人とは自力救済できない凡夫のことで、自力救済のできる人は「自力作善の人（自力で善をなせる人）」、つまり善人となります。

国家総合職（教養区分）

出題担当者の専門分野の内容が容赦なく出題されるので、広く浅くの学習では太刀打ちできない。思想家と思想だけを切り取って覚えるのではなく、思想の背景や状況など、歴史とも関連させながら熟考する姿勢が必要となる。

国家一般職・専門職

令和6年度より知識分野の出題が「自然・人文・社会に関する時事、情報の6題」に変更となった。おもに併願先の対策を想定して取り組むのが効率的。

裁判所職員

国家一般職・専門職と同様に、令和6年度より知識分野の出題が「時事問題を中心とする6題」に変更となった。おもに併願先の対策を想定して取り組もう。

東京都Ⅰ類

数年に一度、基本的な問題が出題されるだけであり、対策の優先度は低い。ただし、出題されるのは基本問題なので、学習した人は確実に得点できる。時間はかけずとも基本事項だけはひと通り確認しておきたい。

特別区Ⅰ類

毎年必ず出題されている。他の科目を含め、特別区の試験は概念の理解を重視する傾向にあり、思想分野との親和性が高いといえる。単なる知識の暗記ではなく、思想の真意や趣旨をしっかりと理解することが重要。

地方上級

数年に一度、基本的な問題が出題されるだけであり、対策の優先度は低い。ただし出題されるのは基本問題なので、学習した人は確実に得点できる。時間はかけずとも基本事項だけはひと通り確認しておきたい。

市役所

数年に一度、基本的な問題が出題されるだけであり、対策の優先度は低い。ただし、出題されるのは基本問題なので、学習した人は確実に得点できる。時間はかけずとも基本事項だけはひと通り確認しておきたい。

警察・消防

出題は頻出ではないが、きわめて基本的な内容しか問われない。ひと通り基本事項を確認するだけで得点できるため学習効率は高い。名言などを興味を持ちながら学んでみよう。

1 古代思想

STEP 1 要点を覚えよう！

POINT 1 自然哲学の起こりとソフィストの出現

自然哲学とは、前6世紀頃に生まれた哲学である。古代ギリシアで「**万物の根源（アルケー）は何か**」を探求した。

哲学者	アルケー	
タレス	水	…自然哲学の祖
アナクシマンドロス	無限定なもの（ト・アペイロン）	…タレスの友人・弟子 ミレトス*三大哲人の一人
エンペドクレス	火・空気・水・土（四元）	…愛で結合、憎しみで分離
ピタゴラス	数	…宗教的集団を創設
ヘラクレイトス	火	…万物流転（万物は流転する）
デモクリトス	不可分なもの（アトモス）	…原子論の祖

前5世紀頃、古代ギリシアの中心的都市国家（ポリス）であった**アテネ**で、弁論術の教授を職業とした人々（**ソフィスト**）が出現した。そのうちの一人、**プロタゴラス**は「**人間は万物の尺度である**」と**万物相対主義**を唱えた。

POINT 2 ギリシア哲学の発展

ソフィストを批判した思想家たちが、普遍的真理を探求した。

ソクラテス （前470～前399年頃）	・無知の知 →「汝自身を知れ」 →魂（プシュケー）に徳（アレテー）を備えることが大切である ・対話法（問答法）
プラトン （前427～前347年頃）	・イデア論 →個々具体的な事物の背景（外側）にある、理性により捉えられる事物の本質がイデアであり、イデアは永久不滅である
アリストテレス （前384～前322年頃）	・形而上学 →事物の本質は個々の事物に内在する →「イデアと個物」の関係を否定し、「形相（エイドス）と質料（ヒュレー）」の関係と捉え直した ・「人間は本性上、ポリス（共同社会）的動物である」 →習性的徳として、正義と友愛（フィリア）を重視

＊ ミレトス…古代ギリシアのイオニア人の都市。知的水準が高かったといわれ、タレス、アナクシマンドロス、アナクシメネスの3人をミレトス学派という。

POINT 3 ヘレニズム哲学

前4世紀末頃、客観的で普遍的な善などを追求したギリシア哲学と反対に、個人的で主観的な生き方などを考える**ヘレニズム哲学**が勃興した。

●**エピクロス**（**エピクロス派**の創始者）
　・**快楽**主義…魂の平安状態（**アタラクシア**）の追求
　・「隠れて生きよ」
●**ゼノン**（**ストア派**の創始者）
　・**禁欲**主義…ロゴス（理性）に従いパトス（感情）を抑えた状態（**アパテイア**）を目指す
　・「ストア派」はストイック（禁欲的）の語源

POINT 4 世界の主な宗教

宗教名	始祖	特徴	教典・聖典
ユダヤ教 前13世紀頃～	イスラエル人（ヘブライ人）の民族宗教	・唯一神ヤハウェを信仰 ・**メシア**（救世主）思想 ・選民思想 ・モーセの十戒 ・律法（トーラー）主義	『聖書』（タナハ）（キリスト教でいう『旧約聖書』）
キリスト教 1世紀～	イエス	・イエスがキリスト（救世主）である ・神は「愛」である ・「神への愛」と「隣人愛」 ・父（神）と子（イエス）と聖霊は三位一体のもの	『旧約聖書』 『新約聖書』
イスラム教（イスラーム）7世紀～	ムハンマド	・**唯一神アッラーへの絶対的服従** ・**偶像崇拝禁止** ・六信五行（6つの信仰上の義務と5つの行為上の義務）	『クルアーン（コーラン）』
仏教 前5世紀頃～	ゴータマ・ブッダ（釈迦）	・**四諦**（4つの真理）、**八正道**（8つの修行法）、慈悲 ・ブッダ入滅後に分裂し、**大乗仏教**は日本にまで伝播	原始仏典（アーガマなど）大乗仏典（法華経など）

POINT 5 古代インドの思想（バラモン教）

紀元前15世紀頃、中央アジアからインド大陸へと侵入してきた**アーリヤ人**は定住し、**バラモン**（司祭）を最上位とする身分制度をつくり、聖典『**ヴェーダ**』に基づく**バラモン教**が成立した。『ヴェーダ』より生まれた**ウパニシャッド**哲学によれば、真実の自己（**アートマン**〔我〕）と宇宙の根源（**ブラフマン**〔梵〕）が一体となる**梵我一如**の境地に達することで輪廻の苦しみから解脱できるとされた。

1 デモクリトスは、万物の根源を火と捉え、「万物は流転する」と唱えて、変化こそが真実であると説いた。

× 「デモクリトス」ではなく、**ヘラクレイトス**である。デモクリトスは、万物の根源を**不可分なもの（アトモス）** と考えた。

....

2 古代ギリシアのピタゴラスは、万物の根本原理を数であるとし、魂を肉体から解放するために禁欲的な宗教的集団を形成した。

○ ピタゴラスは万物の根源（アルケー）を**数**であるとした。ピタゴラス教団と呼ばれる宗教的集団では、厳格な規律のもとで魂の浄化（カタルシス）を目標に生活することを要求した。

....

3 プラトンは、イデアは個物の外側にある真の本質であり、感覚ではなく理性だけがそれを捉えることができると考えた。

○ プラトンは、**イデア**は惑わされやすい感覚ではなく、**理性**によってのみ捉えられるとし、イデアは永久不滅であるとした。

....

4 アリストテレスは「汝自身を知れ」と主張し、無知であることを自覚し、真の知を探求することが大切であると説き、魂（プシュケー）に徳（アレテー）を備えることを求めた。

× 「アリストテレス」ではなく、**ソクラテス**である。**ア リストテレス**は、「人間は本性上、ポリス的動物である」と主張し、本来の善を実現するためには共同体の一員として生活することが大切であると考えた。そして、備えるべき習性的徳として、**正義と友愛（フィリア）** を重視した。

....

5 ゼノンは、宇宙を貫く理性（ロゴス）に従って生きることで得られるアパテイアを幸福と見なし、この幸福を最高の善と考えた。

○　**ストア派**の創始者である**ゼノン**は、情念から解放された、パトスのない状態である**アパテイア**を幸福と見なし、**禁欲主義**を唱えた。

6 ユダヤ教においては、神によって与えられた戒律によって整えられた律法を遵守することで、神の救済を得ることができると考えられており、ヘブライ語の『聖書(タナハ)』を聖典としている。

○　ユダヤ教の**律法（トーラー）**主義に関する説明である。律法に込められた神の意思よりも、律法という形式を遵守することを重視している点に特徴がある。なお、ユダヤ教の『聖書』を、キリスト教では『旧約聖書』と言っている。

7 ブッダは、初めての説法において、六信五行を説き、その実践原理として慈悲を重んじたことから、キリスト教が「愛の宗教」と呼ばれるのに対して仏教は「慈悲の宗教」と呼ばれている。

×　ブッダが初めての説法（初転法輪）で説いたのは「六信五行」ではなく**四諦**と**八正道**である。四諦は4つの真理（諦）、八正道は快楽にも苦行にも偏ることのない中道（中正の道）を実践するための方法である。なお、仏教は「**慈悲の宗教**」と呼ばれているとする後半部分は正しい。

8 バラモン教は、「知識」を意味する『ヴェーダ』を聖典とする、自然神を崇拝する多神教で、『ヴェーダ』からウパニシャッド哲学が生まれた。

○　ウパニシャッド哲学は、『**ヴェーダ**』の奥義書群である『**ウパニシャッド**』に基づいた哲学である。

STEP 3 過去問にチャレンジ！

裁判所職員（2022 年度）

古代の西洋思想に関する次のA～Dの記述のうち、妥当なもののみを全て挙げているものはどれか。

A 自然哲学の祖であるタレスは、生成変化する自然の観察に基づき、人間は火の利用で文化的発展を遂げたとして、燃えさかる火が万物の根源であると唱えた。

B プロタゴラスは「人間は万物の尺度である」と唱えたが、これは人間の思惑を超えた客観的・普遍的な真理は存在しないという立場である。

C エピクロスは、無知を自覚しながら人間としての生き方を探求し、対話を通じて人々に無知を自覚させる方法として問答法（助産術）を用いた。

D アリストテレスは「人間は本性上、ポリス的動物である」と主張し、習性的（倫理的）徳のなかでも正義と友愛（フィリア）を重視した。

1. A、B
2. A、C
3. B、C
4. B、D
5. C、D

➡解答・解説は別冊 P.098

国家一般職（2018 年度）

古代ギリシアの思想家に関する記述として最も妥当なものはどれか。

1 ピタゴラスを創始者とするストア派の人々は、自然全体は欲望の支配する世界であり、人間はその一部として自然によって欲望の情念（パトス）が与えられていると考えた。その上で、欲望の情念を克服し、理性を獲得する禁欲主義を説き、自然から隠れて生きることを主張した。

2 ソクラテスは、肉体や財産、地位などは自分の付属物にすぎず、真の自分は魂（プシュケー）であると主張した。また、人間が善や正を知れば、それを知る魂そのものがよくなって魂の優れた在り方である徳（アレテー）が実現し、よい行いや正しい行いを実行すると考えた。

3 プラトンは、物事全般について本質を問題にし、具体的な個々の事物に内在し、それらの本質となる普遍的なものを知ることこそが、徳であると考えた。そのような普遍的なものをイデアと呼び、惑わされやすい理性ではなく、感覚によってイデアは捉えられるとした。

4 アリストテレスは、プラトンの思想を批判し、優れた理性で捉えられる具体的な個々の事物こそが実在であり、本質は個々の事物から独立して存在すると主張した。そのような本質を認識し、魂の本来の在り方を現実化できる哲学者による哲人政治を理想とした。

5 エピクロスは、人間は本来快楽を追求する存在であり、肉体的快楽を追求することによって精神的不安や苦痛が取り除かれ、真の快楽がもたらされると考えた。このような思想は功利主義とよばれ、エピクロスは、自然に従って生きることを説いた。

➡解答・解説は別冊P.098

. . . .

問題3

裁判所職員（2016年度）

ギリシアの思想に関する記述として妥当なものはどれか。

1 アリストテレスは、人生や社会における究極の目標になる理想を設定し、それを追求する理想主義の哲学者で、アカデメイアを設立した。

2 プラトンは、アリストテレスのイデア論を批判し、物の本質はエイドス（形相）とヒュレー（質料）からなるものと考えた。

3 倫理学の創始者とされるソクラテスは、死刑の評決を受けて投獄された獄中において、ポリスの市民との対話という形式で、アテネの堕落を厳しく批判した『ソクラテスの弁明』を著わした。

4 ソフィストの代表的な人物であるプロタゴラスは、物事の判断基準に普遍的・絶対的な真理はなく、それぞれの人間の考え方や感じ方によるものであるとして、「人間は万物の尺度である」と述べた。

5 ソフォクレスはギリシア七賢人の一人であり、自然哲学の始祖とされる人物で、あらゆる生き物は水がなくては生きられないという観察から思考を深め、「万物の根源は水である」と述べた。

➡解答・解説は別冊P.099

問題 4 国家一般職（2021 年度）

宗教に関する記述として最も妥当なものはどれか。

1 バラモン教は、主にイランにおいて信仰された宗教であり、人々を四つの身分に分類し、上位の王侯・戦士階級と、それを支える同列の三つの身分から成るカースト制度が特徴である。ここから生まれたスコラ哲学では、宇宙の規範原理である理と、その物質的要素である気がもともと一つであることを自覚することで、解脱ができると説いている。

2 仏教は、ガウタマ＝シッダールタ（ブッダ）が開いた悟りを元に生まれた宗教であり、人間の本性は善であるとする性善説や、仁義に基づいて民衆の幸福を図る王道政治を説いていることが特徴である。ブッダの入滅後、仏教は分裂し、あらゆるものがブッダとなる可能性を有すると説く上座部仏教が日本にまで広まった。

3 ユダヤ教は、神ヤハウェが定めた「十戒」などの律法（トーラー）を守ることで、国家や民族にかかわらず神からの祝福を得ることができるとする宗教であり、『旧約聖書』と『新約聖書』の二つの聖典をもつ。律法には、定期的な神像の作成や安息日、特定の月（ラマダーン）における断食などがあり、これらを守ることが神との契約とされる。

4 キリスト教は、ユダヤ教をその前身とし、イエスをキリスト（救世主）と信じる宗教であり、『新約聖書』のみを聖典とする。イエスは神を愛の神と捉え、律法の根本精神を神への愛と隣人愛とし、これらをまとめて元型と呼んだ。イエスの死後、彼の弟子であるヨハネは、これを発展させた、知恵、勇気、愛、正義の四元徳を説いた。

5 イスラームは、唯一神であるアッラーを信仰する一神教であり、ムハンマドが受けた啓示を記録した『クルアーン（コーラン）』を最も重要な聖典とする。特徴として、信仰告白やメッカへの礼拝などの戒律が生活のあらゆる場面で信者の行動を律しており、豚肉食の禁止など、その範囲は食生活にも及ぶ。

→解答・解説は別冊 P.100

問題5　　　　　　　　　　　　　　　　　　　　　　特別区Ⅰ類（2021年度）

次の文は、古代インドの思想に関する記述であるが、文中の空所A～Dに該当する語の組み合わせとして、妥当なものはどれか。

　紀元前15世紀頃、中央アジアから侵入してきたアーリヤ人によって、聖典「ヴェーダ」に基づく　A　が形成された。「ヴェーダ」の哲学的部門をなすウパニシャッド（奥義書）によれば、宇宙の根源は　B　、個人の根源は　C　と呼ばれ、両者が一体であるという梵我一如の境地に達することで解脱ができるとされた。その後、修行者の中から、新たな教えを説く自由思想家たちが現れたが、そのうちの一人、ヴァルダマーナ（マハーヴィーラ）は　D　を開き、苦行と不殺生の徹底を説いた。

	A	B	C	D
1.	ジャイナ教	アートマン	ブラフマン	仏教
2.	ジャイナ教	アートマン	ブラフマン	ヒンドゥー教
3.	バラモン教	アートマン	ブラフマン	ジャイナ教
4.	バラモン教	ブラフマン	アートマン	ジャイナ教
5.	バラモン教	ブラフマン	アートマン	ヒンドゥー教

➡解答・解説は別冊P.101

SECTION **2** 近世から近代にかけての 西洋思想

STEP 1 要点を覚えよう！

POINT 1 ルネサンス期の人文主義者

ルネサンスでは、キリスト教以前の古代ギリシア・ローマ時代の研究を通じて、中世のキリスト教の神や教会を中心とした世界観から、人間中心の世界観の在り方を追求する**人文主義（ヒューマニズム）**がおこった。

思想家	思想	主著
ピコ＝デラ＝ミランドラ	・自由意志に基づく自己形成	『人間の尊厳について』
マキャヴェリ	・政治を宗教・道徳と別個に考える ・のちに権謀術数主義といわれる	『君主論』
エラスムス	・貴族・教会を痛烈に批判 ・人文主義者	『愚神礼讃』
トマス・モア	・第一次囲い込み（農地没収）を批判 ・私有財産制度なき理想社会の追求	『ユートピア』

POINT 2 宗教改革

思想家	思想	主著
ルター	・ローマ・カトリック教会を痛烈に批判 ・福音主義、聖書中心主義 ・万人司祭主義	『九十五カ条の論題』 『キリスト者の自由』
カルヴァン	・予定説（神の救済はあらかじめ決定） ・職業召命観と職業労働の肯定	『キリスト教綱要』

POINT 3 モラリスト

人間の生き方を追求した思想家を**モラリスト**という。

思想家	思想	主著
モンテーニュ	・宗教戦争の経験から、謙虚な生き方を説く ・懐疑主義→『私は何を知るか？』 ・観察と自省	『エセー（随想録）』
パスカル	・「人間は考える葦である」 　→人間を偉大と悲惨の中間者と捉える	『パンセ』

POINT 4 イギリス経験論と大陸合理論

イギリス経験論	比較項目	大陸合理論
フランシス・ベーコン	始祖	デカルト（フランス）
・知識の源泉は経験である ・「知は力なり」 ・4つのイドラ（偶像）	思想	・知識の源泉は理性である ・方法的懐疑 ・「我思う、ゆえに我あり」
帰納法	思考法	演繹法
・ロック「白紙（タブラ・ラサ）の心」 ・バークリー ・ヒューム	主な思想家	・ライプニッツ…モナド論 ・スピノザ『エチカ』

POINT 5 社会契約説

絶対王政下で唱えられた王権神授説に対して、個々人はまず**自然権**を有するが、**国家や社会と契約**し、自然権を統治者に**譲渡**することで自己保存を果たすとした。

思想家	思想	主著
ホッブズ（1588〜1679）	・「万人の万人に対する闘争」	『リヴァイアサン』
ロック（1632〜1704）	・抵抗権（革命権）	『統治論（政府二論）』
ルソー（1712〜1778）	・自由で平等な社会の実現	『社会契約論』

自然状態の人間を理想とするルソーの考えは、「**自然に帰れ**」という言葉で表されることもあるよ。

POINT 6 ドイツ観念論

カントを起点に、経験論と合理論を批判し統合した**批判哲学**が生まれた。

思想家	思想	主著
カント （1724〜1804）	・理論理性と実践理性の二元論 ・コペルニクス的転回 ・「目的の王国」	『純粋理性批判』『実践理性批判』『判断力批判』
フィヒテ （1762〜1814）	・主観的観念論	『ドイツ国民に告ぐ』
シェリング （1775〜1854）	・自然哲学の構想 ・「絶対的な同一者」	『超越論的観念論の体系』
ヘーゲル （1770〜1831）	・弁証法哲学の構築 ・人倫の体系	『精神現象学』『論理学』『法の哲学』

1 エラスムスは、『愚神礼讃』で、王侯貴族や教会を滑稽に描き、そうした特権階級の人々の腐敗や堕落を風刺した。

○　ネーデルラント（オランダ）の**人文主義者**である**エラスムス**は、『**愚神礼讃**』の中で、特権階級の腐敗や堕落を批判した。

2 カルヴァンは、主著『キリスト教綱要』の中で、カトリック教会が聖職者に認めていた権威を否定し、福音のもとでは全ての信者は等しく司祭であるとする万人司祭主義を説いた。

×　**万人司祭主義**を説いたのは、「カルヴァン」ではなく**ルター**である。ルターはその著書『**キリスト者の自由**』の中で、聖職者の権威を否定し、聖職者と一般信者との間の身分的差別を批判した。

3 モンテーニュは、長く続いた宗教戦争の経験から、人間を観察・自省し、謙虚に生きることを説いた代表的なモラリストであり、主著は『エセー』である。

○　『**エセー**』は『**随想録**』と訳されている。**モンテーニュ**は、「私は何を知るか？」と問う中でより確かな認識を得ようとする懐疑主義者として知られている。

4 パスカルは、主著『パンセ』の中で、人間を偉大と悲惨にただよう不安定な中間者であると捉え、しかし自己の悲惨さを知っている点で偉大であると述べている。

○　**パスカル**はまた、「人間は自然の中では最も弱い**1本の葦**にすぎないが、**考える葦**である点で偉大である」とも述べている。

5 ベーコンは、「知は力なり」と唱え、新しい知識を手に入れるには、経験に基づいて考察することが大切であると考え、真理を探究するための思考方法として帰納法を提唱した。

○　イギリスの思想家**フランシス・ベーコン**が提唱した**帰納法**とは、複数の物事や事例の**共通点**を抽出し、一般的結論を得る思考方法である。

6 デカルトは、全てを疑ってもどうしても疑うことができないものは、そのように疑い、考えている私自身であり、私は必然的に何ものかでなければならないとし、それを「我思う、ゆえに我あり」と表現し、精神としての自分自身の存在を最も確実な真理であるとした。

○ **デカルト**は、真理の源泉は**理性**であると考え、その理性を正しく使う方法として**演繹法**を唱えた。そして方法的懐疑によりあらゆる疑い得るものを排除した先に明確な真理を得ようとした。

7 ロックは、人間には、本来、自己保存の欲求を自由に充足させるために力を使う自然権が与えられており、自然状態においては「万人の万人に対する闘争」が生じるとした。

× 「ロック」ではなく**ホッブズ**である。**ホッブズ**は自己保存を全うできるような平和を維持するために、人々は自然権を放棄し、その権利を統治者に譲渡する契約を結ばなければならないとした。

8 ルソーは、人間は自然状態においては自由で平等であり、全体意志は一般意志とは区別され、全体意志は常に公共の利益を目指す意志であるとして、間接民主制の国家を理想と考えた。

× **全体意志**とは私的利益を優先する個人意志の総和であり、**一般意志**が常に公共の利益を目指す意志である。また、ルソーは、一般意志は代表することができないと考え、**直接民主制**を主張した。

9 カントは自律的自由をもつ人間が、互いの人格を尊重し合うことによって結びつく社会を「目的の王国」と呼び、理想社会と考えた。

○ **カント**は、人間が自ら定めた道徳法則に自ら従うことを「**自律**」と呼び、そこに真の自由があるとした。そして、この自律的自由の主体としての人間を「**人格**」と呼んだ。

問題1

国家一般職（2022年度）

西洋の思想に関する記述として最も妥当なものはどれか。

1 ピコ＝デラ＝ミランドラは、『デカメロン』で、人間は、神の意志により、無限の可能性を現実のものにすることができるところに人間の尊厳があるとして、人間の運命は神によって定められているという新しい人間観を示した。

2 エラスムスは、聖書の研究の傍ら、『神曲』で、理性に基づく人間の生き方を探究し、キリスト教の博愛の精神に基づいて、世界の人々の和合と平和を訴えた。代表的なモラリストである彼の思想は、宗教改革の先駆となるものであった。

3 マキャヴェリは、『君主論』で、君主は、ライオンの強さとキツネの賢さを併せ持って、あらゆる手段を使って人間を統治すべきであると説いた。この主張には、現実に即して人間をありのままに捉えるリアリズムの精神がみられる。

4 トマス＝モアは、『ユートピア』で、当時のヨーロッパ社会について、自由で平等であった自然状態が、自由でも平等でもない文明社会に堕落したと批判した。そこで、自然を理想とする考えを「自然に帰れ」という言葉で表し、この理想の方法として、科学的社会主義を提唱した。

5 カルヴァンは、伝統的なローマ＝カトリックの立場からプロテスタンティズムを批判し、全ての存在は神の摂理によって定められているとした。また、彼は『エセー』で、世俗の労働に積極的に宗教的意味を認める新しい職業倫理が、近代の資本主義の成立につながったと論じた。

➡解答・解説は別冊P.101

問題2

裁判所職員（2020年度）

近代の西欧思想に関する次のA～Dの記述のうち、妥当なもののみを全て挙げているものはどれか。

A ルターは、ローマ・カトリック教会を痛烈に批判し、信仰のよりどころを聖書だけとする聖書中心主義を説いた。

B カルヴァンは、職業労働を信仰の妨げとして否定し、信仰のためにのみ生き、利潤を得た場合は全て神のものであるから教会に寄付すべきと主張した。

C モンテーニュは、「私は何を知るか？」と自省し、常に疑い、独断を避けることで、より深い真理を探究していけると考えた。

D パスカルは、主著『エセー』の中で、人間は無力な弱い存在であるが、人間の尊厳は「考えること」のうちにあると述べた。

1．A、B
2．A、C
3．B、C
4．B、D
5．C、D

➡解答・解説は別冊 P.102

問題 3

警察官Ⅰ類（2019 年度）

西洋の思想家に関する記述として、最も妥当なものはどれか。

1 ベーコンは、知識獲得のために排除すべき偏見を四つのイドラ（幻影・偶像）に分類し、知識獲得のための積極的方法として演繹法を説いた。

2 デカルトは、『パンセ』の中で「人間はひとくきの葦にすぎない。自然の中で最も弱いものである。だが、それは考える葦である」という有名な言葉を残した。

3 カントは、知識欲に燃え、無学の人々を軽蔑していたが、ルソーの『エミール』に影響をうけ、「人間を尊敬すること」を学んだ。

4 ヘーゲルは、対立する「正」と「反」を止揚し、より高い次元で総合されるという帰納法によってものごとを説明しようとした。

5 グロティウスは、『永久平和のために』を執筆し、戦争のない永久平和を実現していくために、諸国家は結びついて一つの国際的な連盟を打ち立てるべきであるとした。

➡解答・解説は別冊 P.103

3 近現代の西洋思想

STEP 1 要点を覚えよう！

POINT 1 功利主義

思想家	思想	主著
ベンサム	・功利性の原理 ➡「最大多数の最大幸福」、快楽計算	『道徳および立法の諸原理序説』
J.S.ミル	・質的功利主義、イエスの黄金律	『功利主義』『自由論』

POINT 2 プラグマティズム（行為主義・実用主義）

思想家	思想	主著
パース	・行動（行為）こそ観念の源泉	『観念を明晰にする方法』
ウィリアム・ジェームズ	・真理は有用性により判断される →実用主義	『心理学原理』『プラグマティズム』
デューイ	・道具主義 ・創造的知性（実験的知性）	『哲学の改造』『民主主義と教育』『人間性と行為』

プラグマティズムとは、19世紀アメリカで生まれた、①イギリスの伝統的な**経験主義**、②**進化論**、③アメリカ発の**フロンティア・スピリット**（開拓者精神）の影響のもと、真理を行為の結果から判断する、独自の哲学思想だよ。

POINT 3 実存主義

19世紀中頃に生まれた近代化により弱められた人間の**主体性を回復**する思想。

思想家	思想	主著
キルケゴール	・主体的真理 ・実存の3段階*	『あれか、これか』 『死に至る病』
ニーチェ	・ニヒリズム（虚無主義） →「神は死んだ」、ルサンチマン、超人	『ツァラトゥストラはこう語った』
ヤスパース	・限界状況と超越者（包括者） ・実存的交わりの中の「愛しながらの闘い」	『理性と実存』 『哲学入門』

---

* **実存の3段階**…❶美的実存（快楽を追及する）❷倫理的実存（倫理的な義務をはたそうとして挫折する）❸宗教的実存（絶望から神と向き合う）。

ハイデッガー	・「存在とは何か」という根本的問い ・現存在（ダーザイン）*と世界–内–存在 ・死の不安に無自覚な世人（ダスマン）*	『存在と時間』 『形而上学とは何か』
サルトル	・人間の自由と責任を強調 　→「実存は本質に先立つ」 ・アンガージュマン（自己の社会参加）	『存在と無』 『実存主義とは何か』

POINT 4 現象学

思想家	思想	主著
フッサール	判断中止（エポケー）、現象学的還元 　→「事象そのものへ」	『イデーン』『ヨーロッパ諸学の危機と超越論的現象学』
メルロ＝ポンティ	・知覚の主体としての身体論	『行動の構造』『知覚の現象学』

POINT 5 さまざまな現代思想

思想家	思想	主著
ベルクソン	・生の哲学：「生の飛躍（エラン・ヴィタール）」	『創造的進化』『道徳と宗教の二源泉』
フロム	・フランクフルト学派	『自由からの逃走』
マックス・ウェーバー	・官僚制の原理：「精神なき専門人」	『プロテスタンティズムの倫理と資本主義の精神』
ハンナ・アーレント	・活動力の3形態：活動・仕事・労働	『全体主義の起源』『人間の条件』
ロールズ	・原初状態：「無知のベール」 ・公正としての正義	『正義論』『政治的リベラリズム』

POINT 6 構造主義とポスト構造主義

●**構造主義**：人間の社会文化的現象の根底には、目に見えない構造があると考える方法論

レヴィ＝ストロース…文化人類学者、『野生の思考』『悲しき熱帯』

フーコー…精神病理学者、『監獄の誕生』『狂気の歴史』『言葉と物』

●**ポスト構造主義**：社会を一つの構造のもとに捉えようとする構造主義を批判的に継承し、乗り越えようとする思想

デリダ…脱構築の思想、『声と現象』『グラマトロジーについて』

ドゥルーズ…事象は欲望によって生成変化するという思想、『差異と反復』

＊　現存在（ダーザイン）…自らの存在に関心をもち、その意味を問う人間。
＊　世人（ダスマン）…自己を喪失した、だれでもないような人間の非本来的なあり方。

1 「満足した豚であるより、不満足な人間であるほうがよい。満足した愚か者であるより、不満足なソクラテスであるほうがよい」という言葉を残し、質的功利主義を唱えたのは、ベンサムである。

× 「ベンサム」ではなく**J.S.ミル**の主著『**功利主義**』の中の言葉である。ミルは、質の高い精神的快楽を、質の低い肉体的快楽より重んじる**質的功利主義**を唱えた。

2 パースは、我々が抱く観念は、それがもたらす実際的な結果に基づいて考察することにより、その意味を把握することができるとして、すべての観念の源泉は行動にあるとした。

○ **パース**は、19世紀のアメリカ独自の哲学思想として生まれた**プラグマティズム**の代表的な思想家であり、経験や観察を重んじる経験主義的な考え方を発展させた。

3 ジェームズは、真理というものは、何らかの目的に役立つものであり、いつどんなときでも真理であるような絶対的なものではないと考えた。

○ **ジェームズ**は、真理は**有用性**によって判断され、個別的・相対的・条件的なものであると考える実用主義の立場をとった。

4 「大切なのは、私にとって真理であるような真理を見いだし、それのために私が生き、そして死にたいと思うようなイデー（理念）を発見することだ」という言葉を残し、主体的真理を追究したのは、ニーチェである。

× 「ニーチェ」ではなく、**キルケゴール**である。実存主義の思想家キルケゴールは著書『ギーレライエの手記』の中でこのように述べ、**主体的真理**を追求する道を歩んだ。

5 ニーチェは、キリスト教の伝統的価値観を「神は死んだ」という言葉によって否定してみせ、力への意志により、新しい価値を追求する人間を「超人」と呼び、新しい理想的人間像を創造した。

○ **ニーチェ**は、一方で、ニヒリズム（虚無主義）の蔓延により、安楽のみを求める人を「**末人**（まつじん）」と呼んだ。

6 ヤスパースは存在の意味を問いただし、人間は誰もが自分の死を引き受けねばならず、死を自覚することを介して初めて、本来的な自己の在り方を獲得することができると説いた。

× 「ヤスパース」ではなく、**ハイデッガー**である。ハイデッガーは、自己の死を自覚し、主体的に生きようとすることを**先駆的決意**と呼び、先駆的決意をすることにより、本来的な自己の在り方を呼び戻すと主張した。

7 ハンナ・アーレントは、近代以降、公共的な「仕事」が生命維持のための「活動」にとってかわられたため、人々が個性を失い、全体主義に陥ってしまうと考えた。

× ハンナ・アーレントは、人間の活動力を**3形態**に分類し、公共的な領域で行われるものを「**活動**」、生命維持のための営みを「**労働**」、思考によって耐久性あるものを製作して文化的な世界を創生する営みを「**仕事**」と呼んだ。

8 ロールズは、功利主義を批判し、自由や富といった、各人が求める生を実現するための正義にかなう財の配分を、社会契約説を再構築することによって提唱した。

○ **ロールズ**は、自分や他人の能力や立場がわからない原初状態「**無知のベール**」を被せることで、貧富の差のない社会契約を結ぶことができると考えた。

9 フーコーは、未開社会の調査を通じて、婚姻関係や神話などの中に、個人の主観的意識を超えた構造が存在していることを発見した。

× 「フーコー」ではなく**レヴィ＝ストロース**である。レヴィ＝ストロースは、人々の思考や言動は社会全体の構造によって無意識に影響を受け、それはあらゆる文化に共通していると考えた。なお、レヴィ＝ストロースの主著は『**野生の思考**』である。

問題1

特別区Ⅰ類（2019年度）

次のA〜Cは、実存主義の思想家に関する記述であるが、それぞれに該当する思想家の組み合わせとして、妥当なものはどれか。

A　実存的生き方について三つの段階を示し、第1段階は欲望のままに享楽を求める美的実存、第2段階は責任をもって良心的に社会生活を営む倫理的実存、第3段階は良心の呵責の絶望の中で、神の前の「単独者」として、本来の自己を回復する宗教的実存であるとした。

B　人間の自由と責任とを強調し、実存としての人間は、自らそのあり方を選択し、自らを未来の可能性に向かって投げかけることによって、自分が何であるかという自己の本質を自由につくりあげていく存在であるとして、このような人間に独自なあり方を「実存は本質に先立つ」と表現した。

C　「存在とは何か」という根本的な問題に立ち返り、人間の存在の仕方そのものを問い直そうとした。自らの存在に関心をもち、その意味を問う人間を、現存在（ダーザイン）と呼び、人間は、世界の中に投げ出されて存在している「世界内存在」であるとした。

	A	B	C
1.	キルケゴール	ハイデッガー	ヤスパース
2.	キルケゴール	サルトル	ハイデッガー
3.	ニーチェ	ヤスパース	キルケゴール
4.	ニーチェ	サルトル	ハイデッガー
5.	サルトル	ハイデッガー	ヤスパース

→解答・解説は別冊P.104

問題 2

近現代の思想家に関する記述として最も妥当なものはどれか。

1 実存主義の代表的な思想家であるロールズは、『監獄の誕生』などを著した。彼は、近代の監獄パノプティコンは、囚人に看守の視線を内面化させ、支配に服従する従順な主体を形成するとし、権力が身体を統制するそのような仕組みは学校や工場においてもみられるとした。

2 功利主義の代表的な思想家である J．S．ミルは、『功利主義』などを著した。彼は、快楽には質と量があり、量が同一でも質に差があれば、高級な快楽の方が優れているとし、また、精神的快楽は肉体的快楽よりも質的に優れているとする質的功利主義を主張した。

3 プラグマティズムの代表的な思想家であるベンサムは、『人間の条件』などを著した。彼は、人間の活動力の形態を「労働」、「仕事」、「活動」に区分し、言葉を媒介にした相互的な意思疎通により公共的な場をつくり出す「活動」を重視した。

4 批判的合理主義の代表的な思想家であるハンナ＝アーレントは、『存在と無』などを著した。彼女は、人間を規定する一般的な本質というものはなく、人間は自己の主体的な選択と決断によって生きると考え、「実存は本質に先立つ」と表現した。

5 構造主義の代表的な思想家であるフッサールは、『あれかこれか』などを著した。彼は、知性や観念は、人間が生活において実践的な問題を解決するための道具であると考え、問題解決のために知性を働かせることや自由な討論を行うことを重視した。

→解答・解説は別冊 P.104

問題3

国家一般職（2017年度）

近現代の欧米の思想家等に関する記述として最も妥当なものはどれか。

1 プラグマティズムを発展させたジェームズは、真理の基準は実生活に役立つという性質を持っているとする、真理の有用性という独自の理論を打ち立てた。さらにジェームズは、この実用主義の立場から宗教の価値を論じ、科学的な思考と宗教とを調和させようとした。

2 M. ウェーバーは、近代社会においては、官僚制の原理に基づき、反理性的なものを日常生活から排除し、巧妙に管理する仕組みにより、人間を社会に順応させるための見えない権力が働いていることを明らかにした。また、合理化が進むことでそこから解放され、無気力化が抑制されるとした。

3 ハイデッガーは、フランクフルト学派の代表的な哲学者であり、人間は、誰もが日常生活の中で個性的で独自な在り方をしているとした。そして、世の中で出会う様々な他者に関わることで、人間が死への存在であるために生じる不安が解消され、環境によりよく適応することができるとした。

4 フロムは、ヒューマニズムに基づく社会変化の観察から、伝統指向型、内部指向型、他人指向型の三類型を立てた。現代では内部指向型が支配的であり、マスメディアで喧伝されるものにより人々が不安や孤独に駆られ、身近な仲間も否定するようになると指摘した。

5 ロールズは、社会全体の効用の最大化をめざす功利主義を主張した。自己の能力や立場などを知ることができない無知のベールがかけられた原初状態においては、より質の高い精神的快楽、すなわち献身の行為を追求すべきだという正義の原理を説いた。

➡解答・解説は別冊P.105

　　　　　　　　　　　　　　　　　　　　　　　　　　裁判所職員（2018 年度）

フランスの哲学者に関する記述として最も妥当なものはどれか。

1　サルトルは後期フッサールの現象学に強い影響を受け、人間的主体としての身体をありのままに記述する独自の現象学を展開した。著書に『行動の構造』『知覚の現象学』などがある。

2　ベルクソンは近代の自然科学的・機械的思考方法を克服、内的認識・哲学的直観の優位を説き、生命の流動性を重視する生の哲学を主張した。著書に『創造的進化』『道徳と宗教の二源泉』などがある。

3　レヴィ＝ストロースは親族構造、分類の論理を研究、神話の構造分析を行い、構造主義人類学を確立した。著書に『狂気の歴史』『監獄の誕生』などがある。

4　メルロ＝ポンティは現象学に刺激を受け、実存主義者として戦後文学の知的指導者となる。文学者の政治参加を説いて自らも実践した。著書に『存在と無』『弁証法的理性批判』などがある。

5　ミシェル＝フーコーは『言葉と物』の刊行によって構造主義の旗手とされたが、のちにポスト構造主義者に分類されるようになる。その他の著書として『悲しき熱帯』『野生の思考』などがある。

→解答・解説は別冊P.106

4 中国思想

STEP 1 要点を覚えよう！

POINT 1 諸子百家

　春秋時代末期〜戦国時代の混乱期、諸国が富国強兵政策を進め、実力ある有能な人材を求める中で、これに応えるように多様な思想家たちが登場した。

学派	代表的な思想家	学派	代表的な思想家
儒家	孔子、孟子、荀子	陰陽家	鄒衍
道家	老子、荘子	名家	公孫竜
墨家	墨子	兵家	孫子
法家	韓非子、李斯	縦横家	蘇秦、張儀

各思想の関係と発展

　道家、墨家、法家は儒家を批判し、対立する立場である。漢時代以降、儒教の経典（**五経***）の学問的研究である儒学が官学化され、のちに**四書***を重視する宋代の朱子学や明代の陽明学に代表される儒学革新運動へと深化した。

POINT 2 儒家

思想家	思想	主著
孔子	・仁と礼 　仁…人を愛する心 　礼…仁を形に表したもの、社会的なしきたり ・徳治主義	『論語』
孟子	・性善説 ・王道政治（覇道の否定） ・四端説（仁・義・礼・知の四徳を実現する心）	『孟子』
荀子	・性悪説 ・礼治主義	『荀子』

　孔子は、仁と礼を備えた理想的人間を「**君子**」と呼び、そうした君子による政治を行い道徳によって人を治める**徳治主義**を説いた。孟子の性善説に対して荀子の唱えた**性悪説**は、韓非子らに影響を与え、**法家**へと発展した。

---

*　**五経**…『詩経』『書経』『易経』『春秋』『礼記』。
*　**四書**…『論語』『孟子』『大学』『中庸』。

POINT 3 道家

儒家の道徳論を**人為的であると批判**し、**道**（タオ）に即して生きることを説いた。

思想家	思想	主著
老子	・無為自然（じゅうじゃくけんげ） ・柔弱謙下	『老子』
荘子	・万物斉同	『荘子』

POINT 4 墨家

孔子の徳治主義に対して、墨子はより積極的な博愛精神に基づく政治を説いた。

思想家	思想	主著
墨子	・兼愛（兼愛交利）　・非攻論	『墨子』

POINT 5 法家

思想家	思想	主著
韓非子（かんぴし）	・信賞必罰　・法治主義	『韓非子』
李斯（りし）	・秦の丞相（じょうしょう）　・法家思想により焚書（ふんしょ）・坑儒（こうじゅ）	

> 徳による政治を説いた孔子に対して、当時主流だった韓非子などの法家は、そのような聖人が出現することはまれであり、だからこそ凡人でも国を統治できるような客観的しくみ（＝法）が必要だと考えたんだ。そして秦の始皇帝は、この法家思想による国家統治を目指したんだって。

POINT 6 朱子学と陽明学

朱子学	比較項目	陽明学
朱子	始祖	王陽明
・性即理 ・理気二元論	思想	・心即理 ・致良知*、知行合一*
富裕層、官僚	支持層	知識人、労働者、一般庶民

ここで差をつける！ 性即理と心即理

朱子は、人間の心を「性」と「情」に分け、本性（本来的性質）である「性」は理（秩序だった状態）であると考えた（**性即理**）。これに対して、**王陽明**は、このように心を分割して考えることを否定し、人間の「心」そのものが理を備えていると考えた（**心即理**）。

＊　**致良知**…善悪を判断する能力（良知）を実践すること。
＊　**知行合一**…真の知と実践されることは一体であり、実践されない知は真の知ではない。

1 孔子は、人として最も大切なものは仁であるとし、仁とは人を愛する心であり、自分が欲しないことを他人に行ってはならないと説き、徳治政治を理想とした。

〇 孔子は、**仁**を最高の徳であり、人と人の間に自然とわき起こる愛情であると考えた。徳治政治とは、**仁と礼**を兼ね備えた理想的な人間を「**君子**」と呼び、そうした徳のある人物によって、法や刑罰ではなく、徳によって統治するべきであるとする、政治的理想論である。

2 荀子は、人の性質は生まれながらにして善であるとする「性善説」を唱え、人には生まれつき4つの心があるとする四端説を説いた。

✕ 「荀子」ではなく**孟子**である。四端説の4つの心とは、**惻隠の心**（憐みの心）、**羞悪の心**（不善を恥じる心）、**辞譲の心**（譲る心）、**是非の心**（善悪を見分ける心）である。

3 荘子は、人の性質は生まれながらに利己的なものであるとする「性悪説」を唱え、その教化のために、規範としての礼を身につける必要があると説いた。

✕ 「荘子」ではなく**荀子**である。荀子は、礼によって人々を矯正することで国を治める**礼治主義**を主張した。

4 老子は、「大道廃れて仁義あり」と説き、人間の本来の在り方は、柔弱謙下で、人為にとらわれず、自然のままにあること、すなわち「無為自然」が理想であるとした。

〇 老子は、天地をはじめとする宇宙万物を生み出す根源となるものを道（**タオ**）と呼ぶ道家の代表的な思想家である。

5 李斯は、善と悪、美と醜、是と非といった区別は人為的で相対的なものであり、本来すべてのものの価値には差別なく、斉しいとする「万物斉同」を唱えた。

× 「李斯」ではなく荘子である。荘子は、生死や幸福といった運命を悠然と受け入れる境地にある人間を真人と呼び、理想的な生き方であると説いた。

6 墨子は、儒家の家族愛に根ざす親愛の情である「仁」に対して、自己と同じように他者を愛する兼愛を説き、非攻説を唱えた。

○ 墨子は、他者を自己と同じように愛し、利益ももたらしあうという平等な愛（兼愛交利）を唱えた。

7 韓非子は、儒家の仁愛を批判し、人間は利己的なものであるとの認識に立ち、どんな凡庸な者にでも国を統治するしくみが必要であるとして法治主義と信賞必罰を説いた。

○ 韓非子は法や刑罰といった客観的な基準によって秩序は維持されるべきだと考えた。また、韓非子は、人の能力を引き出すには功績のあった者には褒美を、罪を犯した者には罰を科す**信賞必罰**をもって処すべきであると説いた。

8 朱子は、人間の心を「性」と「情」に分け、本性（本来的性質）である「情」は理であると考えた。

× 朱子は、人間の心を「性」と「情」に分け、本性（本来的性質）である「性」は理であると考えた（**性即理**）。

9 王陽明は、朱子の説く説を批判し、人間の心そのものが理を備えていると考えた。この考え方を「心即理」という。

○ 陽明学の祖である王陽明は、「知は行の始（もと）であり、行は知の始（もと）である」として、知の実践（**致良知**）を説くとともに、真の知は実践を伴うべきとする「**知行合一**」の思想を唱えた。

過去問にチャレンジ！

問題 1

国家一般職（2019年度）

中国の思想家に関する記述として最も妥当なものはどれか。

1 孔子は、儒教の開祖であり、人を愛する心である仁の徳が、態度や行動となって表われたものを礼と呼び、礼によって社会の秩序を維持する礼治主義を理想とした。そして、現世で仁の徳を積み、礼をよく実践することで、死後の世界で君子になることができると説いた。

2 墨子は、道徳によって民衆を治めることを理想とする儒教を批判し、法律や刑罰によって民衆を厳しく取り締まる法治主義を主張した。また、統治者は無欲で感情に左右されずに統治を行うべきであると説き、そのような理想的な統治の在り方を無為自然と呼んだ。

3 孟子は、性善説の立場で儒教を受け継ぎ、生まれつき人に備わっている四つの善い心の芽生えを育てることによって、仁・義・礼・智の四徳を実現できると説いた。また、力によって民衆を支配する覇道を否定し、仁義の徳によって民衆の幸福を図る王道政治を主張した。

4 荘子は、儒教が重んじる家族に対する親愛の情を身内だけに偏った別愛であると批判し、すべての人が分け隔てなく愛し合う兼愛を説いた。さらに、水のようにどんな状況にも柔軟に対応し、常に控えめで人と争わない柔弱謙下の態度を持つことが、社会の平和につながると主張した。

5 朱子は、人が本来持っている善悪を判断する能力である良知を働かせれば、誰でも善い生き方ができるとして、支配階層の学問であった儒学を一般庶民にまで普及させた。また、道徳を学ぶことは、それを日々の生活で実践することと一体となっているという知行合一を主張した。

➡解答・解説は別冊P.107

問題 2

警察官Ⅰ類（2021年度）

諸子百家に関する記述中の空所A～Eに当てはまる人名や語句の組み合わせとして、最も妥当なものはどれか。

諸子百家の流派のうち、儒家は（　A　）などを思想内容の特徴とし、主な思想家として孔子や（　B　）があげられる。これに対して、道家は（　C　）などを思想内容の特徴とし、主な思想家として老子や（　D　）があげられる。儒

家と道家は、漢の時代にそれぞれ儒教と道教へと発展していく。このうち、
（　E　）の流れをくむものとして朱子学や陽明学がある。

	A	B	C	D	E
1.	兼愛	墨子	法治主義	韓非子	道教
2.	兼愛	墨子	無為自然	荘子	儒教
3.	仁と礼	孟子	法治主義	荘子	道教
4.	仁と礼	荀子	無為自然	荘子	儒教
5.	仁と礼	荀子	無為自然	韓非子	儒教

➡解答・解説は別冊P.107

問題3　　　　　　　　　　　　　　　　　　　　　　特別区Ⅰ類（2019年度）

中国の思想家に関する記述として、妥当なものはどれか。

1　荀子は、ありのままの世界は万物斉同であり、自由の境地に生きる者のことを
　真人とよび、人間の理想とした。

2　孟子は、仁義による王道政治を理想とし、覇道に頼って民衆の苦しみをかえり
　みない君主は天命を失って追放されるという易姓革命の思想を説いた。

3　墨子は、「人の性は悪、その善なるものは偽なり」と説き、内面的な仁よりも人々
　の行為を規制する社会規範としての礼を強調し、礼治主義を唱えた。

4　老子は、儒家の家族愛的な仁に対して、他者を区別なく愛する兼愛のもとに、
　人々が互いに利益をもたらし合う社会をめざした兼愛交利を唱えた。

5　荘子は、「大道廃れて仁義有り」と説き、人間の本来の生き方とは柔弱謙下で、
　無為自然に生きることを理想とした。

➡解答・解説は別冊P.108

SECTION

5 日本思想

STEP 1 要点を覚えよう！

POINT 1 日本仏教

　紀元前5世紀、仏教の開祖ブッダは、**諸行無常**や**諸法無我**といった真理を繰り返し見つめることで、悟りの境地である**涅槃寂静**を得ることができると説いた。ブッダ入滅後、自力救済を目指す**上座部仏教**と、衆生の救済を目指す**大乗仏教**が生まれ、上座部仏教は東南アジア方面、大乗仏教は中国・朝鮮・日本方面へと伝播した。

時代	仏教者	思想等
飛鳥	**聖徳太子**	・「世間虚仮、唯物是真」 ・斑鳩に法隆寺建立
奈良	**鑑真**	・律宗の開祖、戒律を伝えるために来日 ・唐招提寺建立
平安	**最澄**	・天台宗の開祖 ・「**一切衆生悉有仏性**」、**法華一乗**の教え
	空海	・**密教**である**真言宗**の開祖 ・**大日如来**と一体化する**即身成仏**を説く
鎌倉	**親鸞**	・**浄土真宗**の開祖 ・阿弥陀仏による絶対他力の**悪人正機説**＊
	一遍	・時宗の開祖、踊念仏と遊行
	日蓮	・日蓮宗の開祖、法華至上主義

POINT 2 江戸時代の儒学者

思想家	学派	思想等
林羅山	朱子学	・上下定分の理、存心持敬
山崎闇斎	朱子学	・神道と儒教を統合した**垂加神道**を提唱
貝原益軒	朱子学 本草学	・医学・薬学・植物学にも精通 ・主著『大和本草』『養生訓』『和俗童子訓』
中江藤樹	陽明学	・「孝」（万物の普遍的原理）を重視 ・良知を働かせ（致良知）、行為により実践すべし（知行合一）

＊　**悪人正機説**…自力で悟りの境地に至ることができる者は善人であり、煩悩にとらわれていることを自覚した悪人こそ阿弥陀仏の力にすがろうとする凡夫であり、阿弥陀仏によって救われるとする思想。

| 伊藤仁斎
（いとうじんさい） | 古義学 | ・『論語』こそ「最上至極宇宙第一の書」 |
| 荻生徂徠
（おぎゅうそらい） | 古文辞学 | ・「六経」を重視
・「先王の道」＝「安天下の道」 |

POINT 3 江戸時代の国学者

思想家	思想等
賀茂真淵 （かものまぶち）	・儒教を批判し、国学の基礎を確立 　→『万葉集』の歌風＝「ますらをぶり」（男性的でおおらかな心） 　→古代人の「高く直き心」を見出す
本居宣長 （もとおりのりなが）	・主著『古事記伝』 ・「もののあはれ」（事物に対してしみじみと感じる心）を重視

POINT 4 江戸時代のその他の思想家

思想家	学派	対象	思想
安藤昌益 （あんどうしょうえき）	農業中心の理想主義	農民	・不耕貪食の徒*が支配する法世を批判 ・万人直耕の自然世への復帰を主張
石田梅岩 （いしだばいがん）	石門心学	町人、商人	・商人や町人の営利活動を肯定 ・「正直」と「倹約」

POINT 5 近代日本の思想家

思想家	人物像	思想等
福沢諭吉	啓蒙思想家	・天賦人権論…「天は人の上に人を造らず」 ・独立自尊…「一身独立して一国独立す」
中江兆民	自由民権運動の指導者	・恩賜的民権から恢復的民権へ ・「東洋のルソー」
内村鑑三 （かんぞう）	キリスト教の思想家	・２つのJ（Japan〔日本〕とJesus〔イエス〕）への奉仕 ・無教会主義と非戦論を説く
幸徳秋水	社会主義思想家	・社会主義思想と直接行動論 ・大逆事件により逮捕、処刑
吉野作造	政治学者	・大正デモクラシーの指導的理論➡民本主義
西田幾多郎	哲学者	・主客未分の純粋経験 ・主著『善の研究』
和辻哲郎	倫理学者	・倫理学とは「人間の学」である
柳田国男	日本民俗学の創始者	・「常民」（民間伝承を保持している無名の人々） ・主著『遠野物語』『先祖の話』『海上の道』
柳宗悦 （やなぎむねよし）	民芸運動の創始者	・「民芸」の名づけ親 ・主著『民藝とは何か』

＊　不耕貪食の徒…武士や町人のように直接農耕に従事することなく、耕作に従事する農民に寄食する者。

1 林羅山は、江戸幕府の歴代将軍に仕え、人間には上下の差別や秩序があるという上下定分の理や、私利私欲を抑えて「敬の心」を保持すれば、理が働き、礼儀を重んじることができるとする存心持敬を説いた。

○　林羅山は、**朱子学派の儒学者**で、**理気二元論**の立場から上下定分の理や存心持敬を説いた。

2 山崎闇斎は、朱子学者として、医学や薬学など実証的な研究を多く行い、『大和本草』『養生訓』を著した。

×　「山崎闇斎」ではなく**貝原益軒**である。山崎闇斎は、儒教を中国の道、神道を日本の道として、両者の一致を説く垂加神道を唱えた朱子学者である。

3 中江藤樹は陽明学を学び、自分の心に備わる善悪の判断基準を働かせ、知識と行動を一致させよと説いた。

○　中江藤樹は、自分の心に備わる善悪の判断基準を良知と呼び、それを働かせる（**致良知**）ことで、行動によって良知を実現させるべきである（**知行合一**）と説いた。なお、中江藤樹は、万物の根源を「**孝**」に求め、孝は人倫の基本であると考えた。

4 本居宣長は、「もののあはれ」を知る人だけが人の悲しみに共感し、同情することができるとした。

○　「**もののあはれ**」とは、事物に対してしみじみと感じる直き心のことであり、江戸時代の国学者本居宣長は、この「もののあはれ」に日本固有の情緒を見いだし、それを本質とする『**源氏物語**』を評価した。

5 中江兆民は、高崎藩の武士の子として生まれ、イエスと日本の「二つのJ」に奉仕することを念願し、「われは日本のため、日本は世界のため、世界はキリストのため、すべては神のため」という言葉が墓碑に刻まれている。

× 「中江兆民」ではなく**内村鑑三**である。**中江兆民**は、自由民権運動を支えた理論的指導者であり、恩賜的民権から恢復的民権への成長を説き、「**東洋のルソー**」と呼ばれた。

6 福沢諭吉は、社会問題の解決には社会主義が必要と論じて社会民主党を結成したが、大逆事件といわれる明治天皇の暗殺計画を企てたとして、逮捕され処刑された。

× 「福沢諭吉」ではなく**幸徳秋水**である。福沢諭吉は、中津藩の武士の子として生まれ、実学を学ぶことで一人ひとりの個人が独立をし（一身独立）、その個人の独立を基礎に国家が独立を維持するべきである（「**一身独立して一国独立す**」）として、独立自尊の精神を説いた。

7 6世紀に日本に伝来し、聖徳太子の時代に盛んになった仏教は、次第に国家的支援を受けるようになり、奈良時代には鎮護国家思想のもと、国家の保護を受けてさらに発展することとなった。

○ 鎮護国家思想とは、仏の加護により国を治め護ろうという考え方である。奈良時代に盛んになった思想で、国家統治の背景に仏教が密接に関係した。

8 平安時代、天台宗の開祖である最澄は、法華一乗の思想をもちつつ、「一切衆生悉有仏性」と説いた。

○ **法華一乗の思想**とは、法華経こそが、誰もが成仏することができる唯一の教えであるとする考え方である。また、「**一切衆生悉有仏性**」は、全てのものが仏性をすでにもっているという意味である。

STEP 3 過去問にチャレンジ！

問題 1

特別区Ⅰ類（2016 年度）

江戸時代の思想家に関する記述として、妥当なものはどれか。

1 伊藤仁斎は、古文辞学を唱え、「六経」に中国古代の聖王が定めた「先王の道」を見いだし、道とは朱子学が説くように天地自然に備わっていたものではなく、天下を安んじるために人為的につくった「安天下の道」であると説いた。

2 荻生徂徠は、朱子学を批判して、『論語』こそ「宇宙第一の書」であると確信し、後世の解釈を退けて、『論語』や『孟子』のもともとの意味を究明しようとする古義学を提唱した。

3 本居宣長は、儒教道徳を批判し、『万葉集』の歌風を男性的でおおらかな「ますらをぶり」ととらえ、そこに、素朴で力強い「高く直き心」という理想的精神を見いだした。

4 石田梅岩は、「商人の買利は士の禄に同じ」と述べ、商いによる利益の追求を正当な行為として肯定し、町人が守るべき道徳として「正直」と「倹約」を説いた。

5 安藤昌益は、「農は万業の大本」と唱え、疲弊した農村の復興につとめ、農業は自然の営みである「天道」とそれに働きかける「人道」とがあいまって成り立つと説いた。

➡解答・解説は別冊 P.109

問題 2

裁判所職員（2017 年度）

近代の思想家に関する記述として最も妥当なものはどれか。

1 美濃部達吉によって唱えられた大正デモクラシーの指導的理論を民本主義という。彼の主著である『憲政の本義を説いて其の有終の美を済すの途を論ず』は、憲政擁護運動の隆盛に大きく貢献した。

2 和辻哲郎が自らの倫理学に名付けた「人間の学」とは、自己の本領に立って個性を発揮し、同時に他者の個性や生き方を認め尊重するという、エゴイズムを超える倫理の追究のことをさす。

3 西田幾多郎が自己の哲学の根本とした純粋経験における「主客未分」とは、人

間は常に人と人との間柄においてのみ人間たりうるのであり、孤立した個人的な存在ではないという考えのことである。

4 柳宗悦は、大正・昭和期の民芸運動の創始者である。彼は、それまで美の対象とされていなかった民衆の日用品や、無名の職人たちの作品に固有の優れた美を見出し、その概念を「民芸」と名付けた。

5 柳田国男は、日本民俗学の創始者で、民間伝承を保持している階層の無名の人々を、英語のfolkの訳語として「まれびと」と名付けた。現在の岩手県遠野市の周辺に伝わる民間伝承を筆録した『遠野物語』のほか、日本人の祖霊信仰についてまとめた『死者の書』で知られる。

➡解答・解説は別冊P.109

問題3

国家一般職高卒（2020年度）

仏教に関する記述として最も妥当なものはどれか。

1 紀元前、ブッダは、全てのものが絶えず変化する万物斉同の世界で、一切の修行を捨てて自然に身を任せる無為自然の実践により解脱の境地に至ることができると説いた。

2 奈良時代、上座部仏教が、スリランカ、東南アジアを経て日本に伝わり、仏教によって国の安泰を図る鎮護国家の実現のため、厩戸王（聖徳太子）は東大寺に大仏を建立した。

3 平安時代、空海は、万物は宇宙の本体である大日如来の現れであり、真言を唱える密教の修行などを通じて、大日如来と一体化する即身成仏を遂げることができると説いた。

4 鎌倉時代、親鸞は、自分の力を誇る悪人は、阿弥陀仏には救われないが、坐禅による修行を通じて自力で悟りの境地に至ることができると説いた。

5 鎌倉時代、道元は、自分の無力を深く自覚し、踊りながらひたすらに念仏を唱えて阿弥陀仏の慈悲にすがる人こそが悟りの境地に至ると説いた。

➡解答・解説は別冊P.110

警察官 I 類（2018 年度）

神道に関する記述として、最も妥当なものはどれか。

1 古代の日本では人間の力を超えたあらゆる不可思議な自然現象や存在物はカミ（神）とよばれ、山や巨木、蛇などは霊力を備えたものとして信仰の対象とされた。このような信仰形態をシャーマニズムという。

2 神道においては太陽神である天照大神を、ユダヤ教やキリスト教などにみられるような、造物主としての唯一神として信仰している。

3 古代の日本人は自然の恵みに生きる日常を「ハレ」と呼び、「ハレ」が枯れた状態である「ケガレ」に陥らないように、「ケ」という特別な祭祀の日を設けた。

4 清き明き心とは、うそ偽りなく、何も包み隠さず、つくろい飾るところのない心のことであり、のちに正直や誠の心として日本人の伝統的倫理観を形成するもととなった。

5 古代の日本人は公共秩序の破壊や、病気・自然災害などを罪や穢れと捉え、これらを祓うことが必要であるとした。特に火をくべて穢れた物を焼却する行為を禊と呼んだ。

➡解答・解説は別冊P.111

STEP 3

過去問にチャレンジ！

索 引

シリーズ全冊試し読み
「Gakken Book Contents Library」のご案内

1 右のQRコードかURL から「Gakken Book Contents Library」に アクセスしてください。

https://gbc-library.gakken.jp/

2 Gakken IDでログインしてください。Gakken IDをお持ちでない方は新規登録をお願いします。

3 ログイン後、「コンテンツ追加＋」ボタンから下記IDとパスワードを入力してください。

ID	9mvrd
PASS	cfphvps4

4 書籍の登録が完了すると、マイページに試し読み一覧が表示されますので、そこからご覧いただくことができます。

きめる！公務員試験　人文科学

カバーデザイン	野条友史（BALCOLONY.）
本文デザイン	宮嶋章文
本文イラスト	ハザマチヒロ
編集協力	コンデックス株式会社
校正	こはん商会、野口光伸、遠藤理恵
データ作成	コンデックス株式会社
印刷所	TOPPAN株式会社
編集担当	増田秀光

読者アンケートご協力のお願い
※アンケートは予告なく終了する場合がございます。

この度は弊社商品をお買い上げいただき、誠にありがとうございます。本書に関するアンケートにご協力ください。右のQRコードから、アンケートフォームにアクセスすることができます。ご協力いただいた方のなかから抽選でギフト券（500円分）をプレゼントさせていただきます。

アンケート番号： 802101

※QRコードは株式会社デンソーウェーブの登録商標です。

H

Gakken

きめる！ KIMERU SERIES

［別冊］
人文科学〈日本史／世界史／地理／思想〉
Humanities

解答解説集

この別冊は取り外せます。矢印の方向にゆっくり引っぱってください。 ➡

きめる! 公務員試験

人文科学

解答解説

1 1 奈良・平安時代

問題 1 裁判所職員（2020年度）･･････････････････････････････････････ 本冊 P.024

　　正解：2

A ○ **坂上田村麻呂**による蝦夷征討は**平安時代初期**の出来事で、蝦夷の族長**阿弖流為**を降伏させたのは**802年**。

B × **道鏡**は、**奈良時代**の法相宗の僧で、**孝謙太上天皇**の寵愛を受けて台頭した。孝謙太上天皇が重祚して**称徳天皇**になると、道鏡は**太政大臣禅師**となり、さらに**法王**となって権力を握った。道鏡は、**宇佐神宮**の神託と称して皇位をうかがったが、**和気清麻呂**らに阻止されて失敗し、称徳天皇が亡くなると失脚した。

C ○ **大学別曹**は、**平安時代**に有力貴族が子弟のために**大学**（大学寮）の近くに設けた寄宿施設で、学生は学費の支給を受け、書籍を利用しながら大学で学ぶことができた。和気氏の**弘文院**、藤原氏の**勧学院**、橘氏の**学館院**などがある。

D × **健児制**（健児の制）は、**792年**に**桓武天皇**が定めた**地方兵制**で、一般民衆から兵を徴発する従来の**軍団兵士制**を廃止し、郡司の子弟や有力農民の志願による**健児**を採用した。農地開拓のための制度ではない。

　以上により、平安時代の出来事として妥当な記述は **A・C** となり、正解は **2** である。

問題 2 警察官Ⅰ類（2020年度）･･････････････････････････････････････ 本冊 P.024

　　正解：4

1 × 勢力を拡大しようとする地方豪族や有力農民による争乱の拡大に対して、政府は地方の有力武士を**押領使**や**追捕使**に登用して治安維持にあたらせた。**受領**は、任国に赴任する国司の最上級者のことで、前任者から一国の財産を引き継ぐことからそう呼ばれた。**遥任**は、国司が任国に赴任せずに収入のみを得ること、またはそのような国司をさす。**滝口の武士**（滝口の武者）は、宮中の警備に用いられた武士である。

2 × 選択肢の文中、**平清盛**は**平将門**の誤り。

3 × もと伊予の国司であった**藤原純友**は、任期が終わったのちも帰京せず、日振島を根拠地として、瀬戸内海の**海賊**を率いて乱をおこし、伊予の国府や**大宰**

府を攻め落としたが、源経基らによって討伐された。

4 ○ 強力な武士団の統率者は**棟梁**と仰がれるようになった。その代表が、中央貴族の血筋を引く**清和源氏**、**桓武平氏**である。源氏と平氏の両氏は、地方武士団を広く組織した武家を形成し、大きな勢力を築いた。

5 × 承平・天慶の乱とは、選択肢2、3に取り上げられている、**平将門の乱**と**藤原純友の乱**をさす。東西で発生したこれらの朝廷への反乱は、地方武士の台頭を象徴する出来事で、これにより、朝廷の軍事力の低下が明らかになるとともに、反乱の鎮圧に勲功を挙げた武士が**中央政界**に進出する出発点にもなった。

問題3 警察官Ⅰ類（2017年度）·· 本冊 P.025

正解：1

　781年に即位した**桓武天皇**は、**光仁天皇**の政策を継承し、都づくりと**蝦夷**支配を重点政策とした。**784年**に**長岡京**に遷都したが政情不安が募り、**794年**に再び、**平安京**に遷都した。蝦夷の抵抗に対しては、**坂上田村麻呂**を征夷大将軍として軍を派遣し、**胆沢城**を築いて**阿弖流為**を帰順させると、**多賀城**に置かれていた**鎮守府**を胆沢城に移した。また、国司交替の事務引継ぎを監督する**勘解由使**を設けるなど、強い政治力で律令体制の立て直しを図った。

　以上により、**A：桓武天皇**、**B：長岡京**、**C：胆沢城**、**D：勘解由使**となり、正解は**1**である。

問題4 警察官Ⅰ類（2016年度）·· 本冊 P.025

正解：2

1 × **794年に平安京に遷都**したのは**桓武天皇**。

2 ○ **741年に国分寺建立の詔を発出**したのは**聖武天皇**。

3 × **792年に健児の制を実施**したのは**桓武天皇**。

4 × **684年に八色の姓を定めた**のは**天武天皇**。

5 × **797年頃に勘解由使を設置**したのは**桓武天皇**。

問題1 消防官Ⅲ類（2014年度類題） ·· 本冊 P.030

正解：2

　　源 頼朝は、国ごとに守護を、荘園や公領ごとに地頭を置くことを朝廷に認めさ
せた。東国を中心にした頼朝の支配権は西国にも及び、武家政権としての鎌倉幕
府が確立する。その後、奥州藤原氏を滅ぼした頼朝は、征夷大将軍に任じられる。
征夷大将軍とは、本来は、蝦夷征討のために臨時に派遣された遠征軍の総指揮官
であったが、頼朝以降は、武家政権の首長を意味するようになる。

　　鎌倉幕府を支えたのは、将軍（鎌倉殿）と、将軍家と主従関係を結んだ御家人
の結びつきである。守護には、主に東国の有力御家人が任命され、国内の警備や
治安の維持に当たった。地頭は御家人の中から任命され、土地の管理や年貢の徴
収を行った。御家人は、守護や地頭に任じられることで先祖伝来の所領の支配権
を保障され（本領安堵）、勲功に応じて新たな所領を与えられた（新恩給与）。こ
うした御恩に対して、御家人は、戦時には軍役を、平時には番役（内裏や院御所、
幕府御所などを警備する役）などを務めて、従者として奉公した。このように、
土地を仲立ちとして主従関係を結ぶしくみを封建制度という。

　　頼朝の死後、有力な御家人の間で政治の主導権をめぐる争いが続き、やがて北
条氏が執権として幕府の実権を握った。3代執権・北条泰時は、御家人と荘園領
主の間で領地をめぐる争いが増えると、1232年に御成敗式目を定めて、土地争い
の裁判を公平に行うための基準を示した。

　　六波羅探題は、鎌倉幕府が承久の乱後に京都に設置した出先機関（1221年）。
武家諸法度は、江戸幕府が諸大名の統制のために制定した法令で、1615年に徳川
家康が定めたものに始まる。

　　以上により、A：守護、B：地頭、C：執権、D：御成敗式目となり、正解は2
である。

問題2 警察官Ⅰ類（2015年度） ··· 本冊 P.030

正解：1

1 ○　源頼朝は、御家人を守護や地頭に任命することにより、先祖伝来の所領を
　　安堵し、勲功に応じて新たな所領を与えた。このような御恩に対して、御家人
　　は、軍役や番役などを務めて奉公した。このように、土地の給与を通じて主従
　　関係を結ぶしくみを封建制度という。

2 ×　鎌倉幕府は、支配機構として、中央に侍所、政所及び問注所を置き、地

方には各国ごとに守護を、荘園や公領ごとに地頭を置いた。公文所は、幕府の公的文書を取り扱い、政務をつかさどる役所で、のちに政所に改称され、公文所はその一部局となった。

3　×　源実朝が暗殺され、頼朝の直系が途絶えた後、北条義時は皇族を将軍として招くことを朝廷に申し入れたが、後鳥羽上皇がこれを拒否したため、頼朝の遠縁に当たる藤原頼経を4代将軍として迎え入れ、次いで、その子頼嗣を5代将軍とした。2代続いた摂関家出身の将軍を、摂家将軍または藤原将軍という。6代以降は皇族が将軍となったが、名目だけの存在で、幕府で実権を握ったのは、代々執権を務めた北条氏であった。幕府滅亡まで4代続いた皇族出身の将軍を、親王将軍、皇族将軍または宮将軍という。

4　×　承久の乱は、幕府と対立した後鳥羽上皇が、北条義時追討の院宣を発して挙兵し、倒幕を図った事件。幕府軍の反撃により鎮圧され、後鳥羽上皇は隠岐に流された。以後、幕府の朝廷に対する政治的優位が確立する。

5　×　3代執権となった北条泰時は、執権の補佐役として連署を設け、さらに、有力御家人や政務にすぐれた者から評定衆を選んで、合議制による政治を行った。

問題3　特別区Ⅲ類（2021年度）………………………………………………… 本冊P.031

正解：1

1　○　源頼朝の死後、家督を継いで2代将軍となった頼家の時代になると、貴族出身の頼朝の側近と有力御家人からなる13名の合議制による政治が行われたが、御家人の間で激しい争いが続き、その中で北条氏が勢力を伸ばした。頼朝の妻・北条政子の父である北条時政は、将軍頼家を廃し、弟の実朝を3代将軍に立てて、自らは政所の別当となり、幕府の実権を掌握した。この時政の地位は執権と呼ばれ、以後、北条氏により世襲される。

2　×　選択肢の文中、北条時頼は北条義時の誤り。義時は時政の子で2代執権。

3　×　選択肢の文中、北条義時は北条泰時の誤り。泰時は義時の子で3代執権。

4　×　選択肢の文中、北条時宗は北条時頼の誤り。時頼は泰時の孫で5代執権。

5　×　選択肢の文中、北条泰時は北条時宗の誤り。時宗は時頼の子で8代執権。

問題1 東京都Ⅲ類（2019年度）.. 本冊P.036

正解：3

1 × 室町幕府には、将軍の補佐役として管領が置かれ、政務を統轄した。管領は、足利氏の一族である細川・斯波・畠山の3氏（三管領）から交代で任命された。

2 × 鎌倉時代後期から戦国期にかけて形成された農民による自治組織を、惣または惣村という。惣村は、寄合と呼ばれる村民の会議の決定により運営され、村民が守るべき規約である惣掟（村法、村掟、地下掟とも）が定められた。

3 ○ 応仁の乱以後、室町幕府の権威は失墜し、下の者が上の者に取って代わる下剋上の風潮が広まるなか、幕府の権威により地位を保っていた守護大名に代わって、自らの力で領国を築き上げ、支配する戦国大名が各地に現れた。

4 × 書院造は、室町時代後期に成立した武家住宅の建築様式で、寝殿造に禅宗の書院、方丈の要素を加えたものである。書院造の建築物には、慈照寺の銀閣下層や東求堂同仁斎がある。寝殿造は、平安時代に貴族の住宅に採用された建築様式である。

5 × 水墨画は、墨の濃淡と描線の強弱によって墨一色で表現される、東洋独特の絵画である。遣明船で明に渡り水墨画の技法を学んだ雪舟は、帰国後に、禅画の制約を乗り越えた、個性豊かな水墨山水画を創造した。代表作に「秋冬山水図」「四季山水図巻」「天橋立図」などがある。俵屋宗達は、桃山時代から江戸時代初期に活躍した画家で、「風神雷神図屏風」が有名。

問題2 裁判所職員（2018年度）.. 本冊P.036

正解：1

A 正 室町時代には水稲の品種改良が進み、早稲・中稲・晩稲の作付けが普及し、収穫の増大をもたらした。

B 誤 唐箕、千石簁は、いずれも穀粒の選別に使われる農具で、江戸時代中期の17世紀後半に普及した。

C 正 室町時代には農業の生産性が向上し、二毛作が全国で一般化するとともに、

畿内では**三毛作**も行われた。肥料には、鎌倉時代から使われていた**刈敷**、**草木灰**のほかに、**下肥**が広く使われるようになった。刈敷は草を刈って田に敷き込むもの、草木灰は草木を焼いて灰にしたもの、下肥は人糞尿である。

以上により、**A：正、B：誤、C：正**となり、正解は**1**である。

問題3 特別区Ⅰ類（2022年度）‥‥‥‥‥‥‥‥‥‥‥‥‥‥‥‥ 本冊 P.037

正解：5

1 ✕ 選択肢の文中、**征西将軍**は**征夷大将軍**の誤り。征西将軍は、**西国**を平定するために派遣された将軍に与えられた称号で、その地位につく者は、平安時代以来長らく途絶えていたが、南北朝時代に**後醍醐天皇**の子・**懐良親王**（「かねよし」とも）が征西将軍として九州に下向し、一時、九州全土を制圧した。

2 ✕ 室町幕府は、地方武士を動員するために、**守護**の権限を拡大した。**半済令**は、軍費調達のために、守護に一国内の荘園や公領の年貢の半分を徴収する権限を与えたものである。守護の中には、国衙の機能をも吸収して、任国全域を自分の所領のようにみなすものも現れた。このように領主化した守護を、鎌倉時代の守護と区別して**守護大名**と呼ぶ。**守護段銭**とは、守護自身が国内に賦課した税。**国人**は、荘官や地頭が土着して領主となった地方在住の武士。

3 ✕ 初期の室町幕府では、初代将軍となった**足利尊氏**とその弟・**直義**が政務を分担する**二頭政治**が行われ、軍事指揮権と恩賞給与、守護職の任免などを**尊氏**が、所領裁判権などを**直義**が担当した。両者は、やがて政治方針をめぐって対立し、**観応の擾乱**が起こった。

4 ✕ 選択肢の文中、**管領**は**鎌倉公方**、**足利義詮**は**足利基氏**の誤り。足利義詮は尊氏の子で、尊氏の死後に2代将軍となった。

5 ○ 3代将軍・**足利義満**は、**土岐氏**、**山名氏**、**大内氏**などの有力守護を倒して幕府への権力集中を図り、1392年には**南北朝合一**を果たした。義満が建てた将軍邸・**花の御所**は**室町殿**とも呼ばれ、室町幕府の名の由来となった。

問題4 特別区Ⅰ類（2015年度）‥‥‥‥‥‥‥‥‥‥‥‥‥‥‥‥ 本冊 P.038

正解：4

1 ✕ **足利尊氏**は、**持明院統**の光明天皇を立てて征夷大将軍に任じられた。尊氏は、弟の直義と政務を分担して政治を行ったが、尊氏の執事・**高師直**と直義の

対立から始まった尊氏派、直義派の内紛が激化し、**観応の擾乱**と呼ばれる武力抗争に発展した。

2 × 　管領は、足利氏一門の、**細川・斯波・畠山**の3氏（三管領）から交代で任命された。**一色**、山名、**京極氏**は、**赤松氏**とともに**四職**と呼ばれ、京都内外の警備や刑事裁判をつかさどる**侍所**の長官である**所司**を交替で務めた。

3 × 　守護に荘園や公領の年貢の半分を兵糧米として徴収する権限を与えることを定めた法令は、**徳政令**ではなく**半済令**である。半済令が最初に出されたのは1352年で、初代将軍・**足利尊氏**の時代。このときの半済令は、**近江・美濃・尾張**の3国に対して1年限り施行された限定的なものだったが、やがて施行範囲が8か国に拡大された。さらに、3代将軍・**義満**の代の1368年に出された半済令は、範囲や期間を限定せず、年貢だけでなく土地そのものを分割の対象とした。

4 ○ 　6代将軍・**足利義教**は、鎌倉公方・**足利持氏**を滅ぼし（**永享の乱**）、有力守護の所領を没収するなど強権をふるった。これに危機感を抱いた**赤松満祐**は、義教を自邸に招いて謀殺した（**嘉吉の変**）。満祐は幕府軍に討伐されたが、以後、将軍の権威は大きく揺らいだ。

5 × 　8代将軍・**足利義政**には当初、男子がなく、僧侶となっていた**弟の義尋**が還俗し、**義視**と改名して義政の後継ぎとされた。ところが、義政に**実子・義尚**が生まれると、義政の妻で義尚の母である**日野富子**は、義視を廃して義尚を後継ぎにしようとし、将軍家の家督争いが起きた（選択肢の文では、義政の弟と子の関係が逆になっている）。同じ時期に、**畠山・斯波**の両管領家の家督争いも起きており、これらの争いに、幕府の実権をめぐって対立していた**細川勝元**と**山名持豊**が介入したことが、11年間にわたる**応仁の乱**の原因となった。

問題5　東京都Ⅲ類（2020年度）　……………………………………………… 本冊 P.038

正解：1

1 ○ 　**豊臣秀吉**は、新しく領地を獲得するたびに検地を行ったが、秀吉が関白の地位を養子の秀次に譲ったのちに**太閤**と称したことから、秀吉が実施した検地は**太閤検地**と呼ばれるようになった。太閤検地の特徴は、全国の土地を**石高**により一元的に表示したことである。石高とは、土地の**生産力**を米の**収穫高**に換算したもので、従来の**貫高**（土地に賦課された税額による表示）に代えて取り入れられた。以後、諸大名の領地は石高で表されるようになり、農民に課される**年貢**も石高に応じてきめられた。**検地帳**は、検地の結果を記録した土地台帳である。

2　×　秀吉は刀狩令を出して**兵農分離**を進めたほか、パテレン追放令により**キリスト教**を邪教とし、**宣教師**の国外追放を命じたが、**南蛮貿易**は従来どおり奨励した。キリスト教の布教は貿易活動と一体的に行われていたので、キリシタンへの取締りは不徹底に終わった。**武家諸法度**は、江戸幕府が諸大名の統制のために制定した法令。

3　×　**東廻り航路・西廻り航路**が開発されたのは17世紀後半。**菱垣廻船**は17世紀前半、**樽廻船**は18世紀前半に運航が開始された。いずれも**江戸時代**の出来事である。

4　×　**蔵屋敷**は、**江戸時代**に、幕府や諸大名が年貢米や特産物を販売するために江戸、大坂などに設けた倉庫兼取引所。**株仲間**は、**江戸時代**に幕府や諸藩の許可を得て結成された商工業者の同業組合である。

5　×　**千利休**は**茶道**を大成させた人物。**雪舟**は**室町時代後期**の禅僧で、明に渡って作画技術を学び、帰国後に日本的な**水墨山水画**を完成した。安土桃山時代に最盛期を迎えた**障壁画**にすぐれた作品を残した画人には、安土城や大坂城に障壁画を描いた**狩野永徳**とその門人・**狩野山楽**ら狩野派の画家、長谷川派の祖・**長谷川等伯**などがいる。また、壁面に描かれた障壁画と屏風絵をあわせて障屏画という。

問題6　特別区Ⅰ類（2017年度）……………………………………………… **本冊P.039**

正解：3

1　×　選択肢の文中、**姉川の戦い**は**桶狭間の戦い**の誤り。**稲葉山城**は斎藤氏の居城で、織田信長の入城後は**岐阜城**と改められた。

2　×　選択肢の文中、**桶狭間の戦い**は**姉川の戦い**の誤り。

3　○　織田信長が、家臣であった**明智光秀**の謀反により襲撃され、自刃した事件が**本能寺の変**である。その後、**山崎の戦い**で光秀を討った**羽柴秀吉**が、信長の全国統一事業を受け継いだ。

4　×　選択肢の文中、**安土城**は**大坂城**の誤り。安土城は、1576年に織田信長が築き、居城とした城である。

5　×　秀吉は、1585年に**長宗我部元親**を降伏させ、**四国**を平定した。伊達政宗ら東北諸大名を屈服させ、全国統一を完成させたのは1590年である。

問題 1 警察官Ⅲ類（2015年度）・・ 本冊 P.046

正解：2

1 × 　徳川家康は、**朝鮮**や**琉球王国**を介して**明**との国交回復を交渉したが、明からは**拒否**された。正式な国交のない日明両国の商人は、台湾、ルソンなどに出向いて**出会貿易**を行ったり、長崎で私貿易を行ったりした。

2 ○ 　**伊達政宗**は、1613年に、家臣の**支倉常長**を正使とする**慶長遣欧使節**をスペインに派遣し、スペイン領であった**メキシコ**と直接貿易を開こうとしたが、その目的は果たせなかった。支倉らは、メキシコ、スペインを経てイタリアに行き、ローマ教皇に謁見して、1620年に帰国した。

3 × 　幕府は、1604年に**糸割符制度**を設け、京都・堺・長崎の特定の商人に**糸割符仲間**をつくらせ、輸入生糸を一括購入させることにより、ポルトガル商人の利益独占を防いだ。のちに、江戸・大坂の商人も糸割符仲間に加わり、**五カ所商人**と呼ばれた。

4 × 　選択肢の文中、**三浦按針**は「**山田長政**」の誤り。三浦按針は、1600年に豊後に漂着したオランダ船**リーフデ号**の水先案内人**ウィリアム＝アダムズ**の別名で、航海士**ヤン＝ヨーステン（耶揚子）**とともに徳川家康に用いられ、**朱印船貿易**に従事した。

5 × 　幕府は、1616年に**中国船を除く**外国船の寄港地を**平戸**と**長崎**に制限した。

問題 2 東京都Ⅰ類（2017年度）・・ 本冊 P.046

正解：3

1 × 　3代将軍徳川家光の頃には、将軍と諸大名との主従関係が**確立された**。強大な権力をもつ**将軍（幕府）**を頂点とし、その配下に**大名**が治める**藩**を置くことにより土地と人民を統治するしくみを、**幕藩体制**という。

2 × 　**島原の乱**は、天草領主**寺沢氏**、島原城主**松倉氏**の圧政と、江戸幕府のキリシタン弾圧に抵抗した農民らの一揆である。舞台となった島原半島と天草は、かつてキリシタン大名の**有馬晴信**と**小西行長**の領地だったためにキリスト教徒が多かった。豊臣秀吉の家臣であった小西行長は、関ヶ原の戦いに敗れ刑死、有馬晴信は、1612年に長崎奉行殺害の企てを曝露されたことにより、甲斐に

流されたのちに自害させられた。

3 ○ **島原の乱**は**1637年**、**ポルトガル船**の来航禁止は**1639年**、**オランダ商館**の**出島**への移転は**1641年**の出来事である。

4 × 選択肢の文中、**御成敗式目**は**武家諸法度**の誤り。また、参勤交代は国元と江戸を**1年**交代で往復させられた。

5 × 徳川家康、秀忠の時代には、将軍の側近たちが要職を担ってきたが、3代将軍・**家光**の頃までに幕府の職制が整備された。選択肢の文中、**五大老**は**老中**、**五奉行**は**三奉行**の誤り。五大老・五奉行は豊臣政権時代の職名である。老中は2万5千石以上の**譜代大名**から、三奉行のうち、寺社奉行は**譜代大名**から、勘定奉行と町奉行は**旗本**から選ばれた。

| 問題3 | 警察官Ⅰ類（2018年度）| ·· 本冊P.047 |

正解：2

1 × **大名**とは、将軍と主従関係を結んだ**1万石**以上の武士をいい、徳川家一門の大名が**親藩**、関ヶ原の戦い以前から徳川氏の家臣であった大名が**譜代**、関ヶ原の戦いの前後に徳川氏に従った大名が**外様**とされた。これらの大名の配置にあたっては、親藩・譜代を要所に、幕府と敵対するおそれのある有力な外様は、なるべく**遠隔地**に配置された。

2 ○ **老中**は、将軍に直属して政務を統轄した常置の最高職で、譜代大名の中から4、5名程度が選ばれた。初期には年寄と呼ばれた。**大老**は、老中の上に置かれた臨時の職で、定員は1名。将軍の代替わりなど、重要事項を決定する際にのみ合議に加わった。**若年寄**は、老中に次ぐ重職で、**旗本**を監督した。

3 × 選択肢の文中、**御成敗式目**は**武家諸法度**、**3年**交代は**1年**交代の誤り。

4 × 選択肢の文中、**公事方御定書**は**禁中並公家諸法度**、**六波羅探題**は**京都所司代**の誤り。公事方御定書は、裁判や刑の基準を定めた法令で、8代将軍・**吉宗**の命により1742年に完成した。

5 × 幕府は**寺請制度**を設けて**宗門改**めを実施し、仏教への転宗を強制するなどして**キリスト教**への弾圧を徹底した。仏教以外の宗教をすべて禁圧したのではなく、**神道**、**修験道**、**陰陽道**なども、仏教に準じて容認された。

問題1 消防官Ⅰ類（2016年度）……………………………………………………… 本冊P.052

正解：4

1 × 5代将軍・徳川綱吉の側用人となった柳沢吉保は、綱吉の意を受けて文治政治を行った。文治政治とは、儒教の思想に基づいて、主君に対する忠、父祖に対する孝、礼儀による秩序などを重んじることにより世の中の安定を図ろうとするもので、武力により政務を断行する武断政治と対比される。4代将軍・家綱から7代将軍・家継までの時代の幕政が文治政治といわれる。

2 × 大岡忠相は、8代将軍・徳川吉宗に抜擢されて町奉行となり、享保の改革の実務を担当した。目安箱を設置して庶民の声を聞き、貧民のための医療施設である小石川養生所をつくるなどの改革を行った。

3 × 10代将軍・家治の時代に老中となった田沼意次は、商業資本を積極的に利用して経済活動を活発にし、その利益の一部を取り込むことにより、幕府の財政再建を図った。

4 ○ 11代将軍・家斉の時代に老中となった松平定信は、飢饉により荒廃した農村を再興し、幕府の財政基盤を立て直そうとして、農村政策を重視した寛政の改革を行った。

5 × 12代将軍・家慶の時代に老中となった水野忠邦は、幕府権力の強化をねらって天保の改革を行い、財政緊縮、綱紀粛正を図った。

問題2 国家一般職（2016年度）……………………………………………………… 本冊P.052

正解：5

A 寛政の改革（1787〜1793年）に関する記述で、旧里帰農令は1790年に出された。1789年には、諸藩に対し、翌年から5年間、1万石につき50石を貯蔵する囲米が命じられた。

B 一国一城令は1615年。

C 老中田沼意次が実権を握った田沼時代（1767〜1786年）を中心とする幕府の政治に関する記述である。南鐐二朱銀の鋳造は1772年。

D 8代将軍・**徳川吉宗**が行った**享保の改革**（1716～1745年）に関する記述で、足高の制が施行されたのは1723年。

E 5代将軍・**徳川綱吉**の時代に関する記述で、服忌令は1684年に出され、生類憐みの令は1685年以降にたびたび出された。

以上により、年代順に並べると**B→E→D→C→A**となり、正解は**5**である。

問題3 警察官Ⅰ類（2021年度）……………………………………………………… 本冊P.053

正解：3

1 ×　選択肢の文中、**柳沢吉保**は間部詮房の誤り。

2 ×　選択肢の文中、**天保の改革**は享保の改革の誤り。

3 ○　田沼意次の政策は、商人の力を利用して幕府の財政改善を図るもので、これに刺激を受けて、民間の学問や文化、芸術も発展を遂げたが、その半面、**賄賂政治**が横行したことから批判された。将軍**家治**が死去すると、意次は老中を罷免されて失脚し、多くの政策は中止された。

4 ×　**松平定信**は、儒学のうち**朱子学**を**正学**とし、それ以外の学派を**異学**として、学問所において異学を講義することを禁じた（**寛政異学の禁**）。

5 ×　選択肢の文中、**人返しの法**は上知令の誤り。人返しの法は、上知令と同じく、老中**水野忠邦**が**天保の改革**の一環として実施した政策で、江戸に流入した下層民を強制的に帰農させ、農村の再建を図ったものである。

1 6 江戸時代③

問題1 警察官Ⅰ類（2016年度）……………………………………………………… 本冊P.058

正解：2

大老**井伊直弼**が、**日米修好通商条約**をはじめとする**安政の五カ国条約**への調印を強行したことは**孝明天皇**の怒りを買い、また、13代将軍・**徳川家定**の後継ぎを紀伊藩主**徳川慶福**（14代将軍・**家茂**）に決定したことも、**一橋慶喜**（のちの15代将軍・徳川慶喜）を推す大名や、尊王攘夷を唱える志士たちから非難された。安政の大獄は、井伊が反対派の公家・大名・志士ら百余名を処罰した事件で、越前藩士**橋本左内**、長州藩士**吉田松陰**ら8名は死刑に処された。

以上により、**A：日米修好通商条約**、**B：徳川慶福**、**C：吉田松陰**、**D：安政の大獄**となり、正解は**2**である。

問題2 東京都Ⅰ類（2019年度） ……………………………………………… 本冊P.058
　　　正解：4

1 × 　選択肢の文中、**日米修好通商条約**は**日米和親条約**の誤り。同条約では、**アメリカ**に一方的な**最恵国待遇**が与えられた。

2 × 　選択肢の文中、**堀田正睦**は**井伊直弼**、**日米和親条約**は**日米修好通商条約**の誤り。老中首座であった堀田は、日米修好通商条約調印の勅許を得ようとしたが失敗した。その後、大老に就任した井伊が勅許を得られないまま条約に調印すると、堀田はその責任を転嫁され、罷免された。

3 × 　**アメリカ**は、日本の開国を実現させたものの、自国で**南北戦争**が起きたために、当初は日本との貿易をほとんど行えず、日本の最大の貿易相手国は**イギリス**であった。輸出品は生糸が最も多く、その他に**茶**、蚕卵紙、海産物など。輸入品は、**毛織物**、綿織物、武器、艦船、**綿糸**などであった。

4 ○ 　**八月十八日の政変**は、**会津・薩摩藩**を中心とする**公武合体派**が、急進的な**尊攘派**である**長州藩**と三条実美らの公家を京都から追放した事件である。

5 × 　1864年に**禁門の変（蛤御門の変）**で会津・薩摩両藩に敗れたのは、前年に起きた**八月十八日の政変**で京都を追われた**長州藩**の急進派である。**山内豊信**は前土佐藩主で、**公議政体論**の立場から、1867年10月3日に、**徳川慶喜**に朝廷への**大政奉還**を進言した。慶喜はこれを受け入れ、**同10月14日**に、大政奉還の上表を朝廷に提出した。したがって、選択肢の文中の「**翌年**」は誤り。

問題3 消防官Ⅰ類（2018年度） ……………………………………………… 本冊P.059
　　　正解：4

ア 正 　**アロー戦争**は、イギリス国旗を掲げて広州の埠頭に停泊していた船・アロー号の中国人水夫を清の官憲が逮捕した**アロー号事件**（1856年）に**イギリス**が抗議し、この事件を口実に、**フランス**と連合して清に仕掛けた戦争である。中国側では**第二次アヘン戦争**という。この戦争は、江戸幕府が**日米修好通商条約**に調印する契機となった。

イ 正 　**ペリー**は、1853年に4隻の軍艦を率いて浦賀沖に現れ、日本に開国を求

めた。ペリーは翌年に再び来航して条約締結を要求。幕府はその圧力に屈して日米和親条約を結んだ。

ウ 誤 1858年に結ばれた**日米修好通商条約**により、神奈川、長崎、新潟、兵庫の開港が定められていたが、翌年から貿易が行われたのは、**横浜**（神奈川）、**長崎**、**箱館**（明治時代に函館と改められる）の3港であった。このうち、箱館は日米和親条約によりすでに開港されており、同じく日米和親条約により開港された**下田**は、横浜開港後に閉鎖された。兵庫（神戸）は1867年、新潟は1868年に開港した。実際に貿易が始まると、日本と諸外国では金と銀の交換比率が異なっていたために、多量の金貨が海外に流出した（**金銀比価問題**）。幕府は、その対策として1860年に**万延貨幣改鋳**を実施し、金貨の品質を大幅に下げることにより流出を防いだが、貨幣の実質的な価値が下がり、物価の高騰を招いた。選択肢の文の後半に当てはまるのは、万延貨幣改鋳ではなく**五品江戸廻送令**で、幕府が、重要輸出品目である雑穀・水油（菜種油）・蠟・呉服・生糸の5品の開港場への直送を禁じ、江戸の問屋を経由して輸出することを命じたものである。

　以上により、ア～ウの正誤の組み合わせは**ア：正、イ：正、ウ：誤**となり、正解は**4**である。

1 7 明治時代①

問題1 国家専門職（2018年度） ・・・・・・・・・・・・・・・・・・・・・・・・・・・・・・・・ 本冊P.066

正解：1

1 ○ 明治政府は、1871年に、**薩摩・長州・土佐**の3藩の兵による**御親兵**を組織し、軍事力を固めた上で**廃藩置県**を断行した。御親兵は、翌年に**近衛兵**と改称された。

2 × **徴兵令**の公布は**1873年**、**佐賀の乱は1874年**、**萩の乱は1876年**、**西南戦争は1877年**の出来事で、選択肢の文では、これらの順序が入れ替わっている。西南戦争を政府軍が鎮圧したことにより、新政府に武力により反抗する動きはおさまった。

3 × **大隈重信**は、国会開設問題や**開拓使官有物払下げ事件**をめぐって**伊藤博文**らと対立し、**明治十四年の政変**で参議を**罷免**され下野した。大隈は、翌1882年に**立憲改進党**を結成して党首となり、**イギリス流の議院内閣制**を主張した。なお、当時のフランスは第三共和政の時代で、議会は上院と下院からなる**二院制**の形をとっていたので、「フランスのような一院制」という記述も誤りである。

4 ✕ 1890年に行われた第1回衆議院議員総選挙では、**旧民権派**が大勝し、立憲自由党や立憲改進党などの民党が衆議院の過半数を占めた。**福島事件**は**1882年**、**秩父事件**は**1884年**に起きた自由党員や農民らによる騒擾事件で、いずれも第1回総選挙よりも前の出来事である。

5 ✕ 選択肢の文は、誤っている部分を除くと日清戦争終了後の政局について述べており、この時点で日露戦争はまだ起きていない。1898年に自由党と進歩党が合同して憲政党が結成され、衆議院で絶対多数を占めると、初の**政党内閣**である第1次大隈重信内閣（隈板内閣）が成立したが、わずか4か月で退陣。続く第2次山県有朋内閣は、政党の力が官僚組織や軍部に及ぶことを阻止するために、**文官任用令**を改正し、軍部大臣現役武官制を定めた。**シーメンス事件**は、**1914年**に発覚した海軍高官による汚職事件で、選択肢の文の他の部分とは時期が異なる。1900年に立憲政友会を結成したのは伊藤博文で、同年に第4次伊藤内閣を成立させるが、貴族院勢力の反対に苦しんで翌年退陣し、代わって第1次桂太郎内閣が成立した。以後、山県の後継者で**長州閥**の桂太郎が率いる軍部・官僚・貴族院勢力と、伊藤の後を受けて西園寺公望が総裁となった立憲政友会が政界を二分した（**桂園時代**）。

問題2 東京都Ⅲ類（2018年度） ··· 本冊P.066

正解：4

1 ✕ 新政府は、1869年に版籍奉還を、さらに1871年に廃藩置県を行い、天皇が統治する中央集権国家の基礎がつくられた。

2 ✕ 選択肢の文中、**八幡製鉄所**は富岡製糸場の誤りで、八幡製鉄所の操業開始は1901年。1872年に初めて鉄道が開通したのは新橋・横浜間で、1874年に大阪・神戸間、1877年に大阪・京都間が開通する。**東海道線**（新橋・神戸間）が全通したのは1889年である。

3 ✕ 選択肢の文中、「立憲改進党」と「自由党」が逆になっている。

4 ○ 福沢諭吉は、1872〜1876年に『学問のすゝめ』17編を著し、人間の自由平等と独立、学問の重要性などを説いた。

5 ✕ **衆議院議員**は、納税額が一定以上の25歳以上の男子による選挙で選ばれ、**貴族院議員**は、皇族議員、華族議員（世襲もしくは互選）、勅任議員（勅選議員と、各府県1人の互選による多額納税者議員）で構成された。

問題3 消防官Ⅰ類（2017年度） ································· 本冊P.067

正解：4

1 × **兵部省**は、1869年に太政官の下に置かれた六省の一つで、軍事を管轄する官庁である。兵部省の長官である**兵部卿**（初代）は**仁和寺宮嘉彰親王**、次官の**兵部大輔**（初代）は**大村益次郎**。兵部省は、1872年に**陸軍省**と**海軍省**に分かれた。明治政府は、廃藩置県に先立って薩摩・長州・土佐の3藩の兵により組織された政府直轄軍の**御親兵**を**近衛兵**と改め、天皇の警護に当てた。また、廃藩とともに諸藩の**藩兵**を解散させたが、その一部は、兵部省のもとで各地に設けた**鎮台**に配置された。しかし、これらの兵力は、旧来の封建的身分秩序に基づくものであった。近代的な軍隊の創設をめざした政府は、欧米諸国の例にならい、1873年に**国民皆兵**を原則とする**徴兵令**を公布し、**士族・平民の区別なく**、満20歳に達した男子に兵役の義務を定めた。

2 × 明治政府は、封建的身分制度の撤廃を進め、旧藩主と公家を**華族**、藩士や旧幕臣を**士族**とした。政府は、華族・士族に対して**家禄**を与え、王政復古や戊辰戦争の功労者には**賞典禄**を与えていたが、これらの**秩禄**が財政上の大きな負担となっていたため、1873年に**秩禄奉還の法**を定めて家禄の一部を整理し、1876年には**金禄公債証書**を発行して秩禄を**全廃**した（**秩禄処分**）。小禄の士族が受け取った公債は少額であったため、士族の多くは生活に困窮し没落した。政府は、このような士族を救済するために事業資金を貸し付けるなど、**士族授産**と呼ばれる就業奨励策を講じたが、成功例は少なかった。

3 × 1876年に出された**廃刀令**と、同年に行われた**秩禄処分**により、士族はすべての特権を失った。**神風連の乱**は、廃刀令の発布に憤激した熊本の士族が起こした反乱で、これに呼応して**秋月の乱**、**萩の乱**が起き、翌1877年には、士族の反乱として最大で最後のものとなる**西南戦争**が起きた。

4 ○ 政府は、1643年に江戸幕府が出した**田畑永代売買の禁止令**を解き、土地の売買を追認するとともに、従来の年貢負担者である**地主・自作農**を土地の所有者と認めて**地券**を発行した。

5 × 選択肢の文中、**前島密**は**渋沢栄一**の誤り。前島密は、1871年に官営の**郵便事業**を創始した人物である。

1　8　明治時代②

問題1　特別区Ⅲ類（2017年度）　……………………………………………　本冊P.072

正解：3

1　×　第2次伊藤博文内閣で外相を務めた陸奥宗光は、1894年に、国内の反対の声を抑えて、日英通商航海条約の調印に成功した。この条約は、幕末に結ばれた安政五カ国条約（いわゆる不平等条約）の一つである日英修好通商条約に代わるもので、主な改正内容は、領事裁判権の撤廃と関税率の引上げ、相互対等の最恵国待遇などであった。しかし、条約改正のもう一つの大きな課題であった関税自主権の回復は不完全に終わった。その後、他の欧米諸国ともこの条約に準じた内容の新条約が結ばれ、1899年に施行された（日米通商航海条約もその中に含まれる）。なお、日英通商航海条約の調印は、駐英公使青木周蔵とイギリス外相キンバレーにより、ロンドンで行われた。

2　×　選択肢の文中、天津条約は下関条約の誤り。天津条約は、1885年に日本と清が結んだ条約で、両国軍の朝鮮からの撤退などを定めたものである。

3　○　1900年、清では、列強による中国侵略に抵抗する排外主義団体・義和団が勢力を増して武装蜂起し、北京の列国公使館を包囲した（義和団事件）。清国政府も義和団に同調して列強に宣戦布告。これに対抗して、英・米・日・仏・露・独など8か国の連合軍が出兵して北京を占領し、義和団を追放して清を降伏させた。北清事変と呼ばれるこの出来事をきっかけに、ロシアは鎮圧を名目として満州占領を継続し、ロシアの南下策に対抗して日英同盟が結ばれた。

4　×　ポーツマス条約により、ロシアは日本に対して韓国指導権を認め、旅順・大連の租借権、長春以南の鉄道利権を譲渡、北緯50度以南のサハリン（樺太）を譲渡、沿海州・カムチャツカの漁業権を認めたが、ロシアからの賠償金の獲得は実現しなかった。

5　×　選択肢の文中、関東都督府は朝鮮総督府の誤り。関東都督府は、1906年に旅順に置かれた、関東州（遼東半島南端の日本の租借地）を管轄する機関。

問題2　警察官Ⅰ類（2018年度）　……………………………………………　本冊P.072

正解：4

1　×　選択肢の文中、甲申事変は甲午農民戦争または東学の乱（東学党の乱とも）の誤り。甲申事変は、1884年に朝鮮の開化派が日本公使館の援助を得て首都・

漢城（かんじょう）で起こしたクーデタで、清国の介入により失敗した。

2　×　選択肢の文中、**アメリカ**は**ドイツ**、**イギリス**は**ロシア**、**ロシア**は**イギリス**の誤り。翌1899年には、フランスが広州湾（こうしゅう）を租借。アメリカは中国分割には直接加わらず、各国の勢力範囲内での通商の自由を要求した。

3　×　選択肢の文中、**ポーツマス条約**は**下関条約**の誤りで、**アメリカ**の仲介により、下関で講和会議が開かれた。日本全権は**伊藤博文**・**陸奥宗光**であった。

4　○　**ロシア・フランス・ドイツ**による**遼東半島**返還の要求（**三国干渉**）を日本はやむなく受け入れたが、その後、国内では「**臥薪嘗胆**（がしんしょうたん）」のスローガンのもとに、ロシアに敵対する世論が高まった。

5　×　**日清戦争**の講和条約である**下関条約**では、日本は清国から2億両の**賠償金**（テール）を得ている。「賠償金がまったくとれない講和条約に不満を爆発させ」という記述は、**日露戦争**の講和条約である**ポーツマス条約**に当てはまる。その後に起きたのは**日比谷焼き打ち事件**である。米騒動は、1918年に米価高騰をきっかけに起きた暴動。

問題3　特別区Ⅰ類（2021年度）········· 本冊P.073

正解：5

1　×　選択肢の文中、**壬午事変**（じんご）は**甲午農民戦争**または**東学の乱**（東学党の乱とも）の誤り。壬午事変は、**1882年**に朝鮮の漢城で起きたクーデタで、**壬午軍乱**ともいう。当時、朝鮮の国王・**高宗**（こうそう）の外戚（がいせき）として政権を握っていた**閔氏**（びん）一族に対し、敵対する勢力が高宗の父**大院君**（たいいんくん）を担いで反乱を起こし、これに呼応した民衆が日本公使館を包囲したが、清の派兵により鎮圧された。親日派であった閔氏は、以後、清に依存するようになった。

2　×　選択肢の文中、**袁世凱**（えんせいがい）は**李鴻章**（りこうしょう）の誤り。

3　×　選択肢の文中、**アメリカ**は**フランス**の誤り。下関条約により、清から日本へすでに賠償金2億両（テール）が支払われることになっていたが、遼東半島の返還と引き換えに、日本はさらに3,000万両を得ることになった。

4　×　選択肢の文中、**甲申事変**は**北清事変**の誤り。甲申事変は、1884年に朝鮮の首都・漢城で起きたクーデタで、清国軍の介入により失敗した。

5　○　日本は、**奉天会戦**（ほうてん）や**日本海海戦**で勝利したものの、莫大な軍事費を内外の

国債に依存し、国内での増税も限界に達していたので、長期戦に耐えられる状態ではなく、戦況が優勢なうちに英米に依頼して講和することを望んでいた。一方のロシアも、国内で革命運動が起こり、戦争継続が困難になったために、**セオドア・ローズヴェルト米大統領**の仲介により**ポーツマス条約**が結ばれた。

1 9 第一次世界大戦〜第二次世界大戦

問題1 警察官Ⅰ類（2021年度） ················· 本冊 P.078

正解：2

1 × **五・一五事件**で殺害されたのは**犬養毅**（いぬかいつよし）首相。**高橋是清**（これきよ）蔵相らが殺害されたのは、1936年に起きた**二・二六事件**である。

2 ○ 国際連盟は、**満州事変**の調査のために、1932年にイギリスのリットン卿（きょう）を団長とする調査団を派遣した。**リットン調査団**が提出した報告書は、満州事変を日本の正当な軍事行動とは認めなかったが、日本が満州に持つ権益を尊重し、独立国とは異なる形での「自治政府」創設を提言するものであった。翌1933年に開かれた国際連盟の総会でこの報告書が採択され、日本は満州国承認の撤回を勧告されたが、その翌月に、日本は国際連盟からの**脱退**を通告した。

3 × 選択肢の文中、**柳条湖事件**（りゅうじょうこ）は**盧溝橋事件**（ろこうきょう）の誤り。

4 × 選択肢の文中、**産業報国会**は**大政翼賛会**（たいせいよくさんかい）の誤り。**産業報国会**は、労働者を戦争協力のために動員することを目的として、職場ごとに設けられた組織である。1940年にその全国組織として**大日本産業報国会**が発足し、既存の**労働組合**はすべて解散させられた。

5 × 1941年に、日本は**アメリカ・イギリス**に宣戦布告し、**太平洋戦争**が始まった。ソ連とは**日ソ中立条約**を結んでいたため交戦しなかったが、1945年に、ソ連は条約の不延長を通告し、条約の有効期間中に日本に宣戦布告した。

問題2 特別区Ⅰ類（2018年度） ················· 本冊 P.078

正解：3

1 × 選択肢の文中、「立憲政友会の**犬養毅**や立憲国民党の**尾崎行雄**ら」は「立憲政友会の**尾崎行雄**や立憲国民党の**犬養毅**ら」の誤り。

2 × 選択肢の文中、**治安警察法**は**治安維持法**の誤り。治安警察法は、1900年

に第2次山県有朋内閣のもとで制定された。

3 ○ **憲政会、立憲政友会、革新倶楽部**の3政党（**護憲三派**）は、憲政擁護運動（第二次護憲運動）を起こして**清浦内閣**打倒をめざし、総選挙に勝利すると、憲政会総裁の**加藤高明**を首相とする連立内閣を組織した。

4 × **原敬内閣**は、普通選挙制の導入には慎重で、選挙権の納税資格を国税の納入額10円以上から3円以上に引き下げるにとどまった。憲政党などの野党は衆議院に普通選挙法案を提出したが、政府はこれを時期尚早として拒否し、衆議院を解散。総選挙では与党の立憲政友会が圧勝した。**普通選挙法**は、1925年に**加藤高明**内閣（**護憲三派**内閣）のもとで成立し、満25歳以上の男性に選挙権が与えられた。

5 × 選択肢の文中、**立憲同志会**は立憲政友会の誤り。

問題3 特別区Ⅰ類（2016年度）················· 本冊P.079

正解：3

1 × 選択肢の文中、**加藤高明**内閣は若槻礼次郎内閣、**高橋是清**蔵相は片岡直温蔵相の誤り。

2 × 選択肢の文中、**衆議院**は枢密院の誤り。枢密院は、1888年に明治憲法草案を審議するために設置され、憲法制定後は天皇の最高諮問機関に位置づけられ、重要な国務を審議した。

3 ○ **モラトリアム**（**支払猶予令**）とは、非常事態に際して、国家が法令により、**銀行預金**を含む債務の支払いを一定期間猶予することをいう。日本では、1923年の関東大震災直後に、第2次山本権兵衛内閣が被災地に限定して30日間実施した例と、1927年の**金融恐慌**に際して、田中義一内閣が3週間実施した例がある。

4 × **浜口雄幸**内閣は、前日銀総裁の**井上準之助**を蔵相に起用し、1917年以来禁止されていた**金輸出**を解禁し、**金本位制**に復帰することにより為替相場の安定と貿易の拡大を図った（**金輸出解禁**）。しかし、世界恐慌の影響と金解禁による不況が重なり、深刻な恐慌状態に陥った（**昭和恐慌**）。

5 × 選択肢の文中、**犬養毅**内閣は浜口雄幸内閣の誤り。

問題1 東京都Ⅲ類（2021年度） ································· 本冊P.084

正解：5

1 ✕ **高度成長時代**には、1955〜57年の**神武景気**（じんむ）、1958〜61年の**岩戸景気**、1966〜70年の**いざなぎ景気**などの大型好景気が出現した。**バブル景気**がもたらされたのは**1980年代後半**で、高度成長期ではない。

2 ✕ 選択肢の文中、**田中角栄**（かくえい）内閣は**池田勇人**（はやと）内閣の誤り。発電等に使われるエネルギー源としては、1960〜70年代に**石炭**から**石油**への転換が進んだ。水力利用の割合は、高度成長期を通して減少傾向であった。

3 ✕ 1968年に、日本のGNP（国民総生産）はアメリカに次いで**世界第2位**となった。OECD加盟は**1964年**。

4 ✕ 大都市では人口が過密化する一方、農村・山村では過疎化が進んだという、選択肢の文の前半の記述は正しい。1953年に施行された**町村合併促進法**により**町村**の合併が進められ、同法及びこれに続く新市町村建設促進法により、1万近くあった市町村が約3分の1に減少する一方、合併して市になる例が多かったために、市の数は倍増した（**昭和の大合併**）。これは、市町村の規模を適正化・合理化し、**新制中学校**を効率的に設置管理することなどを目的とした政策であり、過疎化対策や地方分権をねらいとしたものではなかった。

5 ○ **1967年**に**公害対策基本法**が制定され、**1971年**に**環境庁**が発足した。2001年の中央省庁再編により環境庁は改組され、**環境省**が設置された。

問題2 警察官Ⅲ類（2022年度） ································· 本冊P.084

正解：5

A 誤 新憲法となる**日本国憲法**は、1946年11月3日に公布され、**主権在民**（国民主権）・**戦争放棄**（平和主義）・**基本的人権の尊重**を3原則とした。

B 誤 選択肢の文中、**北大西洋条約機構**は**連合国軍最高司令官総司令部**の誤り。

C 正 **傾斜生産方式**は、経済学者**有沢広巳**（ひろみ）の発案により、第1次**吉田茂**内閣で閣議決定され、続く**片山哲**（てつ）内閣にも継承された。

D 正 **GHQ**が出した**人権指令**により、**治安維持法**など15の法律が廃止、または効力を停止され、**政治犯・思想犯**の釈放、**特別高等警察**（特高）の廃止などが命じられた。

　以上により、A～Dの正誤の組み合わせは**A：誤、B：誤、C：正、D：正**となり、正解は**5**である。

問題3　特別区Ⅲ類（2022年度）・・・・・・・・・・・・・・・・・・・・・・・・・・・・・・・・・・・・・**本冊P.085**
　　　　正解：**1**

1　○　**サンフランシスコ平和条約**が発効し、日本が独立国としての主権を回復してからも、**奄美・沖縄・小笠原**はアメリカの施政権下に置かれたが、1953年に奄美群島、1968年に小笠原諸島が返還された。沖縄では、1960年代に**祖国復帰運動**がさかんになり、日米政府間で交渉が重ねられた結果、1971年、第3次**佐藤栄作**内閣のもとで**沖縄返還協定**が結ばれ、翌年に返還が実現した。

2　×　選択肢の文中、**福田赳夫**首相は**田中角栄**首相の誤り。

3　×　第2次**田中角栄**内閣は、首相の政治資金調達をめぐる疑惑（**金脈問題**）で総辞職し、代わって「**クリーンな政治**」を掲げる**三木武夫**内閣が成立したが、**ロッキード事件**で田中前首相が逮捕されると、自由民主党は総選挙で大敗。三木内閣は退陣した。

4　×　選択肢の文中、**三木武夫**内閣は**池田勇人**内閣の誤り。

5　×　日本では、1949年以降、1ドル＝360円の**固定為替相場制**が長らく続いたが、1971年の円切上げ（1ドル＝308円）を経て、1973年に西欧諸国とともに**変動為替相場制**に移行した。これにより**円高**が進み、輸出企業は打撃を受けたが、変動為替相場制により**デフレーション**が進行したという事実はない。戦後の日本でデフレーションが起きたのは、1949年に実施された**ドッジ・ライン**と呼ばれる経済安定政策（単一為替レートの設定もその一つ）の影響によるものと、**バブル経済**崩壊後の1992年以降である。

問題4　消防官Ⅰ類（2022年度）・・・・・・・・・・・・・・・・・・・・・・・・・・・・・・・・・・・・・**本冊P.086**
　　　　正解：**3**

1　×　選択肢の文中、**労働基準法**は**労働組合法**の誤り。なお、労働組合法、**労働関係調整法**と、1947年に制定された**労働基準法**を合わせて**労働三法**という。

2 ×　選択肢の文中、**トルーマン**は**マッカーサー**の誤り。トルーマンは、当時のアメリカ大統領である。

3 ○　GHQは、**三井・三菱・住友・安田**の四大**財閥**をはじめとする15財閥の**解体**を命じた。1947年に制定された**過度経済力集中排除法**は、巨大独占企業の分割を目的としたもので、325社が指定を受けたが、その後の占領政策の変化により、実際に分割されたのは、日本製鉄、三菱重工など11社にとどまった。

4 ×　選択肢の文中、**自衛隊**は**警察予備隊**の誤り。1950年に設置された警察予備隊は、1952年に**保安隊**に改編され、1954年に陸・海・空の3隊からなる**自衛隊**が発足した。

5 ×　選択肢の文中、**吉田茂**と**鳩山一郎**が逆で、第1次**鳩山**内閣は第1次**吉田**内閣の誤り。鳩山一郎は、公職追放解除後に自由党に復帰し、吉田茂と主導権を争ったのちに、日本民主党（1955年に自由党と合流して**自由民主党となる**）の総裁として第1次〜第3次鳩山内閣を組織した。

問題5　東京都Ⅰ類（2020年度）　………………………………………………… 本冊P.086

正解：5

1 ×　連合軍による日本の占領政策決定の最高機関として、**ワシントン**に**極東委員会**（Far Eastern Commission）が置かれ、**連合国軍最高司令官**の諮問機関として、**東京**に**対日理事会**が設けられた。

2 ×　選択肢の文中、**小作地**は**自作地**の誤り。

3 ×　**GHQ**の指示により**幣原喜重郎**内閣が設置した**憲法問題調査委員会**による**憲法改正試案**は、天皇の統治権を認める保守的なものであったため、GHQはこれを拒否し、**英文の改正草案（マッカーサー草案）**を作成して日本政府に示した。政府は、マッカーサー草案に少し手を加えて和訳したものを改正案とし、その案が議会の審議を経て修正可決され、**日本国憲法**が制定・施行された。新憲法は、1946年11月3日に公布され、**1947**年5月3日に施行された。

4 ×　1947年に制定された地方自治法では、**都道府県知事・市町村長**が**公選**とされ、地方行政や警察を支配してきた**内務省**は廃止された。

5 ○　1947年に制定された**教育基本法**と、同時に制定された**学校教育法**により、教育の基本理念や学校制度が定められた。これにより、**義務教育は小学校6年間、中学校3年間の計9年間（六・三制）**とされ、**新制中学校**が発足した。

正解：4

1　✕　**GHQ**の命令により、**三井・三菱・住友・安田**の四大財閥をはじめとする15の**財閥**が**解体**された。持株会社やカルテル・トラストなどを禁止する**独占禁止法**は、**1947年**に制定された。

2　✕　**GHQ**の勧告により進められた**農地改革**では、不在地主の全貸付地と、**在村地主**の貸付地のうち**一定面積**（都府県平均1町歩・北海道は4町歩）**を超える分**を国が強制的に買い上げ、小作人に安く譲渡した。

3　✕　選択肢の文中、**労働基準法と労働組合法**が逆である。

4　◯　**GHQ**が指令した**経済安定九原則**は、物価・賃金を統制して**インフレ**を鎮静させ、円の価値を安定させて国際競争力を高めることにより、日本の経済的自立を図るものであった。翌年には、アメリカから銀行家の**ドッジ**が GHQ の経済顧問として派遣され、徹底した**緊縮財政**、**金融引締め**政策を実施し、1ドル＝360円の**単一為替レート**を設定した。ドッジによるこれらの一連の経済政策を、**ドッジ・ライン**という。

5　✕　選択肢の文中、**九・三・四**は**六・三・三・四**の誤り。

1 11 文化史

正解：3

1　✕　**東大寺**は、**奈良時代**に**聖武**天皇により建立された。奈良時代には、唐の影響を強く受けた**天平文化**が栄え、すぐれた仏教美術が生まれた。天武天皇の時代に始められた国史編纂事業が、『**古事記**』『**日本書紀**』として完成したのも奈良時代である。『**枕草子**』は、**平安時代**中期に清少納言が記した随筆。

2　✕　**平等院鳳凰堂**は、藤原氏が摂関政治を行った**平安時代後期**の建造物で、**藤原頼道**が建立した。その時代に発展した**国風文化**とは、それまでに受け入れられた唐風文化を踏まえて、日本風に工夫された、優雅で洗練された**貴族**の文化である。

3　◯　室町幕府の3代将軍・**足利義満**は、将軍職を辞して出家し、京都の北山に

営んだ山荘に移ってからも実権をふるい続けた。**北山殿**〔きたやまどの〕と呼ばれたその山荘は、義満の死後、遺命により、臨済宗の寺・**鹿苑寺**〔ろくおんじ〕となる。この時代に生まれた、伝統的な公家文化と新興の武家文化が融合した新しい文化を、北山殿にちなんで**北山文化**という。義満が造営した**鹿苑寺金閣**〔きんかく〕は、北山文化を代表する建造物である。8代将軍・**足利義政**〔よしまさ〕は、応仁の乱の後、**東山山荘**を営んで隠棲〔いんせい〕し、多くの芸能者や文化人を庇護した。この時代に開化した文化を、**東山文化**という。東山山荘は、義政の死後、**慈照寺**〔じしょうじ〕となる。義政が建てた**慈照寺銀閣**〔ぎんかく〕は、東山文化を代表する建造物である。

4 × **日光東照宮**〔とうしょうぐう〕は、江戸幕府の初代将軍・**徳川家康**を**東照大権現**としてまつる神社で、2代将軍・**秀忠**が造営したのちに、3代将軍・**家光**が大規模な改築を行い、現在のような壮麗な社殿が造営された。**安土城**〔あづち〕は、**安土桃山時代**に**織田信長**が築いた城である。安土城、伏見城〔ふしみ〕、大坂城などの壮麗な城郭建築は桃山文化を代表するもので、城の内部は豪華な**障壁画**〔しょうへきが〕で飾られた。**役者絵や美人画**は、江戸時代にさかんになった**浮世絵**〔うきよえ〕によく描かれた画題である。

5 × **鹿鳴館**〔ろくめいかん〕は、不平等条約の改正交渉を有利に進めるために外国の要人を接待する社交場として、外務卿であった**井上馨**〔がいむきょう〕が建設した（設計者はイギリス人の建築家**コンドル**）。その後、第2次伊藤博文内閣の**陸奥宗光**〔むつむねみつ〕外相のもとで、**日英通商航海条約**などの改正条約が結ばれ、**領事裁判権**の撤廃が実現された。残された課題であった**関税自主権**の回復は、第2次桂太郎内閣の**小村寿太郎**〔こむらじゅたろう〕外相のもとで達成された。

問題2 特別区Ⅲ類（2017年度） ································· 本冊P.094

正解：2

A ○ 南北朝時代に、**二条良基**〔よしもと〕が**救済**〔ぐさい〕とともに編集した連歌〔れんが〕集『**菟玖波集**〔つくばしゅう〕』は、**準勅撰**〔ちょくせん〕とされ、連歌の文学的地位を確立した。

B × **佗び茶**〔わ〕は、簡素静寂な境地を重んじる**茶の湯**で、**村田珠光**〔じゅこう〕が創始し、**千利休**〔せんのりきゅう〕が大成した。茶の産地を飲みあてる賭け事は**闘茶**〔とうちゃ〕といい、鎌倉時代末期に宋から伝わり、南北朝時代から室町時代中期にかけて流行した。

C ○ **枯山水**〔かれさんすい〕は、水を用いず砂と石で自然を表現する庭園で、**大徳寺大仙院庭園**〔だいとくじだいせんいん〕や**龍安寺石庭**〔りょうあんじせきてい〕が有名。

D × 遣明船〔けんみんせん〕で明に渡り、作画技術を学んだ**雪舟**〔せっしゅう〕が、帰国後に**水墨山水画**〔すいぼく〕を完成させた。**狩野正信**〔かのう〕・**元信**父子は、水墨画に伝統的な**大和絵**〔やまとえ〕の手法を取り入れ、**狩野派**を興した。

以上により、妥当なものの組み合わせは**A・C**となり、正解は**2**である。

問題3 東京都 I 類（2019年度） ·· 本冊P.095

正解：2

1 ×　選択肢の文中、<ruby>太安万侶<rt>おおのやすまろ</rt></ruby>と<ruby>稗田阿礼<rt>ひえだのあれ</rt></ruby>が逆である。

2 ○　『<ruby>懐風藻<rt>かいふうそう</rt></ruby>』は、現存する最古の**漢詩集**で、<ruby>大友皇子<rt>おおとものみこ</rt></ruby>、<ruby>大津皇子<rt>おおつのみこ</rt></ruby>、長屋王らの漢詩120編が収められている。

3 ×　選択肢の文中、**国学**と**大学**が逆である。

4 ×　<ruby>興福寺仏頭<rt>こうふくじぶっとう</rt></ruby>は、685年につくられた**金銅像**の頭部で、奈良時代よりも前の**<ruby>白鳳文化<rt>はくほう</rt></ruby>**に属する。**<ruby>薬師寺金堂薬師三尊像<rt>やくしじこんどうやくしさんぞんぞう</rt></ruby>**も**金銅像**で、7世紀末に**藤原京**でつくられたとする説と、8世紀初めに**平城京**でつくられたとする説がある（薬師寺は平城京遷都とともに現在地に移された）。奈良時代につくられた代表的な**<ruby>塑像<rt>そぞう</rt></ruby>**には、東大寺法華堂の**<ruby>日光・月光菩薩像<rt>がっこうぼさつ</rt></ruby>**や**<ruby>執金剛神像<rt>しゅこんごうじん</rt></ruby>**などが、**<ruby>乾漆像<rt>かんしつぞう</rt></ruby>**には、東大寺法華堂の**<ruby>不空羂索観音像<rt>ふくうけんさくかんのん</rt></ruby>**や興福寺の**<ruby>釈迦十大弟子像<rt>しゃかじゅうだいでし</rt></ruby>**などがある。

5 ×　選択肢の文中、**白河天皇**は「**<ruby>聖武天皇<rt>しょうむ</rt></ruby>**」の誤り。

問題4 国家専門職（2022年度） ·· 本冊P.096

正解：4

1 ×　選択肢の文中、**平城京**は**平安京**、**隋**は**唐**、**<ruby>真言宗<rt>しんごんしゅう</rt></ruby>**は**<ruby>天台宗<rt>てんだいしゅう</rt></ruby>**、**<ruby>円仁<rt>えんにん</rt></ruby>**は**空海**、**天台宗**は**真言宗**の誤り。

2 ×　選択肢の文は、**南北朝文化**、**北山文化**、**東山文化**などを含む**室町文化**全般に関する記述になっている。また、選択肢の文中、**楽市**は**惣村**、**千利休**は**<ruby>村田珠光<rt>むらたじゅこう</rt></ruby>**の誤りである。室町時代には、能、狂言、茶の湯、生花などの日本の伝統文化の基盤が確立された。**<ruby>浮世絵<rt>うきよえ</rt></ruby>**、**落語**が生まれたのは**江戸時代**である。

3 ×　**<ruby>元禄文化<rt>げんろく</rt></ruby>**は、**<ruby>上方<rt>かみがた</rt></ruby>**（江戸から見た京都・大坂地方の呼び名）を中心とする町人文化で、**<ruby>井原西鶴<rt>いはらさいかく</rt></ruby>**の浮世草子、**<ruby>松尾芭蕉<rt>まつおばしょう</rt></ruby>**の俳諧、**<ruby>近松門左衛門<rt>ちかまつもんざえもん</rt></ruby>**による人形<ruby>浄瑠璃<rt>じょうるり</rt></ruby>・歌舞伎<ruby></ruby>の脚本などで知られる。学問では**<ruby>儒学<rt>じゅがく</rt></ruby>**が興隆し、特に、儒学の一派である**<ruby>朱子学<rt>しゅしがく</rt></ruby>**は、身分秩序を重んじる学問であったため、江戸幕府から保護された。**<ruby>林羅山<rt>はやしらざん</rt></ruby>**は、徳川家康から家綱まで4代の将軍に仕えた朱子学派の儒学者で、元禄時代よりも前の、寛永期の人物である。**<ruby>古学派<rt>こがくは</rt></ruby>**は、朱子学を批判

し、孔子・孟子の古典に立ち返ろうとする儒学の一派で、山鹿素行、伊藤仁斎、荻生徂徠らが属する。垂加神道を唱えたのは山﨑闇斎。経世論とは、経世済民（世を治め民を救う）を説く政治経済論で、熊沢蕃山、荻生徂徠らがこれに大きな影響を与えた。国学は、『古事記』『日本書紀』『万葉集』などの古典の研究を通して、日本固有の思想や精神を究明しようとする学問で、元禄時代よりも後の江戸時代中期に起こり、荷田春満、賀茂真淵、本居宣長、平田篤胤らにより確立された。

4 ○ 十返舎一九は、『東海道中膝栗毛』などの滑稽本を著した。曲亭馬琴は、代表作『南総里見八犬伝』で知られる読本作者。

5 × 日本最初の西洋美術団体である明治美術会は、工部美術学校でイタリアの画家フォンタネージに学んだ浅井忠らが創立した。岡倉天心は、日本の伝統美術の復興を唱え、アメリカ人フェノロサとともに、西洋美術を除外した東京美術学校を設立した（のちに西洋画科も新設される）。日本美術院は、校内の紛争をきっかけに東京美術学校を辞職した岡倉が、橋本雅邦らとともに設立した日本画団体である。白馬会は、黒田清輝らが設立した洋画団体。高村光雲は、伝統的な木彫の近代化に取り組んだ彫刻家で、東京美術学校の教授も務めた。

問題5 警察官Ⅰ類（2020年度） ························· 本冊 P.096

正解：2

1 × 本居宣長の死後の門人である平田篤胤が大成させた復古神道は、弟子たちにより広められ、特に中部地方や関東で、武士、豪農、神職などに広く浸透した。緒方洪庵は、大坂で適々斎塾（適塾）を開いた蘭学者。

2 ○ 下総佐原の商人であった伊能忠敬は、天文方の高橋至時に天文暦学を学び、幕府の命を受けて全国の実地測量に当たった。その成果である『大日本沿海輿地全図』は、初の実測による日本地図で、忠敬の死後に、至時の子で父の跡を継ぎ天文方となった高橋景保が完成させた。天文方は、天文観測・編暦・改暦・測量・地誌編纂などに従事した幕府の役職。

3 × 天文方の高橋景保の建議によって設置された蛮書和解御用は、開国後に蕃書調所となり、のちに洋書調所、さらに開成所と改称された。開成所は明治政府に移管されて開成学校となり、その後も何度かの改称を経て、東京大学の一部になった。

4 × 長崎に鳴滝塾を開いたのは、ドイツ人でオランダ商館の医師であったシーボルトである。フェノロサは、明治期に来日したいわゆるお雇い外国人の一人

で、東京大学で哲学や経済学を講義するかたわら、日本美術に傾倒し、岡倉天心とともに**東京美術学校**の設立に尽力した。

5　×　文化・文政期には、**湯治**や**物見遊山**などの庶民の旅も広く行われるようになり、**伊勢神宮**、**善光寺**、**讃岐の金毘羅大権現（現・金刀比羅宮）**などの寺社参詣や、聖地・霊場への巡礼もさかんになった。

問題6　特別区Ⅰ類（2019年度）…………………………………………………… 本冊 P.097

正解：2

1　×　**浄土真宗**の開祖である**親鸞**は、『**教行信証**』を著した。中心寺院は**本願寺**。

2　○　**臨済宗**の開祖である**栄西**は、『**興禅護国論**』を著した。中心寺院は**建仁寺**。

3　×　**浄土宗**の開祖である**法然**は、『**選択本願念仏集**』を著した。中心寺院は**知恩院**。

4　×　**曹洞宗**の開祖である**道元**は、『**正法眼蔵**』を著した。中心寺院は**永平寺**。『**立正安国論**』は、**日蓮宗**の開祖である**日蓮**の著書で、**久遠寺**は日蓮宗の総本山である。

5　×　**時宗**の開祖は**一遍**である。一遍は、死の直前に所持していた書物などをすべて焼き捨てたので、著書は残されていないが、門弟たちが一遍の法語・消息・和歌などを整理したものが、江戸時代に『**一遍上人語録**』として刊行された。中心寺院は**清浄光寺**（神奈川）。

---

1 12 外交史

問題1　国家一般職高卒（2021年度）……………………………………………… 本冊 P.102

正解：5

1　×　条約改正の課題であった**領事裁判権**（治外法権）の撤廃は1894年に実現し（1899年施行）、**関税自主権**の回復は1911年に実現した。条約改正交渉の過程で、最も強硬に反対した国は**イギリス**であった。

2　×　**日英同盟**は、北清事変後のロシアの南下政策を牽制する目的で、**1902年**に結ばれた。日本が**台湾**を領有したのは、**日清戦争**後の**下関条約（1895年）**以降である。**清国**は、1911年に起きた**辛亥革命**により、翌年に滅亡した。

3 ×　日本は、1920年の**国際連盟**創設当初から**常任理事国**であったが、1931年の**柳条湖事件**に始まる**満州事変**から、翌年の**満州国建国**に至る日本の一連の行動が中国により国際連盟に提訴され、日本は国際社会から非難される立場になった。1933年、国際連盟は、**リットン調査団**の報告に基づいて、満州国を日本の**傀儡国家**と認定し、日本に対して、満州国の承認を撤回し、満州から撤兵することを勧告した。日本はこれに従わず、同年に国際連盟から**脱退**した。

4 ×　1936年、日本は、ソ連を中心とする**国際共産主義運動**の広がりに対抗するために、**ナチス**政権下のドイツと**日独防共協定**を結んだ。翌年、イタリアがこれに加わったことで**日独伊三国防共協定**となる。ヨーロッパとアジアでそれぞれ国際的に孤立していた3国が提携して**枢軸陣営**が形成され、のちの第二次世界大戦時における**日独伊三国同盟**につながっていく。

5 ○　1951年に**サンフランシスコ平和条約**が調印され、翌年発効したことにより、連合軍による日本の占領は終結し、日本は独立国としての主権を回復した。しかし、平和条約と同じ日に調印された**日米安全保障条約**により、独立後もアメリカ軍が日本国内に駐留し続けることになり、1952年に結ばれた**日米行政協定**により、日本は駐留軍に**基地**を提供し、駐留費用を分担することとされた。

問題2　警察官Ⅲ類（2017年度）　·· 本冊P.102

正解：4

1 ×　選択肢の文は、607年に派遣された**遣隋使**に関する記述で、文中の**犬上御田鍬**は**小野妹子**の誤り。犬上御田鍬は、614年に遣隋使として派遣され、隋が滅んで唐がおこると、630年に最初の**遣唐使**となった。

2 ×　選択肢の文中、**足利尊氏**は**足利義満**、**足利義教**は**足利義持**の誤り。日明貿易は、4代将軍・義持が**朝貢形式**に反対して中断したが、6代将軍・義教のときに再開された。朝貢貿易は、中国が世界の中心であり、周囲の異民族に優越するという**中華思想**に基づくもので、日本は明の皇帝に貢物を送り、その返礼として品物を受け取るという形をとらなければならなかったが、滞在費・運搬費などは明が負担したので、日本には大きな利益がもたらされた。

3 ×　豊臣秀吉の時代にさかんに行われたのは**朱印船貿易**で、海外渡航許可の**朱印状**をもつ朱印船により、主に東南アジアで中国との中継貿易を行った。朱印船貿易は、江戸時代初期にも引き続き活発であったが、幕府はしだいに貿易の統制を強めていき、1633年に**奉書船**以外の海外渡航を禁じた。奉書船とは、朱印状のほかに**老中奉書**という許可状を受けた商船で、奉書は幕府と関係の深い特権的な商人にのみ与えられた。1635年になると、日本人の海外渡航が一

切禁止されたため、奉書船による貿易も廃止された。

4 ○ **フェートン号事件**は、1808年に、イギリスの軍艦フェートン号が、当時
敵国であったオランダ船を拿捕するために**長崎湾**に侵入し、オランダ商館員を
人質にして、薪水と食糧を強要したのちに退去した事件。その後も、イギリス
船やアメリカ船がしばしば日本近海に出没したため、幕府は警戒を強めた。当
時、幕府は、異国船に薪水・食糧を供給して退去させる方針をとっていたが、
1825年に**異国船打払令**を出して強硬策に転じた。

5 × 1894年に、第2次伊藤博文内閣の**陸奥宗光**外相は、**領事裁判権**の撤廃な
どを内容とする**日英通商航海条約**の調印に成功したが、**関税自主権**の回復はま
だ不完全であった。関税自主権の完全回復がなされたのは、1911年、第2次
桂太郎内閣の**小村寿太郎**外相のもとで調印された**改正日米通商航海条約**が最初
である。

問題3 国家一般職（2020年度） ・・ 本冊P.103

正解：4

1 × **豊臣秀吉**による2度の朝鮮侵攻以来、日本と朝鮮の国交は中断されていた
が、**徳川家康**は、**対馬藩主**・**宗氏**の仲立ちにより講和を実現し、国交が再開さ
れた。1607年から1811年までの間に、12回にわたって朝鮮からの使節が来
日したが、最初の3回は、豊臣政権が朝鮮から連れ去った捕虜の返還を目的と
する**回答兼刷還使**という名目であった。4回目以降は**通信使**とされ、徳川将軍
の代替わりごとに派遣された。

2 × **琉球王国**は、江戸時代初期の1609年に、**薩摩藩島津氏**により征服された。
一方、琉球王国は**明**（のちに**清**）との関係も維持し、**朝貢貿易**を継続した。薩
摩藩は、琉球の特産品である**黒砂糖**を上納させたほか、朝貢貿易により得た中
国の産物も送らせた。琉球王国から**幕府**へは、国王の代替わりごとに**謝恩使**が、
将軍の代替わりごとに**慶賀使**が派遣された。

3 × **伊能忠敬**は、幕府の**天文方**であった**高橋至時**に師事し、師の助力により幕
府の命を得て、1800年に奥州道中と**蝦夷地**東南沿岸の測量を行い、のちに全
国の沿岸を実測した。その成果は、忠敬の死後に『**大日本沿海輿地全図**』とし
て完成された（これらは、18世紀末から19世紀初めの出来事である）。**樺太・
千島交換条約**は、1875年に日露間で結ばれた国境確定条約で、これにより、
日本はロシアの**樺太**領有を認める代わりに、**千島列島**全島を日本の領土とした。

4 ○ **ペリー**が最初に来航したのは1853年。**日米和親条約**の内容には、選択肢

の文に記されていることがらのほかに、米国の**領事**の駐在を認めることが含まれており、1856年に初代総領事としてハリスが来日した。

5 ×　選択肢の文中、「**スペイン、ポルトガル**、オランダ、英国」は「オランダ・ロシア・英国・**フランス**」の誤り。これらの国と米国を含む5か国との通商条約は、いずれも類似した内容で、相手国に**領事裁判権を認め**、日本に**関税自主権のない**不平等条約であった。

問題 4　国家専門職（2019年度）　……………………………………………………　本冊 P.104

正解：4

1 ×　選択肢の文中、「**文禄の役、慶長の役**」は「**文永の役、弘安の役**」の誤り。文禄・慶長の役は、16世紀末に**豊臣秀吉**が行った朝鮮に対する侵略戦争の、日本側での呼び名である。13世紀に入ると**高麗**は元の侵攻を受け服属させられており、1274年の**文永の役**では、元・高麗の連合軍が九州北部を襲った。**南宋**は、1276年に元に降伏し、1281年の弘安の役では、旧南宋軍（江南軍）も元側に加わって参戦した。しかし、元に征服された高麗や南宋の人々の抵抗が、元の日本侵攻を断念させる要因にもなった。

2 ×　選択肢の文中、「**対等な通交**」の部分が誤り。当時の中国では、モンゴル民族を支配者とする元が滅ぼされ、漢民族の王朝である**明**が建国されていた。明がめざしたのは、中国を世界の中心とする**中華思想**に基づく国際秩序の回復であり、その中で実現した**日明貿易**は、日本の国王である将軍（**足利義満**）が明の皇帝に貢物を送り、皇帝はその返礼として品物を授けるという形式をとる**朝貢貿易**であった。15世紀後半になると、室町幕府の衰退に伴い、貿易の実権は、堺商人と結んだ**細川氏**や、博多商人と結んだ**大内氏**に移り、16世紀半ばに大内氏が滅んだことにより日明貿易は途絶えた。

3 ×　**南蛮貿易**による主な輸入品は、中国の**生糸**と、**鉄砲・火薬**などで、主な輸出品は**銀・銅**などであった。南蛮貿易は、宣教師によるキリスト教の布教と一体的に行われ、貿易船は、布教を認める大名の領国を選んで入港したため、貿易を望む大名の多くは布教活動を保護し、洗礼を受ける大名もいた。

4 ○　江戸幕府の鎖国政策、禁教政策により、カトリック国でない**清・オランダ**との貿易を、**長崎**に限定して行う体制が築かれた。ただし、鎖国後も、**対馬藩**は**朝鮮**との、**薩摩藩**は支配下に置いた**琉球王国**との、**松前藩**は**アイヌ**との交易を、幕府の公認のもとに行った。

5 ×　選択肢の文中、「**中国**」「**自由貿易**」が誤り。当時の中国（清）は、鎖国下

の日本とも長崎で貿易を行っており、日本に開国を求める側ではなかった。むしろ中国は、欧米諸国によるアジア進出の標的になった国であり、イギリスとの**アヘン戦争**で清が敗れたことは、江戸幕府にも大きな衝撃を与えた。幕府が日米両国間の**自由貿易**の原則を認めたのは、**日米和親条約**ではなく、日米修好通商条約である。自由貿易とは、国から、輸出入品の禁止・制限、関税賦課、為替管理などの規制を受けない貿易をいう。

問題1 特別区Ⅲ類（2022年度）·· 本冊 P.112

正解：4

1　×　前6世紀半ば、**キュロス2世**は4王国の一つである**メディア**の政権を奪取し、やがて**リディア**、**新バビロニア**も征服し、**アケメネス朝ペルシア**を築いた。よって、**キュロス2世**を「**ダレイオス1世**」、**リディア**を「**ギリシア**」としている本肢は妥当ではない。

2　×　**ダレイオス1世**は、中央集権的な統治を行い、「**王の目**」「**王の耳**」といわれる監察官、「**王の道**」といわれる公道や駅伝制などの、**情報・交通網を整備**した。よって、「**王の耳**」を幹線道路としている本肢は妥当ではない。

3　×　**アケメネス朝ペルシア**は異民族に対して寛容であったが、前5世紀前半の**ギリシア遠征の失敗**や、**サトラップ（総督）の反乱**などで勢力は衰え、**前330年**にマケドニア王国の**アレクサンドロス大王**の遠征軍により滅ぼされた。

4　○　アケメネス朝ペルシアでは、世界を**光明神アフラ＝マズダ**と暗黒神アーリマンの二神の闘いの場と捉える**ゾロアスター教**が信仰された。よって、本肢は妥当である。

5　×　選択肢の文中、**ヒエログリフ**は**楔形文字**の誤り。アケメネス朝ペルシアでは、**楔形文字**を発展させた**ペルシア文字**や、**アラム語**、ペルシア語が用いられた。**ヒエログリフ**は、**エジプト文明**で使われた**象形文字**であり、神聖文字とも呼ばれる。

問題2 東京都Ⅲ類（2019年度）·· 本冊 P.112

正解：2

1　×　選択肢の文中、**クレタ**は**ポリス**の誤り。

2　○　アケメネス朝ペルシアの軍がギリシアに侵入すると、前500〜前449年に**ペルシア戦争**が勃発し、ギリシア人は、例えば前479年に**アテネ**と**スパルタ**を中心に連合して勝利した**プラタイアの戦い**などを始めとして、ペルシア軍を**撃退**した。

3　×　選択肢の文中、**アリストテレス**は**アレクサンドロス**の誤り。**アリストテレ**

スはプラトンの弟子であり、哲学、論理学、生理学、天文学など諸学を集大成し、「万学の祖」と称される**古代ギリシアの哲学者**である。

4 × 選択肢の文中、**アレクサンドロス**は**アウグストゥス**の誤り。ローマ帝国では前27年、**オクタウィアヌス**が貴族の会議である元老院から**アウグストゥス**（尊厳者）の称号を授けられ、**事実上の皇帝**となり、ローマは共和政から帝政へ移行した。

5 × 選択肢の文中、**パルテノン**は**コロッセウム**の誤り。古代ローマ時代には、**円形闘技場コロッセウム**で剣闘士の闘技や猛獣の戦いなどの見世物が行われたり、公衆浴場や劇場などの公共施設が整備されていた。なお、**パルテノン**とは**古代ギリシア**の神殿である。

問題3 特別区Ⅰ類（2021年度）……………………………………………………本冊P.113

正解：1

1 ○ カエサルの養子である**オクタウィアヌス**は、カエサルの部下であった**アントニウス、レピドゥス**と**第2回三頭政治**を行い、前31年には**アクティウムの海戦**で**プトレマイオス朝エジプト**のクレオパトラと結んだアントニウスを破り、前27年に元老院から**アウグストゥス**（尊厳なる者）の称号を与えられた。

2 × 選択肢の文中、**テオドシウス帝**は**ディオクレティアヌス帝**の誤り。284年に即位した**ディオクレティアヌス帝**は、2人の正帝と2人の副帝が帝国統治にあたる四帝分治制を敷き、皇帝権力を強化し、以後の帝政はドミナトゥス（専制君主政）と呼ばれた。なお、**テオドシウス帝**は**395年**にローマ帝国が東西分裂する直前に亡くなった、統一ローマ帝国**最後の皇帝**である。

3 × 選択肢の文中、**アリウス派**は**アタナシウス派**の誤り。**コンスタンティヌス帝**は、313年に**ミラノ勅令**でキリスト教を公認し、325年には**ニケーア公会議**を開催、イエスの神性を認めた**アタナシウス派**を**正統教義**とし、人間イエスを唱える**アリウス派**を異端とした。

4 × 選択肢の文中、「**東ローマ帝国**」と「**西ローマ帝国**」が逆になっている。

5 × 選択肢の文中、**キケロ**は**トリボニアヌス**の誤り。ローマ法は、はじめローマ市民だけに適用される市民法だったが、やがて属州民を含めた全ての市民に適用される万民法としての性格を強め、6世紀には、ユスティニアヌス帝の命令で、法学者トリボニアヌスらによって『**ローマ法大全**』として集大成された。なお、キケロは、『**国家論**』で有名な古代ローマ時代の文筆家、政治家である。

問題1 警察官Ⅰ類（2020年度） ……………………………… 本冊P.120

正解：2

1 × 選択肢の文中、**第4回十字軍**は第1回十字軍、ラテン帝国はイェルサレム王国の誤り。キリスト教の聖地であるイェルサレムが、セルジューク朝の支配下に置かれたことに対して脅威を感じたビザンツ皇帝が教皇ウルバヌス2世に救援を求めると、教皇は1095年クレルモン宗教会議を招集した。その会議で教皇が聖地回復のための十字軍派遣を提唱すると、たちまち支持を受け、**1096年**に第1回十字軍を派遣。1099年聖地の奪還に成功すると、イェルサレム王国が建国された。

2 ○ ロンバルディア同盟とは、1167年に、北イタリアの諸都市が、**神聖ローマ皇帝フリードリヒ1世**のイタリア政策に対抗するため結んだ**都市同盟**である。ハンザ同盟とは、北ドイツの諸都市が、リューベックを盟主に結成した都市同盟であり、ケルンやハンブルク、ダンツィヒなどの都市が加盟し、**君侯と並ぶ政治勢力**となった。

3 × 14世紀に、イタリアから始まり、ヨーロッパ全域に流行した黒死病によって、人口は激減。さらに寒冷化による凶作や飢饉が続いたため、深刻な労働力不足に陥り、**農民は領主に対して強い立場**を有するようになった。そのため、**領主への農奴的従属から解放**される農民が増えていき、特にイギリスではヨーマンといわれる独立自営農民が誕生した。

4 × イギリスでプランタジネット朝を開いた**ヘンリ2世の子**ジョン王は、フランス王フィリップ2世との戦争に敗れてフランスにおける領地の大半を失い、さらに財政難を理由に重税を課したため、貴族たちは結束して王に反抗し、1215年に**大憲章（マグナ・カルタ）**を王に認めさせた。

5 × ドイツ人の歴代神聖ローマ皇帝は、シュタウフェン朝（1138～1208年、1215～1254年）断絶により、皇帝不在の**大空位時代**（1256～73年）を生じた。よって、「シュタウフェン朝が中心となって『大空位時代』を終結させた」としている本肢は妥当ではない。なお、「**大空位時代**」は、1273年ハプスブルク家のルドルフ1世が神聖ローマ皇帝となったことで終結した。

正解：4

　395年のローマ帝国の東西分裂後、**西ローマ帝国**は**ゲルマン人の大移動**の混乱の中、476年傭兵隊長のゲルマン人オドアケルに皇帝の退位を迫られたことにより滅亡した。東ヨーロッパでは、**東ローマ帝国（ビザンツ帝国）**がギリシア正教とギリシア古典文化を融合した独自の文化的世界をつくり、商業と貨幣経済は繁栄を続けた。ビザンツ帝国の首都**コンスタンティノープル**は、アジアとヨーロッパを結ぶ貿易都市として栄え、ユスティニアヌス帝の時代（527～565年）には、一時的に地中海のほぼ全域にローマ帝国を復活させた。7世紀以降、ビザンツ帝国の領土は東西ヨーロッパの諸勢力やササン朝ペルシア、セルジューク朝トルコなどのイスラーム諸王朝に奪われ縮小し、**1453年**には**オスマン帝国（オスマン朝トルコ）**により首都コンスタンティノープルが**陥落**、ビザンツ帝国は滅ぼされた。

　以上により、**A：ゲルマン人の大移動**、**B：コンスタンティノープル**、**C：オスマン帝国**となり、正解は**4**である。

正解：3

1 × 　選択肢の文中、「**イギリス**」と「**フランス**」が逆になっている。**フランス**は毛織物生産の中心地であるフランドルを支配下に置こうとしたが、この地に羊毛を輸出して利益をあげていた**イギリス**は、フランスが勢力を伸ばすのを阻止しようとしたことが、百年戦争の原因の1つといわれている。

2 × 　選択肢の文中、**ヴァロア朝**は**カペー朝**の誤り。フランスで1328年、シャルル4世が亡くなり、男子の継承者がいなかったことからカペー朝の直系が絶えると、**イギリス国王エドワード3世**は母が**カペー家**出身であることからフランスの王位継承権を主張し、これをきっかけに1339年に百年戦争が始まった。

3 ○ 　1339～1453年まで続いた**百年戦争**で**敗北**を喫した**イギリス**は、フランス国内に有していた領土を失った。すると、国内では、王位継承をめぐって**ランカスター家**と**ヨーク家**の間で**バラ戦争**と呼ばれる内乱が起こり、**有力な諸侯が次々と没落**した。なお、バラ戦争という名称は、ランカスター家が赤いバラ、ヨーク家が白いバラの紋章を使用していたことから、19世紀に広まった呼び名である。

4 × 　フランス国内は、ヨーロッパ全域での**黒死病**の流行の影響や、気候の寒冷

化で農業は深刻な労働力不足に陥り、農民の立場が強くなった。これに対して、領主は危機感を覚え、農民への支配を再び強化しようとしたが、1358年には**ジャックリーの乱**など激しい農民一揆が起こった。一揆は鎮圧されたものの国内は荒廃し、シャルル7世のときには王国は崩壊寸前の危機にあった。

5　×　選択肢の文中、**国王の娘**は農民の娘の誤り。国を救えとの神託を受けたと信じる農民の娘**ジャンヌ＝ダルク**は、フランス軍を率いて**オルレアンの包囲**を崩壊させ、イギリス軍を大敗させた。これを機にフランスのシャルル7世は反攻に転じ、**百年戦争はフランス勝利**で終結した。

2 3 ヨーロッパの近世①

問題1　警察官Ⅰ類（2016年度） ………………………………………………… 本冊P.128

正解：1

1　○　**ルネサンス文芸**は、古代ローマの遺跡が各地に残り、その伝統が強かった**イタリア**でまず展開した。詩人ダンテは、これまでの知識人が用いたラテン語ではなく、日常語として使われていたトスカナ地方のイタリア語で、人間の存在意義や神との関係をキリスト教的視点から深く描いた『**神曲**』を著し、ボッカチオは短編集『**デカメロン**』で世相を風刺した。

2　×　選択肢の文中、「ミケランジェロ」と「ダ＝ヴィンチ」が逆であり、**ボッティチェリ**はラファエロの誤り。イタリアルネサンスが最盛期を迎えた16世紀の初めには、「**天地創造**」や「**ダヴィデ像**」を制作したミケランジェロ、「**最後の晩餐**」「**モナリザ**」などで名高いレオナルド＝ダ＝ヴィンチ、「**アテナイ（アテネ）の学堂**」や「**聖母子像**」で知られるラファエロなどの巨匠が輩出した。なお、**ボッティチェリ**は15世紀にメディチ家に保護されて活躍し、「**ヴィーナスの誕生**」や「**春**」などの名画を残したイタリアの画家である。

3　×　ルネサンスはイタリア以外にも広まり、**絵画**では銅版画で有名なドイツのデューラーや「**農民の踊り**」などで農民生活を描いたネーデルラント（オランダ）のブリューゲル、**文学**では『**ハムレット**』『**リア王**』など多数の戯曲を記したイングランドのシェークスピアやフランスのラブレー、『**随想録（エセー）**』を残したモンテーニュらが活躍した。よって、ラブレー、モンテーニュが絵画で、デューラーやブリューゲルが文学で活躍した、としている本肢は妥当ではない。

4　×　**火薬**や**羅針盤**、**活版印刷術**は、中国で発明され、イスラーム世界を経由してヨーロッパへと伝来し、14～15世紀には改良・実用化された。これらの技

術は、**大航海時代や宗教改革にも大きな影響を及ぼした**が、特に活版技術は、ドイツ人**グーデンベルク**が15世紀半ばに改良・実用化し、製紙法の普及とあいまって、新しい教派の聖書やその思想の伝播に多大な役割を果たした。

5　×　**ルネサンス**とは、フランス語で「**再生**」「**復活**」を意味し、ギリシア・ローマの**古典研究**を通じて、理性と感情の調和した人間性豊かな生き方を追究することをいう。なお、「**人文主義**」とは「**ヒューマニズム**」ともいい、ルネサンスの時代に生まれた思想である。人文主義は、中世に隆盛したカトリック教会による神中心の世界観に対し、あるがままの人間の姿そのものに美しさや価値を置く、人間中心の価値観であり、のちの宗教改革にも大きな影響を与えた。

問題 2　特別区Ⅲ類（2018年度）······················ 本冊P.128

正解：2

1　×　選択肢の文中、**ネーデルラント**はフランスの誤り。フランスでは、**国王の保護**のもとでルネサンスが開花した。特に国王フランソワ1世はルネサンスのパトロンとして有名であり、イタリアから多くの芸術家をフランスへ招き、豊かな宮廷文化を築いた。その中で、小説『**ガルガンチュアとパンタグリュエルの物語**』で社会的因習を風刺したラブレーや『**随想録（エセー）**』で人間のあり方を考察したモンテーニュが現れた。

2　○　**イタリア**では、毛織物業や金融業で栄えたトスカナ地方を支配下に置いたフィレンツェのメディチ家が芸術家を保護し、「**最後の晩餐**」「**モナリザ**」を描いたレオナルド＝ダ＝ヴィンチや「**ダヴィデ像**」を制作したミケランジェロ、**聖母子像**を描いたラファエロが活躍した。

3　×　選択肢の文中、**フランス**は「**ネーデルラント**」の誤り。ネーデルラントでは、商業と毛織物工業で繁栄したフランドル地方を中心にルネサンスが開花した。

4　×　イタリアから始まったルネサンスは、ややおくれてドイツでも開花した。デューラーが**銅版画**を残し、肖像画家のホルバインは、先にルネサンスが開花したネーデルラントで人文主義者として活躍していた友人エラスムスの肖像画（「**エラスムス像**」）を描いた。しかし、没落する騎士たちを風刺した『**ドン＝キホーテ**』を著したセルバンテスはスペインの作家である。

5　×　選択肢の文中、「**トマス＝モア**」と「**チョーサー**」が逆になっている。イギリスでは、トマス＝モアが『**ユートピア**』、チョーサーが『**カンタベリ物語**』、**シェークスピア**が『**ハムレット**』などを書いて活躍した。

正解：3

1 × 選択肢の文中、**ツヴィングリ**は ルター の誤り。**ドイツ**の神学者**ルター**は、1517年カトリック教会の贖宥状を非難する**九十五カ条の論題**を発表した。なお、**ツヴィングリ**は、1519年**スイス**のチューリヒで贖宥状販売を批判し、宗教改革を行った。

2 × 選択肢の文中、**三十年戦争**は ドイツ農民戦争 の誤り。ルターの主張に賛同した西南ドイツの農民は、1524年**トマス・ミュンツァー**の指導の下に農奴制の廃止などを求めるドイツ農民戦争を起こした。なお、**三十年戦争**とは、**1618年**にドイツで起こった、プロテスタントとカトリックとの対立を背景とした宗教戦争であり、フェルディナント2世によるカトリック強制政策にベーメン（現チェコ）のプロテスタントが反発したことに端を発する。

3 ○ 1536年 カルヴァン が『**キリスト教綱要**』で説いた、「魂の救済は、神の意思により予め定められている」とする「**予定説**」は、勤労と蓄財を容認したため、西ヨーロッパの商工業者の間で広まった。

4 × ルター派（プロテスタント）やカルヴァン派といった新派が広まるのに対し、旧派（カトリック）も、教皇の権威と教義を再確認し、体制を立て直そうとした（対抗宗教改革）。スペインの**イグナティウス・ロヨラ**らが1534年に設立した**イエズス会**も、そうした カトリック教会 の刷新及び勢力回復運動の一環である。したがって、その一員であるフランシスコ・ザビエルが海外宣教で日本にきた理由は、カトリック教会 の勢力回復のためである。

5 × 選択肢の文中、**カール5世**は「**アンリ4世**」の誤り。フランスの宗教内乱である**ユグノー戦争**（1562～98年）は、ユグノー指導者である アンリ4世 がブルボン朝を開くとともにカトリックに改宗し、1598年に個人の信仰の自由を容認する**ナントの王令**を発したことによって終結した。

2 4 ヨーロッパの近世②

問題 1 国家一般職高卒（2021年度）・・・・・・・・・・・・・・・・・・・・・・・・・・・・・・・・ 本冊 P.134

　正解：1

1　〇　1498年**ヴァスコ＝ダ＝ガマ**は、海路でアフリカ大陸南端の**喜望峰**を経由し、ムスリムの水先案内人を得て**インド**の**カリカット**に到達、ヨーロッパからアジアに直接至るインド航路の開拓に貢献した。

2　×　ポルトガル人**マゼラン**は、1519年スペイン王の援助を受けて探検航海へと出発し、**南アメリカ大陸**南端を通過し、1521年フィリピン諸島に到達。その後現地人との戦いで亡くなったが、その部下がインド洋へと出て、**アフリカ大陸**の**喜望峰**を経由し、世界で初めて地球を一周する**世界周航**を行った。

3　×　**ヴァスコ＝ダ＝ガマ**は、ムスリムの水先案内人の助けを借りてインドのカリカットに到達、陸路のシルクロードを通らずに**アフリカ南端**の**喜望峰**、**インド洋**経由で中国に向かう航路の開拓に貢献した。よって、**ヴァスコ＝ダ＝ガマ**を「**マゼラン**」、「**地中海**」も経由しているとする本肢は妥当ではない。

4　×　選択肢の文中、**バルトロメウ＝ディアス**は**コロンブス**の誤り。ジェノヴァ出身のコロンブスは、**地球球体説**を信じて、大西洋を**西まわり**に進み、インドや日本を目指す航海を行い、カリブ海の島々（サンサルバドル島など）や中米地域を探索した。

5　×　マルコ＝ポーロの『**東方見聞録**』に記述されているジパング（日本）の金に関心をもち、日本への航海を目指したのは**コロンブス**といわれる。アメリゴ＝ヴェスプッチは南アメリカを探検し、アメリカが新大陸であると主張したイタリア人である。また、種子島に漂着し、鉄砲を日本に伝えたのはポルトガル人で、アメリゴ＝ヴェスプッチではない。

問題 2 特別区Ⅲ類（2016年度）・・・・・・・・・・・・・・・・・・・・・・・・・・・・・・・・・ 本冊 P.134

　正解：4

　スペインは、1556年に即位したハプスブルク家出身の**フェリペ2世**の時代に、ネーデルラントやナポリ、シチリアなどを支配下に置き、1580年には隣国ポルトガルも併合、アジア貿易を手中に収めるなどしたため、「**太陽の沈まぬ国**」と呼ばれるほど隆盛を極めた。熱心なカトリック教信者であるフェリペ2世が、イスラーム勢力であるオスマン帝国と、ギリシアのレパント沖で対峙して勝利を収めた戦いを

レバント（沖）の海戦という。

　フェリペ2世は、諸国に対しカトリック信仰を強制する政策をとったため、支配下にあった**ネーデルラント**では、1568年、新教徒（プロテスタント）の反乱を招いた。1581年には北部ネーデルラント7州がネーデルラント連邦共和国の独立を宣言、オラニエ公ウィレムが初代オランダ総督に就任した。しかし、スペインはこれを認めず争いが続く中、ウィレムが何者かに殺害された。指導者を失った独立派は、**プロテスタント**である**イギリス**の**エリザベス1世**に支援を要請、エリザベスがこれに応えると、1588年フェリペ2世は**イギリス**へ**無敵艦隊（アルマダ）**を派遣し、イギリス侵攻を目論んだ。しかし敗れ、戦費の増大から財政も破綻し、スペインは衰退へと向かったと同時に、オランダは独立戦争を優位に進めるきっかけとなった。

　以上により、**A：フェリペ2世**、**B：レバントの海戦**、**C：イギリス**となり、正解は**4**である。

| 問題3 | 国家一般職（2016年度）　‥‥‥‥‥‥‥‥‥‥‥‥‥‥‥‥‥‥‥‥‥**本冊P.135** |

正解：1

1　○　イギリスでは、1558年に即位したテューダー朝のエリザベス1世の時代に絶対王政の最盛期を迎えたが、その後ステュアート朝のジェームズ1世やチャールズ1世の専制政治に対して不満が高まり、1640年に**ピューリタン革命**と呼ばれる市民革命が起こった。しかし、その主導者であった**クロムウェル**が共和政樹立後、次第に軍事独裁を強めると、彼の死後、チャールズ2世が王に迎えられ、王政が復古する。そんな中、議会では、**国王と国教会の権威**を重んじる**トーリ党**と、**議会の権利**を主張する**ホイッグ党**が生まれた（二大政党制のもと）。国王**ジェームズ2世**がカトリックの復活を図り、専制政治を強めると、1688年、両党は協力して、王女**メアリ**とその夫の**オランダ総督ウィレム3世**を招いて王位に就けようとした。これを**名誉革命**という。

2　×　フランスでは、1643年**ルイ14世**が即位し、宰相マザランは**中央集権化**により国王の権力の強化に努めた。それに不満をもった貴族や高等法院、民衆が1648年**フロンドの乱**を起こすも、鎮圧。これにより王権の強化や中央集権化はますます進み、**絶対王政の最盛期**をもたらすこととなった。なお、**リシュリュー**が宰相となったのは、1610年に即位した**ルイ13世**の時代である。

3　×　神聖ローマ帝国内に大小の領邦が分立していたドイツでは、**ハプスブルク家**のフェルディナント2世の**カトリックの強制**に対して、オーストリア領ベーメン（ボヘミア）の**プロテスタントが反乱**を起こし（**ベーメンの反乱**）、それをきっかけに**三十年戦争**が起こった。その後、1648年**ウェストファリア条約**

によって戦争は終結した。

4 × **スペイン**は、**フェリペ2世**の下で全盛期を迎えていたが、1581年支配下にあったオランダが独立を宣言した。イギリスがオランダの独立を支援したため、スペインは**無敵艦隊（アルマダ）**を送り、イギリス侵攻を目論んだが**敗北する**。戦費の増大から財政も破綻し、スペインは衰退へと向かう一方、**オランダは独立戦争を優位に進めるきっかけ**となった。

5 × ロシアは、コサックの首長ステンカ＝ラージンが主導した農民反乱が鎮圧されたのち、1682年に即位した**ピョートル1世（大帝）**のもとで、軍備の拡大を背景に**シベリア経営**を進めていた。そして、1689年に中国の清朝と2国間の国境を定める**ネルチンスク条約**を結び、**国境をアルグン川とスタノヴォイ山脈**とし、清朝と通商を行うことを内容とした。なお、**九竜半島**は、1860年の**北京条約**で、まず南部を**イギリス**が割譲を受け、さらに1898年に残る北部をイギリスが99年間租借した。

2　5　市民革命・産業革命

問題1　東京都Ⅰ類（2020年度）　……………………………………………… 本冊P.140

正解：4

1 × 1640年**清教徒（ピューリタン）革命**が勃発し、**クロムウェル**に率いられた議会派は、王党派軍を破ると、国王**チャールズ1世**を裁判にかけて処刑し、共和政を樹立した。なお、**十月革命**とは、1917年に**ロシア**の首都ペトログラードで起きた労働者や兵士らによる武装蜂起を契機として始まった革命である。

2 × 共和政樹立後の1653年、**クロムウェル**は護国卿となり、**軍事独裁**を強めた。クロムウェルの独裁に不満をもった国民は、1660年先王チャールズ1世の子**チャールズ2世**を即位させ、**王政を復古**させた。チャールズ2世は寛大ではあるが**王権神授説**をとり、議会の存在を認めつつも**専制君主政**をとった。

3 × 議会において、王権派のトーリ党と議会派のホイッグ党は協力して国王ジェームズ2世一家を追放し、**プロテスタント**の王族である**メアリ**とその夫**オランダ総督ウィレム3世**を招いた。これを**名誉革命**という。その後ウィレム夫妻は、議会が提出した「権利の宣言」を承認し、王位につくと、権利宣言を「**権利の章典**」として制定した。これにより、国民の生命・財産の保護などが定められ、**立憲王政**が確立した。

4 ○ 17世紀のイギリスでは、**イングランド銀行**が設立されたり、政府が保証

する**公債**が発行されるようになった。こうした積極財政を進めることで、国内産業を盛んにするとともに、軍事費を捻出し、**海外の植民地を拡大**していった。

5 ×　ヴィクトリア女王の在位期間は**1837〜1901年**であり、17世紀ではない。また、ヴィクトリア期のイギリスは、自由党・保守党の二大政党による**議会政党政治**が成立しており、絶対王政ではないことから、本肢は妥当ではない。

問題2　国家専門職（2022年度）………………………………………………………**本冊 P.140**

　正解：3

1 ×　旧体制（アンシャン＝レジーム）下では、**第一身分**の**聖職者**と**第二身分**の**貴族**に免税特権が認められていた。しかし、当時フランスは国家財政が破綻の危機に瀕しており、特権身分への課税が必要な状態にあった。そこで、ルイ16世は特権身分への課税をも含む財政改革を目指したが、特権身分が抵抗し、第三身分との対立が生じ、フランス革命につながっていった。

2 ×　フランス革命勃発後の1791年に、制限選挙制により選ばれた議員によって構成された**立法議会**では、立憲君主主義の**フイヤン派**が**右派**を、共和主義の**ジロンド派**が**左派**を構成した。その後、国内外に残存する反革命派を一掃するために、**ジロンド派**が主導した**オーストリア**との対外戦争での敗北によりフランス軍が不利になると、革命派の市民らは、**テュイルリー宮殿**を襲撃（**八月十日事件**）。**王政の廃止**と**共和政**を宣言した（**第一共和政**）。

3 ○　第一共和政の成立後、国民公会では、**急進共和主義**のジャコバン派（山岳派）が優勢になり権力を握った。ジャコバン派の**ロベスピエール**を中心とする**公安委員会**は、反対派を粛清するなど強硬な**恐怖政治**を行ったが反発を招き、1794年7月には穏健共和派などの政敵によって倒された（**テルミドール9日のクーデタ**）。

4 ×　選択肢の文中、「**総裁政府**」と「**統領政府**」が逆になっている。1795年憲法制定後、**穏健共和派**主導の**総裁政府**が成立するも政局は安定せず、ナポレオン＝ボナパルトは、**ブリュメール18日のクーデタ**で総裁政府を倒して**統領政府**を樹立。自ら**第一統領**となって事実上の独裁権を握った。また、1803年に**アミアンの和約**を破棄した後、1806年に**大陸封鎖令**を発しているので、順序が逆である。

5 ×　フランス革命では、自由・平等の理念とともに、**国民国家の理念**が打ち出された。革命前は、地域や身分といった集団単位での統治がなされてきたが、革命後は個人単位での統治が目指された。革命下では**グレゴリウス暦**に代えて

共和暦（革命暦）が導入されたり、長さや重さの単位もメートル法が制定されるなど度量衡が統一される一方、地域独自の言語は否認され、**全国統一の国語教育**が重視されるなど、国民意識の形成が追求された。

問題3 東京都Ⅰ類（2017年度） ································ 本冊P.141

正解：4

1 ×　第1次産業革命とは、18世紀後半のイギリスで始まった**蒸気機関**等の発明による生産力の革新に伴う社会の根本的な変化のことをいう。第1次産業革命により他国に比べて生産力が高くなり、繊維製品のみならず工業製品などの輸出も行うようになり、国際貿易の中心として発展した。これにより18世紀のイギリスの経済は大きく成長し、同国は「世界の工場」と呼ばれた。なお、「**太陽の沈まぬ国**」とは、16世紀後半のフェリペ2世の時代に、太陽が常に領土のどこかを照らすほどの広大な領土を**スペイン王国**が有していたことから、その**絶対王政の全盛期**を指す言葉として使われる表現である。

2 ×　第1次産業革命の時期の主な技術革新として、アークライトが発明した**水力紡績機**、クロンプトンが発明した**ミュール紡績機**、カートライトが発明した**力織機**、スティーヴンソンが実用化した**蒸気機関車**などがある。よって、「スティーヴンソンが特許を取得した水力紡績機」「アークライトが実用化した蒸気機関車」としている本肢は妥当ではない。また、「**エディソン**による**蓄音機の発明**」は1877年であり、18世紀後半〜19世紀前半とされる第1次産業革命の時期とは異なる。

3 ×　第1次産業革命は、「**生産力の革新**」と「**動力の革新**」という両輪によって進展した。「生産力の革新」は機械化により進展し、「動力の革新」は水力から蒸気機関への転換によって成し遂げられた。1769年ワットによって改良された蒸気機関が、1825年スティーヴンソンによって蒸気機関車として実用化されると、鉄道建設が急速に進み、19世紀半ばまでには基礎的な鉄道網が完成。それにより陸上の輸送量と移動時間に劇的な変化が訪れた。

4 ○　19世紀後半から始まった**第2次産業革命**では、従来の石炭に代わり、石油や電気を新しい動力源として、**鉄鋼、化学工業、機械**などの重工業部門が発達した。

5 ×　第2次産業革命は主に重工業部門が発展し、こうした基幹部門においては大規模な設備投資を必要としたことから、少数の大企業に資本が集中する構造になった。したがって、当時の社会構造は、一部の富を独占する産業資本家や企業家と、彼らに雇用される多数の労働者階級に分けられる形であった。

2 | 6 ナポレオン帝政・ウィーン体制・帝国主義

問題1 消防官Ⅱ類（2021年度類題）・・・・・・・・・・・・・・・・・・・・・・・・・・・・・・・・・・・・本冊P.148

正解：1

1 ○ **ナポレオン＝ボナパルト**は1804年国民投票により皇帝に即位し、**ナポレオン1世**となった（**第一帝政**）。イギリスを征服し、ヨーロッパを統一することを目指したナポレオン1世であったが、1805年**トラファルガーの海戦**でイギリスに敗北。他方、大陸では**アウステルリッツの戦い**でオーストリア・ロシア連合軍に勝利するなどして大陸を制覇。そこでナポレオン1世は、1806年**ベルリン**において、フランス皇帝からの命令として**大陸封鎖令**を発出。大陸諸国とイギリス間の貿易を禁止し、経済的に大陸から締め出すとともに、大陸の市場をフランスが独占することでフランス産業を発展させようとした。よって、本肢は妥当である。

2 × **人権宣言**は、フランス国民に自由や法の下の平等、国民主権や財産の不可侵・言論の自由などを保障したもので、1789年8月**国民議会**が採択を決定した。

3 × **ウィーン会議**は、1814〜15年にかけて、**ナポレオン1世**退位後、フランス革命以降の混乱したヨーロッパの秩序を回復するために、オーストリアのウィーンで開かれた国際会議であり、議長はメッテルニヒである。

4 × **総裁政府**は、1795年に成立した5人の総裁からなるフランスの政府である。総裁政府は経済の混乱や政治的対立によりその信頼が低下し、1799年**ナポレオン＝ボナパルト**による**ブリュメール18日のクーデタ**により**崩壊**した。ナポレオンがクーデタ後に成立させた政府は**統領政府**である。

5 × 1789年7月14日に起こった**バスティーユ牢獄の襲撃**は、**パリ市民**によるものである。

問題2 警察官Ⅰ類（2017年度）・・・本冊P.148

正解：4

ウィーン体制とは、**ウィーン会議**（1814〜15年）以降のヨーロッパの国際体制をいう。フランス革命以前の絶対王政の復活、維持を原則に（**正統主義**）、各国の勢力均衡を図る反動的保守体制であり、1815〜1848年を指す。本問ではそれ以降の国際状況を問うている。

1　×　1848年、フランスでは選挙権拡大運動を弾圧した政府に対してパリ市民が蜂起した（**二月革命**）。これにより、国王**ルイ＝フィリップ**が退位して**臨時政府**が樹立された（**第二共和政**）。その後新憲法のもとで行われた大統領選挙で**ルイ＝ナポレオン**が大統領に就任。1852年の国民投票で皇帝に即位すると**ナポレオン3世**を名乗った。

2　×　1853年、**ロシア**はギリシア正教徒の保護を大義としてオスマン帝国領内に侵入、**クリミア戦争**を起こした。ロシアの南下政策を警戒する**イギリス**、**フランス**は、**オスマン帝国を支援**する形で参戦し、ロシアは**敗北**した。

3　×　選択肢の文中、「**ガリバルディ**」と「**カヴール**」が逆になっている。イタリア半島では、まず北部を拠点とした**サルディニア王国**（サルデーニャ王国）が**カヴール**を首相として改革を進め、1859年**イタリア統一戦争**でオーストリア軍に勝利すると、**ロンバルディアを併合**、翌60年には**中部イタリア**も併合した。一方、南部では急進派の**ガリバルディ**が**両シチリア王国**を征服し、これをサルディニア王国に併合、イタリア全土の大半がサルディニア王国領内に組み込まれることとなった。そして、1861年、ヴィットーリオ・エマヌエーレ2世を国王とするイタリア王国が成立し、**イタリア統一が宣言**された。

4　○　1862年に**プロイセン**の首相となった**ビスマルク**は、軍事力でドイツ地域の覇権を握ろうと富国強兵政策を推進し、**鉄血政策**と呼ばれるドイツ統一政策を主導。1864年にオーストリアとの連携を強化し、デンマークからシュレスヴィヒ・ホルシュタイン両州の領有を奪うと、今度は両州の帰属を賭けて、**オーストリア**と戦い、これらを破った（**プロイセン・オーストリア〔普墺〕戦争**）。これにより1867年プロイセンを盟主とする北ドイツ連邦が成立した。次いでビスマルクは1870年**プロイセン・フランス（普仏）戦争**で勝利すると、1871年プロイセン王ヴィルヘルム1世を皇帝とするドイツ帝国が成立した。

5　×　1867年、多民族帝国として各地に分布する多様な民族の存在及び自治を認めざるを得なくなった**オーストリア帝国**は、マジャール人の要求に応じて**ハンガリー王国の建設**を認めると同時に、オーストリア皇帝が**ハンガリー王国の王を兼ねる**という同君の二重国家として存在する道を選び、**オーストリア＝ハンガリー帝国**が成立した。

問題3　**警察官Ⅰ類（2019年度）**　…………………………………………　本冊P.149

正解：2

1　×　イギリスの貿易の分野では、17〜18世紀には、1651年の航海法（イギリス及びその植民地への輸入品の運搬をイギリス船か原産国の船のみに制限す

るなどした法律）の制定など、**重商主義政策**がとられていたが、19世紀半ばになると自由貿易政策が推進されるようになった。ナポレオン戦争後の不況時には、1815年に穀物法（穀物の国外からの輸入を規制し、地主を保護しようとした法律）の制定など、一時的に保護貿易政策がとられることもあったが、1846年の穀物法廃止や1849年の航海法の廃止など、自由貿易の旗手としての地位を確立した。

2　○　1832年、改革派のホイッグ党により第1回選挙法改正が実現し**都市の新興中産市民層の成人男性**を中心に選挙権が拡大された。しかし、**労働者階級には選挙権が与えられない**不十分な内容だったため、普通選挙権の実現を求めるチャーティスト運動が起きた。

3　×　1857年イギリスによるインド支配に対して、北インドで**インド人傭兵（シパーヒー）**による大反乱が発生した。しかし、イギリス軍による反乱鎮圧の結果、1858年ムガル帝国は滅亡し、東インド会社を解散させ、イギリス政府の直轄領とした。その後1877年**ヴィクトリア女王**が皇帝に即位し、インド帝国が成立した。

4　×　1842年に終結したアヘン戦争後、清との間で期待したほどの貿易利益が上がらなかったため、イギリスは1856年、アロー号事件を口実として、フランスと共同出兵を行い、清と開戦（**アロー戦争**）。英仏軍は北上し、1858年には天津条約、1860年には北京条約を締結した。なお、**南京条約**は、アヘン戦争に際して1842年に締結された条約である。

5　×　イギリスは、帝国主義政策の一つとして目指したアフリカ支配において、エジプトの**カイロ**と南アフリカの**ケープタウン**を結ぶ**縦断政策**（その後、インドのカルカッタとも結ぶ３Ｃ政策に発展）をとり、**横断政策**をとるフランスと衝突し、1898年**ファショダ事件**が起こった。その後、ドイツの対外進出に脅威を感じた両国は、1904年英仏協商を締結した。

2 7 第一次世界大戦～第二次世界大戦

問題1　特別区Ⅰ類（2017年度）‥‥‥‥‥‥‥‥‥‥‥‥‥‥‥‥‥‥本冊P.156

正解：2

　ヴェルサイユ体制とは、1919年にドイツと連合国との間で調印されたヴェルサイユ条約と、同盟国側諸国と連合国との間で締結された講和条約により成立した、ヨーロッパ中心の新しい国際秩序をいう。また、ワシントン体制とは、1921年アメリカ大統領ハーディングの提唱で開催された、ワシントン会議において成立した一連の条約等により形成された東アジア・太平洋の戦後国際秩序体制をいう。本問ではそれぞれの体制に関する内容を直接問うている。

1　×　選択肢の文中、**セオドア＝ローズヴェルト**は**ウィルソン**の誤り。**パリ講和会議**は、1919年1月から開かれ、アメリカ大統領**ウィルソン**が1918年1月に発表した**十四か条の平和原則**が基礎とされたが、**第一次世界大戦の敗戦国やソヴィエト政府は参加できなかった**。なお、セオドア＝ローズヴェルトは、ウィルソンより前、1901年に就任したアメリカ大統領（～1909年）であり、棍棒外交といわれる積極的な外交政策を行ったことで有名である。

2　○　1919年6月に調印された**ヴェルサイユ条約**では、ドイツは**すべての植民地を失った**。**アルザス・ロレーヌのフランスへの返還**、軍備の制限、**ラインラントの非武装化**、巨額の賠償金が課されたほか、オーストリアとの合併禁止、ベルギーやポーランドへの領土割譲などを命ぜられた。

3　×　選択肢の文中、**イギリス**は**アメリカ**の誤り。**国際連盟**は、スイスのジュネーヴに本部を置き、1920年に成立した史上初の本格的な国際平和維持機構であった。しかし、提唱国である**アメリカ**は**孤立主義**をとる上院議会の反対で参加せず、第一次世界大戦の敗戦国であるドイツとロシア革命直後のソヴィエト政権下のロシアは除外された。

4　×　1922年に締結された**ワシントン海軍軍縮条約**では、アメリカ、イギリス、日本、フランス、イタリアの**主力艦保有トン数の比率**が決定された（比率は5：5：3：1.67：1.67）。補助艦保有トン数の比率については、アメリカ、イギリス、日本の間において、まず1927年の**ジュネーヴ軍縮会議**にて検討されたが合意には至らず、1930年の**ロンドン軍縮条約**にて決定された（比率は10：10：7）。

5　×　アメリカ、イギリス、日本、フランスにより1921年に締結された**四か国条約**では、**太平洋諸島の現状維持**や**日英同盟の解消**が約束された。また、さらにイタリア、オランダ、ベルギー、ポルトガル、中国を加えた9か国によって

1922年に締結された九か国条約では、**中国の主権と独立の尊重、領土保全、門戸開放、機会均等**が決められた。この九か国条約に並行して開催された日中間交渉の結果として締結された「山東懸案解決に関する条約」において、日本は山東半島の旧ドイツ権益を返還することとなった。

問題2 東京都Ⅲ類（2020年度）………………………………………………本冊P.156

正解：4

1933年にアメリカ大統領に就任し、**ニューディール**（新規まき直し）と呼ばれる恐慌対策を推進したのは、フランクリン＝ローズヴェルトである。ニューディール政策では、農業調整法（AAA）により農産物の生産の調整や価格の安定を図り、全国産業復興法（NIRA）によって企業間競争の制限を容認するなど、産業体制の改革を推し進めた。なお、**産業別組織会議（CIO）**とは、1935年にローズヴェルトがワグナー法を制定し、労働者の団結権と団体交渉権を保障したことを受けて、1938年に発足した労働組合組織をいう。ほかにもニューディール政策では、テネシー川流域開発公社（TVA）設立によって失業者救済のための大規模な公共事業を実施し、雇用の創出を図った。

以上により、**A**：フランクリン＝ローズヴェルト、**B**：全国産業復興法（ＮＩＲＡ）、**C**：テネシーとなり、正解は**4**である。

問題3 東京都Ⅰ類（2019年度）………………………………………………本冊P.157

正解：1

1 ○ ドイツでは、1919年国民議会において、ヴァイマル（ワイマール）憲法が制定された。この憲法は、男女平等の普通選挙権、国民主権、経済活動の自由、労働者の団結権・団体交渉権などを認めた、当時最も進んだ民主的な憲法といわれる。一方、対外的には戦後の巨額賠償金に苦しみ、その支払いのために大量の紙幣を発行し、インフレ（インフレーション）となった。さらに、賠償金支払い遅延を理由に、フランス及びベルギーがドイツ経済にとって重要な工業地帯であるルール地方に進駐。これに対してドイツはルール地方での生産中止（ストライキ）という方法で対抗。生産で稼げない分の貨幣流通量を確保する必要性からさらに紙幣を発行し、インフレが加速。猛烈なインフレに見舞われた。

2 × 第一次世界大戦後のイタリアでは、労働者運動や農民運動を襲撃する組織が現れた。**ムッソリーニ**はそれら愛国的襲撃組織をまとめて**ファシスト党**を結成し、地主や資本家らの支持を受けて急速に勢力を拡大した。ファシスト党は、

1922年に**ローマ**に進軍するという、威示行動を展開。その結果、ムッソリーニが政権を獲得し、**独裁体制**を固めた。

3 × 1923年に**フランス**はベルギーとともに、ドイツの賠償金支払い遅延を口実に、ドイツ経済にとって重要な工業地帯である**ルール地方**に進駐し、**占領した**。

4 × 1923年にドイツで成立した**シュトレーゼマン内閣**は、ルール地方でのストライキなどの対抗行動を中止するとともに、新紙幣レンテンマルクを発行しインフレを収束。対外的には外相として**協調外交**を展開し、**1925年**に**ロカルノ条約**を締結。翌年の**1926年**に**国際連盟への加盟**を実現した。

5 × イギリスでは、第一次世界大戦中の1918年に行われた**第4次選挙法改正**によって選挙権を得た労働者らを支持基盤に、1923年**労働党**が第二党となるまでに**勢力を拡大**。翌24年には第一党である自由党と連立して初の政権を握った（**第1次マクドナルド内閣**）。また、対外政策としては、戦後のイギリスは、**民族意識の高揚**にさらされた。1931年には、大戦中に本国に協力した自治領に対して本国と対等な関係とした上で、新たに**イギリス連邦**を誕生させた。

問題4 国家専門職（2017年度）･･････････････････････ 本冊P.158

正解：4

1 × 第一次世界大戦後、アメリカ合衆国の**ウィルソン大統領**が提案した**国際連盟**が1920年に発足したが、当のアメリカ自身は孤立主義をとる上院の反対により**国際連盟には不参加**。1922年には**ワシントン海軍軍縮条約**を締結するなど、軍縮や国際協調を進める上で一定の役割は果たしてはいるが、孤立主義のその立場から、**指導的な役割を果たすまでにはいかなかった**。そして、世界恐慌が始まると、**フランクリン＝ローズヴェルト大統領**が**ニューディール**と呼ばれる政策を行い、恐慌からの立ち直りを図ろうとした。

2 × ドイツは、巨額の賠償金の支払などに苦しみ、政治・経済は安定せず、**フランス及びベルギー**による**ルール地方の占領**によって激しい**インフレーション**に襲われた。この危機に、1923年に成立した**シュトレーゼマン内閣**は、ルール地方でのストライキなどの対抗行動を中止するとともに、新紙幣レンテンマルクを発行しインフレを収束。対外的には外相として**協調外交**を展開し、1925年に**ロカルノ条約**を締結。翌26年に**国際連盟への加盟**を実現した。

3 × イタリアは、第一次世界大戦の戦勝国であったが、悲願であったフィウメの領有は認められず、領土の拡大が実現できなかったことから国民の間で不満

が高まっていった。世界恐慌で経済が行き詰まると、**ムッソリーニ政権**は、国民の不満を逸らすために対外膨張政策を推進。1935年**エチオピア**に侵略すると、国際連盟は**経済制裁**を決議したが、その**影響は限定的**で翌36年には**エチオピア全土を併合**。37年には国際連盟脱退へと突き進んだ。

4 ○ イギリスでは、世界恐慌への対策として、1931年に成立した**マクドナルド挙国一致内閣**が歳出の大幅な削減や**金本位制の停止**などを実施。また、翌32年に開催された**オタワ**連邦会議（イギリス連邦経済会議）では、イギリス連邦内で排他的な**特恵関税制度**の創設や、それ以外の国には高率の保護関税をかける**スターリング（ポンド）＝ブロック**を結成し、経済の回復を図った。

5 × ソ連では、1924年のレーニンの死後、書記長**スターリン**が、一つの国家内のみでも社会主義の実現は可能であると主張する**一国社会主義論**を唱えて勢力を拡大。**コミンテルン**（共産主義インターナショナル）を組織して、**世界革命を主張**した**トロツキー**を追放した。また、スターリンは、1928年に**第一次五カ年計画**による社会主義建設を指示し、**工業の近代化（重工業化）**と国営農場**（ソフホーズ）**による**農業の集団化（コルホーズ）**を導入した。計画経済を行っていたソ連への**世界恐慌の影響は少なく**、世界恐慌の影響を大きく受けた資本主義経済にも「計画」の概念が生まれるなど一定の影響を与えた。

問題5 裁判所職員（2017年度） ······················ 本冊P.158

正解：5

　オーストリア出身のヒトラーは、**オーストリア**併合を使命とし、1938年3月、ドイツ軍をウィーンに進駐させ、併合した。また、ズデーテン地方は**チェコスロヴァキア**北部、ドイツとポーランドの国境付近に位置し、神聖ローマ帝国以来、ドイツ人居住者が多い地域であることから、1938年9月、ヒトラーは、領土拡張の野心を胸にその割譲をチェコスロヴァキアに要求した。ズデーテン地方の帰属問題を話し合うために、イギリス・フランス・ドイツ・イタリア4国の首脳が、ドイツの**ミュンヘン**で会談を行った。領土的要求をこれで最後とすることを条件に、ヒトラーの要求を容認した**ミュンヘン協定**が成立し、チェコスロヴァキアは解体された。こうした対ドイツ宥和政策がヒトラーの増長を招いたと、のちに批判された。さらに、ヒトラーは**ポーランド**に対して、**ダンツィヒの返還**及び東プロイセンへの陸上交通路**（ポーランド回廊の通行）**を要求した。このポーランド回廊一帯の領土は、もともとはドイツ帝国領であったが、第一次世界大戦後のヴェルサイユ条約でポーランドへと割譲され、そのためにドイツ帝国本土と東プロイセンが分断される形になっており、ドイツは不満を抱いていた。

　1939年4月、**イタリア**のムッソリーニは、ドイツのヒトラーがチェコスロヴァキアを併合したことに刺激を受けて、バルカン半島の**アルバニア**を併合した。こ

の情勢を受けてイギリスとフランスは宥和政策を捨て、ポーランドとギリシアに安全保障を約束したため、**ポーランド**はドイツの要求を拒否した。同39年にドイツは**独ソ不可侵条約**を結び**ポーランド**を侵攻、イギリス・フランスはドイツに宣戦し、第二次世界大戦が始まった。

　以上により、**A：オーストリア、B：チェコスロヴァキア、C：ミュンヘン、D：ポーランド、E：イタリア**となり、正解は**5**である。

問題6　消防官Ⅰ類（2017年度）………………………………………… 本冊 P.159

正解：1

ア ○　アウシュヴィッツ強制収容所は、**1940年**に開所した、**ユダヤ人**に対する人種差別的な強制労働や絶滅政策を実施するためのヨーロッパ最大規模の**収容所**である。

イ ○　ポツダム会談は、第二次世界大戦中の**1945年7月**、英米ソ3か国首脳が、ヨーロッパにおける戦後処理と、**日本に対する無条件降伏勧告**を決定するために集まった会談である。

ウ ×　**国際連合**は、第二次世界大戦後の1945年10月にニューヨークを本部として発足した。

エ ×　**国際連盟**は、第一次世界大戦後の1920年1月にスイスのジュネーヴを本部として発足した。

オ ×　**北大西洋条約機構（NATO）**は、第二次世界大戦後の1949年、西欧の対ソ軍備力配備のために、アメリカ、イギリス、フランスを含む西欧諸国12か国で結成した軍事同盟である。なお、加盟国数は、2023年4月のフィンランド加盟により31か国となった。

　以上により、第二次世界大戦中に関連するものの組み合わせは**ア・イ**となり、正解は**1**である。

問題1 消防官Ⅱ類（2018年度類題） ……………………………………… 本冊P.164

正解：5

ア 誤 選択肢の文中、「コミンフォルム」と「マーシャル＝プラン」が逆になっている。1947年アメリカ合衆国国務長官マーシャルが、戦後のヨーロッパ経済復興援助計画として**マーシャル＝プラン**（ヨーロッパ経済復興援助計画）を発表。すると、ソ連と東欧諸国は**コミンフォルム**（共産党情報局）を結成して、西欧諸国に対抗した。この米ソ間対立を背景とした、ヨーロッパにおける東西の緊張状態を、冷戦という。

イ 正 1962年ソ連が社会主義政権成立後のキューバにミサイル基地を建設すると、アメリカ合衆国のケネディ大統領はその撤去を要求し、ソ連船の機材搬入を海上封鎖により阻止。一時的に米ソ間で核戦争勃発の緊張が高まる**キューバ危機**が起こった。

ウ 正 1989年の冷戦終結前に、1985年に共産党書記長に就任した**ゴルバチョフ**による情報公開（グラスノスチ）や**ペレストロイカ**（立て直し）といったソ連の諸改革、1987年の**中距離核戦力（INF）全廃条約**への米ソ両国合意という布石があった。

　以上により、ア〜ウの正誤の組み合わせは**ア：誤、イ：正、ウ：正**となり、正解は**5**である。

問題2 特別区Ⅰ類（2020年度） ……………………………………… 本冊P.164

正解：2

1 × 1945年2月、イギリス首相の**チャーチル**とアメリカ大統領**フランクリン＝ローズヴェルト**、ソ連の**スターリン**は、クリミア半島のヤルタで行われた**ヤルタ会談**で、対独ないし対東欧の戦後処理が決定されるとともに、戦後体制の方針として国際連合の設立を取り決め、同時に、日ソ中立条約の一方的な破棄、すなわち**ソ連の対日参戦**が秘密協定としてまとめられ、終戦への道筋が定められた。

2 ○ 1955年、インドネシアの**バンドン**で、29か国が参加した**アジア・アフリカ会議**が開催された。この会議において、主権と領土保全の尊重及び内政不干渉、人権の尊重や国家間の平等等からなる**平和10原則**が採択された。よって、

本肢は妥当である。

3　×　1989年、アメリカの**ブッシュ大統領**とソ連の**ゴルバチョフ共産党書記長**は、地中海のマルタで行われた<ruby>マルタ会談</ruby>で、冷戦終結を宣言した（<ruby>マルタ宣言</ruby>）。このことから、冷戦は「**<ruby>ヤルタ</ruby>で始まり、<ruby>マルタ</ruby>で終わる**」といわれる。

4　×　**1990年、全欧安全保障協力**<ruby>会議</ruby>（CSCE）がパリにおいて開催され、ヨーロッパの対立と分断（ヨーロッパにおける冷戦体制）の終結を約した「**パリ憲章**」が採択された。**1995年**全欧安全保障協力会議（CSCE）は、名称を**全欧安全保障協力**<ruby>機構</ruby>（OSCE）に改称し、**常設の国際機構**とされた。

5　×　1991年、ロシアのエリツィン大統領らはソ連からの独立を主張し、ソ連が解体された。ソ連に属していた11か国は、緩やかな結びつきである<ruby>独立国家共同体（CIS）</ruby>を創設した。なお、**経済相互援助会議（COMECON）**は、1949年にソ連と東欧の社会主義諸国との経済協力を図るために創設された国際機構である。

問題3　消防官Ⅰ類（2016年度）…………………………………… 本冊P.165

正解：5

ア　×　**ASEAN** ── <ruby>東南アジア諸国連合</ruby>。1967年にインドネシア、マレーシア、シンガポール、フィリピン、タイの原加盟5か国で設立された地域協力機構。なお、1989年に枠組みが成立し、域内での貿易や投資の自由化を促した、**アジア太平洋経済協力**の略称は**APEC**である。

イ　×　**BRICS** ── 著しい経済発展を遂げた5国（<ruby>ブラジル</ruby>、**ロシア**、<ruby>インド</ruby>、**中国**、**南アフリカ**）の頭文字からとった総称。

ウ　○　**CIS** ── <ruby>独立国家共同体</ruby>。1991年、エリツィンを大統領とするロシア連邦を中心に旧ソ連の11共和国で形成された。

エ　○　**EU** ── <ruby>ヨーロッパ連合</ruby>。ヨーロッパの経済的統合を目指した**EC（ヨーロッパ共同体）**を基礎として、1993年マーストリヒト条約の発効により発展した、ヨーロッパ結合の核となる国家共同体をいう。

以上により、正しいものの組み合わせは**ウ**、**エ**となり、正解は**5**である。

問題1 国家一般職（2021年度）·· 本冊 P.174

正解：1

1 ○ 前221年に、戦国七雄の一つであった秦が他の6国を滅ぼし、中国を統一した。秦の**政**は皇帝と称し（**始皇帝**）、**度量衡・貨幣・文字**などを統一し、**中央集権化**を目指した。また、**焚書・坑儒**による言論・思想統制も行った。秦の滅亡後、前202年に建国された**前漢**は、第7代皇帝・**武帝**の時代に最盛期を迎え、**中央集権体制を確立**させた。地方長官の推薦による官吏登用法（**郷挙里選**）を行い、軍事費調達のため塩・鉄・酒の専売、物価の調整と安定のため均輸・平準を採用した。また、**儒家**の思想を国家の学問（国学）として採用し、国内秩序の安定を図った。

2 × **隋**は、589年に南朝の**陳**を滅ぼし全国を統一した。**煬帝**の時代に、華北と江南を結ぶ**大運河を完成**させ、物流の大動脈となった。隋は、遊牧騎馬民族の**突厥の討伐に成功**したが、3度にわたる**朝鮮半島の高句麗への出兵が失敗**し、618年**唐**によって滅亡した。**唐**は、**律令**に基づく政治を行い、農民ひとりひとりに公平な税負担を求める租調庸制の整備などによって農民支配を強化したが、行き詰まったため、780年、所有する土地・資産等に応じた徴税方式である**両税法に変更**し、**農民の土地の私有を認めた**。なお、魏・蜀・呉の三国を征服し、280年に中国を再統一したのは**晋**である。また、**ジャムチの整備**などを通じて全国的な交通網の整備に努めたのは**元**である。

3 × **宋**（北宋）は、「五代十国」と呼ばれる分裂の時代を経て、960年**趙匡胤**（**太祖**）が中国を再統一した。都が置かれた**開封**（現在の**河南省**）は、黄河と大運河の結節点で、商業・経済の中心地として栄えた。北宋は、**女真族の金**に首都を占領され、都を**臨安**（現在の杭州）に移し、国家を再建した（**南宋**）。南宋ではのちに**儒学の正統**とされた**朱子学**が発達した。

4 × **元**は、モンゴルのフビライ＝ハンによって建てられた。フビライ＝ハンは、表面上は中国伝統の官僚制度を採用していたが、**科挙制度を中止**し、**モンゴル人**や**色目人**の重用を図り、側近政治を行った。元代には交易や人物の往来が盛んであり、『**東方見聞録**』を著した**マルコ＝ポーロ**や西洋の宣教師らが元を訪れた。なお、科挙に皇帝自ら試験を行う**殿試**を加えることで、合格者を権威づけ、科挙出身官僚を重用したのは、**宋**の時代である。また、**イエズス会**を創設した**フランシスコ＝ザビエル**が訪れたのは、**日本**である（数年後に中国への布教を目指して向かったが途中で病死）。

5 ×　1368年に**明**を建国した**朱元璋**（**洪武帝**）は、元の勢力を北方のモンゴル高原に追いやり、**漢人王朝**を復活させた。対外的には、元の時代には海上貿易が活発な一方、**倭寇による略奪**等に苦しんだことから、明は**民間の海上貿易を禁止**し（**海禁政策**）、**朝貢**体制（周辺諸国が貢ぎ物を献上しに来る方式での貿易）や冊封体制に限定した。一方で、**キリスト教に対しては寛大**で、16世紀後半以降、**マテオ・リッチ**をはじめとする宣教師が次々に訪れ、その活動を容認した。**清**は、満州で勢力を伸ばした**女真族**によって建国された。**康熙帝**、**雍正帝**、**乾隆帝**の三帝の治世に清は最盛期を迎え、ロシアとの間に1689年**ネルチンスク条約**を締結し、**ロシアとの国境を取り決めた**。なお、清は、直轄地と非直轄地とに分けて広範な領土を統治し、その非直轄地を「**藩部**」といい、**モンゴル**や**チベット**、**新疆**などが藩部とされたが、イランは藩部とはされていない。

問題2　警察官Ⅰ類（2018年度）……………………………………………本冊P.175

正解：1

A **黄巾の乱**：**184年**、後漢時代（25～220年）に**大平道**の教祖・**張角**を指導者として起こされた組織的な農民反乱を**黄巾の乱**という。黄色い頭巾（黄巾）を印として頭に巻いたことからその名がついた。後漢の衰退のきっかけとなった反乱である。

B **紅巾の乱**：**1351年**、元時代（1271～1368年）に**白蓮教徒**により起こされた宗教的農民反乱を**紅巾の乱**という。紅色の頭巾を同志の目印としたことからその名がついた。紅巾の乱の指導者の1人が、のちの明の建国者である朱元璋（洪武帝）であった。

C **三藩の乱**：**1673年**、清（1636～1912年）の**康熙帝**の時代に、雲南の呉三桂などの漢人武将によって起こされ、康熙帝によって鎮圧された反乱を**三藩の乱**という。

D **李自成の乱**：**1644年**、明（1368～1644年）の末期に、**李自成**によって起こされた農民反乱を**李自成の乱**という。李自成は首都北京を陥落し、明を滅亡させた。

E **黄巣の乱**：**875年**、唐（618～907年）の末期に、山東の塩の密売人である**黄巣**によって起こされた反乱を**黄巣の乱**という。これを発端に、華中から華南へと広がる大反乱となり、唐が衰退するようになった。

以上により、A～Eを年代順に並べると**A→E→B→D→C**となり、正解は**1**である。

正解：2

1　×　選択肢の文中、**軍人**は「**文人**」の誤り。宋は、**文治主義**を重視して、科挙試験によって選ばれた**文人官僚**による統治を行った。

2　○　官吏登用法の中心として**科挙**を整備したほか、皇帝みずから試験を行う**殿試**を始めた。殿試を行うことで、合格者を権威づけると同時に、合格者に対して皇帝直属との意識を醸成する狙いがあった。

3　×　選択肢の文中、「**貴族**」と「**新興地主層の人々**」が逆になっている。**形勢戸**と呼ばれる新興地主層の人々が、**没落した貴族**にかわり新しく勢力を伸ばし、科挙の合格者も多く輩出した。

4　×　宋の時代には、茶や塩、酒などの専売が行われ、商工業が発達したため、貨幣経済も発展した。銅銭が大量に鋳造されたほか、**交子**や**会子**といった**紙幣の使用**も始まった。

5　×　宋の時代には、都市商業の繁栄を背景に**庶民文化**が発展した。宗教では官僚層によって**禅宗**が支持された。華北では**金**の時代になると、**王重陽**が道教に禅宗の要素や儒教の教えを取り入れ、精神修養を重視した「**新道教**」ともいわれる**全真教**を起こした。

正解：1

A　正　第4代のモンケ・ハンの死後、相続争いを経て第5代の大ハンに即位した**フビライ**は、都を**大都**に定め、国名を中国風に**元**と称し、南宋を滅ぼして中国全土を支配した。

B　正　元は中国の統治に際して、中国の**伝統的な官僚制度**を採用したが、モンゴル語を公用語とし、実質的な政策決定は、中央政府の首脳部を独占する**モンゴル人**によって行った。

C　誤　元の時代は、支配地域の社会や文化に対しては**不干渉**であり、宋代からの**大土地所有**や佃戸制は**そのまま維持**された。また、**庶民文化もそのまま引き継がれ**、栄えて元曲が流行した。

以上により、A～Cの正誤の組み合わせはA：正、B：正、C：誤となり、正解は1である。

| 問題5 | 警察官Ⅲ類（2022年度） | 本冊P.176 |

正解：3

「扶清滅洋」を唱えた排外的な**義和団事件**後、清朝では、光緒新政と呼ばれる改革が行われた。その内容は、軍の西洋化や、科挙の廃止と学校教育制の創設、立憲君主政樹立と1908年の憲法大綱の発表などであった。その頃海外では、満州人（清朝以前の女真族）によって築かれた清朝に対し、漢人による清朝打倒を目指す**革命運動**がおこった。孫文は、華僑として成功していた兄のいるハワイで高校を卒業すると1894年そのハワイで、華僑を中心とした清朝打倒を目指す革命団体である**興中会**を結成。その後、1905年東京で興中会などを母体として、中国同盟会を組織。「民族（廃満主義）・民権（共和国建国）・民生（貧富格差の是正）」の三民主義を掲げて革命運動を推進した。1911年、新内閣がとった外国借款による鉄道建設の方針に対する不満から四川で暴動がおこり、同年10月には武昌の軍隊の中にいた革命派が蜂起し、**辛亥革命**が始まった。

以上により、A～Dの組み合わせはA：科挙の廃止、B：漢人、C：中国同盟会、D：武昌となり、正解は3である。

| 問題6 | 特別区Ⅲ類（2017年度） | 本冊P.177 |

正解：4

1　×　選択肢の文中、**陳独秀**は孫文の誤り。中国国民党は、中華革命党を改組して、1919年孫文を中心に上海で成立し、孫文死去後の1925年、広州に国民政府を建てた。

2　×　1924年の中国国民党第1回党大会では、「連ソ・容共・扶助工農」の方針が決定され、毛沢東や周恩来といった共産党員の国民党への個人入党が許された（第1次国共合作）。

3　×　選択肢の文中、**五・四運動**は五・三〇運動の誤り。**五・四運動**とは、1919年に起こった日本の**二十一カ条要求撤廃**などを求める民衆運動であり、その発端となる学生デモが5月4日に起こったことが名の由来である。

4　○　国民革命軍の**蔣介石**は、1927年に上海でクーデタを起こして共産党を弾圧し、南京に、国民党が主導する国民政府（南京国民政府）を建てた（国共分

裂）。

5 × 選択肢の文中、**張学良**は張作霖の誤り。**張作霖**は、奉天軍閥の指導者であるが、1928年、蒋介石率いる国民革命軍による**北伐軍**に敗れ、奉天に戻る途中、満洲における実権を握ろうと画策した**日本軍**によって列車を爆破されて殺害された（張作霖爆殺事件）。なお、**張学良**は張作霖の子であり、張作霖の死後、後継者として満州の実権を掌握、蒋介石の国民政府と連携した。これにより北伐は完成し、南京国民政府の全国統一が完成した。

2 10 イスラーム史・アジア史

問題1 国家一般職高卒（2020年度）……………………………………………本冊P.184
正解： 4

1 × 570年頃メッカに生まれたムハンマドは、610年頃神からの啓示を受けた預言者として、**唯一神アッラー**への絶対的帰依を説くイスラム教（イスラーム）を開いた。なお、カースト制度はヒンドゥー教における身分制度である。

2 × **ムハンマド**は630年に**メッカの征服**に成功する。ムハンマドの死後、661年に成立した**ウマイヤ朝**は、732年トゥール・ポワティエ間の戦いで**フランク王国**に敗れた。なお、ビザンツ帝国皇帝が聖地奪還を目指して十字軍を派遣したのは、1038年に開朝した**セルジューク朝トルコ**に対してである。

3 × 十字軍（第1回）は、聖地奪還後に**イェルサレム王国**を建国し、キリスト教の布教を進めた。西ヨーロッパ世界の拡大は、イベリア半島における**レコンキスタ**（イスラーム支配に対する、**キリスト教徒による国土再征服運動**）にも見ることができ、12世紀中頃には、**ポルトガル**、**カスティリャ**、**アラゴン**の3王国が勢力を伸ばした。

4 ○ 750年に開朝した**アッバース朝**では、アラブ人以外に課せられていた人頭税の廃止や、アラブ人の税制上の特権の廃止などを行い、**イスラム教徒（ムスリム）間の平等を実現**した。また、交通網が整備されて交易が発展し、第2代カリフのマンスールが都とした**バグダード**は商業・文化の中心都市として栄えた。

5 × モンゴル高原に成立した**イル＝ハン国**は宗教に寛容で、国内にイスラム教や仏教、キリスト教などさまざまな宗教が併存していた。そして、次第に支配者層のモンゴル自体が**イスラーム化**し、第7代ガザン・ハンの時代にはイスラーム国家の1つになった。

問題2 警察官Ⅰ類（2021年度） ··· 本冊 P.184

正解：2

1 ×　1501年、イランの神秘主義教団教主イスマーイールが**ティムール朝**を倒して**サファヴィー朝**を開いた後、その王朝はスンナ派のオスマン帝国に対抗して国内統一のために**シーア派（十二イマーム派）を国教**とした。

2 ○　サファヴィー王朝の最盛期を築いた**アッバース1世**は、16世紀末に新首都**イスファハーン**を建設した。また、オスマン帝国と戦い、**領土の一部を奪回**した。

3 ×　1796年トルコ系騎馬遊牧民によって建国された**カージャール朝**では、カフカスの領有をめぐる**ロシアとの戦いに敗れて**、1828年、ロシアに**カフカス地方のアルメニアなどを割譲**する**トルコマンチャーイ条約**を締結した。

4 ×　選択肢の文中、**ムスタファ＝ケマル**は**アフガーニー**の誤り。なお、**ムスタファ＝ケマル**（通称**ケマル＝パシャ**、後の**ケマル＝アタテュルク**）はトルコ共和国の初代大統領である。

5 ×　選択肢の文中、**イブン＝サウード**は**レザー＝ハーン**の誤り。なお、**イブン＝サウード**はサウジアラビア王国の初代国王である。

問題3 国家一般職高卒（2018年度） ··· 本冊 P.185

正解：5

1 ×　第二次世界大戦後、インドでは**イギリス**から独立する動きが現われ、1947年インド独立法により、**インド連邦**とパキスタンの2国に分かれ独立した。その後、1950年にインド憲法が発布され、**インド共和国**となった。1954年に国民会議派の**ネルー首相**と中国・**周恩来**首相による**平和五原則**が発表され、**反植民地主義**などが唱えられた。

2 ×　トルコでは、1908年スルタンの独裁に反対する青年将校たちの反乱がおこり（**青年トルコ革命**）、**ミドハト憲法**を復活させることに成功した。しかし、スルタンは実権を失ったものの、スルタン制は依然として存続していた。**スルタン制**は、1922年に**ムスタファ＝ケマル**が開催した**トルコ大国民議会**で廃止が決定され、翌1923年**トルコ共和国**が成立した。

3 ×　イスラエルの建国は、1947年の国連による分割案決議をアラブ人が拒否

した後の1948年5月に、**ユダヤ人**の一方的宣言により達成された。これに対し、アラブ諸国とイスラエルの間で同年、パレスチナ戦争が起こり、パレスチナに居住するアラブ人の多くが難民となった（**パレスチナ難民**）。**パレスチナ解放機構（PLO）**は1964年に**パレスチナのアラブ人解放**を目指して結成された武装組織であり、1993年にはPLOのアラファト議長とイスラエルのラビン首相がパレスチナ暫定自治協定（オスロ合意）を締結し、翌94年にはパレスチナの自治政府を誕生させた。

4　×　アフガニスタンでは、1979年に共産主義政権を守るべく**ソ連が侵攻**。**アメリカ合衆国**は経済制裁や武器貸与を通して**アフガニスタン**政府を支援したが、侵攻は**長期化**した。10年後の1988年にジュネーヴ和平協定を経て、ソ連軍は撤退を開始した。

5　○　1980年に始まった**イラン・イラク戦争**により財政危機に陥ったイラクは、1990年石油資源の確保を狙って隣国**クウェート**を占領、**湾岸戦争**が起こった。米国はイラクに対する制裁決議を国連で得ると翌91年には米国を中心とする**多国籍軍**を組織し、イラク軍を撤退させた。

問題4　特別区Ⅰ類（2020年度）…………………………………………… **本冊P.186**

正解：5

1　×　選択肢の文中、「**イェニチェリ**」と「**デヴシルメ**」が逆になっている。

2　×　**カピチュレーション**は、オスマン帝国内での安全や**通商の自由**を保障する**通商特権**であるが、まず**フランスに与えられ**、のちに**イギリス**や**オランダ**に対しても与えられた。

3　×　**オスマン1世**は、13世紀末にアナトリア西北部で**オスマン帝国の基礎**を築いた。ムラト1世の時代の1366年には、バルカン半島へ進出して**アドリアノープル**（現在のエディルネ）を攻略し首都とした。**バヤジット1世**は、1396年**ニコポリスの戦い**で**ハンガリー等の連合軍に勝利**したが、その後1402年の**アンカラの戦いで**ティムール軍に大敗**を喫した。

4　×　メフメト2世は、1453年に**ビザンツ帝国**を滅ぼして、コンスタンティノープルに首都を移した。更には1475年黒海北岸の**クリム＝ハン国**も服属させた。なお、**サファヴィー朝**とは、1501年**イラン**で神秘主義教団教主イスマーイールが建国した王朝である。

5　○　**スレイマン1世**のときに、オスマン帝国は最盛期を迎え、**ハンガリー**を征服。

1529年にウィーンを包囲し（第1次ウィーン包囲）、1538年には**プレヴェザの海戦**でスペイン等の連合艦隊を破り地中海の制海権を手に入れた。

問題5 特別区Ⅲ類（2021年度）……………………………………………… 本冊P.186

正解：2

1　×　選択肢の文中、**アウラングゼーブ**は**バーブル**の誤り。

2　○　第3代皇帝**アクバル**は、**アグラ**に遷都した。徴税制度の改革を行うなど、中央集権的な統治機能を整えた。また、非ムスリムに課せられていた**人頭税（ジズヤ）を廃止**し、多数派である**ヒンドゥー教徒との融和**を図った。

3　×　選択肢の文中、**バーブル**は**アウラングゼーブ**の誤り。

4　×　1757年、イギリス東インド会社のクライヴは、プラッシーの戦いで**フランス東インド会社**の支援を受けたベンガル太守軍を破り、1765年イギリスはベンガルの徴税権（ディーワーニー）を獲得した。

5　×　1857年東インド会社のインド人傭兵（シパーヒー）によるイギリスへの反乱（**シパーヒーの乱**）後、1858年にイギリスはムガル帝国を滅ぼし、**東インド会社を解散**、インドを**直接統治下**に置いた。

問題6 国家一般職高卒（2021年度）……………………………………… 本冊P.187

正解：3

1　×　倭寇の撃退などで名声を得た**李成桂**は、**高麗**を倒すと、1392年王位につき、国名を**朝鮮**として**漢城**（現**ソウル**）に都を置いた。15世紀前半、**第4代世宗の時代**には、朝鮮独自の文字である**訓民正音（ハングル）**を制定した。なお、訓民正音（ハングル）の制定に際して「漢字を廃止」した事実はない。

2　×　豊臣秀吉の朝鮮出兵によって断絶した国交を回復するため、**朝鮮が江戸幕府に派遣**したのが朝鮮通信使である。朝鮮通信使は、**将軍の代替わりの度**に、その祝賀目的で朝鮮から使節として派遣され、来日した。

3　○　清に朝貢して鎖国政策を続けていた朝鮮は、1875年に江華島付近で日本の軍艦が砲撃し、開国を迫った**江華島事件**を機に、1876年日朝修好条規を結び**開国**した。

4 ×　第二次世界大戦の終結後、朝鮮半島は北緯38度線を境に二分され、北は**ソ連**、南は**アメリカ**の占領下に置かれた。その後、1948年アメリカ合衆国は**南**に**李承晩**を大統領とする**大韓民国**の成立を認め、**北**には**ソ連**の支援を受けて、**金日成**を首相とする**朝鮮民主主義人民共和国**が成立した。

5 × 　朝鮮戦争は1953年に休戦協定が成立し、その後の韓国では、1960年の民主化運動により李承晩大統領が辞任、翌61年の軍事クーデタにより**朴正熙**大統領が米国の経済援助のもとで反共的な独裁体制を敷いた。その間、経済成長の原資として日本からの資金を引き出すべく、1965年に日韓基本条約を締結し、**日韓の国交を正常化**。その後、朴大統領は暗殺された。**金大中**大統領は、日本滞在が長く、日本語も堪能であったことから、1998年の日韓共同宣言により、**日韓の友好協力関係をより発展**させた。また、民主化宣言後の直接選挙で選ばれた初めての大統領は1988年の**盧泰愚**である。

2 11 アメリカ史

問題1　国家専門職（2016年度） ………………………………………… 本冊P.192

正解：5

1 × 　北アメリカ東海岸には、18世紀半ばまでに**13のイギリスの植民地**が形成されていた。イギリスがイギリス東インド会社に茶の専売権を与えたことによって引き起こされた、1773年の**ボストン茶会事件**をきっかけに、独立運動の機運が高まっていった。

2 × 　アメリカ独立戦争は、1775年に**ワシントン**を総司令官として始まった。1776年には、**13植民地の代表**により、全会一致でアメリカ独立宣言が採択された。

3 × 　フランスやスペインの**植民地側への参戦**や、ロシアを中心とした**武装中立同盟の結成**などにより、植民地側が優勢となり、イギリスは1783年**パリ条約**でアメリカの独立を了承した。なお、三十年戦争は1618〜48年にヨーロッパで起こった宗教戦争で、ウェストファリア条約で終結した。

4 × 　フランスの植民地で、ラテンアメリカで最初の独立を果たしたのは、**ハイチ**である。独立により奴隷制は廃止されたが、フランスはこの独立をすぐには承認せず、独立から約20年後に承認した。

5 ○ 　ナポレオンがスペインを占領し、スペイン本国の支配力が弱まったため、**19世紀前半**には南アメリカの多くの国が**独立**を達成した。

問題2 裁判所職員（2021年度）・・・・・・・・・・・・・・・・・・・・・・・・・・・・・・・・・・・・・・ **本冊 P.193**

正解：3

A 誤 **1765年**、**印紙法**による課税に対して植民地側は「**代表なくして課税なし**」と主張し、反対。これを撤廃させた。また**1773年**、イギリスが**茶法**により東インド会社に**茶の独占販売権**を与えると、**ボストン茶会事件が勃発**。イギリスの制裁措置に対して、1774年に植民地は第1回大陸会議を開催し抗議した。

B 正 **1775年**、レキシントンとコンコードでの本国と植民地側の**武力衝突**を機にアメリカ独立戦争が開始。第2回大陸会議で総司令官に任命されたワシントンを中心とした植民地軍は初め苦戦したが、**1776年**に発表されたトマス＝ペイン『**コモン＝センス（常識）**』が独立の正当性を説き、爆発的に売れるなど独立の機運を醸成。同年7月には**トマス＝ジェファソン**らが起草した**独立宣言**がフィラデルフィアで発表された。

C 誤 1781年のヨークタウンの戦いでイギリス本拠地を攻略すると、1783年にパリ条約でイギリスが**13州**からなる**アメリカ合衆国の独立**を承認するとともに、ミシシッピ川以東の土地を合衆国へ割譲した。なお、現在のアメリカ合衆国は、ハワイやアラスカを含める50の州から構成されている。

　以上により、A〜Cの正誤の組み合わせは**A：誤**、**B：正**、**C：誤**となり、正解は**3**である。

問題3 国家一般職（2018年度）・・・・・・・・・・・・・・・・・・・・・・・・・・・・・・・・・・・・・・ **本冊 P.194**

正解：4

1 × 1947年、**トルーマン大統領**はアジアやアフリカとヨーロッパの境界上に位置する**ギリシア**や**トルコ**に軍事的経済的援助を与えるなどして、**ソ連**をはじめとする共産主義の拡大を封じ込める政策（**トルーマン＝ドクトリン**）を宣言した。また、**マーシャル国務長官**は、ヨーロッパ経済の戦後復興を支援する**マーシャル＝プラン（ヨーロッパ経済復興援助計画）**を発表し、ヨーロッパ各国の経済安定化を図ることでその共産主義化を防止しようとした。なお、ヨーロッパ経済共同体（EEC）とは、1958年に設立された西ヨーロッパ6か国の市場統合を目指す国際機関をいう。

2 × 1960年、ケネディ大統領の時代に始まったベトナム戦争であるが、1965年に**ジョンソン大統領**は、**南ベトナム**を支援するため、**ソ連**や**中国**が援助する**北ベトナムへの爆撃**を本格的に開始し、ベトナム戦への軍事介入を行った。そ

の後、**ニクソン大統領**は、国内で反戦運動が高まったことから、1972年に中国を訪問して新しい外交を展開し、1973年にはベトナム（パリ）和平協定に調印してベトナムから軍隊を撤退させた。

3 × アメリカ合衆国の財政は、ベトナム戦争の戦費や社会保障費の増大によって悪化し、1971年に**ニクソン大統領**は、金とドルとの交換停止を宣言して世界に衝撃を与えた。これにより、1973年に**ブレトン＝ウッズ体制は終わり**をつげ、国際通貨制度はドルを基軸通貨とした**変動相場制に移行**した。よって、ブレトン＝ウッズ体制を「変動相場制」としている本肢は妥当ではない。なお、**ブレトン＝ウッズ体制**とは、**1944〜73年**まで続いた世界の通貨体制であり、各国通貨為替レートがアメリカのドルを基軸として決定されるものである。これは、金とドルがいつでも交換可能であったことに基づく、**ドルを媒介にした金本位制**という位置づけであったが、1971年に金とドルの交換が禁止されたことで瓦解した。

4 ○ 1987年に**レーガン大統領**は、ソ連の**ゴルバチョフ書記長**と米ソ首脳会談を行い、中距離核戦力（INF）の全廃などに合意し（中距離核戦力〔INF〕全廃条約）、米ソ間の緊張緩和を進めた。その後、ジョージ・H・W・ブッシュ大統領は、ゴルバチョフ書記長と地中海のマルタ島で首脳会談を行い、冷戦の終結を宣言した。

5 × 2001年に、ニューヨークの世界貿易センタービルなどがハイジャックされた航空機に直撃される**同時多発テロ事件**が起きると、**ジョージ・W・ブッシュ大統領**は同盟国の支援のもとに、同時多発テロの実行者とされるイスラーム急進派組織**アル＝カーイダ**を保護下に置く**アフガニスタン**に侵攻し、**タリバーン政権を崩壊**させた。続いてブッシュ大統領は2003年には**イラク戦争**を起こし、**フセイン政権を倒した**が、財政悪化を引き起こした。

3 1 自然地理（地形）

問題1 国家一般職（2016年度）⋯⋯⋯⋯⋯⋯⋯⋯⋯⋯⋯⋯⋯⋯⋯ 本冊P.202

正解：4

1 × **オーストラリア大陸**は、プレートの境界には位置しておらず、大部分が**安定陸塊**で、東部のグレートディヴァイディング山脈は**古期造山帯**である。したがって、**変動帯**ではない。**南アメリカ大陸**は、東部は**安定陸塊**であるが、アンデス山脈がある西部は**新期造山帯**で、大陸の西方は、**ナスカプレート**が**南アメリカプレート**の下に沈み込む、プレートの境界になっている。太平洋岸のエクアドル、ペルー、チリなどでは**地震**が多く、アンデス山脈には多くの**活火山**がある。

2 × プレートどうしが反対方向に分かれて離れていく「**広がる境界**」は、主に**海底**にある。プレートの境界では、マントルから上昇したマグマにより新たなプレートが形成され、**中央海嶺**と呼ばれる海底山脈がみられる。**サンアンドレアス断層**は、**北アメリカ大陸**の西海岸に沿って走る大断層で、2つのプレートが互いに異なる方向にすれ違う「**ずれる境界（トランスフォーム断層）**」の典型的な例である。

3 × 海洋プレートが大陸プレートの下に潜り込むと、海底には**海溝**が形成される。**弧状列島**は、海溝と平行して、海溝の陸側に形成される弓なりの列島で、**海嶺**が隆起したものではない。**ハワイ諸島**は、プレートの境界にできた弧状列島ではなく、マントル内部に局地的に生じる熱源からマグマが上昇して火山活動が起きる、**ホットスポット**の例である。

4 ○ プレートの境界のうち、「**狭まる境界**」には、海洋プレートが大陸プレートの下に潜り込む**沈み込み帯**と、大陸プレートどうしがぶつかり合う**衝突帯**がある。選択肢の文は、後者に関する正しい記述である。

5 × 「**ずれる境界**」で生じる断層は、**横ずれ断層（トランスフォーム断層）**である。主に海域に分布するが、陸上にみられる例としては、北アメリカ大陸西岸の**サンアンドレアス断層**、トルコの北アナトリア断層などがある。**アイスランド島**は、**北アメリカプレート**と**ユーラシアプレート**が互いに離れていく「**広がる境界**」上に位置し、**大西洋中央海嶺**の一部が海上に現れた、貴重な地形がみられる。プレートの移動による張力の作用で、地上に**ギャオ**と呼ばれる**裂け目**が生じており、**割れ目噴火**による火山活動もさかんである。

問題2 警察官Ⅰ類（2020年度） ⋯⋯⋯⋯⋯⋯⋯⋯⋯⋯⋯⋯⋯⋯ 本冊P.202

正解：3

1 ✕ 選択肢の文中、**外的営力**は**内的営力**の誤り。外的営力とは、**地形を変化さ**せる力のうち、地球の**外部**から作用するものをいう。外的営力には、**流水・氷河・波・風**によるものなどがある。これらの外的営力を発生させるエネルギー源のほとんどは、**太陽**から放射されるエネルギーである。

2 ✕ **古期造山帯**は、造山運動が起こった後の長期間にわたる侵食により、現在は比較的**緩やかな**起伏をなす山脈になっていることが多い。**アパラチア山脈**や**ウラル山脈**はその例である。石油の埋蔵量が多いのは、**新期造山帯**である。

3 ○ **卓状地**は、先カンブリア代の**基盤岩**が**侵食**された後に、古生代や中生代の地層がほぼ**水平**に**堆積**した、広大な**台地**状の地形である。新しい地層が水平に堆積していることは、一時的に**海面下**になっていたことを示している。

4 ✕ 選択肢の文中、**新期造山帯**は**古期造山帯**の誤り。新期造山帯は、中生代から新生代にかけての造山運動により生じた、**高く険しい**山脈が分布する地域である。

5 ✕ **アンデス山脈**は、**環太平洋造山帯**に属する。

問題3 警察官Ⅰ類（2019年度） ⋯⋯⋯⋯⋯⋯⋯⋯⋯⋯⋯⋯⋯⋯ 本冊P.203

正解：5

1 ✕ **扇央**とは**扇状地**の中央部で、砂礫が厚く堆積していることから、河川水は**伏流**して水無川になることが多く、**水利が悪い**。扇状地の末端部である**扇端**は、伏流水が再び地上に湧き出る**湧水帯**になっているため、水を得やすく、**集落**や**水田**が発達している。

2 ✕ 河川の流路に沿った部分では、洪水により土砂が多く堆積した、**自然堤防**と呼ばれる**微高地**が形成される。自然堤防の背後では、洪水によりあふれ出た水が自然堤防に妨げられて流路に戻れなくなることから、**後背湿地**と呼ばれる水はけの悪い**沼**や**湿地**が形成される。後背湿地は、人工的に排水して**水田**として利用されることが多い。

3 ✕ **三角州**（デルタ）は、河川により運ばれてきた**肥沃**な土が堆積しているため、古くからすぐれた**農業地帯**となっている。一方、土地が**低湿**で水はけが悪

く、**洪水**や**高潮**の被害を受けやすいこと、地盤が軟弱で地盤沈下しやすいこと
などが欠点として挙げられる。

4　×　フィヨルドとは、氷河が形成した**氷食谷**（**U字谷**）に海水が浸入して陸地
に深く入り込んだ地形である。**ノルウェー**の大西洋岸に発達したものが有名で、
グリーンランド、**アラスカ南岸**のほか、**チリ**、**ニュージーランド**など**南半球**に
もみられる。

5　○　日本にみられる**カルスト地形**としては、山口県の**秋吉台**、福岡県の**平尾台**
などが挙げられる。

問題 4　警察官Ⅰ類（2017年度）‥‥‥‥‥‥‥‥‥‥‥‥‥‥‥‥‥‥‥‥ 本冊P.204

正解：4

1　×　波の侵食作用により海岸にできる急傾斜の崖は、**海食崖**である。**波食台**は、
海食崖の前面にみられる海面下の平坦な地形で、沖に向かって緩やかに傾斜し
ている。海食台ともいう。**海岸段丘**は、海岸線に沿って**陸側**に分布する**階段状**
の地形で、平坦面はかつての海底（海食台）、切り立った崖の部分はかつての
海食崖である。海岸段丘は、地盤の隆起や海面の低下などにより、陸地が海面
に対して相対的に上昇することによって生じたものである。

2　×　フィヨルドは、氷河の侵食により生じた**氷食谷**（**U字谷**）が沈水してでき
た、せまく奥行きの深い海岸で、両岸は切り立った**急崖**である。背後の陸地も
急峻な**山岳地帯**であり、陸路の交通が便利な土地とはいえない。

3　×　選択肢の文中、**環礁**は**裾礁**、**裾礁**は**堡礁**の誤りで、島とサンゴ礁の間に**礁
湖**（**ラグーン**）をもつのが堡礁である。島がさらに沈降して海面下に沈んだ後
もサンゴ礁が発達し続け、礁湖を取り巻く環状のサンゴ礁が残されたものを**環
礁**という。

4　○　砂州が沖合に向かって成長し、沖合の島とつながった地形を**トンボロ**
（**陸繋砂州**）といい、トンボロにより陸とつながった島を**陸繋島**という。

5　×　**海洋プレート**が**大陸プレート**の下に潜り込む「**狭まる境界**」では、海底に
深い**海溝**が形成される。**海嶺**とは、大洋底にある**海底山脈**のことで、そのうち、
プレートが互いに離れていく「**広がる境界**」にできるものは、**中央海嶺**と呼ば
れる。海溝や中央海嶺は、地殻変動が活発なプレートの境界にできる地形で、
安定大陸には相当しない。

正解：3

1 × 選択肢の文中、**U字型**は**V字型**、**U字谷**は**V字谷**、**氾濫原**は**谷底平野**または**埋積谷**の誤り。谷を流れる川の側方侵食または堆積作用によって生じた低地を谷底平野といい、堆積作用によって生じたものは埋積谷という。**氾濫原**も、河川の堆積作用により形成された平地であるが、V字谷のような山間部ではなく、平野部にみられる地形である。

2 × 河川が山地から平野に出ると、上流で侵食された砂礫のうち、**重い**ものから順に堆積する（**礫→砂→泥**の順）。扇状地の中央部である**扇央**は、礫質の厚い堆積物に覆われているため**透水性**が大きく、**畑や果樹園**に利用されることが多い（畑の作物や果樹を育てるためにも水は必要であるが、水はけが悪いと根腐れを起こしてしまうので、水はけのよい土地に適している）。扇状地の末端部である**扇端**は、伏流水が再び地上に湧き出る湧水帯となっており、水が**得やすい**ので、古くから集落や水田が開かれている。

3 ○ 選択肢の文で説明されているように、**堤防内**への砂礫の堆積が進んだことにより、**河床**の高さが周囲の**平野面**よりも高くなった川を**天井川**という。日本では、富山県の**常願寺川**、滋賀県の**草津川**などの例がある。

4 × 選択肢の文中、**岩石海岸**は**砂浜海岸**の誤り。砂浜海岸は、河川が運んできた土砂や、付近の海食崖で侵食された砂礫が堆積して形成される。河川の上流でダムが建設されたり、護岸が整備されたりすると、河川により運搬される土砂が**減少**するため、砂浜が侵食され、海岸線が後退することがある。

5 × **リアス海岸**は、海面の**上昇**または地盤の**下降**により**沈水**してできた海岸である。陸上で谷であった部分に海水が浸入して入り江になった**溺れ谷**と半島が交互に連なる、入り組んだ海岸線がみられる。平地が少なく、内陸部との交通は不便であるが、湾内は波が穏やかなので**天然の良港**が多く、**養殖**にも適している。ただし、入り組んだ湾の奥に向かうにつれて水深が浅くなっていくので、津波に襲われた場合は急激に波が高くなり、被害が大きくなる。

正解：5

空欄**A**に入る語句は**V字谷**で、河川の流水による下方侵食を受けてつくられる、断面がVの形をした深い谷をいう。

空欄 B に入る語句は扇状地で、川が山地から平地に流れ出る所にできる、扇形の堆積地形である。

　空欄 C に入る語句は氾濫原で、河川の氾濫による洪水と堆積作用により形成された、起伏の小さい平地である。

　空欄 D に入る語句は自然堤防で、河川の流路に沿って、土砂の堆積によりつくられた微高地である。自然堤防の背後には、水はけの悪い後背湿地ができる。これは、洪水時にあふれ出た水が、自然堤防に妨げられて元の流路に戻れなくなり、低湿な沼沢地を形成したもので、日本では、人工的に排水して水田として利用されていることが多い。

　以上により、A〜Dの組み合わせはA：V字谷、B：扇状地、C：氾濫原、D：自然堤防となり、正解は 5 である。

3 2 自然地理（気候）

問題1 東京都 I 類（2021年度） ·· 本冊 P.210

正解：3

1 ×　選択肢の文は、気候ではなく、気象の定義になっている。気候とは、ある地域や場所において、一年を周期として繰り返される気象の総合的な状態をいう。

2 ×　気温の年較差とは、一年のうちの最暖月の平均気温と、最寒月の平均気温との差をいう。年較差は、一般に高緯度になるほど大きく、内陸部では海岸部よりも大きくなる。

3 ○　選択肢の文は、貿易風の説明として正しい。

4 ×　偏西風は、亜熱帯高圧帯から亜寒帯低圧帯に向かって吹く恒常風（一年を通してほぼ同じ方向に吹く風）である。モンスーンとも呼ばれる季節風は、季節によって風向が変わる（夏は海洋から大陸に、冬は大陸から海洋に向かって吹く）。

5 ×　熱帯収束帯では、強い日射と、北半球の北東貿易風、南半球の南東貿易風の収束により常に上昇気流が発生し、大量の降水をもたらす。赤道付近で上昇した大気は、緯度30度付近の亜熱帯高圧帯で、密度を増して下降気流となる。この付近は降水量が少なく、著しく乾燥することから、砂漠が形成されやすい。

正解：3

A × Aの文の記述は、**熱帯雨林気候区**ではなく、サバナ気候区の説明になっている。サバナ気候区では、丈の高い草原の中に、乾燥に強いバオバブ、アカシアなどの樹木がまばらに生えているが、乾季には樹木は落葉する。熱帯雨林気候区は、一年中**高温多湿**で、季節による変化はほとんどなく、**密林に覆われて**いる。

B ○ Bの文の記述は、ステップ気候区に関する正しい説明になっている。ステップとは、もとは**中央アジア**の広大な草原をさす言葉であるが、ケッペンの気候区分によるステップ気候区には、**サハラ砂漠**の南北の地域や、北アメリカ大陸中西部の**グレートプレーンズ**の大部分、南アメリカ大陸の**パンパ**の西部、オーストラリア大陸の一部なども含まれる。

C ○ Cの文の記述は、地中海性気候区に関する正しい説明になっている。地中海性気候区では、夏の乾燥に強いオレンジ、レモンなどの**柑橘類**、オリーブ、イチジク、コルクガシなどの**広葉樹**がよく生育する。

D × **冷帯湿潤気候区**は、ヨーロッパロシア（ロシアのウラル山脈から西の部分）、西シベリア、カムチャツカ半島、サハリン（樺太）、ウクライナ、スカンディナヴィア半島、北海道、北アメリカ大陸北部などに分布している。南部には**混合林**、北部には針葉樹林の**タイガ**が広がっている。タイガを構成する樹木は地域によって異なり、**常緑針葉樹**のトウヒ属、モミ属などが中心の地域と、**落葉針葉樹**のカラマツ属が中心の地域がある。主にヨーロッパ中央部から北西部にかけて分布するのは、西岸海洋性気候区である。

以上により、妥当なものの組み合わせは **B・C** となり、正解は **3** である。

正解：4

1 × **成帯土壌**とは、気候や植生の影響を強く受けた土壌で、帯状に分布している。気候や植生よりも**母岩**の影響を強く受けた性質をもち、**局地的**に分布している土壌は、間帯土壌である。

2 × 選択肢の文中、**ポドゾル**はラトソルの誤り。ポドゾルは、亜寒帯の**タイガ**に分布する、やせた**酸性土壌**である。

3　×　**ツンドラ気候**の地域でも、短い夏の間は、コケ類や地衣類が生育し、それらが枯れて集積したものを母材とする、**ツンドラ土**と呼ばれる土壌がみられる。下層は**永久凍土**なので排水が悪く、低温のため有機物の分解も進まないので、**泥炭**として蓄積する強酸性のやせ地である。

4　○　**テラロッサ**は、石灰岩が風化した赤橙色の土壌で、**地中海沿岸**に分布し、**オリーブ**などの果樹栽培に適している。**テラローシャ**は、玄武岩や輝緑岩が風化した赤紫色の土壌で、**ブラジル高原南部**に分布し、**コーヒー**の栽培に適している。

5　×　選択肢の文の説明に当てはまるのは**チェルノーゼム**ではなく、**レグール**である。チェルノーゼムは、**ウクライナ**から**中央シベリア**にかけて広く分布する肥沃な**黒色土**で、この地域は、**小麦**の栽培がさかんな世界的な穀倉地帯となっている。

3　3　農業

問題1　警察官Ⅲ類（2018年度）……………………………………………………本冊P.216

正解：3

　問題に掲げられている表の空欄①に入る農作物は**カカオ豆**、②は**コーヒー豆**、③は**茶**、④は**天然ゴム**、⑤は**バナナ**である。よって正解は**3**である。

問題2　裁判所職員（2021年度）……………………………………………………本冊P.216

正解：3

1　×　アフリカや東南アジアなどで行われる**焼畑農業**は、森林や原野を切り払って焼き、その灰を肥料として、**アワ**、**ヒエ**などの雑穀や、**陸稲**、とうもろこし、**キャッサバ**、**タロいも**、**バナナ**などを栽培する伝統的農業で、数年で地力が低下すると耕地は**放棄**され、他の場所に**移動**する。**コーヒー**は、**プランテーション農業**で栽培されることが多い作物である。

2　×　**集約的稲作農業**は、狭い**耕地**に多くの**労働力**が投入される、労働集約的な稲作で、**労働生産性**が低い。**土地生産性**は、灌漑が整備された東アジアでは比較的**高い**が、灌漑や技術が遅れた東南アジア、南アジアではやや**低い**。

3　○　**酪農**は、冷涼で**湿潤**な地域に適し、**イギリス**、**デンマーク**など、西ヨーロッパの北海沿岸のほか、**スイス**、アメリカの**五大湖**沿岸などでさかんである。消

費地に近い地域に発達しやすいが、19世紀後半に冷凍船が発明されてからは、**オーストラリア、ニュージーランド**でも大規模な酪農が行われるようになった。

4 × **プランテーション農業**は、世界市場向けの**商品作物**を、**単一耕作（モノカルチャー）**で大規模に栽培する農業である。

5 × **混合農業**は、**小麦、ライ麦**などの食用の**穀物**と、えん麦、とうもろこし、根菜類、牧草などの**飼料作物**を輪作するとともに、**肉牛、豚、鶏**などを飼育する農業で、ドイツ、フランスなどでさかんである。「夏はオリーブやブドウ、冬は小麦などを栽培し、家畜は羊やヤギなどを飼育している」という記述は、**地中海式農業**に当てはまる。

問題3 東京都Ⅰ類（2022年度）……………………………………………………本冊 P.217

正解：4

1 × **園芸農業**は、大都市への出荷を目的として、**野菜、果樹、花卉**などを集約的に栽培する農業である。近年は、輸送手段の発達とともに、消費地である大都市から遠く離れた地域で栽培した作物を、自動車、船、航空機などで出荷する**輸送園芸（トラックファーミング）**も発達している。

2 × **イラン**では、**カナート**と呼ばれる**地下水路**を利用して山麓の水を導水し、**小麦、なつめやし、綿花**などを栽培している。このような地下水路は、北アフリカでは**フォガラ**、アフガニスタンやパキスタンでは**カレーズ**と呼ばれている。

3 × **企業的穀物農業**は、広大な土地で、大型の農業機械を用いて、少ない労働力で耕作を行うので、**労働生産性**はきわめて**高い**。その半面、**土地生産性**は低いが、近年、アメリカでは土地生産性も向上している。

4 ○ 選択肢の文は、**混合農業**の説明として正しい。なお、中世ヨーロッパで広く行われた**三圃式農業**とは、地力の消耗を防ぐために農地を3つに区分し、夏作物・冬作物・休耕地に振り分けて、3年周期で輪作を行うものである。休耕地には家畜を放牧して地力の回復を図った。

5 × **地中海式農業**は、夏季の高温・乾燥、冬季の温暖・湿潤を特徴とする**地中海性気候**に適した農業で、夏は乾燥に強い**オリーブ**や**柑橘類**、ブドウなどの樹木作物の栽培が行われ、冬は雨を生かして平地で**小麦**などが栽培される。選択肢の文では、夏と冬の作物が逆になっている。地中海式農業は、**イタリア中南部**、**イベリア半島**、アメリカの**カリフォルニア地方**、**チリ中部**、**オーストラリア南西部**などの地中海性気候の地域で行われている。

正解：1

1 ○ 選択肢の文は、カナダの農工業に関する記述として正しい。

2 × テラローシャは、ブラジル高原南部に分布する肥沃な土壌で、コーヒー栽培に適している。ファゼンダは、大土地所有制に基づくブラジルの大農園で、プランテーション農業による大規模なコーヒーの栽培が行われている。メキシコ、チリ、ペルーなどでは、このような形態の大農園をアシエンダという。メキシコの主な農作物は、とうもろこし、さとうきびなど。マキラドーラは、1960年代後半から、メキシコのアメリカ国境沿いの地域に設けられた保税輸出加工区で、外貨獲得と雇用の促進を目的として、税制上の優遇措置を講じて外国企業を誘致し、主に北米向けの製品輸出を行っている。1994年に北米自由貿易協定（NAFTA）が発効したことにより、アメリカの多くの企業が生産拠点をメキシコに移し、両国間の貿易はますますさかんになった。なお、現在は、NAFTAに代わる新たな貿易協定として、米国・メキシコ・カナダ協定（USMCA）が結ばれている。

3 × 選択肢の文中、チャオプラヤ川はメコン川の誤り。ベトナムで1986年に打ち出されたドイモイ（刷新）は、社会主義体制を維持しつつ、市場経済の導入と対外経済開放により経済改革を推進する政策である。これにより、日本、シンガポールなどの企業が安価な労働力を求めて進出し、工業化が進んだ。農業もベトナムの重要な産業であり、主な農産物の輸出品として、米、コーヒー、カシューナッツ、コショウなどが挙げられる。さとうきびの栽培もさかんである。

4 × 選択肢の文中、前半の天然ゴムのプランテーションと油やしへの転換に関する記述は、シンガポールでなくマレーシアに当てはまる。シンガポールでは、外国資本の積極的な導入により工業化政策が進められ、経済が発展した。現在は国際金融センターとしての地位も高まっている。

5 × オーストラリア中東部の大鑽井盆地（グレートアーテジアン盆地）では、掘り抜き井戸（鑽井）により豊富な地下水を利用し、大規模な牧畜が行われている。カナートは、イラン、アフガニスタンなどの西アジアの乾燥地域にみられる地下水路式の灌漑施設。グレートディヴァイディング山脈は、オーストラリア大陸の東部を南北に連なる山脈で、古期造山帯に属する。カッパーベルトは、アフリカ南部のザンビアとコンゴ民主共和国の国境付近に広がる銅の産出地域である。

正解：5

1 × 中国では、年降水量800〜1,000mmの等降雨量線とほぼ一致する、チンリン（秦嶺）山脈とホワイ川（淮河）を結ぶ線（チンリン＝ホワイ川線）を境に、北は畑作地域、南は稲作地域となっている。畑作地域の主な作物は小麦で、東北部ではとうもろこしが中心である。中国の四大料理といわれるのは、北京料理、上海料理、広東料理、四川料理であるが、なかでも辛さを特徴とするのは四川料理で、麻婆豆腐が代表的である。同じく四川料理の一つである棒棒鶏は、日本では辛くないゴマだれで味付けされることが多いが、本場でつくられるものは唐辛子の辛みが強い味付けである。

2 × 選択肢の文中、「じゃがいもやてんさい」は稲の誤りで、東南アジアの平野部では、主に水田による稲作が行われている。傾斜地に階段状につくられた棚田での稲作は、ジャワ島、ルソン島など、平野の狭い地域で行われている。カリマンタン島やインドシナ半島の丘陵地や山岳部では、焼畑農業により陸稲や雑穀、キャッサバなどが栽培されている。

3 × サハラ以南のアフリカでは、地域にもよるが、主に、キャッサバ、タロイモ、とうもろこしなどが主食とされている。小麦は、温帯を中心に世界の幅広い地域で栽培されている重要な穀物であるが、コートジボワールやガーナのような熱帯の国での栽培には適さない。アフリカで小麦が生産されている主な国は、エジプト、エチオピア、モロッコ、アルジェリア、南アフリカ共和国などで、南アフリカ共和国は小麦の輸出も行っているが、生産量、輸出量ともにそれほど多くない。世界で小麦の輸出量が多い国は、ロシア、オーストラリア、アメリカ、カナダ、ウクライナ、フランス、アルゼンチンなど、生産量が最も多いのは中国、次いでインド、ロシアである。コートジボワールやガーナでは、現在もカカオが主要な輸出品となっており、その他に、金、原油などを輸出しているが、一次産品への依存度が高く、モノカルチャー経済からの脱却が課題になっている。

4 × ヨーロッパで酪農がさかんな国は、ドイツ、フランス、イギリス、オランダ、スイス、オーストリア、デンマーク、ポーランドなど。オランダは花卉栽培の先進国でもあり、園芸農業が発達している。アルプス山脈よりも南側の、夏が高温で乾燥する地中海性気候の地域では、乾燥に強いレモンなどの柑橘類や、オリーブ、ブドウなどを栽培する果樹農業が発達している。

5 ○ 選択肢の文は、米国の農業に関する説明として正しい。米国では、農産物の生産、流通、販売、種子の開発など、農業に関するさまざまな事業を展開す

るアグリビジネスがさかんで、なかでも、**穀物メジャー**と呼ばれる巨大な多国籍企業は、世界の穀物需給に大きな影響力をもっている。

3 4 工業・エネルギー事情

問題1 国家一般職（2022年度） ·· 本冊P.224

正解：4

1 ×　ドイツの経済学者ウェーバーが唱えた**工業立地論**によると、製品よりも**原料の重量が大きい**場合は、工業は**原料産地**に立地しやすく、そのような工業を原料指向型工業という。原料が**どこでも得られる**場合は、工業は**消費市場**に立地しやすく、そのような工業を**市場指向型工業**という。

2 ×　生産コストの中で労働賃金の比重が大きい**労働集約型工業**の例としては、繊維、雑貨、電気器具の組み立てなどが挙げられる。**鉄鋼業**や**石油化学工業**は、生産コストの中で**設備費**の比重が大きい**資本集約型工業**の代表例である。生産活動に専門的な知識や高度な技術を必要とする産業は知識集約型産業といい、**コンピュータ、情報処理、ソフトウェア、航空機産業**などに代表される。

3 ×　イギリス南西部から、**ドイツ**の**ルール工業地帯**、ライン川流域を経て**イタリア北部**に至るまでの地域は、各種の工業が集積し、現在のヨーロッパで**最も産業が発展している**地域である。この地域の形状がバナナの形をしていることと、**EU**のシンボルカラーである青色にちなんで「**青いバナナ（ブルーバナナ）**」と呼ばれている。選択肢の文の「第二次世界大戦後にヨーロッパの経済成長を支えたが」以下の記述は、かつて**重工業三角地帯**と呼ばれた、北フランス、ドイツのルール炭田、フランスのロレーヌ鉄山を結ぶ地域に当てはまる。

4 ○　選択肢の文は、現代の**アメリカ合衆国**の産業に関する記述として正しい。サンベルトとは、カリフォルニア州からアリゾナ州を経てメキシコ湾岸に至る、**北緯37度以南**の地域をさし、航空宇宙産業や電子産業などの**先端技術産業**を中心に多くの工場が進出している。これに対し、産業構造の変化により衰退した北緯37度以北の伝統的な工業地域は、**スノーベルト（フロストベルト、ラストベルト）**と呼ばれる。

5 ×　中国では、1970年代末から、市場経済を取り入れ、外国からの投資を受け入れる改革開放政策が進められ、海外の資本や技術の導入を目的として、外国企業に経済的な優遇措置を与える**経済特区**が、広東省のシェンチェン（深圳）など、臨海地域の5か所に設けられた。その後、大きく発展をとげた中国は、大量の工業製品を輸出するようになり、「世界の工場」と呼ばれるほ

ど急成長をとげた。中国の名目GDPは2010年に日本を上回り、現在、アメリカに次いで**世界第2位**となっている。

| **問題2** | 国家一般職（2021年度） | ……………………………… | **本冊P.224** |
　　　正解：5

1　×　**産業革命**以前は、薪、炭、水力、風力などの再生可能な資源が主に利用されてきたが、18世紀半ばに産業革命が起こると、**蒸気機関**や動力機械の燃料として、**石炭**が大量に消費されるようになった。**ザール炭田**を有するドイツ中西部の**ザール地方**は、**鉄鉱石**の産地として知られるフランス北東部の**ロレーヌ地方**とともに、重工業の発展に結び付く重要な地域となり、**ドイツ**、**フランス**両国の間で領有権をめぐる紛争が繰り返された。20世紀に入ると**石油**の需要が増大し、1960年代後半に、石炭に代わって石油の消費量が急増する**エネルギー革命**が起きた。

2　×　西アジアの産油国は、豊富な石油資源に恵まれていながらも、当初は油田の開発や石油の精製を行う技術をもたなかったため、欧米の**国際石油資本（石油メジャー）**に開発を委ね、わずかな利権料を受け取るのみであった。1950年代から、産油国の間で、自国の資源に対する主権を確立することにより経済発展を図る**資源ナショナリズム**の動きが活発になり、1960年に、原油価格の安定などを目的として**石油輸出国機構（OPEC）**が設立された。1970年代には、OPEC加盟国による事業の**国有化**も進められ、石油メジャーの地位は相対的に**低下**した。OPECは、1973年の第4次中東戦争を機に原油価格や産油量の決定権を獲得し、産油量を制限したために、原油価格が急騰する**石油危機（オイルショック）**が起きた。1979年にも、イラン革命をきっかけに第2次石油危機が起こり、2度の石油危機は産油国に巨額の利益をもたらした。

3　×　**シェールガス**は、地下数千メートルにある**頁岩**（シェール）の**岩盤**に閉じ込められた**天然ガス**で、埋蔵量は豊富であるが、高度な採掘技術を必要とする。2000年代に**アメリカ**で開発が始められ、同じく頁岩層に存在する**シェールオイル**とともに、**シェール革命**と呼ばれるエネルギー需給の変化をもたらした。これにより、アメリカの天然ガス生産量は2009年に**ロシア**を抜いて世界一となり、石油生産量も2018年に45年ぶりに世界一となった。

4　×　2023年4月末の時点で、原子力発電を行っている国は32か国（原子炉の建設中、計画中の国を含めると38か国）で、**中国**、**インド**もその中に含まれる。**フランス**は、運転中または運転可能な原子炉が56基とアメリカに次いで多く、さらに1基が**建設中**である。フランスでは、原子力発電のシェアが約7割を占めている。一方、**ドイツ**では、2011年に日本で起きた**東京電力福島第一原子**

力発電所の事故を受けて、脱原子力政策を進めてきた。2023年4月に、ドイツで稼働していた最後の3基の原子炉が停止され、運転中の原子炉はなくなった。

5 ○　選択肢の文の内容は、**バイオエタノール**に関する記述として正しい。**アメリカ**では**とうもろこし**、**ブラジル**では**さとうきび**が、バイオエタノールの主な原料として利用されている。

問題3　東京都Ⅰ類（2019年度）‥‥‥‥‥‥‥‥‥‥‥‥‥‥‥‥‥‥‥‥**本冊P.225**

正解：4

1 ×　鉄鉱石の主な産出国は、生産量の多い順に、**オーストラリア**、**ブラジル**、**中国**、**インド**、**ロシア**。主な輸出国は、**オーストラリア**、**ブラジル**。輸入量は**中国**が最も多く、**日本**、韓国などがそれに続く。中国は、世界最大の**鉄鋼**生産国で、**鉄鉱石**の最大の輸入国である。

2 ×　選択肢の文中、**レアアース**と**レアメタル**が逆で、地球上の存在量がまれであるか、技術的な理由で抽出困難な希少金属が**レアメタル**、そのうち、**希土類**に含まれる17種類の元素が**レアアース**である。

3 ×　**風力発電**は、年間を通して一定方向に強い風が吹く地域に適しており、**偏西風**を利用できる**デンマーク**や**オランダ**、アメリカの**カリフォルニア州**などで普及している。

4 ○　**バイオエタノール**は、主に**アメリカ合衆国**や**ブラジル**で生産され、**自動車**用の燃料として使用されている。しかし、もともと食料や飼料として栽培されていた作物が燃料として使われることになり、他の作物が栽培されていた農地が燃料用の作物に転換される可能性もあることなどから、食料の需給バランスや価格、農作物全般の生産状況に与える影響が懸念されている。

5 ×　日本では、総出力11万2,000kWの八丁原発電所（大分県）を筆頭に、九州と東北地方を中心に多くの**地熱発電所**が稼働している。しかし、その多くは小規模なもので、全国の地熱発電所の発電設備容量の合計は約54万kW、発電電力量は2,472GWhと、日本の電力需要の約0.2％にすぎない（2019年）。日本は世界有数の火山国で、地熱資源は豊富であるが、地熱発電所の立地に適した地域の大部分が**国立公園・国定公園**内にあること、隣接する**温泉地**の事業者からの理解が得にくいこと、他の発電方式にくらべると、国のエネルギー政策による支援が少なかったことなどから、地熱発電の普及はあまり進んでいないのが現状である。

問題1 国家一般職高卒（2017年度） ……………………………………………… 本冊P.232

正解：3

A　スペイン　まず、「夏に柑橘類やブドウの栽培が盛ん」という記述は、地中海性気候の地域の特色なので、東部の沿岸部が地中海に面した国であることがわかる。また、ドイツ、フランス、アメリカ、日本など諸外国の自動車メーカーがスペインに生産拠点を置いていることから、自動車製造業はスペインの主要産業となっており、輸出も多い。

B　ノルウェー　北海油田で産出される石油・天然ガスが、ノルウェーの主要な輸出品となっている。水産業や海運業もさかんで、日本にも多くの魚介類を輸出している。

C　フランス　フランスは、日本と同様にエネルギー資源のとぼしい国で、原子力発電による発電電力量が全体の約7割と、原子力に大きく依存している。また、フランスには、米ボーイング社と市場を二分する欧州の航空機メーカー・エアバス社の本社と製造拠点が置かれており、航空機産業が主要産業の一つとなっている。

　以上により、A～Cの妥当な組み合わせはA：スペイン、B：ノルウェー、C：フランスとなり、正解は3である。

問題2 東京都Ⅲ類（2022年度） ……………………………………………………… 本冊P.232

正解：2

1　×　**スカンディナヴィア山脈**は、**古期造山帯**の一つであるカレドニア造山帯に属している。プレートの境界に位置し、火山活動がさかんなのは新期造山帯で、環太平洋造山帯とアルプス＝ヒマラヤ造山帯がこれに該当する。

2　○　**フィンランド**は、ヨーロッパ北部の、**スカンディナヴィア半島**の付け根に位置し、東はロシア、北はノルウェー、西はスウェーデンと国境を接している。公用語はフィンランド語とスウェーデン語。フィンランド語での国名の通称は「スオミ」といい、湖の国という意味をもつ。フィンランドは、ロシアのウクライナ侵攻をきっかけに、2023年4月に北大西洋条約機構（NATO）に正式加盟し、31番目の加盟国となった。

3　×　選択肢の文中、「ヨーロッパ最大の農業国」「小麦の大規模栽培」の部分は、**フランス**に当てはまる。オランダの農業は、**酪農**と**園芸農業**が中心で、農産物輸出額は世界有数。干拓地の**ポルダー**は、主に牧草地・放牧地として利用され、一部は畑作や**花卉**・**野菜**の園芸農業に利用されている。**チューリップ**の栽培は特に有名である。

4　×　**移牧**とは、季節ごとにあらかじめきまった放牧地に家畜を移動させる牧畜の形態である。スイスでは、夏季には**アルプ**と呼ばれるアルプス山脈中腹の高地の草原地帯に移動し、高地が雪に覆われる冬は**低地**に移動する移牧が営まれている。

5　×　黒海とマルマラ海を結ぶ**ボスポラス海峡**は、トルコ国内に位置し、**アジア**と**ヨーロッパ**を隔てる海峡として古くから有名である。トルコ最大の都市である**イスタンブール**は、この海峡をはさんでアジア側とヨーロッパ側にまたがっており、海峡の両岸は、3つの橋と鉄道用・自動車用の海底トンネルで連絡している。

問題3　消防官Ⅲ類（2017年度類題）　…………………… 本冊P.233

正解：4

　ヨーロッパ北部の**スカンディナヴィア半島**西岸にみられる**フィヨルド**は、氷河の侵食により刻まれたU字谷に海水が浸入して生じた、狭く深い湾が続く海岸である。北極圏を含む高緯度の地域では、夏至を中心とする**夏季**のある期間に、日没から日の出の間も空が薄明るい状態が続く**白夜**が生じる。逆に、**冬季**には日射が極端に少ない**極夜**となる。1985年にルクセンブルクで調印された**シェンゲン協定**は、加盟国の域内での出入国審査を廃止し、人の移動の自由を保障したもので、当初の加盟国はフランス・西ドイツ・ベルギー・オランダ・ルクセンブルクの5か国であったが、1999年に発効したアムステルダム条約により、**欧州連合（EU）**の法的枠組みに組み込まれた。2023年4月現在、シェンゲン協定が施行されている国は、EU加盟国のうちブルガリア、キプロス、アイルランド、ルーマニアを除く23か国と、EU非加盟国で欧州自由貿易連合（EFTA）加盟国であるアイスランド、ノルウェー、スイス、リヒテンシュタインの4か国の計27か国で、これらの国の領域を**シェンゲン圏**という。シェンゲン圏の域内では、日本などの第三国からの旅行者も、最初の到着地で入国審査を受けた後は、査証（ビザ）の有効期間内は自由に移動できる。

　以上により、A〜Cの妥当なものの組み合わせは**A：スカンディナヴィア半島**、**B：白夜**、**C：シェンゲン協定**となり、正解は**4**である。

問題1 東京都Ⅲ類（2021年度） ……………………………………… 本冊P.238

正解：4

1 ×　選択肢の文中、「**西隣のパキスタン**」は**東隣のバングラデシュ**の誤り。ガンジス川下流の**三角州**（ガンジス・デルタ）は穀倉地帯で、稲作やジュートの栽培がさかんである。ジュートは黄麻とも呼ばれる商品作物で、茎からとれる繊維が、穀物などを入れる袋や帆布の原料になる。

2 ×　**北東モンスーン**は、11月頃から5月頃にかけて、シベリア高気圧からインド半島と東南アジアに向けて吹く**乾燥**した風で、**乾季**をもたらす。南西モンスーンは、5月下旬から10月頃にかけて、インド洋からインド半島と東南アジアに向けて吹く**高温多湿**の風で、**雨季**をもたらす。

3 ×　**カースト制**は、**ヴァルナ**と呼ばれる4つの身分枠と、特定の職業と結び付いた**ジャーティ**と呼ばれる集団を基本構造とする身分制度。通常、カーストと呼ばれるのはジャーティで、数千もの集団に細分化されている。インドの憲法はカーストによる差別を禁止し、**職業選択**の自由や異なるカースト間での**婚姻**の自由を保障しているが、カースト制の影響力は、現在のインド社会にも**根強く残っている**。

4 ○　現在のインドでは、**ICT**（**情報通信技術**）産業が急速な発展をとげており、インドの経済成長を支える産業となっている。

5 ×　**緑の革命**とは、**1960年代**に進められた、小麦・稲・とうもろこしなどの高収量品種の開発と、それらの品種を導入することで達成された、**発展途上国**の農業技術の革新をさす。これにより、**インド**では、穀物の生産量が飛躍的に増加し、食料の自給が可能になったが、その恩恵に浴した富裕な大地主と零細農民との**格差**（貧富の差）が拡大した。

問題2 消防官Ⅲ類（2022年度） ……………………………………… 本冊P.238

正解：2

1 ×　**東南アジア諸国連合**（**ASEAN**）は、1967年に、**インドネシア、タイ、マレーシア、フィリピン、シンガポール**の**5か国**により設立された。その後、1984年にブルネイ、95年に**ベトナム**、97年にミャンマー、**ラオス**、99年にカンボジアが加わり、現在の加盟国は**10か国**となっている。

2 ○ **タイ**は、東南アジア諸国の中でも、近年著しい**経済成長**をとげてきた国であるが、都市化が進んだ首都バンコク周辺と地方の農村部との**経済格差**がきわめて大きく、政治的混乱が続く原因にもなっている。

3 ✕ 選択肢の文中、「**インドネシア**」はベトナムの誤り。

4 ✕ **ルックイースト政策**は、1981年に**マレーシア**のマハティール首相が提唱した近代化促進政策で、東アジアで高度経済成長をとげた**日本**や**韓国**を手本として国民の意識改革を行い、経済発展をめざすものであった。その結果、マレーシアは1990年代に高い経済成長率を実現した。マレー人を優遇する政策は**ブミプトラ政策**である。

5 ✕ 東南アジアでは、欧米諸国による植民地支配を受けていた時代から、**天然ゴム**などのプランテーション（大農園）がつくられてきた。しかし、合成ゴムの普及により天然ゴムの価格が低迷したことから、マレーシアでは1970年代から油やしへの転換が進み、1980年代以降は**インドネシア**でも油やしの栽培がさかんになった。油やしは、現在も両国の主要な農作物で、油やしからつくられる**パーム油**は重要な輸出品となっている。

問題3 国家専門職（2017年度） ··· 本冊 P.239

正解：3

A フィリピン 7,000余りの島からなる島国で、最大の島は首都**マニラ**が位置する**ルソン島**である。フィリピン諸島は、フィリピン海プレートとユーラシアプレートの境界に位置し、**環太平洋造山帯**に含まれる。国土の大半が地殻変動や火山活動が活発な**変動帯**に属し、**地震**も多い。6月から12月にかけて、しばしば**台風**に襲われる。16世紀後半から19世紀までスペインの植民地となったことから、現在も国民の大部分が**キリスト教徒**で、そのほとんどが**カトリック教徒**である。主要産業は農業で、主な農作物は、米、とうもろこし、ココナッツ、さとうきび、マニラ麻、タバコ、バナナなど。日本で消費されるバナナの大部分はフィリピンから輸入されている。欧米や日本などの企業が**半導体**や電子機器の生産拠点を置いていることから、**電機・電子工業**が発達している。

B タイ チャオプラヤ川流域での**稲作**がさかんで、世界有数の**米**の輸出国である。**森林資源**が豊富であったが、高級木材として知られるチーク材の伐採や、大規模なゴム園など商品作物の農地への転用、スズ採取のための伐採など、さまざまな要因が重なり、約30年間で半分以上の森林が失われた。1988年にタイ南部を襲った大規模な**洪水**をきっかけに、国による森林管理の不備が問題になり、翌年、タイ政府は天然林の**伐採禁止令**を出した。

C　インド　インドでは、1960年代に、食糧問題を解消するために高収量作物の導入を推進する緑の革命が成果を収め、**食用穀物**の生産量が増加した。しかし、新品種の栽培には多額の資本と高度な技術が必要だったため、零細農民は恩恵を受けることができず、**貧富の差**が拡大した。1990年代には、経済成長に伴う食生活の変化により、**牛乳**や**乳製品**の需要と生産量が著しく増加した。このことを、牛乳の色になぞらえて白い革命という。

　以上により、A〜Cの妥当なものの組み合わせは**A：フィリピン**、**B：タイ**、**C：インド**となり、正解は**3**である。

問題1　裁判所職員（2022年度）······················· 本冊P.244

正解：2

A　○　オーストラリアは、1901年にイギリスの植民地からイギリス連邦内の自治領となったが、同年に**白人**以外の移民を制限する法律を定め、**有色人種**の移民を事実上禁止した。白豪主義と呼ばれるこの政策は、鉱山で働く**アジア系**の労働者を締め出し、白人労働者の雇用を確保することを目的として始められたものである。白豪主義は、オーストラリアの独立後も長らく政策の基本とされていたが、1970年代前半に撤廃され、異文化を尊重する**多文化主義**に転換した。近年はアジア系の移民も増加し、アジアとの結び付きが強まっている。最大の貿易相手国は中国で、日本、韓国、ASEAN諸国なども上位を占めている。

B　×　オーストラリアの先住民は、**アボリジニ**である。アボリジニは、白人の入植以来、長らく迫害を受けてきたが、1967年にようやく市民権が認められた。世界遺産に登録されているアボリジニの聖地**ウルル**は、英語名のエアーズロックでも知られ、観光地としてにぎわっているが、アボリジニの文化に敬意をはらうために、2019年にウルルへの登山が禁止された。民族舞踊の**ハカ**で知られる**マオリ**は、**ニュージーランド**の先住民である。ハカは、ラグビーのニュージーランド代表・オールブラックスが試合前に踊ることでも有名。

C　○　オーストラリア大陸の大部分は**安定陸塊**で、大陸東岸のグレートディヴァイディング山脈は**古期造山帯**である。大陸北東部の沿岸に広がる**グレートバリアリーフ**は世界最大のサンゴ礁で、長さ約2,000kmに及ぶ。

D　×　オーストラリアは、18世紀後半に流刑地としてイギリスの植民地とされ、その後、自由移民もしだいに増えた。19世紀半ばに金鉱脈が発見されると、**ゴールドラッシュ**が起こり、人口が激増した。鉱産資源に恵まれ、**鉄鉱石**、**ボーキ**

サイトの産出量は世界第1位。ほかにも、石炭、天然ガス、ウラン、金、鉛、チタンなどを産出する。**銅鉱**の生産量が最も多い国は**チリ**である。

以上により、妥当なものの組み合わせは**A・C**となり、正解は**2**である。

問題2 国家一般職高卒（2018年度）……………………………………**本冊P.244**

正解：5

1 ×　サハラ以南のアフリカは、世界で最も人口増加が著しい地域で、今後も人口が激増することが予測されている。**焼畑**の利用周期の短縮が砂漠化の原因になっているという説明は正しい。

2 ×　熱帯雨林地域の農業は、**キャッサバ、タロイモ**などを栽培する伝統的な**焼畑農業**と、カカオ、油やしなどの**プランテーション農業**に代表される。サバナ地域では、**綿花、コーヒー**などのプランテーション農業、**牛、ヤギ**などの放牧が行われている。乾燥地域では、地下水路などを利用した**オアシス農業**により、乾燥に強い**なつめやし**、綿花、小麦などが主に栽培されている。

3 ×　ギニア湾沿岸の国・**ガーナ**は、かつては欧州諸国による金の採掘と奴隷貿易がさかんに行われた地域で、イギリスの植民地とされた時代は**ゴールドコースト**（黄金海岸）と呼ばれた。ガーナは現在も金の産出国であるが、ギニア湾沿岸で銀の採掘がさかんであったという事実はない。アフリカの主な産油国は、アルジェリア、リビア、エジプト、ナイジェリア、アンゴラ、ガボン、コンゴ共和国、赤道ギニアなどで、北アフリカ、中央アフリカに多い。これらの国の多くは、**石油輸出国機構（OPEC）**加盟国でもある（上記の国では、エジプト以外の7か国が加盟）。東部アフリカで石油資源が豊富な国としては**スーダン**が挙げられるが、油田の多い地域が2011年に南スーダンとして独立し、その後も紛争が繰り返される不安定な状況が続いている。

4 ×　サハラ以南のアフリカで最もGDPが大きい国は**ナイジェリア**で、**南アフリカ共和国**は第2位。アフリカ全体では、ナイジェリア、エジプトに次いで第3位である（2022年）。南アフリカ共和国は、**金、ダイヤモンド**をはじめとする鉱産資源に恵まれており、鉱業を中心に発展してきたが、資源の輸出により蓄えた資本を原資として製造業や金融業も発展し、著しい経済成長をとげて、**BRICS**（参229ページ）の一国に数えられた。産業構造の変化により、GDPに占める鉱業の比率は縮小し、第三次産業が約7割を占めている。ただし、貿易においては現在も鉱産資源への依存度が高い。

5 ○　**東部アフリカ**のエチオピア、ケニア、ウガンダ、タンザニアなどでは**コー**

ヒーの、ケニア、ウガンダ、マラウイなどでは茶の栽培がさかんである。エチオピアは、世界のコーヒーの生産量の大部分を占めるアラビカ種の原産地でもある。カカオの栽培は、コートジボワール、ガーナ、ナイジェリア、カメルーンなど、**ギニア湾沿岸**の国でさかんである。

| 問題3 | 特別区Ⅲ類（2022年度） ⋯⋯⋯⋯⋯⋯⋯⋯⋯⋯⋯⋯⋯⋯⋯⋯⋯⋯⋯ 本冊P.245 |

正解：1

空欄**A**に入る語句は**キリマンジャロ**。アフリカ東部のケニア・タンザニア国境にそびえる**キリマンジャロ山**は、標高**5,895m**の**アフリカ大陸最高峰**である。**アコンカグア山**は、南アメリカ大陸の最高峰で、チリとアルゼンチンの国境付近に位置する。標高は6,959m。

空欄**B**に入る語句は**アフリカ連合**（AU）で、アフリカの55の国・地域が加盟する世界最大級の地域機関である。本部は、エチオピアの首都**アディスアベバ**に置かれている。**アフリカ統一機構**（OAU）は、1963年にアフリカ諸国により設立された国際機構で、アフリカ連合の前身である。

空欄**C**に入る語句は**南アフリカ共和国**。かつては、**アパルトヘイト**と呼ばれる**人種隔離政策**を実施していたことにより国際社会から非難を浴びたが、1991年にアパルトヘイトの廃止を決定。反アパルトヘイト運動を指揮した**ネルソン・マンデラ**は、当時の大統領デクラークとともにノーベル平和賞を受賞した。1994年に初めて実施された全人種参加の総選挙では、マンデラを議長とするアフリカ民族会議（ANC）が勝利し、マンデラは同国初の黒人大統領となった。アパルトヘイト廃止後の南アフリカ共和国は、急速に世界経済との結び付きを強めて著しい経済成長をとげ、ブラジル、ロシア、インド、中国に続く新興国として**BRICS**の_{ブリックス}一国に数えられた。

以上により、A～Cの組み合わせは**A：キリマンジャロ**、**B：アフリカ連合**、**C：南アフリカ共和国**となり、正解は**1**である。

3 8 南北アメリカ

| 問題1 | 国家専門職（2018年度） ⋯⋯⋯⋯⋯⋯⋯⋯⋯⋯⋯⋯⋯⋯⋯⋯⋯⋯⋯⋯ 本冊P.250 |

正解：2

1 × **米国**では、19世紀後半以降、**内陸航路**や**鉄道網**などが整備され、アパラチア炭田の**石炭**、メサビ鉄山の**鉄鉱石**などの資源が開発されたことから、大西洋沿岸やアパラチア山脈の西側、五大湖周辺など、**北東部**や**中西部**を中心に重工業が発達し、世界有数の工業国となった。代表的な工業都市は、**鉄鋼業**のピッ

ツバーグ、**自動車工業**のデトロイトなどである。しかし、20世紀中盤以降は、欧州諸国や日本との競争で米国の工業製品が劣勢になり、輸出が伸び悩んだ。北部の伝統的な工業地域に代わって発展したのは、北緯37度以南のサンベルトと呼ばれる地域で、温暖な気候や安価な工業用地、比較的安い賃金などの好条件に加えて、州政府が誘致政策を実施したことなどから多くの企業が立地した。産業構造も変化し、従来の重工業に代わって、**航空宇宙産業や電子工業**などの**先端技術産業**が主役になった。衰退した北部の工業地域は、サンベルトに対して**スノーベルト**と呼ばれた（フロストベルト、ラストベルトとも）。

2 ○ **カナダ**は、**原油**、**天然ガス**、**オイルサンド**、**石炭・鉄鉱石**、ウラン、ニッケルなどの資源に恵まれ、森林資源も豊富である。起伏の大きい土地と豊富な水資源を有することから、水力発電が発電電力量の半分以上を占めている。

3 × **メキシコ**は**OPEC プラス**（2016年に設立された、OPEC に OPEC 非加盟国10か国を加えた枠組み）に参加している産油国であるが、輸出額に占める原油の割合は約5.5%（2022年）にすぎず、ガソリンなどの石油製品の多くを輸入している。主要な輸出品は**自動車・自動車部品**で約29%、電機・電子機器、産業用機械機器などがこれに続き、工業製品全体（部品を含む）では約88% を占めている。同国の最大の貿易相手国は**米国**で、輸出額の約8割、輸入でも4割以上を占める。1994年の**北米自由貿易協定（NAFTA）**成立により、米国との結び付きは強まっている。なお、2018年に、NAFTA に代わる新たな貿易協定として、**米国・メキシコ・カナダ協定（USMCA）**が結ばれ、2020年に発効した。USMCA は、NAFTA にくらべると、自動車の域内貿易が無関税となるための条件がきびしくなるなど、自由貿易の色彩が弱まっている。

4 × **ブラジル**の国土面積は、ロシア、カナダ、アメリカ、中国に次いで世界第5位である。輸出額に占める割合は、鉄鉱石が約9%、大豆が約14%、原油が約13%で、これらが主要な輸出品となっている（2022年）。ブラジルは、以前は石油の輸入国であったが、国営石油会社ペトロブラスにより油田の開発が進められて石油の自給を達成し、近年は輸出国に転じている。かつては**コーヒー**の輸出に依存する**モノカルチャー経済**の国であったが、豊富な資源を背景として**工業化**に成功し、経済成長が著しい**BRICS**の一国に数えられた。農業も多角化され、大豆、さとうきび、とうもろこし、綿花などが栽培されている。牛肉、鶏肉、砂糖、コーヒー豆の輸出額はそれぞれ2～3%程度で、これらの合計でも約1割程度である。

5 × **チリ**の主要な輸出品は**銅鉱**で、輸出額の大半を占めている。チリ北部のアントファガスタ州にある**チュキカマタ銅山**は、世界最大級の露天掘りの銅鉱床で、標高2,000m以上の乾燥高原に位置する。**カラジャス鉄山**、**イタビラ鉄山**

は、ともに**ブラジル**にある世界有数の鉄山。**鉄鉱石**の産出高が世界一の国は**オーストラリア**で、ブラジルは第2位。マラカイボ油田は、**ベネズエラ**のマラカイボ湖周辺と湖底にある油田群で、世界有数の埋蔵量を有する。

問題2 裁判所職員（2017年度）……………………………………………本冊P.250
正解：1

北アメリカ中西部の、ロッキー山脈の東側に広がる大平原を**グレートプレーンズ**という。その大部分は、おおむね西経100度線より西側に位置し、年間降水量が**500mm以下**となる乾燥地域で、主に肉牛の**放牧**が行われている。グレートプレーンズの東には、ミシシッピ川流域を中心に**プレーリー**と呼ばれる大草原が広がっている。プレーリーの**北部**では**春小麦**、**中部**では**冬小麦**ととうもろこし、**南部**では**冬小麦**や**綿花**が主な農作物となっている。酪農は、冷涼な**北部**の**五大湖**周辺などでさかんに行われている。**パンパ**は、**アルゼンチン**中央部のラプラタ川流域に広がる大平原である。

以上により、A～Fの組み合わせは**A：西側**、**B：プレーリー**、**C：北部**、**D：南部**、**E：北部**、**F：南部**となり、正解は**1**である。

問題3 東京都Ⅰ類（2020年度）……………………………………………本冊P.251
正解：3

1 × **アンデス山脈**は、南アメリカ大陸の太平洋側を南北に連なる山脈で、最高峰は標高**6,959m**の**アコンカグア山**（アルゼンチン）である。**アマゾン川**は、アンデス山脈に源を発し、ブラジル北部の密林地帯をほぼ**赤道**に沿って**東**に流れ大西洋に注ぐ、**流域面積世界一**の大河である。世界最長の川は**ナイル川**。

2 × **アステカ文明**は**メキシコ高原**に、**マヤ文明**は、さらに古い時代に**メキシコ**南東部の**ユカタン半島**から**グアテマラ**、**ベリーズ**、**ホンジュラス**にかけての地域に栄えた、先住民族の文明である。**インカ文明**は、南アメリカ大陸の**アンデス**地方でおこり、インカ帝国の最盛期には、現在のエクアドルからチリ北部に至る地域を統一した。これらの地域は16世紀に**スペイン**に征服され、植民地となった。

3 ○ **パンパ**は、年降水量が比較的多い**東側**の地域（**湿潤パンパ**）と、年降水量が比較的少ない**西側**の地域（**乾燥パンパ**）に分けられる。湿潤パンパでは**小麦**の栽培と**肉牛**の放牧がさかんで、乾燥パンパでは、主に**羊**の放牧が行われている。気候区分では、前者が**温暖湿潤気候**、後者が**ステップ気候**に含まれる。ア

マゾン川流域の**セルバ**と呼ばれる熱帯林では、過去数十年にわたる伐採により森林の減少が進んでおり、深刻な問題になっている。

4 ×　ラテンアメリカでは、ヨーロッパから持ち込まれた**大土地所有制**が農業の基盤となり、大農場の所有者から経営を任された管理人のもとで、多くの労働者が家族とともに住み込みで働くしくみが定着した。このような大農場を、ブラジルでは**ファゼンダ**、アルゼンチンやウルグアイでは**エスタンシア**という（問題文にある**アシエンダ**は、メキシコでの呼称）。大農場では、地域の気候に合った**商品作物**を大規模に栽培する**プランテーション農業**が行われる。ブラジルでは、**コーヒー**・さとうきび・綿花などが栽培され、アルゼンチンでは、小麦やとうもろこしの栽培と肉牛の放牧を組み合わせた**混合農業**が中心である。

5 ×　チリは、**銅鉱**の生産量が世界第1位で、**チュキカマタ銅山**が主な産地。ブラジルには**鉄鉱石**が豊富で、**カラジャス鉄山**や**イタビラ鉄山**がある。

3 9 日本（地形・気候）

問題 1　東京都Ⅲ類（2019年度）································· 本冊P.258

正解：3

1 ×　本州の中部地方に連なる、飛驒山脈（ひだ）・木曽山脈（きそ）・赤石山脈の3つの山脈を総称して**日本アルプス**という。それぞれの山脈は、上記の順に**北アルプス**・**中央アルプス**・**南アルプス**と呼ばれている。日本の標高3,000m以上の山は、富士山を除くと飛驒山脈・赤石山脈のどちらかにあり、木曽山脈にも3,000m近い山々がそびえている。**越後山脈（えちご）**は、日本アルプスとはやや離れた位置にあり、2,000m級の山々が連なる。

2 ×　本州の中央部を南北にのびている大断層は**糸魚川・静岡構造線（いといがわ）**で、**フォッサマグナ**と呼ばれる大地溝帯（ちこうたい）の西端をなしている。糸魚川・静岡構造線は、新潟県糸魚川市から長野県松本市、諏訪湖（すわ）、山梨県韮崎市（にらさき）などを経て静岡市に至る。**中央構造線**は、糸魚川・静岡構造線より西の西南日本を**内帯**（日本海側）と**外帯（がいたい）**（太平洋側）に分けて**東西**にのびる大断層で、諏訪湖付近から紀伊半島、四国を経て九州に至る。

3 ○　**リアス海岸**は、起伏の大きい山地が海面下に沈んでできた地形で、もと谷だった部分に海水が浸入して入り組んだ湾になっている。日本では、**三陸海岸**のほか、四国西岸、九州北西岸、若狭湾などにみられる。

4 ×　選択肢の文中、海溝（かいこう）と大陸棚（たいりくだな）の説明が逆になっている。

5 × 　選択肢の文中、「親潮<ruby>親潮<rt>おやしお</rt></ruby>」と「黒潮<ruby>黒潮<rt>くろしお</rt></ruby>」の説明が逆になっている。

問題2 　東京都Ⅲ類（2020年度）‥‥‥‥‥‥‥‥‥‥‥‥‥‥‥‥‥‥‥‥‥‥ 本冊P.258
　　正解：2

　日本の気候は、**季節風（モンスーン）**の影響により、**四季**の変化がはっきりしている。夏には、高温・湿潤な**小笠原気団**<ruby>小笠原気団<rt>お がさわら</rt></ruby>に覆われて**南東**の季節風が吹き、熱帯のような蒸し暑さになる。夏に**オホーツク海気団**の勢力が強いと、東北地方の太平洋側に冷たい北東風が吹き続け、北海道や東北地方に**冷害**をもたらす。東北地方では、この北東風を**やませ**と呼んでいる。**シベリア気団**は、冬季にシベリア高気圧の圏内で発生する寒気団で、**北西**の季節風となって日本海側から吹き付ける。

　以上により、**A：モンスーン**、**B：南東**、**C：オホーツク海気団**となり、正解は**2**である。

問題3 　国家一般職高卒（2019年度）‥‥‥‥‥‥‥‥‥‥‥‥‥‥‥‥‥‥‥‥ 本冊P.259
　　正解：4

1 × 　河川が山地を深く刻み込むと、**V字谷**<ruby>谷<rt>こく</rt></ruby>を形成する。海岸近くにある山地で形成されたV字谷が海面の上昇によって水没すると、入り組んだ**リアス海岸**になる。**カール**は、山頂付近の斜面が**氷河**の侵食作用により半円形にえぐられた地形で、**圏谷**<ruby>圏谷<rt>けんこく</rt></ruby>ともいう。日本では、飛騨山脈や日高山脈などでみられる。**U字谷**も氷河の侵食作用により形成される地形で、両側が切り立った急崖で谷底が平坦な、断面がU字形をした谷である。**氷食谷**<ruby>氷食谷<rt>ひょうしょくこく</rt></ruby>ともいう。

2 × 　河川により山地から押し出された土砂は、平地へ流れ出すところで**扇状地**<ruby>扇状地<rt>せんじょうち</rt></ruby>を形成する。扇状地の中央部（**扇央**<ruby>扇央<rt>せんおう</rt></ruby>）は、厚い**砂礫**<ruby>砂礫<rt>されき</rt></ruby>の堆積物に覆われ、河川が伏流して**水無川**<ruby>水無川<rt>みずなしがわ</rt></ruby>になることが多い。**洪積台地**<ruby>洪積台地<rt>こうせきだいち</rt></ruby>とは、**更新世**（洪積世）<ruby>更新世<rt>こうしんせい</rt></ruby>の堆積物からなる台地であるが、日本では**扇状地**・**三角州**<ruby>三角州<rt>さんかくす</rt></ruby>・**海岸平野**などが隆起した台地をさすことが多い。関東の常総台地<ruby>常総台地<rt>じょうそう</rt></ruby>や武蔵野台地<ruby>武蔵野台地<rt>むさしの</rt></ruby>、静岡県の牧ノ原<ruby>牧ノ原<rt>まき の はら</rt></ruby>、磐田原<ruby>磐田原<rt>いわた はら</rt></ruby>、三方原<ruby>三方原<rt>み かたはら</rt></ruby>などがその例である。

3 × 　河川の中・下流域には、**氾濫原**<ruby>氾濫原<rt>はんらんげん</rt></ruby>が形成される。氾濫原は、洪水時に冠水する範囲に相当し、河川の堆積作用によるさまざまな地形がみられる。**自然堤防**は、河川の流路に沿った微高地で、洪水時にあふれ出た土砂が堆積したものである。自然堤防の背後には、洪水時にあふれ出た泥が堆積し、水はけの悪い**後背湿地**となっている。自然堤防は集落や畑に、後背湿地は主に水田に利用されている。このほか、氾濫原の地形には、蛇行する河川が流路を変えたために取

り残された**三日月湖**がある。現在はほとんどが埋め立てられているが、北海道の石狩川流域には多くの三日月湖がみられる。**砂嘴**は、河川でなく**海岸**にみられる地形で、半島の先端や岬などから海に突き出した、細長く低平な砂礫の地形である。沿岸流の影響で、先端が鳥のくちばしのように内側に湾曲していることが多い。静岡県の三保松原、北海道の野付半島などがその例である。

4 ○ 選択肢の文は、**三角州**の説明として正しい。

5 × 選択肢の文は、**潟湖**（ラグーン）の成因に関する説明になっているが、文中の「**自然堤防**」は**砂州**の誤りである。**汽水湖**とは、淡水と海水が混じり合った湖のことで、そのほとんどが潟湖である。自然堤防と**三日月湖**については、選択肢3の解説を参照。

3 10 日本（工業・農業・水産業）

問題1 国家一般職高卒（2019年度） ··· 本冊P.264
正解：5

A えび 日本で消費されるえびの大部分は輸入品で、主な輸入先は、ベトナム、インド、インドネシア、タイなどである。これらの国では、えびの養殖池をつくるために**マングローブ**が伐採され、**マングローブ林が減少**している。マングローブは、熱帯や亜熱帯の遠浅の海岸に群落をつくる常緑樹の総称で、主にヒルギ科の植物である。マングローブは海水の塩分濃度に耐えられるしくみをもつ特殊な植物で、マングローブ林には、多くの小魚や貝類、カニ、それらを捕食する鳥などが生息する。魚の産卵場所や幼魚の生育場所にもなっており、豊かな生態系を保つうえで重要な役割を果たしている。

B まぐろ類 かつお・まぐろ類については、地域または魚種別に5つの地域漁業管理機関によって資源管理が行われ、国ごとに漁獲量が制限されている。2002年に、近畿大学水産研究所が世界で初めて**クロマグロ**の**完全養殖**を実現した。完全養殖とは、人工孵化した仔魚を親魚まで育て、その親魚から採卵し、再び人工孵化させて次の世代を生み出す技術をいう。

C さけ・ます 一般にサケまたはマスと呼ばれるのはいずれもサケ科の魚で、海に下って成長する**降海型**（回遊型）と、川や湖で生涯を終える**陸封型**（残留型）がある。同じ種であっても、陸封型と降海型に分かれ、それぞれ別の名で呼ばれるものもある（陸封型のヤマメ、降海型のサクラマスがその例）。一般に食用にされるのは、サケ（シロザケ）・キングサーモン（マスノスケ）・ギンザケ・ベニザケ・カラフトマス・サクラマスと、大西洋の固有種である大西洋サケ（ア

トランティック・サーモン）などである。さけ・ますは日本近海でも漁獲されるが、輸入量も多く、主な輸入先は**チリ・ノルウェー・ロシア**などである。チリからは主に冷凍もののギンザケなどが、ノルウェーからは主に生鮮冷蔵ものの大西洋サケが輸入されている。

以上により、**A：えび**、**B：まぐろ類**、**C：さけ・ます**となり、正解は**5**である。

問題2 警察官Ⅰ類（2017年度） ·· 本冊P.265

正解：1

1 ○ **自動車工業**や**機械工業**のように多様な部品を必要とする**組み立て型工業**では、関連する工場が同じ地域に集中して立地する「**集積の利益**」が大きい。このような工業を、集積指向型工業という。

2 × **ビール工業**や**清涼飲料水工業**は、水や空気のような**どこでも得られる**原料が製品重量の大部分を占めているので、製品の**輸送費**を最小化するためには、消費市場に立地したほうが有利である。このような工業を、市場指向型工業という（消費地指向型工業ともいう）。市場指向型工業になりやすい要因には、製品の重量が大きいことや破損しやすいことのほかに、市場の情報や流行を重視することも含まれる。**出版・印刷業や服飾業**などがその例である。

3 × 日本における**集積回路**（IC）の生産は、現在も九州の各県を中心に行われており、出荷額では、大分県が全国第1位、長崎県が第2位、熊本県が第4位、宮崎県が第6位である（「工業統計」による2019年の順位）。集積回路のように**小型軽量**で**付加価値**が高い製品は、製品の価格に占める**輸送費**の割合が相対的に低くなるため、長距離輸送や航空機による輸送を行っても十分に採算が合う。そのため、集積回路の工場は、**空港**や高速道路の**インターチェンジ**に近い場所に立地しやすく、地価や賃金が高い首都圏などの大都市近郊よりも、地方の交通の便利な地域に分散する傾向がある。このように、輸送に有利な条件を求めて立地する工業を、交通指向型工業という。

4 × ウェーバーの工業立地論によると、**製品重量**が原料重量より大きい場合には、工場は消費市場に立地し、**原料重量**が**製品重量**より大きい場合には原料産地に立地する。また、原料の重量が大きくても、水のようにどこでも手に入りやすい原料が重量の大部分を占める場合は、市場に立地したほうが有利である。選択肢2のビール工業や清涼飲料水工業の例がそれに当てはまる。

5 × 国際的な交通網の構築と交通機関の発達により、労働費の安価な海外の**発展途上国**に工場を移転する企業が多くなっている。

3 11 宗教・言語・民族問題

問題1 国家一般職（2017年度）……………………………………………本冊P.272

正解：4

A ×　東南アジアには、古くから、**中国**、**インド**、**アラビア半島**などからやってきた商人によって、各地の**言語**や**宗教**がもたらされてきた。早くから広い範囲に影響を与えたのはインドの文明で、大陸部には**仏教**が広まった。現在も、タイ・ミャンマーなどの大陸の国には仏教徒が多い。島嶼部には、13世紀以降にイスラム教が広まったので、インドネシア・**マレーシア**・ブルネイなどには**イスラム教徒（ムスリム）**が多い。ただし、インドネシアの中でも**バリ島**では、古い時代に伝わった**ヒンドゥー教**が信仰され、土着の文化と融合して独自の形で発展している。フィリピンは、長らくスペインによる植民地支配を受けたことから**キリスト教徒**が多く、その大部分がカトリック教徒である。

B ○　ヨーロッパの言語及び文化の説明として正しい。なお、キリスト教の中でも、北ヨーロッパには**プロテスタント**、南ヨーロッパには**カトリック**、東ヨーロッパには**正教会**の信徒が多い。また、現在は、第二次世界大戦後に移住した**イスラム教徒**も、多くの国でキリスト教徒に次ぐ人口を占めている。

C ○　ラテンアメリカ諸国の言語及び文化の説明として正しい。ラテンアメリカの多くの国はかつて**スペイン**の植民地であったが、ブラジルは**ポルトガル**の植民地とされていた。そのため、現在もブラジルは**ポルトガル語**を、その他の多くの国は**スペイン語**を公用語としている。**カーニバル**は、**カトリック**を信仰する国で行われる祝祭で、ブラジルの**リオデジャネイロ**のカーニバルは特に有名。リオのカーニバルで踊られる**サンバ**のダンスは、**アフリカ系住民**の民族舞踊を起源とする。**タンゴ**は、19世紀後半に**アルゼンチン**の首都ブエノスアイレスで起こった音楽で、キューバの舞踊曲ハバネラなどを原形とする。

D ×　19世紀末の時点のアフリカで、欧州諸国の植民地になっていなかった国は、**エチオピア**と**リベリア**である。エチオピアは、1936年以降の5年間イタリアに占領されたが、その時期を除いて独立を保った。リベリアは、アメリカの解放奴隷が建設した国で、1847年に独立国となった。**南アフリカ共和国**は、19世紀末の時点では**イギリス**の植民地であった（1910年にイギリス連邦内の自治領となり、1961年に独立）。**ガーナ**は**イギリス**の旧植民地で、公用語は**英語**である。フランスの旧植民地でフランスパンが好まれているという記述は、**セネガル**などに当てはまる。

以上により、妥当なものの組み合わせは**B・C**となり、正解は**4**である。

正解：4

1 × カナダは、10州3準州からなる連邦国家で、歴史的経緯により、イギリス系住民に次いでフランス系住民が多い。東部の**ケベック州**は、フランス系住民が最も多い州で、州の公用語は**フランス語**である（カナダの公用語は英語とフランス語）。ケベック州では、カナダからの独立をめざす勢力が一定の支持を得ており、1980年には、連邦政府から政治的に独立し、経済的連合を結ぶ構想の是非を、1995年には、国家としての独立の是非を問う**州民投票**が実施された。いずれも独立反対派が勝利したが、1995年の投票結果は僅差であった。

2 × 選択肢の文は、公用語に関する部分以外は、**シンガポール**ではなく**マレーシア**に関する記述になっている。マレーシアは、1957年にマラヤ連邦としてイギリスから独立し、1963年にシンガポールなどを加えてマレーシア連邦となったが、シンガポールは1965年に分離独立した。住民の構成は、**マレー系**が約70％（先住民15％を含む）、**中国系**約23％、インド系約7％（2022年）であるが、**中国系**住民が経済的には優位に立っており、経済格差を是正するために、雇用や教育の面で**マレー系**住民を優遇する**ブミプトラ政策**が実施されている。公用語は**マレー語**のみである。シンガポールは、1963年に**イギリス**から独立してマレーシア連邦の一州となったが、1965年に分離独立した。住民は、中国系が74％と多数派を占め、次いで**マレー系**14％、インド系9％である（2022年）。公用語は、**英語・中国語・マレー語・タミール語**。

3 × 選択肢の文は、**南アフリカ共和国**でなく、ルワンダで1990年から1994年にかけて起きた内戦と、その最後の年に起きた**ルワンダ大虐殺**と呼ばれる事件について述べている。ただし、**フツ族**と**ツチ族**の関係が逆になっている。

4 ○ 選択肢の文は、1998年から翌年にかけて激化した**コソボ紛争**に関する正しい記述になっている。当時のコソボは、モンテネグロとともに**ユーゴスラビア連邦**を構成するセルビア共和国内の自治州であったが、停戦後は国連の暫定統治下に置かれ、2008年に**コソボ共和国**として独立を宣言した（EU諸国の一部、アメリカ、日本などは独立を承認。セルビア、ロシア、スペイン、ギリシャなどは未承認。国連、EUには未加盟）。

5 × 選択肢の文は、**バスク人**ではなく、クルド人に関する記述になっている。ただし、「独自性が尊重されるようになった」という部分は、クルド人をめぐる現在の状況には当てはまらない。自治や独立を求めるクルド人と各国政府との対立は現在も続いており、居住地を追われて難民として暮らすクルド人も少なくない。バスク人は、フランスとスペインの国境地帯に住む民族である。

3 12 人口・都市・交通・地図

問題1 消防官Ⅰ類（2021年度） ………………………………………………… 本冊 P.278

正解：4

　メルカトル図法による世界地図は、経線と緯線がそれぞれ**平行**の直線で表され、経線と緯線が互いに**直交**するように描かれている。緯線の間隔は、経線の間隔の拡大率と等しくなるように調整されている。メルカトル図法は、地図上の**角度**を正確に表すことができる**正角図法**の一つで、図中の任意の2点を結ぶ直線が等角航路を示す。**等角航路**とは、常に経線と一定の角度を保ちながら進む航路で、ほとんどの場合、最短経路にはならないが、羅針盤の磁針の向きが常に一定になるように進んでいけば目的地に着くので、航海には便利である。そのため、メルカトル図法は、伝統的に**航海図**に用いられてきた。欠点は、**高緯度**になるほど**距離**や**面積**が拡大することで、緯度60度で距離は実際の2倍、面積は4倍になってしまう。

　正距方位図法は、図の**中心点から任意の地点**への**距離**と**方位**が正確に表される図法で、中心点と任意の地点を結ぶ直線が**大圏航路**を示す。大圏航路は、地表における2点間の最短経路である。正距方位図法は、大圏航路が直線で示されること、距離が正確に読み取れることなどから、**航空図**に用いられる。ただし、陸地の形や面積は正確でない。

　以上により、A〜Dの妥当な組み合わせは**A：航海図**、**B：高緯度**、**C：図の中心点と任意の地点**、**D：航空図**となり、正解は**4**である。

問題2 特別区Ⅰ類（2018年度） ………………………………………………… 本冊 P.278

正解：5

1　×　選択肢の文では、**メガロポリス**と**メトロポリス**の説明が逆になっている。

2　×　選択肢の文は、**コンパクトシティ**ではなく、**プライメートシティ**（首位都市）の説明になっている。

3　×　選択肢の文は、**プライメートシティ**ではなく、**コンパクトシティ**の説明になっている。

4　×　選択肢の文では、**ドーナツ化現象**と**スプロール現象**の説明が逆になっている。

5　○　選択肢の文は、**インナーシティ**問題に関する説明として正しい。インナー

シティ問題は、欧米の大都市で顕在化した都市問題の一つであるが、東京・大阪の中心部など、日本の大都市にもみられる。

問題3 特別区Ⅰ類（2022年度）······························· 本冊P.279

正解：2

1　×　交通機関、特に航空交通の発達により、地球上の時間距離は大幅に**縮まった**。時間距離とは、2地点間の距離を、実際の距離ではなく、2地点間を**移動**するために要する時間で表す指標である。時間距離は、**交通機関**の発達により**短縮**される。

2　○　**船舶**は、**速度**では航空機や自動車、鉄道などに劣るものの、**重量物**や**容積**の大きい貨物を**大量**に、しかも**低運賃**で運ぶことができるので、**国際貿易**には欠かせない存在である。現在は、船舶の**大型化**と、特定の貨物の輸送に特化した**専用船化**が進んでいる。石油を運ぶ**タンカー**、液化天然ガスを運ぶ**LNGタンカー**、穀物や石炭などを運ぶ**ばら積み船**、コンテナ専用の**コンテナ船**、**自動車専用船**などがその例である。

3　×　**ICE**は**ドイツ**、**TGV**は**フランス**の高速鉄道である。

4　×　**モーダルシフト**とは、旅客や貨物の輸送手段を転換することを意味するが、主として、**貨物輸送**の方式を**トラック**から**鉄道・船舶**などに転換することをさす。その目的は、**大気汚染**による環境への負荷を抑えること、**交通渋滞**の解消、**ドライバー**不足への対策などである。旅客の輸送については、自家用車から**公共交通機関**の利用への転換が課題とされている。

5　×　航空機は、最も高速な輸送手段であるが、一般に他の交通手段にくらべて運賃が高いので、**軽量**で単価の**高い**物品の輸送に適している。物品が小型・軽量であるほど**運賃**が安く、単価が高いほど価格に占める**輸送費**の割合が相対的に低くなるためである。

問題4 国家一般職（2018年度）······························· 本冊P.280

正解：5

1　×　地球上で、人間が常住している地域を**エクメーネ**、それ以外の地域を**アネクメーネ**という。アネクメーネは、**砂漠**、**寒冷地**、**高山地域**などに分布する。これらの地域に人が住めない理由は、「水が得られない」「農耕ができない」「食物が得られない」「気温や気圧が低すぎる」「日照不足」などである。地球温暖

化による海面上昇や砂漠化の進行は、エクメーネの減少につながり得る要因で、局地的にはすでに重大な問題が生じている。一方、**地下資源**の開発などにより、それまで人が住んでいなかった地域に労働者などが常住するようになり、エクメーネが拡大することもある。

2　×　一般に、その国が経済発展し、栄養状態や衛生状態が改善されると、まず**死亡率**が下がり、やがて**出生率**も下がる。つまり、**多産多死**から**多産少死**の時代を経て**少産少死**に至り、人口ピラミッドは**富士山型**から**釣鐘型**や**つぼ型**に変化する。この過程を**人口転換**という。日本の場合、**明治維新**以前が**多産多死**、**1960年**前後までが**多産少死**、その後、現在に至るまでが**少産少死**の段階といわれている。

3　×　選択肢の文では、**自然増加**と**社会増加**の説明が逆になっている。

4　×　人口維持の目安となる**合計特殊出生率**の数値は約**2.1**で、この値を下回る状態が続くと人口は減少に転じる。現在、先進国の大部分では、すでに合計特殊出生率が**2.1**を下回る状態が続いている。2015年の数値を比較すると、日本の合計特殊出生率は**1.45**、ドイツが**1.50**、イギリスが**1.80**で、ドイツ、イギリスは日本の数値を**上回って**いる。近年は、アジア諸国でも日本より合計特殊出生率が低い国が多くなっており、特に**韓国**では低下が著しい。**中国**でも、**一人っ子政策**を緩和した後も出生率は低いままである。韓国では、すでにこれまでの日本以上の速さで**少子高齢化**が進行しており、中国も、現在のような低い出生率が続けばそうなる可能性がある。

5　○　**プライメートシティ**とは、国の政治・経済・文化などの機能が集中し、その国で人口が第1位となっている都市のことで、日本語では**首位都市**と訳される。特に、規模において人口第2位の都市を大きく引き離している都市をさすことが多い。言い換えると、**一極集中**が著しい都市であり、それに伴うさまざまな問題が生じている。首位都市の代表例としては、選択肢の文に挙げられているジャカルタ（インドネシア）のほか、ソウル（韓国）・バンコク（タイ）・マニラ（フィリピン）・東京（日本）・メキシコシティ（メキシコ）・サンティアゴ（チリ）・ロンドン（イギリス）などが挙げられる。

問題 1　裁判所職員（2022年度）……………………………………………………………本冊 P.288

正解：4

A　×　**タレス**は液体や気体、固体と可変性を備える**水**が**万物の根源**（**アルケー**）であると唱えた。なお、「人間は火の利用で文化的発展を遂げたとして、燃えさかる火が万物の根源であると唱えた」のは、「**万物は流転し続ける**」とも説いた、同じ古代ギリシアの哲学者**ヘラクレイトス**である。

B　○　**プロタゴラス**は、前5世紀頃古代ギリシアの中心的都市国家（ポリス）であったアテネに登場した**ソフィスト**の一人である。「**人間は万物の尺度である**」と唱え、これは人間の思惑を超えた客観的・普遍的な真理は存在せず（**相対主義**）、真理は個々人によって決まる（**主観主義**）という立場であった。

C　×　選択肢の文中、「**エピクロス**」は**ソクラテス**の誤り。前5世紀後半に活躍したソクラテスは、無知を自覚しながら人間としての生き方を探求し（**無知の知**）、対話を通じて人々に無知を自覚させる方法として問答法（対話法）を用いた。問答法は相手の知を生むことを手助けする役割を果たすことから、**助産術**（**産婆術**）とも呼ばれた。なお、エピクロスは、前4世紀末から始まったヘレニズム哲学のうちのエピクロス派の創始者であり、魂の平安（**アタラクシア**）を求めて隠遁生活を勧めた（「**隠れて生きよ**」）、**快楽主義者**である。

D　○　前4世紀に活躍した**アリストテレス**は「**人間は本性上、ポリス的動物である**」と主張し、習性的（倫理的）徳のなかでも**正義と友愛**（**フィリア**）を重視した。また、事物の本質は個々の事物に内在するとして、プラトンが説いたイデア論の「イデアと個物」の関係を否定し、「**形相**（エイドス）と**質料**（ヒュレー）」の関係と捉え直した形而上学の創始者である。

　以上により、妥当なものの組み合わせは**B・D**となり、正解は**4**である。

問題 2　国家一般職（2018年度）……………………………………………………………本冊 P.288

正解：2

1　×　**ゼノン**を創始者とする**ストア派**の人々は、自然全体は万物を支配する理性（**ロゴス**）に秩序づけられた世界であるが、人間には生まれながらにして魂の混乱としての情念（**パトス**）が与えられていると考えた。その上で、魂の混乱としての情念を克服し、自己の内なる理性（ロゴス）に従って生きる**禁欲主義**

を説いた。なお、自然から隠れて生きることを主張したのは、同じヘレニズム哲学のうちの**エピクロス派**の創始者、**エピクロス**である。

2 ○ **ソクラテス**は、**無知の知**すなわち「知らないということを知ること」の大切さを説き、その上で、生きる上で大切なことは自分自身、すなわち**真の自分**を知ることであるとした（「**汝自身を知れ**」）。そして、肉体や財産、地位などは自分の付属物にすぎず、真の自分は**魂（プシュケー）**であると主張した。また、人間が善や正を知れば、それを知る魂そのものがよくなって魂の優れた在り方である**徳（アレテー）**が実現し、よい行いや正しい行いを実行すると考えた。

3 × ソクラテスの弟子であった**プラトン**は、物事全般について本質を問題にし、具体的な個々の事物の**背景（外側）**にあり、**理性**により捉えられるそれらの事物の本質を**イデア**と呼び、イデアは惑わされやすい感覚ではなく、**理性**によって捉えられるとした。こうしたプラトンの説いた哲学を「**イデア論**」という。

4 × **アリストテレス**は、プラトンの思想を批判し、事物の本質は個々の事物に**内在**するとして、「イデアと個物」の関係を否定し、「**形相（エイドス）と質料（ヒュレー）**」の関係と捉え直した。

5 × **エピクロス**は、人間は本来快楽を追求する存在であり、肉体的快楽を追求することも否定しないが、**精神的快楽**を重視し、魂の平穏**（アタラクシア）**こそが持続的な快楽状態であり、それを実現するためには誘惑の多い世間から「**隠れて生きよ**」と説いた。

問題3 裁判所職員（2016年度） 本冊P.289

正解：4

1 × **プラトン**は、「**イデア界**」という人生や社会における究極の目標になる**理想の世界を設定**し、それを追求する**理想主義**の哲学者で、アテネの郊外に**アカデメイア**を設立した。なお、**アリストテレス**はプラトンの思想を批判した、**形而上学の創始者**である。

2 × 選択肢の文中、「**プラトン**」と「**アリストテレス**」が逆になっている。

3 × **倫理学の創始者**とされる**ソクラテス**は、死刑の評決を受けて投獄され、服毒刑により亡くなるが、**著作を残さず**に一生涯を終えた。『**ソクラテスの弁明**』は、ソクラテスの弟子**プラトン**が、ソクラテスの死後に記したもので、ソクラテスに死刑評決を下した裁判の概要と、その裁判におけるソクラテスの弁明を

内容とする。

4 ○ ソフィストの代表的な人物である**プロタゴラス**は、物事の判断基準に普遍的・絶対的な真理はなく、それぞれの人間の考え方や感じ方によるものであるとして、「**人間は万物の尺度である**」と**万物相対主義**、**主観主義**的考えを述べた。

5 × 選択肢の文中、「**ソフォクレス**」は**タレス**の誤り。なお、**ソフォクレス**とは、古代ギリシアの**三大悲劇詩人**の1人で、『**オイディプス**』『**エレクトラ**』などで知られる。また、ギリシア七賢人は、諸説あるが、タレスのほか、アテネのソロン、スパルタのキロン、プリエネのビアスなどが挙げられる。

問題4 国家一般職（2021年度） ……………………………………………… 本冊P.290
正解：5

1 × **バラモン教**は、主に**古代インド**において信仰された宗教であり、人々を**4つに分類**し、最上位の**バラモン**（祭司）と上位の**クシャトリヤ**（王侯・戦士階級）と、その下に**ヴァイシャ**（庶民）、**シュードラ**（隷属民）から成る**身分制度**が特徴である。ここから生まれた**ウパニシャッド哲学**では、宇宙の根源である**梵**（ブラフマン）と、真の自己である**我**（アートマン）が合一である境地に達する（**梵我一如**）ことで、解脱ができると説いている。

2 × **仏教**は、ガウタマ＝シッダールタ（ブッダ）が開いた悟りを元に生まれた宗教であり、**四諦**や**八正道**を説いた。ブッダの入滅後、仏教は分裂し、あらゆるものがブッダとなる可能性を有すると説く**大乗仏教**が日本にまで広まった。なお、人間の本性は善であるとする**性善説**を唱え、仁義に基づいて民衆の幸福を図る**王道政治**を説いたのは、中国の儒学者である**孟子**である。また、**上座部仏教**は、出家し、修行を積んだ者のみが悟りを得ることができると説き、スリランカや東南アジアに広まった。

3 × **ユダヤ教**は、唯一神ヤハウェがモーセに授けた**十戒**などの**律法**（トーラー）を守ることで、神からの祝福を得ることができるとする宗教であり、『**タナハ**』という聖典（ユダヤ教の聖書、キリスト教でいう『**旧約聖書**』）をもつ。律法には、「週の最後の日は休まなければならない」ことからくる安息日などがあり、これらを守ることが神との契約とされる。

4 × **キリスト教**は、**ユダヤ教**をその前身とし、**イエス**を**キリスト**（救世主）と信じる宗教であり、『**旧約聖書**』と『**新約聖書**』の2つの聖典をもつ。イエスは神を**愛**の神と捉え、律法の根本精神を**神への愛**と**隣人愛**とした。イエスの死後、彼の弟子である**パウロ**は、これを発展させた、信仰、希望、愛の三元徳を

説いた。

5 ○ **イスラーム**は、唯一神であるアッラーを信仰する一神教であり、ムハンマドが受けた啓示を記録した『**クルアーン（コーラン）**』を最も重要な聖典とする。**信仰告白**やメッカへの**礼拝**、**喜捨**など、戒律が生活のあらゆる場面で信者の行動を律している。**豚肉食の禁止**、特定の月（**ラマダーン**）における**断食**など、食事にも制限がある。

| 問題5 | 特別区Ⅰ類（2021年度） ·· 本冊P.291

正解：4

前15世紀頃、中央アジアからインド大陸へと侵入してきたアーリヤ人は定住し、バラモン（祭司）を最上位とする身分制度（**カースト制度**）をつくり、聖典『**ヴェーダ**』に基づく**バラモン教**が成立した。『ヴェーダ』より生まれた**ウパニシャッド哲学**によれば、**宇宙の根源**は**ブラフマン**（梵）であるとされ、**個人の根源**、すなわち真実の自己は**アートマン**（我）とされた。このアートマンと宇宙の根源（ブラフマン（梵））が一体となる**梵我一如**の境地に達することで輪廻の苦しみから解脱できるとされた。前6〜5世紀頃になると新しい宗教が現れた。その一つである**ジャイナ教**は、マガダ国の**ヴァルダマーナ**（尊称は**マハーヴィーラ**）を始祖とする。カーストを否定し、**苦行**と徹底的な**不殺生**による解脱を目指し、バラモン支配に不満を抱く商人らの間で支持を得た。

以上により**A：バラモン教、B：ブラフマン、C：アートマン、D：ジャイナ教**となり、正解は**4**である。

4 2 近世から近代にかけての西洋思想

| 問題1 | 国家一般職（2022年度） ·· 本冊P.296

正解：3

1 × **ピコ＝デラ＝ミランドラ**は、『人間の尊厳について』で、人間以外のものは、限定された本性を有するが、人間は、そのような束縛から離れ、自己の**自由意志**による**自己形成**が可能であり、そこに人間の尊厳があると主張した。なお、『**デカメロン**』は14世紀のイタリア人作家の**ボッカチオ**の著作であり、ペスト流行下の人間の欲望などを風刺した作品である。

2 × **エラスムス**は、聖書の研究の傍ら、『愚神礼讃』で、貴族や教会の腐敗を痛烈に風刺した。なお、『**神曲**』はイタリアの詩人**ダンテ**の代表作である。また、

文の後半、「代表的なモラリスト」といえばモンテーニュやパスカルであるが、人間の生き方を研究した**モラリスト**は、**宗教改革に基づく宗教戦争の悲惨さを経験**したことで、謙虚に人間を観察した。

3 ○ **マキャヴェリ**は、『**君主論**』で、君主は、ライオンの強さ（**力**）とキツネの賢さ（**知恵**）を併せもって、あらゆる手段を使って人間を統治すべきであるとする理想の君主像を説いた。そして、この主張には、現実に即して人間をありのままに捉えるリアリズム（**現実主義**）の精神がみられる。

4 × **トマス・モア**は、『**ユートピア**』で、当時のイギリス社会について、第一次囲い込みが物価高騰や失業者の増加を生んでいるとしてこれを否定し、**私有財産制度なき理想社会**を描いた。なお、「自由で平等であった自然状態が、自由でも平等でもない文明社会に堕落したと批判した。」のは、18世紀のフランスの思想家**ジャン＝ジャック・ルソー**で、「自然に帰れ」という言葉は、自然を理想とするルソーの主張を表したものである。ルソーは、科学的社会主義の先駆的存在といわれている。

5 × **カルヴァン**は、**プロテスタンティズムの立場**から伝統的な**ローマ・カトリックを批判**し、全ての存在は神の摂理によって定められているとする**予定説**を説いた。また、「世俗の労働に積極的に宗教的意味を認める新しい職業倫理が、近代の資本主義の成立につながった」と論じたのは、**マックス・ウェーバー『プロテスタンティズムの倫理と資本主義の精神』**である。

問題 2 裁判所職員（2020年度） ·· 本冊 P.296

正解：2

A ○ **ルター**は、**ローマ・カトリック教会を痛烈に批判**し、信仰のよりどころを善行や戒律主義などの行為ではなく、キリストによる教え（福音）とそれが記された聖書だけとする**福音主義**及び**聖書中心主義**を説いた。

B × **カルヴァン**は、「全ての職業は神により与えられる」とするルターの職業召命観をさらに発展させ、「職業労働に励むことこそ神の意思に応えることである」と考え、**資本主義精神**の基礎をつくった。

C ○ **モンテーニュ**は、「私は何を知るか？（Que sais je ？）」と自省し、常に疑い、独断を避けることで、より深い真理を探究していけると考えた。主著に『**エセー（随想録）**』がある。

D × 選択肢の文中、『**エセー**』は『**パンセ**』の誤り。

以上により、妥当なものの組み合わせは**A・C**となり、正解は**2**である。

問題3 警察官Ⅰ類（2019年度） ························· 本冊P.297

　　　正解：3

1 ×　**フランシス・ベーコン**は、**イギリス経験論の祖**であり、知識獲得のために排除すべき偏見を**四つのイドラ**（幻影・偶像）に分類し、知識獲得のための積極的方法として帰納法を説いた。**演繹法**は、フランスの**デカルト**が提唱した思考法である。

2 ×　選択肢の文中、**デカルト**はパスカルの誤り。なお、**デカルト**が残した有名な言葉は、『方法序説』の中の「**我思う、ゆえに我あり**（Cogito, ergo sum.）」である。

3 ○　**ドイツ観念論**の祖である**カント**は、知識欲に燃え、無学の人々を軽蔑していたが、**ルソー**の『**エミール**』を日課の散歩を失念するほど没頭して読みふけり、そこから多大な影響を受け、「人間を尊敬すること」を学んだといわれる。『**エミール**』は、**幼児教育**の名著といわれており、少年エミールをルソーの分身である家庭教師が25年間見守り育てる物語を通して、「消極的教育」（大人があれこれ教えるよりも、子どもの存在を認め、自らの経験を通して学び、あるがままの成長を大切にする）という教育観が示されている。

4 ×　**ヘーゲル**は、対立する「**正（テーゼ）**」と「**反（アンチテーゼ）**」を**止揚**（アウフヘーベン）し、より高い次元で総合されると「**合（ジンテーゼ）**」が現れるという**弁証法**によってものごとを説明しようとした。

5 ×　選択肢の文中、**グロティウス**はカントの誤り。カントは『永久平和のために』の中で、後の国際連盟や国際連合の礎となる考え方を示した。なお、**グロティウス**は、17世紀前半のオランダの法学者であり、三十年戦争の経験をもとに主著『**戦争と平和の法**』を執筆し、戦時下においても国家が従うべき規範の存在を説き、「**（近代）自然法の父**」「**国際法の父**」と呼ばれた。

4 3 近現代の西洋思想

問題 1 特別区Ⅰ類（2019年度）……本冊P.302

正解：2

A **キルケゴール**　**キルケゴール**は、人間が自己本来のあり方を取り戻す、実存的生き方について3つの段階を示した（**実存の3段階**）。第1段階は、いまだ自己の実存を意識しておらず、欲望のままに享楽を求める「**美的実存**」の段階である。美的実存はやがてむなしさと絶望へと陥る。第2段階は、自己の実存の意義に目覚め、責任をもって良心的に社会生活を営む「**倫理的実存**」の段階である。倫理的実存は自分のなるべきものを目指すものの、それを果たすことができぬ自己矛盾につきあたり挫折する。第3段階は、第2段階における挫折を通して自己意識が強められ、良心の呵責の絶望の中で、神の前の「単独者」として、**本来の自己を回復する**「**宗教的実存**」であるとした。

B **サルトル**　**サルトル**は人間の**自由**と**責任**とを強調し、実存としての人間は、自らそのあり方を選択し、自らを未来の可能性に向かって投げかけること（**投企**）によって、自分が何であるかという自己の本質を自由につくりあげていく存在であるとして、このような人間に独自なあり方を「実存は本質に先立つ」と表現した。

C **ハイデッガー**　**ハイデッガー**は、「存在とは何か」という根本的な問題に立ち返り、人間の存在の仕方そのものを問い直そうとした。自らの存在に関心をもち、その意味を問う人間を、**現存在**（**ダーザイン**）と呼び、人間は、世界の内に投げ出され、世界によって自己の在り方を制限させながら存在している「**世界-内-存在**」であるとした。

以上により、**A：キルケゴール**、**B：サルトル**、**C：ハイデッガー**となり、正解は**2**である。

問題 2 国家一般職（2020年度）……本冊P.303

正解：2

1 ×　**構造主義**の代表的な思想家である**フーコー**は、**『監獄の誕生』**などを著した。フーコーは、**近代の監獄パノプティコン**は、囚人に**看守の視線を内面化**させ、支配に服従する**従順な主体を形成**するとし、権力が身体を統制するそのようなしくみは学校や工場においてもみられるとした。なお、**ロールズ**は、功利主義の批判から生まれた**正義論**を提唱した思想家である。

2 ○　**功利主義**の代表的な思想家である**J.S.ミル**は、『**功利主義**』などを著した。①**快楽には質と量**があり、量が同一でも質に差があれば、**高級な快楽**の方が優れている、②**精神的快楽**は肉体的快楽よりも**質的に優れている**、とする**質的功利主義**を主張した。

3 ×　『**人間の条件**』を著したのは、**ハンナ・アーレント**である。彼女は、人間の活動力の形態を「**労働（labor）**」「**仕事（work）**」「**活動（action）**」に区分し、「**労働（labor）**」は生命維持のための営み、「**仕事（work）**」は自然とは異なる耐久性ある物を製作する営み、「**活動（action）**」とは人と人との間で行われる言論等であるとした。そして彼女は、言葉を媒介にした相互的な意思疎通により公共的な場をつくり出す「**活動**」を重視した。

4 ×　『**存在と無**』を著したのは、**実存主義**の代表的な思想家である**サルトル**である。彼は、人間を規定する一般的な本質というものはなく、人間は自己の主体的な選択と決断によって生きると考え、「**実存は本質に先立つ**」と表現した。なお、**批判的合理主義**の代表的な思想家には、**カール・ポパー**、**ハンス・アルバート**などがいる。

5 ×　「知性や観念は、人間が生活において実践的な問題を解決するための道具であると考え、問題解決のために知性を働かせることや自由な討論を行うことを重視した」のは、**プラグマティズム**の代表的な思想家である**デューイ**で、主著として『**哲学の改造**』『**民主主義と教育**』などがある。なお、**フッサール**は、現象学の代表的な思想家で主著は『**イデーン**』『**ヨーロッパ諸学の危機と超越論的現象学**』などである。また、『**あれか、これか**』を著したのは、実存主義の代表的な思想家である**キルケゴール**である。

問題3　国家一般職（2017年度）………………………………………………………… 本冊P.304

　　正解：1

1 ○　**プラグマティズム**を発展させた**ジェームズ**は、ある考えが真理かそうでないかの基準は、**有用性**（実生活に役立つ性質）を持っているかどうか、とする、独自理論を打ち立てた。さらにジェームズはこの実用主義の立場から宗教的な真理も論じた。

2 ×　**M.ウェーバー**は、近代社会においては、官僚制の原理に基づき、反理性的なものを日常生活から排除し、巧妙に管理するしくみによって、人間を社会に順応させるための力が働いているとした。また、官僚制が進展するにつれ、精神や感情の欠落した**専門人**がつくられていき、**社会に閉塞感をもたらすとし**

た。

3　×　**ハイデッガー**は、**実存主義**の代表的な哲学者であり、主著である『**存在と時間**』の中で、人間が「**死への存在**」であると表現し、死への先駆的決意をもつことができたものだけが「**良心の呼び声**」に応えることができるようになり、本来的自己として行動し、**実存を回復**することができるとした。なお、**フランクフルト学派**の代表的な思想家には、**フロム**や**アドルノ**などがいる。

4　×　**リースマン**はアメリカの社会学者で、主著『**孤独な群衆**』の中で、「伝統指向型」「内部指向型」「他人指向型」の三類型を立てた。現代では「他人指向型」が支配的であり、マスメディアで喧伝されるものにより人々が不安や孤独に駆られ、身近な仲間も否定するようになると指摘した。なお、**フロム**は**フランクフルト学派**の代表的な思想家である。

5　×　**ロールズ**は、社会全体の効用の最大化を目指した**功利主義**を批判し、**正義論**を提唱した。自己の能力や立場などを知ることができない**無知のベール**がかけられた原初状態において、公正としての正義が導かれると説いた。なお、より質の高い精神的快楽を追求すべきだとしたのは、**功利主義**の思想家**Ｊ．Ｓ．ミ**ルである。

問題 4　裁判所職員（2018 年度）……………………………………………… 本冊 P.305

正解：2

1　×　選択肢の文中、**サルトル**は**メルロ＝ポンティ**の誤り。メルロ＝ポンティは、後期フッサールの現象学（**生活世界論**）に強い影響を受けた。生活世界論とは、フッサールが現象学的還元という方法を用いて、私たち人間の生きる世界の構造を解明しようとするものである。そして、メルロ＝ポンティは、この生活世界論を受け継ぎつつ、人間が世界に存在することができるのは、身体を媒体として世界に巻き込まれているからとして、人間の**身体性**に注目した。

2　○　**ベルクソン**は近代の自然科学的・機械的思考方法を克服、内的認識・哲学的直観の優位を説き、「**生命の飛躍（エラン・ヴィタール）**」と呼んだ生命の流動性を重視する生の哲学を主張した。著書に『**創造的進化**』『**道徳と宗教の二源泉**』などがある。

3　×　選択肢の文中、『**狂気の歴史**』『**監獄の誕生**』は、構造主義の思想家である**フーコー**の著書である。

4　×　選択肢の文中、**メルロ＝ポンティ**は**サルトル**の誤り。

5　×　選択肢の文中、『**悲しき熱帯**』『**野生の思考**』は**レヴィ゠ストロース**の著書である。

4 4 中国思想

問題1　国家一般職（2019年度）……………………………………………… 本冊P.310

　　正解：3

1　×　**孔子**は、儒教の開祖であり、人を愛する心である**仁**を最高の徳とするとともに、態度や行動となって表れたものを**礼**、**仁と礼を備えた理想的人間**を「**君子**」と呼び、そうした君子による政治を行い道徳によって人を治める**徳治主義**を説いた。なお、礼治主義を理想とした思想家は、**荀子**である。

2　×　道徳によって民衆を治めることを理想とする**儒教を批判**し、法律や刑罰によって民衆を厳しく取り締まる**法治主義**を主張したのは、**韓非子**である。なお、**墨子**は儒教と対立する墨家の創始者であり、他者を自己と同じように愛し、互いに利益をもたらしあう関係（**兼愛交利**）と非攻による平和（**非攻論**）を説いた。また、「無為自然」は道家の思想である。

3　○　**孟子**は、孔子の教えを受け継ぎ、性善説を唱えた。生まれつき人に備わっている善い心（**四端の心**）を育てることによって、**仁・義・礼・智の四徳**を実現して道徳的に善い人格を完成できると説いた。また、権力によって民衆を支配する覇道を否定し、仁義の徳によって民衆の幸福を図る**王道政治**を理想とした。

4　×　**墨子**は、儒教が重んじる家族に対する親愛の情を、差別的な愛（**別愛**）、身内だけに偏った限定的な愛（**偏愛**）であると批判し、すべての人が分け隔てなく兼く愛し合う**兼愛**を説いたのは、**墨子**である。また、水のようにどんな状況にも柔軟に対応し、常に控えめで人と争わない**柔弱謙下**の態度を持つことが、社会の平和につながると主張したのは、**老子**である。

5　×　選択肢の文中、**朱子**は**王陽明**の誤り。

問題2　警察官Ⅰ類（2021年度）……………………………………………… 本冊P.310

　　正解：4

空欄**A**に入る語句は**仁と礼**である。仁は人を愛する心であり、礼は仁を形に表

したもの、社会的なしきたりをいい、ともに儒学の祖である孔子の思想内容である。

空欄 **B** に入る語句は**孟子**、もしくは**荀子**である。孟子は、その母が孟子にふさわしい教育場所を探して3回も引っ越したことからきた「孟母三遷の教え」という言葉や、「五十歩百歩」といったわかりやすい話術を用いる雄弁家としても有名である。

空欄 **C** に入る語句は**無為自然**である。道家の代表的な思想家である老子の思想であり、作為や人為を捨てて無心に生きる理想的な生き方をいう。

空欄 **D** に入る語句は**荘子**である。道（タオ）に沿う、自然なありのままの生き方を重視する道家の代表的な思想家は、老子と荘子である。

空欄 **E** に入る語句は**儒教**である。宋代に生まれた朱子学は、儒教を人格修養のための哲学として体系化したものであり、元・明時代には科挙にも採用されていたが、富裕層や官僚などのエリートが学ぶものとなっていた。そこで陽明学は、すべての者を聖人とし、日々の生活の中での知の実践を説き、儒教を労働者や一般庶民にまで広めていった。

以上により、**A**：**仁と礼**、**B**：**孟子**もしくは**荀子**、**C**：**無為自然**、**D**：**荘子**、**E**：**儒教**となり、正解は**4**である。

問題3 特別区Ⅰ類（2019年度） ………………………………………… 本冊P.311

正解：2

1 × 　選択肢の文中、**荀子**は**荘子**の誤り。荘子は、人間を悩ませる是非・善悪などは人為的・相対的なものであるとして、人間という立場を離れた道（タオ）の立場から見れば、ありのままの世界はすべて等しい（**万物斉同**）と考えた。そして、自由の境地に生きる者のことを真人と呼び、人間の理想とした。

2 ○ 　**孟子**は、孔子の教えをさらに発展させ、人間の本性を善とする**性善説**に立ち、仁義による**王道政治**を理想とし、覇道に頼って民衆の苦しみをかえりみない君主は天命を失って追放されるという**易姓革命**の思想を説いた。

3 × 　選択肢の文中、**墨子**は**荀子**の誤り。

4 × 　選択肢の文中、**老子**は**墨子**の誤り。墨子は、儒家の家族愛的な仁に対して、他者を区別なく愛する兼愛のもとに、人々が互いに利益をもたらし合う社会を目指した**兼愛交利**や、戦争のない平和な世を理想とする**非攻説**を唱えた。

5 × 　選択肢の文中、**荘子**は**老子**の誤り。老子は、「**大道廃れて仁義有り**」（ことさらに仁義を説くのは世の正しい道が失われているからである）と説き、人間の本来の生き方とは**柔弱謙下**で、**無為自然**に生きることを理想とした。

4 5 日本思想

問題1 特別区Ⅰ類（2016年度） ··· 本冊P.316

　正解：4

1 × 　選択肢の文中、**伊藤仁斎**は**荻生徂徠**の誤り。荻生徂徠は、古文辞学を唱え、「六経」の中に「先王の道」を見いだし、孔子の説く道とは、朱子学が説くように天地自然に備わっていたものではなく、天下を安泰にするために人為的につくった「**安天下の道**」であると説いた。

2 × 　選択肢の文中、**荻生徂徠**は**伊藤仁斎**の誤り。伊藤仁斎は、朱子学を批判して、『論語』こそ「最上至極宇宙第一の書」、『孟子』を孔子の思想を理解するための必読書であると確信し、『論語』や『孟子』の**もともとの意味**を究明しようとする古義学を提唱した。

3 × 　選択肢の文中、**本居宣長**は**賀茂真淵**の誤り。賀茂真淵は、国学の基礎を確立した江戸時代の**国学者**である。**儒教道徳を批判**し、『万葉集』の歌風を男性的でおおらかな「**ますらをぶり**」と捉え、そこに、古代人の自然のままに生きる、素朴で力強い「**高く直き心**」という理想的精神を見いだした。なお、**本居宣長**は賀茂真淵から国学研究の志を受け継ぎ、『古事記』をはじめとする日本の古典研究を行った江戸時代の国学者で、『**古事記伝**』などを主著とする。

4 ○ 　**石田梅岩**は、江戸時代の**石門心学の提唱者**である。「**商人の買利は士の禄に同じ**」と述べ、商人や町人の商いによる**営利活動**を正当な行為として肯定し、商人・町人が守るべき道徳として「**正直**」と「**倹約**」を説いた。

5 × 　選択肢の文中、**安藤昌益**は**二宮尊徳**の誤り。なお、**安藤昌益**は、武士や町人のように直接農耕に従事することなく、耕作に従事する農民に寄食する者を「**不耕貪食の徒**」と呼び、そうした者が農民を支配する「**法世**」を批判し、全ての人が差別なく、直接耕作する「**万人直耕**」の平等な世（**自然世**）への復帰を主張した。

問題2 裁判所職員（2017年度） ··· 本冊P.316

　正解：4

1 × 　**吉野作造**によって唱えられた大正デモクラシーの指導的理論を**民本主義**という。彼の主著である『憲政の本義を説いて其の有終の美を済すの途を論ず』で民本主義の必要を説き、**普通選挙運動**の隆盛に大きく貢献した。なお、**美濃**

部達吉は、吉野作造の民本主義とともに大正デモクラシーの指導的理論となった**天皇機関説**を唱えた。

2 ×　**和辻哲郎**の「**人間の学**」とは、人間は常に人と人との間柄においてのみ人間たりうるのであり、孤立した個人的な存在ではないという考えのことを指す。なお、エゴイズム（利己主義）を超える個人主義（自己の本領に立って個性を発揮し、同時に他者の個性や生き方を認め尊重する倫理観）倫理の追究をしたのは、**夏目漱石**である。

3 ×　**西田幾多郎の純粋経験**における「**主客未分**」とは、主観も客観もなく、見るものも見られるものも合一した状態をいい、そのような状態に真理があるとした。

4 ○　**柳宗悦**は、大正・昭和期の**民芸運動の創始者**である。彼は、それまで美の対象とされていなかった民衆の日用品や、無名の職人たちの作品に固有の優れた美を見出し、その概念を「**民芸**」と名づけ、そこに日本独自の美を見出した。

5 ×　選択肢の文中、『**死者の書**』は、柳田ではなく折口信夫の著作である。またfolkの訳語とされたのは**常民**である。なお、「**まれびと**」（客人）とは、柳田国男から影響を受けた民俗学者、国文学者である**折口信夫**が、古代日本人の信仰の対象と考えた、時を定めて他界から訪れる神（霊的な存在）のことを指す。

問題3　国家一般職高卒（2020年度）　…………………………………… 本冊P.317

正解：3

1 ×　紀元前、仏教の開祖**ブッダ**は、すべてのものが必ず滅するという**諸行無常**や、すべてのものは互いに影響し合う相依相関により成り立ち、実体性のあるものは存在しないという諸法無我といった真理を繰り返し見つめることで、最終的な悟りの境地である涅槃寂静を得ることができると説いた。なお、**万物斉同**は荘子が唱えた思想である。荘子は、人間を悩ませる是非・善悪などは人為的・相対的なものであるとして、人間という立場を離れた道（タオ）の立場から見れば、ありのままの世界はすべて等しい（万物斉同）と考えた。また、**無為自然**は、**老子**が理想とした、作為や人為を捨てて無心に生きる、生き方のことである。

2 ×　飛鳥時代、大乗仏教が、中国、朝鮮を経て日本に伝わり、これを信仰した厩戸王（聖徳太子）は仏法興隆のため斑鳩に**法隆寺**を建立した。なお、仏教によって国の安泰を図る鎮護国家の実現のため、奈良時代に詔を出し、**東大寺**に大仏を建立したのは**聖武天皇**である。

3 ○ 平安時代、**真言宗**の開祖**空海**は、万物は宇宙の本体である大日如来の現れであり、印を結び真言を唱え心に仏を念ずる**密教の修行**によって、現世で生きたまま**大日如来**と一体化する**即身成仏**を遂げることができると説いた。

4 × 鎌倉時代、**親鸞**は、自力で悟りの境地に至ることができる者は善人であり、煩悩にとらわれていることを自覚した**悪人**こそ阿弥陀仏の力にすがろうとする凡夫であり、**阿弥陀仏によって救われる**とする**絶対他力の悪人正機**を説いた。なお、**坐禅**による修行を通じて自力で身心脱落と呼ばれる悟りの境地に至ることができると説いたのは、日本曹洞宗の開祖**道元**である。

5 × 鎌倉時代、時宗の開祖一遍は、自分の無力を深く自覚し、踊りながらひたすらに念仏を唱えて阿弥陀仏の慈悲にすがる人こそが悟りの境地に至ると説いた（踊念仏）。

問題4 警察官Ⅰ類（2018年度）･･････････････････････････････ 本冊P.318

正解：4

1 × 選択肢の文中、**シャーマニズム**は**アニミズム**の誤り。なお、**シャーマニズム**とは、宗教的霊能力者シャーマンを中心に成立している宗教やその現象をいう。

2 × 神道において太陽神である**天照大神**は、ユダヤ教やキリスト教などにみられるような造物主としての**唯一神**ではなく、**八百万の神のうち最も尊貴な神**として信仰している。

3 × 選択肢の文中、「ハレ」と「ケ」が逆になっている。

4 ○ **清明心（清き明き心）** とは、うそ偽りなく、何も包み隠さず、つくろい飾るところのない澄みきった心のことであり、のちに正直や誠の心として日本人の伝統的倫理観を形成するもととなった。

5 × 古代の日本人は公共秩序の破壊や、病気・自然災害などを罪や穢れと捉え、これらを祓うことが必要であるとした。特に**清らかな水で罪や穢れを洗い清める行為**を禊と呼んだ。